U1013994

Unity 3D 游戏开发与实战

张云飞　编著

電子工業出版社
Publishing House of Electronics Industry
北京·BEIJING

未经许可，不得以任何方式复制或抄袭本书之部分或全部内容。
版权所有，侵权必究。

图书在版编目（CIP）数据

Unity 3D游戏开发与实战 / 张云飞编著. -- 北京 : 电子工业出版社, 2025. 9. -- ISBN 978-7-121-50757-1

Ⅰ. TP311.5

中国国家版本馆CIP数据核字第2025A1G615号

责任编辑：孔祥飞
印　　刷：天津善印科技有限公司
装　　订：天津善印科技有限公司
出版发行：电子工业出版社
　　　　　北京市海淀区万寿路 173 信箱　　邮编：100036
开　　本：787×1092　1/16　印张：14.25　字数：570 千字
版　　次：2025 年 9 月第 1 版
印　　次：2025 年 9 月第 1 次印刷
定　　价：98.00 元

凡所购买电子工业出版社图书有缺损问题，请向购买书店调换。若书店售缺，请与本社发行部联系，联系及邮购电话：（010）88254888，88258888。

质量投诉请发邮件至 zlts@phei.com.cn，盗版侵权举报请发邮件至 dbqq@phei.com.cn。

本书咨询联系方式：（010）88254161 ～ 88254167 转 1897。

前言

foreword

Unity 作为当前主流的游戏引擎，凭借其强大的技术实力，已从传统的游戏开发扩展至汽车、制造、影视动画、建筑等多个行业。除了支持计算机、手机等传统平台，Unity 还积极布局 VR、车机等新兴平台，展现出跨行业、跨平台的广泛适用性。

在中国市场，Unity 的发展尤为显著。基于 Unity 2022 LTS 版本开发的“团结引擎”，针对中国市场的特殊需求进行了深度优化和本地化，进一步提升了其在国内的竞争力。此外，Unity 中文课堂和问答社区为开发者提供了交流平台和丰富的学习资源，助力开发者快速成长。

值得一提的是，Unity 在国内推出的 UOS（Unity Online Server）一站式游戏云服务，为中小企业提供了从开发到运营的全流程解决方案。这种高度集成的服务模式，不仅降低了开发门槛，还大幅提高了开发效率，为中小企业的快速发展提供了有力支持。

综上所述，Unity 凭借其强大的技术实力和本地化服务，正在中国市场上展现出越来越广泛的应用前景，未来有望在更多行业中发挥重要作用。

学习 Unity 开发不仅需要掌握编程技能，还需要熟悉其内置的各类系统，这体现在对 Unity 的操作上。因此，对初学者而言，仅通过工具书学习可能会遇到较大困难。基于这一考量，编者在编写本书时并未采用传统工具书的方式，而是假定读者会从头到尾阅读并同步完成书中的操作步骤。这种设计使本书的阅读体验更接近于观看视频课程，对初学者更加友好。

此外，编者为本书设定了一个明确的目标：帮助读者完成一个较为完整的开发案例。因此，本书中不仅包含 Unity 的基础操作和编程知识，还融入了一些开发者需要掌握的核心开发思想和解决方案。通过对这些内容的学习，读者将能够运用所学知识完成案例，从而在实践中巩固技能并提升开发能力。总的来说，本书旨在为初学者提供一条清晰的学习路径，通过理论与实践相结合的方式，帮助读者快速入门 Unity 开发，并具备完成实际项目的能力。

致谢

我来自大山，是 Unity 改变了我的命运。

有人说技术只是一种工具，这话没错，但就像武侠小说中的剑客与他的剑一样，夜以继日的相伴，很难说剑客对他的剑没有感情。Unity 于我而言，不仅是工具，更是成长的伙伴。我衷心祝愿 Unity 发展得越来越好，为更多人带来改变和机遇。

一项技术的社区发展水平对开发者的影响是深远的。在这一点上，Unity 中国社区做得非常出色，为无数开发者提供了学习、交流和成长的平台。作为一名技术人员，我要特别感谢 Unity 中国社区，正是这样一个充满活力的社区，让我在技术道路上不断前行。

回想起我学习 Unity 的时光，当时我阅读别人编写的书籍、学习他人制作的课程，身边有一位陪伴我的女朋友。如今，当我编写 Unity 书籍、制作课程时，她已经成为我的妻子。感谢她一直以来的支持与信任，让我能够专注于热爱的事业。我们还有一个可爱的儿子，他在本书完成时来到了这个世界。这本书不仅是我技术生涯的见证，也承载了我人生中最重要的时刻。

愿 Unity 继续照亮更多人的梦想，也愿每一位开发者都能在技术的道路上找到属于自己的光芒。

编　者

2025 年

专家力荐

Joker 老师作为 Unity 官方中文课堂讲师，早已凭借畅销视频教程带领众多开发者入门，而这本《Unity 3D 游戏开发与实战》几乎是手把手的教学。让我印象深刻的是，Joker 老师在面对技术问题时总能快速回应并给出解决方案，足见其扎实和深厚的技术功底。如果你喜欢通过书籍来查阅和学习，这本书绝对值得一看——内容全面扎实，案例丰富生动，不仅适合零基础的新手，也涵盖进阶知识，是全面提升的理想选择。

——Lee 哥 bilibili 知名 Up 主

Joker 老师是 Unity 官方中文课堂上备受认可的讲师，同时也是深耕独立游戏开发与技术教学的资深内容创作者。他的课程涵盖从入门技巧到高阶系统架构等各类知识，体系完整、实用性强，讲解深入浅出、案例贴近实战。这本书延续了 Joker 老师一贯的教学风格，不仅涵盖存档、状态机、对象池、事件系统等关键知识点，还循序渐进地带领读者掌握 Unity 核心技能，配合丰富案例，帮助读者完成从零基础到独立制作完整游戏的全流程学习，是新手入门与全面提升的绝佳选择。

——NeilianAryan Unity 2024 年度价值专家（UVP）

我与 Joker 在 Unity 中文课堂相识有 4 个年头，在私下里我们总会交流关于 Unity 技术和教程相关的话题。Joker 给我的印象是踏实、务实，是少有的技术能力与教学能力均出色的创作者，是少数我非常认可的同行朋友之一。而本书系统且详尽地介绍了 Unity 的常用模块和知识点，并且还用后边适当的案例来巩固了前边的成体系的知识点，是一本结构优良、内容翔实的好书，非常值得推荐！

——凉鞋 QFramework 作者

在快速迭代的游戏开发领域，一个项目的成功往往不仅取决于其核心玩法的创新，更在于其架构是否经得起时间与需求的考验。功能扩展性，这个看似抽象的概念，实则是决定项目能否高效演进、能否灵活响应市场反馈的关键支柱。有幸拜读《Unity 3D 游戏开发实战》的文稿，深感其内容切中肯綮，为开发者提供了弥足珍贵的实战指南。

比如第 13 章开篇的“士兵例子”与“皮肤例子”堪称经典。它们以开发者熟悉的游戏元素切入，生动地演绎了如何运用抽象（基类设计）、分层（逻辑层与表现层分离）和模块化思想来解决实际问题。士兵案例清晰地展示了如何通过继承和多态来处理不同类型士兵（近战、远程、魔法）在逻辑与表现上的共性与差异，而皮肤案例则巧妙地诠释了如何将核心逻辑与可变的美术表现解耦。这些案例不仅解答了“怎么做”，更深刻阐述了“为什么这么做”，让读者知其然更知其所以然。

作者以其深厚的实战经验和清晰的理论功底，为读者揭示了构建健壮、灵活、可持续演进的 Unity 游戏系统的奥秘。无论是初窥门径的新手，还是寻求进阶的中级开发者，都能从中获得宝贵的启发和实践指导。掌握本书所授之道，开发者将能更从容地应对项目迭代中的功能变更与增删，显著降低未来的维护成本，提升开发效率。

诚挚推荐给所有致力于提升 Unity 开发功力、渴望构建更优秀游戏的开发者们！

——樱花兔

Joker 老师的《Unity 3D 游戏开发与实战》是一本内容扎实、结构清晰的 Unity 游戏开发指南。这本书从 Unity 的运行框架和核心概念入手，为读者构建了一个坚实的基础。

相信很多打算学习游戏开发的朋友都有同感，很想系统学习游戏引擎的使用和编写代码的方法，然而能找到的系统教学的内容也不多。但本书中不仅详细介绍了游戏对象、组件以及预制体的概念，还系统地讲解了 Unity 的各项功能，包括导航系统、物理系统和动画系统。每部分功能的讲解都非常清晰易懂，也有很多值得留意的细节，这些细节都是通过丰富的实操经验总结出来的内容。让你跟着教学步骤操作的时候感到十分安心，也能享受达成目标的成就感。

特别值得一提的是，在关于“游戏功能的扩展性”一章中，作者通过士兵和皮肤的实例，结合面向对象编程中的“开闭原则”，深入浅出地阐述了如何在设计阶段就为项目的可维护性和可扩展性打下基础。

与此同时在初步的完整教程之后，本书的最后还有《坦克大战》项目实战。这个综合案例整合了书中所有重要知识点，例如状态机、对象池、事件系统和导航系统，让读者能够通过一个完整的项目流程，将理论知识转化为实际开发能力。

总的来说，这本书不仅是 Unity 新手的入门良伴，也对有一定经验的开发者在项目设计和架构方面提供了宝贵的经验。

——Michael Wang

M Studio

目录 CONTENTS

第 1 章　Unity 编辑器

1.1　软件安装 001

1.1.1　安装 Unity Hub 001

1.1.2　安装 Unity Editor 003

1.1.3　安装 Visual Studio 005

1.2　Unity Hub 项目管理 006

1.2.1　创建工程 006

1.2.2　删除项目 008

1.3　Unity Editor 界面 008

1.3.1　窗口管理 008

1.3.2　Project 窗口 011

1.3.3　Hierarchy 窗口 013

1.3.4　Inspector 窗口 015

1.3.5　Scene 窗口 016

1.3.6　Game 窗口 019

第 2 章　Unity 的运行框架

2.1　游戏场景 021

2.1.1　新建场景文件 021

2.1.2　场景文件操作 023

2.2　游戏对象 023

2.3　游戏预制体 024

2.4　游戏组件概念 028

2.5　自定义组件 030

2.6　游戏循环逻辑 033

2.7　Inspector 窗口组件序列化 036

2.8　组件的运行时控制 039

2.9　游戏对象的运行时控制 041

2.10　Transform 组件 043

第 3 章　Unity 的渲染系统

3.1　渲染管线 047

3.2 着色器与材质 048
3.2.1 着色器 048
3.2.2 材质 048
3.2.3 实践 048
3.3 Mesh 与相关组件 051
3.3.1 Mesh 051
3.3.2 Mesh Filter 组件 052
3.3.3 Mesh Renderer 组件 052
3.4 天空盒 053
3.5 光源 056
3.5.1 Directional Light 056
3.5.2 Point Light 058
3.5.3 Spot Light 059
3.5.4 灯光烘焙 059
3.5.5 Area Light 061
3.5.6 Sun Source 061

第 4 章 输入系统与常用工具类

4.1 Input（输入系统） 062
4.2 常用工具类 065
4.2.1 Mathf（数学工具类） 065
4.2.2 Random（随机数工具类） 065
4.2.3 Application（应用程序工具类） 065
4.2.4 Vector3（向量工具函数） 065

第 5 章 Unity 的物理系统

5.1 碰撞体组件 066
5.2 刚体组件 067
5.3 碰撞与触发事件 070
5.4 射线检测和物理检测 072
5.5 物理层控制 074
5.6 物理材质 078
5.7 刚体移动 080

第 6 章 Unity 的动画系统

6.1 Animation Clip 084
6.2 动画系统的主要组成 088
6.3 Animator Controller 091
6.3.1 动画状态 091
6.3.2 动画过渡 092
6.3.3 动画参数 095
6.3.4 使用脚本文件控制动画 098
6.4 人形动画 098
6.5 案例：史莱姆动画 102
6.5.1 史莱姆的制作 103
6.5.2 制作待机动画 105
6.5.3 制作跳跃动画 107
6.5.4 使用代码控制角色的动画播放 109

第 7 章 Unity 的导航系统

7.1 安装导航系统 112
7.2 导航烘焙 113
7.3 导航代理组件 119
7.4 导航障碍组件 121

第 8 章 Unity 的场景系统

8.1 场景构建设置 122
8.2 场景切换 123
8.3 游戏构建 123

第 9 章 Unity 的音频系统

9.1 音频文件 126
9.2 Audio Source 组件 127
9.3 音频系统主要的 API 130

第 10 章 Unity 的资源管理系统

10.1 .meta 文件 134
10.2 ScriptableObject 135
10.3 基于引用的资源管理方式 136
10.4 Resources 137
10.5 AssetBundle 139

第 11 章 Unity 的 UI 系统

11.1 Text 组件 147
11.2 Image 组件 150
11.3 Button 组件 154
11.4 Canvas 相关组件 156
11.5 UI 布局 157
11.6 UI 事件 161

第 12 章 Bug 的定位和调试

12.1 Bug 的定位 163
12.2 Bug 的调试 164

第 13 章　游戏功能的扩展性

13.1　关于扩展性 —— 167
13.1.1　士兵例子 —— 167
13.1.2　皮肤例子 —— 167
13.1.3　总结 —— 168
13.2　案例：制作背包系统 —— 168
13.2.1　需求拆解 —— 169
13.2.2　制作背包窗口 —— 169
13.2.3　物品动态数据与静态配置 —— 171
13.2.4　物品格子逻辑层 —— 173
13.2.5　背包逻辑 —— 178

第 14 章　有限状态机

14.1　布尔类型和枚举类型 —— 179
14.2　使用有限状态机组织逻辑 —— 180

第 15 章　对象池

15.1　关于对象池 —— 183
15.2　案例：子弹对象池 —— 183

第 16 章　事件系统

16.1　系统之间的通信 —— 186
16.2　案例：制作事件系统 —— 186

第 17 章　游戏存档

17.1　关于存档 —— 189
17.2　案例：跳舞派对存档 —— 190
17.2.1　搭建基础场景 —— 190
17.2.2　设置角色 —— 191
17.2.3　存档数据 —— 192
17.2.4　核心逻辑 —— 193

第 18 章　综合案例：《坦克大战》项目实战

18.1　案例说明 —— 195
18.1.1　资源说明 —— 195
18.1.2　需求说明 —— 196
18.2　基础工具 —— 197
18.2.1　状态机 —— 197
18.2.2　对象池 —— 198
18.2.3　事件系统 —— 200
18.3　游戏数据与事件 —— 201
18.3.1　游戏数据 —— 201
18.3.2　事件 —— 201
18.4　StartScene 场景的逻辑 —— 202
18.5　GameScene 场景的 UI 逻辑 —— 203
18.6　音效播放 —— 204
18.7　子弹逻辑 —— 205
18.8　武器逻辑 —— 207
18.9　坦克逻辑 —— 209
18.10　玩家逻辑 —— 211
18.11　敌方坦克逻辑 —— 213
18.12　游戏管理器 —— 219

读 者 服 务

读者在阅读本书的过程中如果遇到问题，可以关注“有艺”公众号，通过公众号中的“读者反馈”功能与我们取得联系。此外，通过关注“有艺”公众号，您还可以获取艺术教程、艺术素材、新书资讯、书单推荐、优惠活动等相关信息。

扫一扫关注“有艺”

资源下载方法：关注“有艺”公众号，在“有艺学堂”的“资源下载”中获取下载链接。如果遇到无法下载的情况，可以通过以下三种方式与我们取得联系。

1.关注“有艺”公众号，通过“读者反馈”功能提交相关信息。

2.请发邮件至art@phei.com.cn，邮件标题命名方式：资源下载+书名。

3.读者服务热线：（010）88254161~88254167转1897。

投稿、团购合作：请发邮件至art@phei.com.cn。

第 1 章　Unity 编辑器

Unity 是一款跨平台游戏引擎，对游戏开发有强大的驱动力。一般来说，我们可以认为 Unity 是一个游戏开发编辑器。从目的上来说，Unity 编辑器和 Photoshop 图片编辑器、Word 文档编辑器类似。不同的是，游戏是一门综合艺术，同时涉及美术、音乐、文字等，并且它最大的特点是可交互性，因此游戏的开发尤为复杂和特殊，而 Unity 为我们带来了便利。

本章学习要点

- Unity 的安装
- Unity 的项目管理
- Unity 的常用窗口

1.1　软件安装

使用 Unity 进行游戏开发需要安装以下 3 个软件。

（1）Unity Hub：用于管理不同版本的 Unity 编辑器和不同的 Unity 项目。

（2）Unity Editor：Unity 编辑器，是开发游戏最重要的软件，一般在 Unity Hub 中安装即可。

（3）Visual Studio：用于编辑代码。

1.1.1　安装 Unity Hub

无论是学习人员还是专业的开发者，一般都会安装多个版本的 Unity 编辑器，并且不同的项目可能会使用不同版本的 Unity 编辑器进行开发，而 Unity Hub 就是为了方便用户对多版本、多项目进行管理。

Unity Hub 下载完成后，打开 Unity Hub。进入 Unity Hub 后，单击按钮，在弹出的下拉列表中选择 Sign in 选项，如图 1-1 所示。

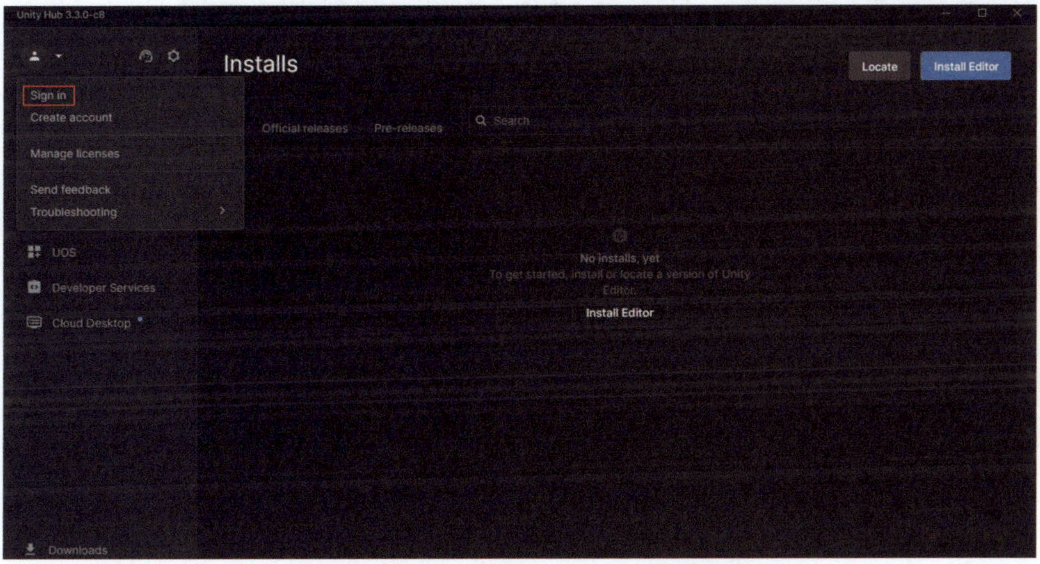

图 1-1

单击“偏好设置”（Preferences）按钮，弹出“偏好设置”对话框，选择“外观”→“语言”→“简体中文”选项，将 Unity Hub 的显示语言设置为简体中文，如图 1-2 和图 1-3 所示。

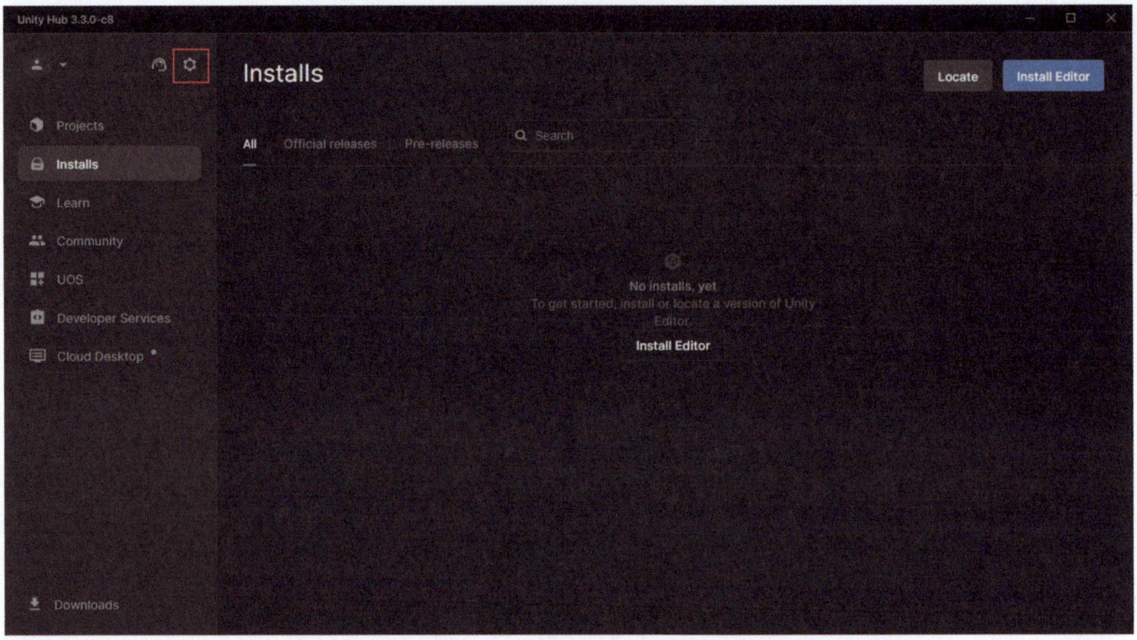

图 1-2

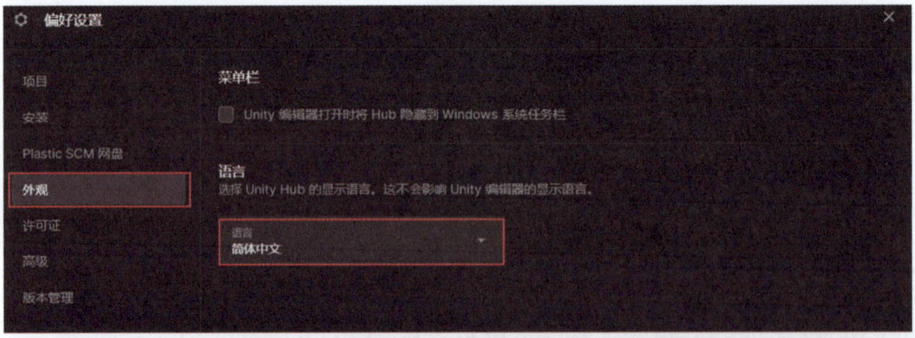

图 1-3

Unity Hub 默认会将 Unity Editor 下载在 C 盘，但由于 Unity Editor 占用内存较大，因此一般情况下需要手动更换软件的安装位置。

接下来需要设置 Unity Editor 的安装路径，如图 1-4 所示。选择一个合适的位置安装即可，但是建议不要将 Unity Editor 安装在有中文命名的文件夹的路径中。

下面安装 Unity Editor。

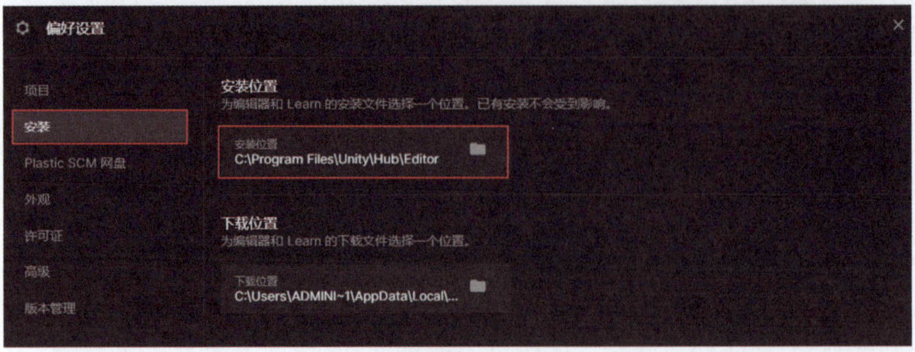

图 1-4

1.1.2 安装 Unity Editor

1. 版本号解读

在 Unity Hub 中可以安装多个 Unity Editor 版本，这是因为 Unity Editor 拥有较多的版本。下面先以解析版本号 Unity2022.3.1f1c1 为例，了解 Unity 版本的相关信息。

Unity2022 是大版本号，Unity 的版本号在 2017 年之前采用的是类似 Unity4、Unity5 这样的版本命名方式，如今采用的是 Unity2021、Unity2022 这样的版本命名方式。

3.1 是小版本号。Unity 并不是一年推出一个版本，有可能几天、几周、几个月就会发布一个新版本，所以在年份的基础上还会增加小版本号。

f1c1 是后缀版本类型，其中，c1 是指“中国版”，而 f1 中的 f 是版本类型，有下列三种情况（其中数字 1 是保留了未来增加版本的可能性，也就是可能变成 f2）。

（1）正式版本（后缀为 f 的版本）：一般指较稳定的版本，但是正式版本中又有长期支持版本（LTS 版本），长期支持版本是指适用于希望长期持续开发和发布游戏内容，长时间保持稳定的版本。在一般情况下，最新的长期支持版本是上一个年度的版本号，而当前年度的版本号为普通正式版。

（2）补丁版本（后缀为 p 的版本）：通过持续不断的补丁程序版本来更快地修复一些问题。

（3）Beta 版本（预发行版本，后缀为 c 的版本）：具有 Unity 即将正式发布的强大功能，但这些功能可能还不稳定。

在一般情况下，我们会优先使用 LTS 版本进行学习和开发，因为它最稳定。但是有时候我们会提前学习一些前沿的知识，而这些知识这时只存在于 Beta 版本中。

本书采用 Unity2022.3.1f1c1 版本来进行讲解。

2. 下载 Unity Editor

在 Unity Hub 的侧边栏中选择“安装”选项，单击“安装”界面右上角的“安装编辑器”按钮，弹出“安装 Unity 编辑器”对话框，选择“正式发行”选项卡中的“2022.3.1f1c1”选项，单击“安装”按钮，如图 1-5 和图 1-6 所示。

接下来还需要选择下载一些模块。

如果只是进行计算机游戏的开发，则不需要安卓开发的相关功能。Unity 并未将所有功能放入 Unity 编辑器中，用户可以选择性地进行下载和安装。

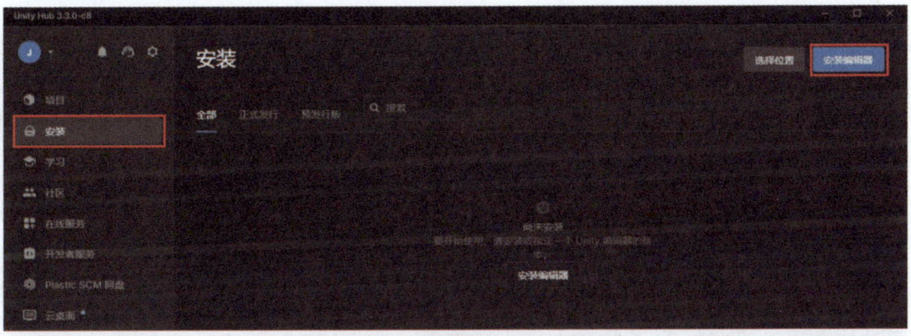

图 1-5

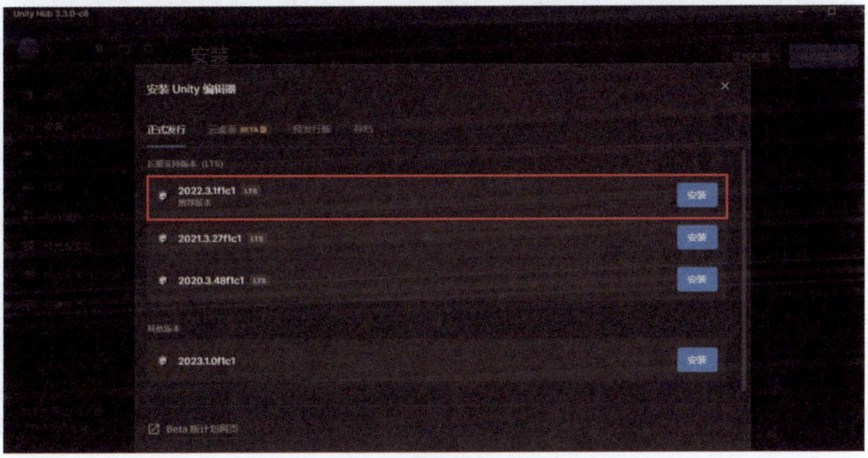

图 1-6

读者可以在后续根据实际项目需求进行下载和安装，在学习阶段我们不需要安装任何模块，保持所有选择都是取消勾选状态即可，单击“安装”按钮，如图1-7所示。

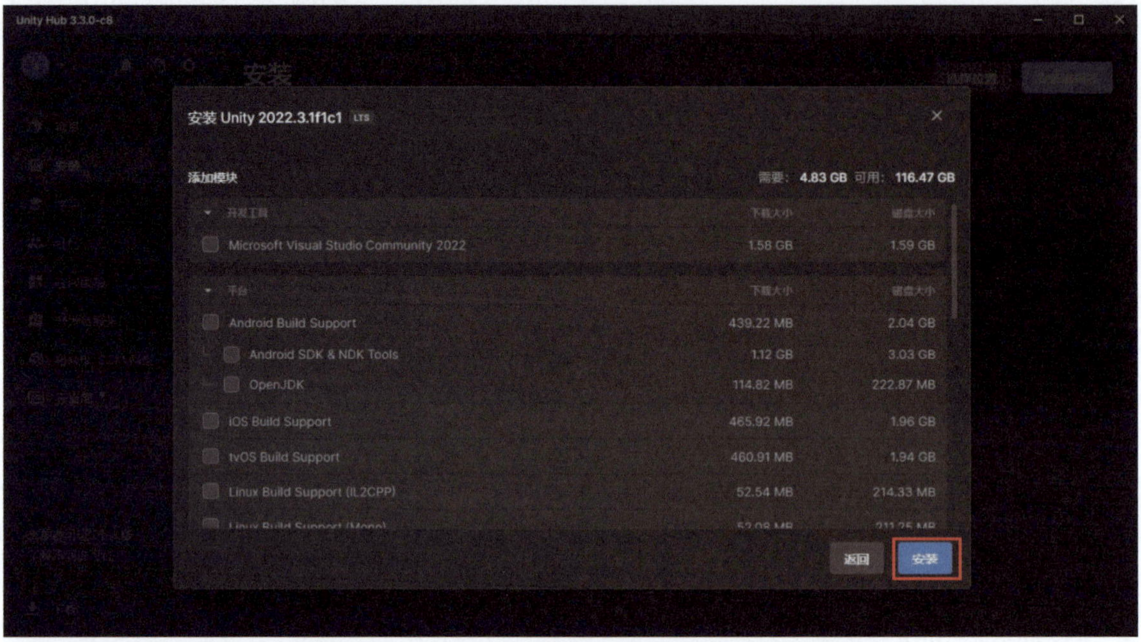

图1-7

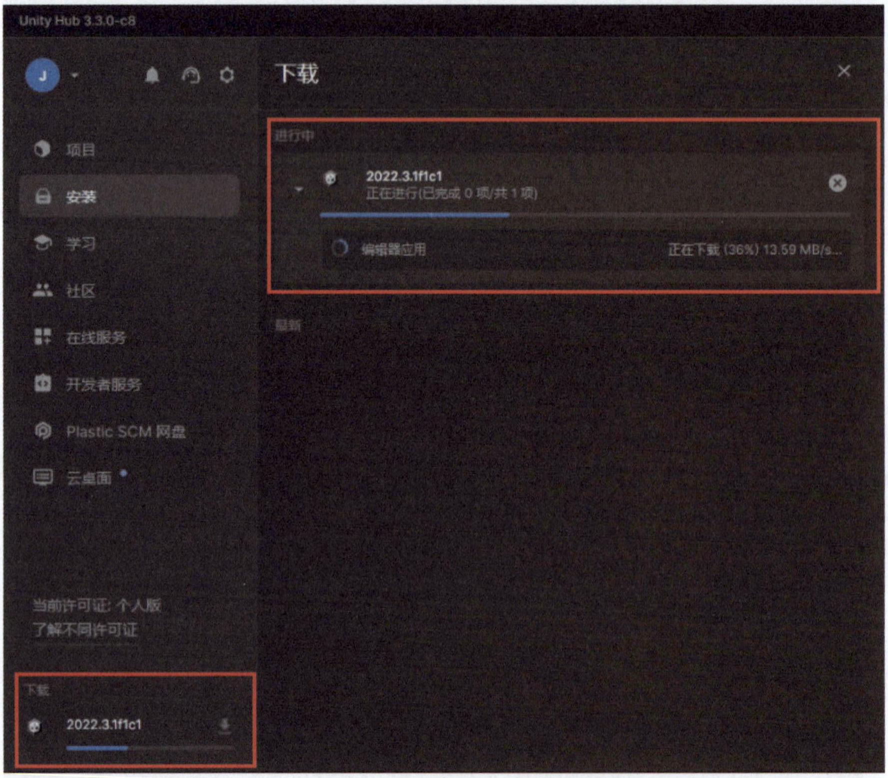

图1-8

此时，正在下载Unity编辑器，相关进度可以在“下载”界面中查看，如图1-8所示。

下载完成后，Unity 编辑器会自动安装，安装完成后，选择 Unity Hub 侧边栏的“安装”选项，即可查看当前计算机中有哪些版本的 Unity 编辑器，如图 1-9 所示。

至此，Unity 编辑器就安装完成了。

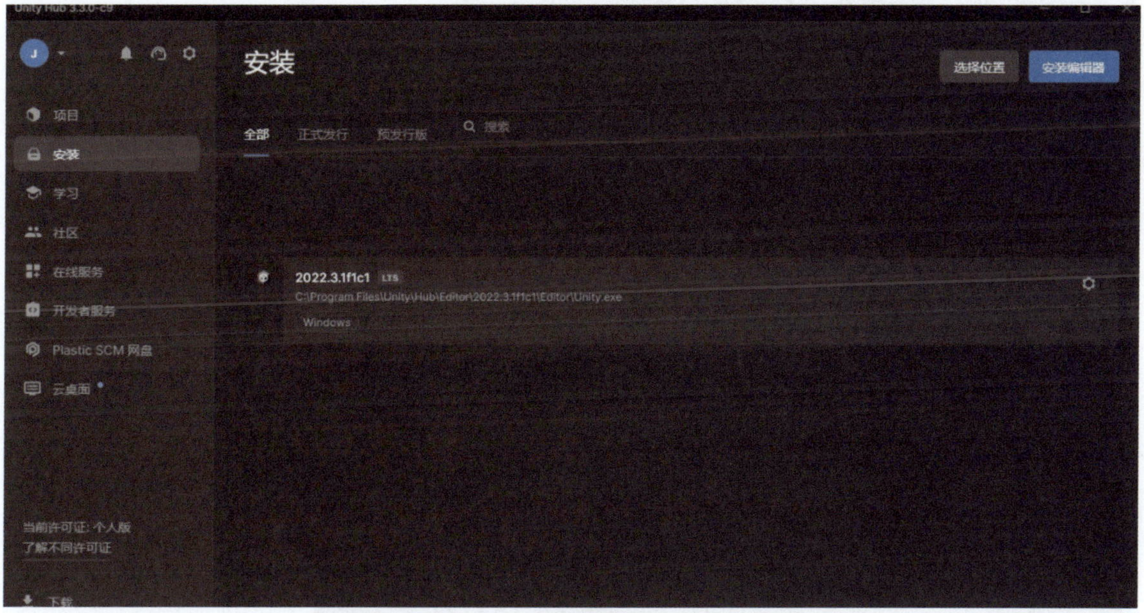

图 1-9

1.1.3 安装 Visual Studio

对使用 Unity 的开发来说，Visual Studio 的版本并没有那么大的影响，本书采用的是 Visual Studio 2022 版本，建议读者采用与本书相同的版本。

安装完成后，会自动打开 Visual Studio 的设置界面，对于与账号相关的设置，可以单击“暂时跳过此项。”文字链接，如图 1-10 所示。

图 1-10

然后进行颜色主题的设置，这里可以根据自身喜好进行选择，本书选择的是深色主题，选中相应的单选按钮后单击“启动 Visual Studio”按钮即可，如图 1-11 所示。

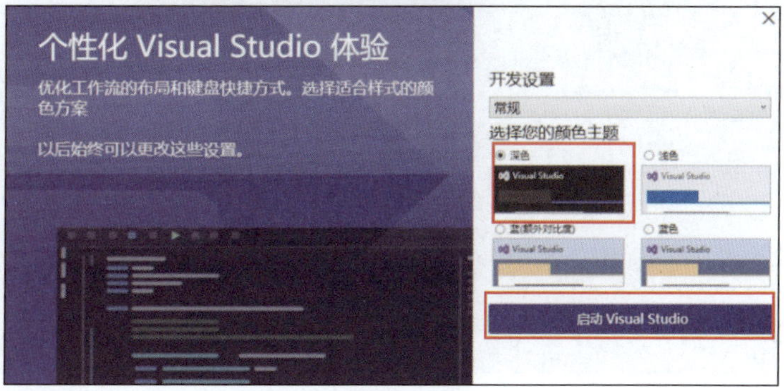

图 1-11

图 1-12

当出现图 1-12 所示的画面时，说明 Visual Studio 安装完成。

1.2 Unity Hub 项目管理

在本节，我们仅需要考虑在 Unity Hub 中如何管理项目，并不需要学习如何进行项目的开发。

1.2.1 创建工程

图 1-13

首先，在 Unity Hub 的侧边栏中选择“项目”选项，单击在“项目”界面右上方的“新项目”按钮，如图 1-13 所示。

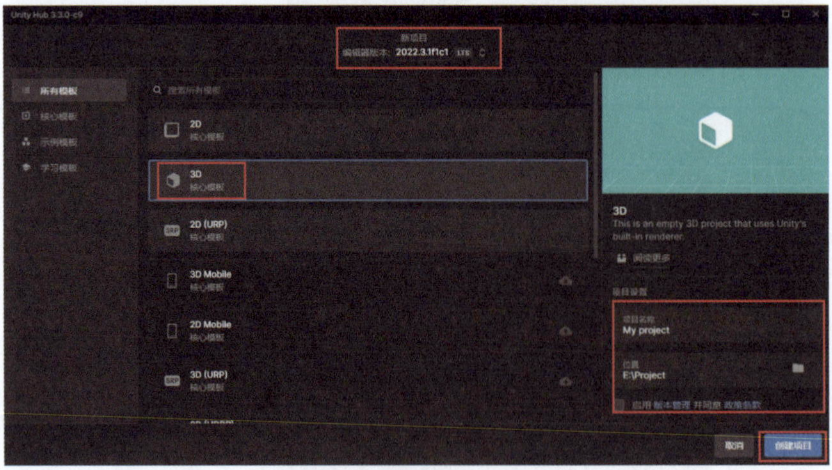

图 1-14

进入项目创建界面，项目创建界面的最上方会显示当前 Unity 编辑器的版本。界面的左侧可以看到模板列表，模板是指项目的初始设置，但是新建项目后可以在项目内进行手动变更，模板的选择并没有那么关键。选择“3D 核心模板”选项，输入项目名称，选择位置，要特别注意的是取消勾选“启用版本管理并同意政策条款”复选框，一切设置完成后单击“创建项目”按钮，如图 1-14 所示。

此时会看到项目正在创建中，但是可能会出现如图 1–15 所示的对话框，需要单击 I wish to continue at my own risk 按钮。在单击该按钮后，Unity 会继续创建项目，如图 1–16 和图 1–17 所示。

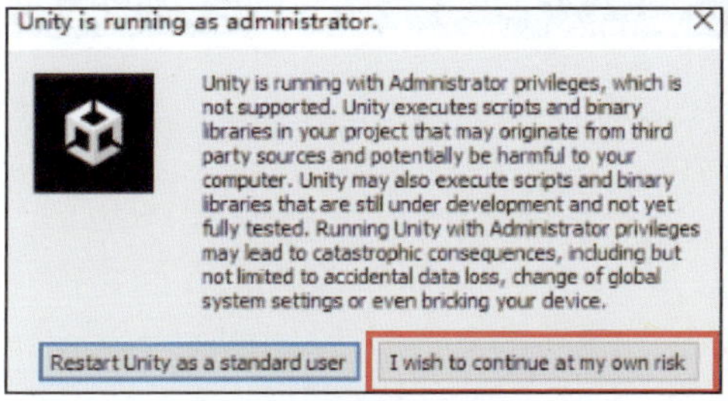
Unity is running as administrator.
Unity is running with Administrator privileges, which is not supported. Unity executes scripts and binary libraries in your project that may originate from third party sources and potentially be harmful to your computer. Unity may also execute scripts and binary libraries that are still under development and not yet fully tested. Running Unity with Administrator privileges may lead to catastrophic consequences, including but not limited to accidental data loss, change of global system settings or even bricking your device.
Restart Unity as a standard user
I wish to continue at my own risk

图 1–15

Unity
Unity Package Manager: Installing packages (46/47)
My project
2022.3
© 2005-2023 Unity Technologies

图 1–16

File Edit Assets GameObject Component Services Window Help

图 1–17

目前暂时还不进行 Unity 编辑器的学习，所以直接单击窗口右上角的关闭按钮，回到 Unity Hub 中继续操作，在 Unity Hub 的项目列表中可以发现我们刚刚创建的项目，如图 1–18 所示。

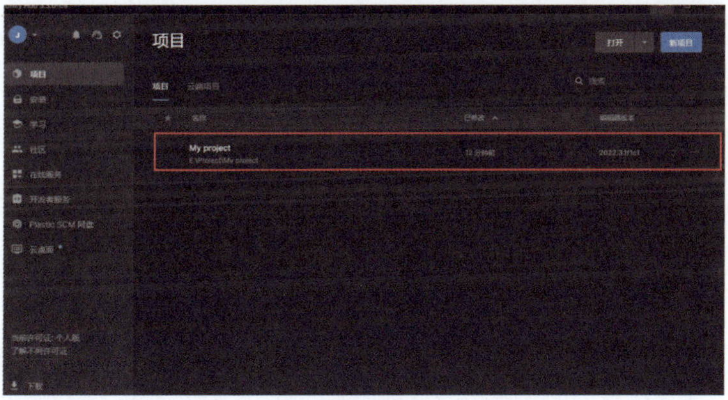
项目
My project

图 1–18

1.2.2 删除项目

对项目进行操作一般需要单击“…”按钮，打开操作界面，如图 1-19 和图 1-20 所示。

图 1-19

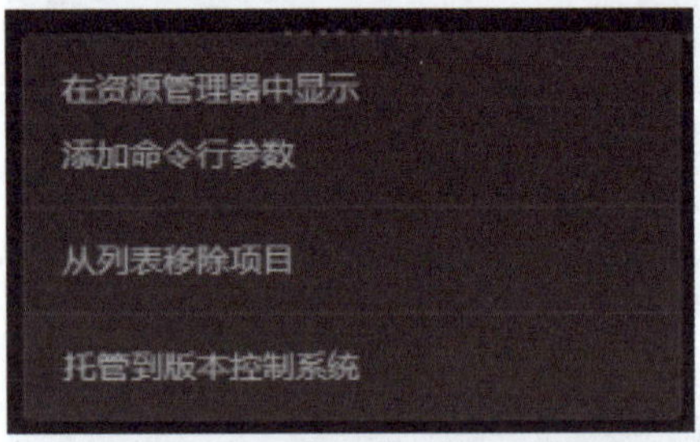

图 1-20

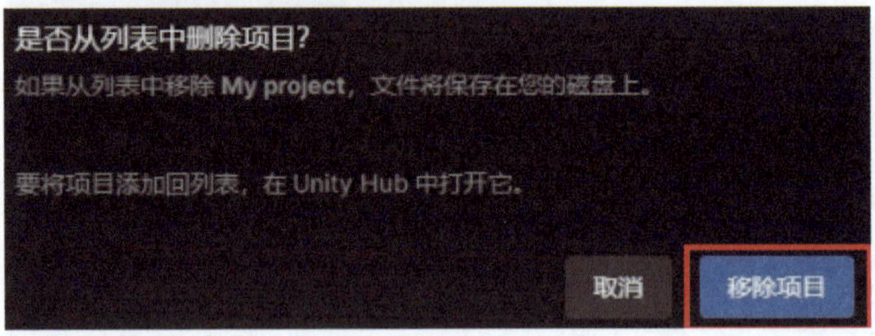

图 1-21

项目的删除有两种情况，一种是保留项目文件，但是不希望通过 Unity Hub 来管理，这时只需要在弹出的下拉列表中选择“从列表移除项目”选项，在弹出的窗口中单击“移除项目”按钮即可，如图 1-21 所示。

图 1-22

另一种情况是希望彻底删除项目的所有文件，这里需要在弹出的下拉列表中选择“在资源管理器中显示”选项，打开项目所在的磁盘文件夹，手动将项目文件夹删除即可，删除完成后可以再次使用第一种情况的操作步骤进行操作，项目就删除干净了，如图 1-22 所示。

1.3 Unity Editor 界面

本节主要介绍打开 Unity 项目后，Unity 编辑器的主要组成和大致功能，所以需要我们先通过 1.2 节的知识创建并启动一个项目。

1.3.1 窗口管理

对初学者来说，打开项目后，映入眼帘的是情景非常复杂的、容易让人心生畏惧的界面，如图 1-23 所示。初学者可能会认为项目初始界面的信息量很大，但这一切只是因为他们还不够了解 Unity 编辑器。窗口本质上就是功能的载体，如场景编辑、动画编辑等，首先，我们需要学习如何去管理它们。

Unity 菜单界面的主要组成部分就是窗口，我们在图 1-23 中看到的所有元素都是窗口承载的，但目前都是一些常用的窗口，还有大量窗口是默认情况下没有展示出来的。在菜单界面中，不同的窗口具备不同的功能，在一般情况下，用户会根据项目类型、个人的职业和个人习惯等的不同，设置不同的窗口和窗口的布局。

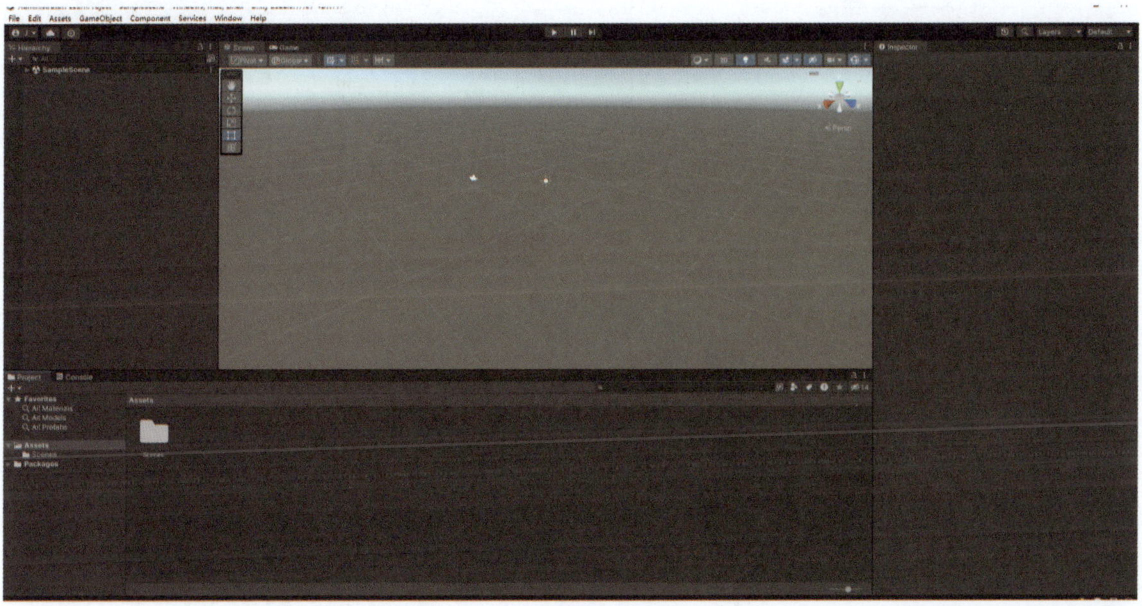

图 1-23

1. 窗口拖动

每个窗口都有各自的窗口页签，在这个区域中按住鼠标左键即可拖动窗口；在拖动的过程中，被拖动的窗口会与其他窗口自动吸附，如果此时松开鼠标左键即意味着完成吸附，这种方法是改变窗口位置和窗口布局的主要方式，如图 1-24 所示。

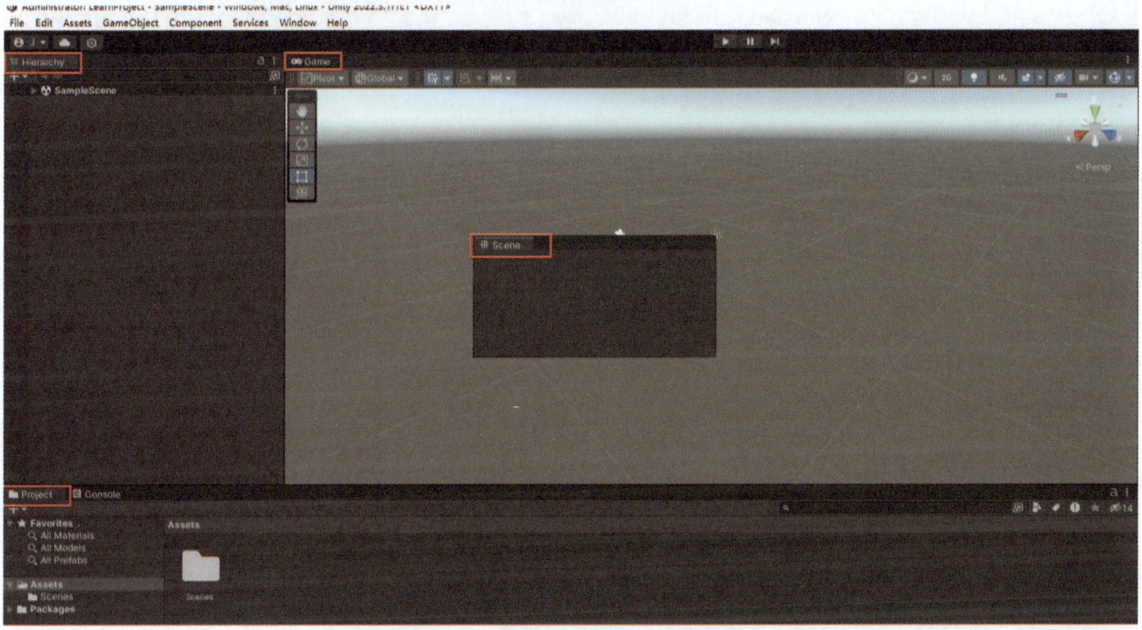

图 1-24

2. 窗口布局管理

将 Game 窗口单独划分出一个区域，并且保存这个布局。之所以要保存它，是因为窗口布局属于项目设置，也就是说每个项目的窗口布局可以不同，保存窗口布局就可以在之后的项目中进行复用，如图 1-25 所示。

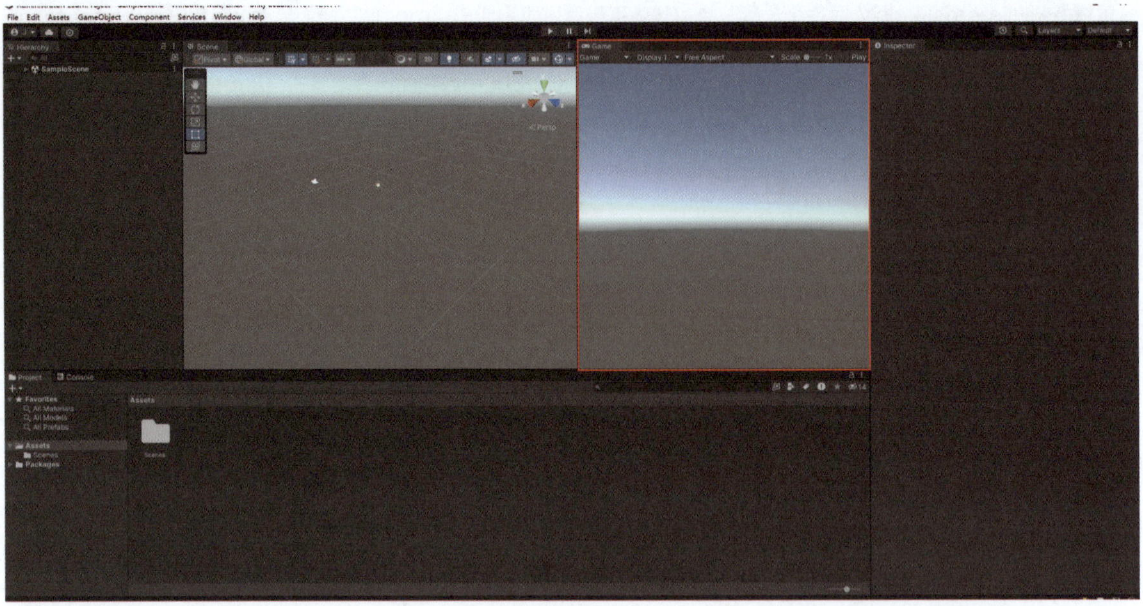

图 1-25

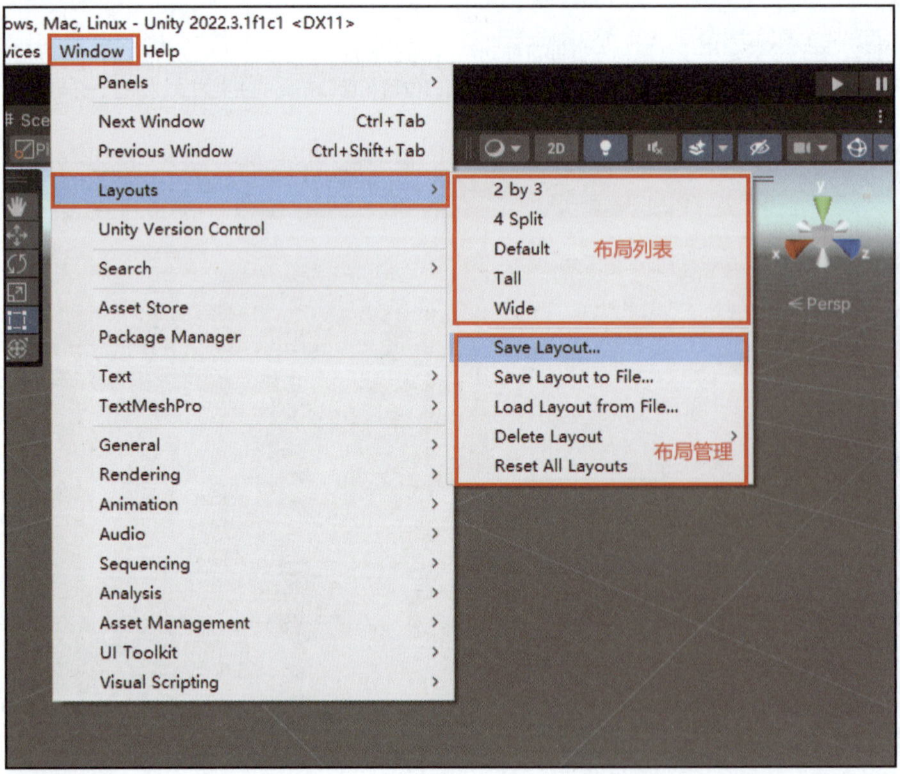

图 1-26

在 Unity 编辑器界面的顶部的菜单栏中，选择 Window → Layouts 命令即可看到与窗口布局相关的功能菜单，如图 1-26 所示。功能菜单分为两部分，上半部分列出了当前已有的窗口布局，选择后会进行窗口布局的切换，列表中也包含了默认的窗口布局，刚开始创建项目时使用的就是 Default 布局。下半部分是窗口布局管理的相关功能，其中，Save Layout 用于保存当前窗口布局，选择该命令后会弹出 Save Layout 对话框，在其中可以填写窗口布局的名称，单击 Save 按钮即可保存窗口布局，如图 1-27 所示。

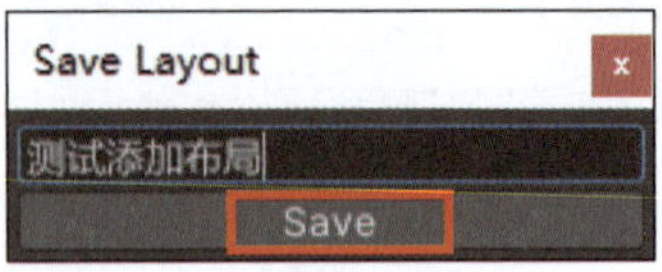

图 1-27

添加成功后再次打开窗口布局列表，就可以看到新建的窗口布局，如图 1-28 所示。

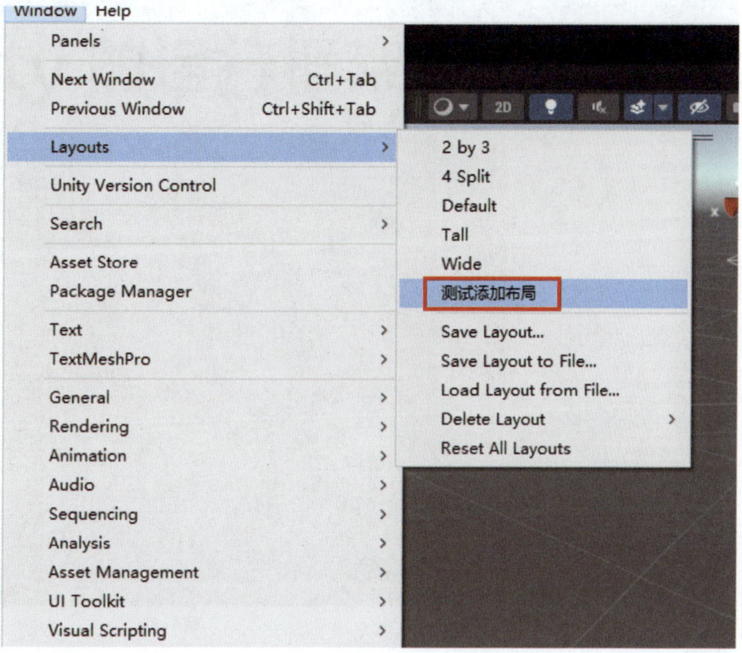

图 1-28

如果需要删除窗口布局，则只需要选择 Window → Layouts → Delete Layout 命令，然后选择需要删除的窗口布局，弹出 Delete Layout 对话框，单击 Delete 按钮即可完成删除，如图 1-29 所示。

图 1-29

通过对本节的学习，我们知道了如何管理界面，接下来我们就要了解这些窗口在游戏开发中有什么作用。最后，我们恢复到 Default 布局，为后续的学习做准备。

1.3.2 Project 窗口

Project 窗口用于管理游戏开发资源。

这里的资源实际上就是我们常规理解的文件资源，例如，一首 MP3 格式的音乐、一张 PNG 格式的图片。当然，除了这些常见的文件资源，还有一些如 3D 模型文件、动画文件等游戏行业通用格式文件资源和部分仅可在 Unity 内使用的文件资源。

首先，需要了解 Project 窗口的常见功能区域，如图 1-30 所示。

（1）Assets：绝大多数资源都位于此处，如模型、声音、动画、场景、材质等，是使用最多的功能区域。

（2）Packages：内置或导入的插件一般都位于此处。

（3）资源目录：当选择 Assets、Packages 文件夹中的某个文件夹时，此处会展现出对应的文件目录。

图 1-30

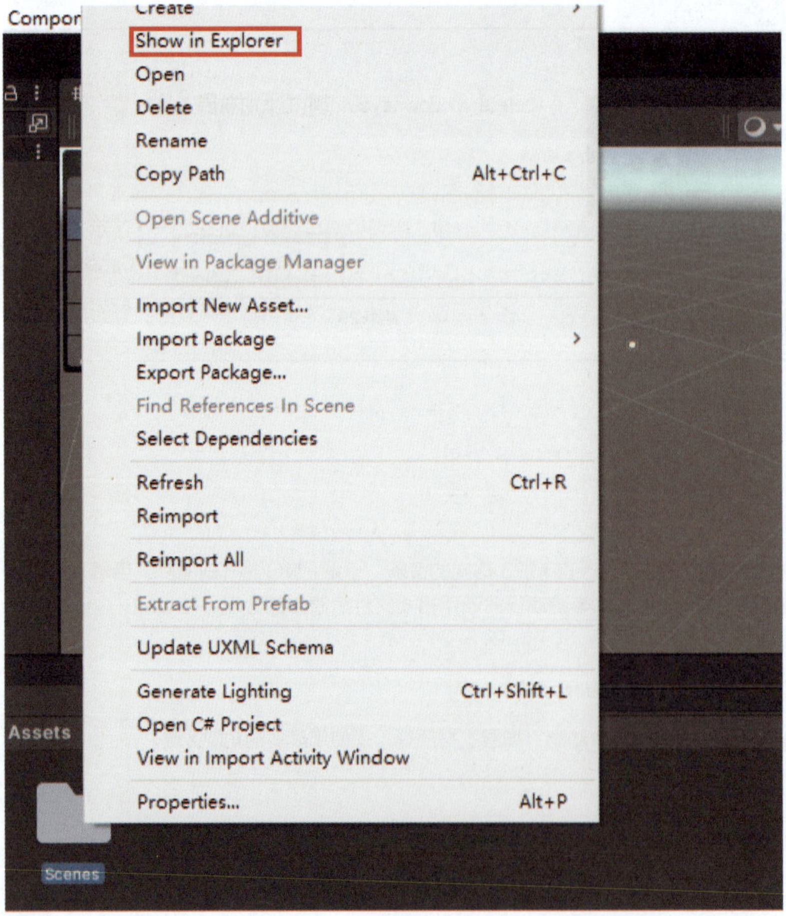

图 1-31

大多时候我们只需要注意 Assets 文件夹即可，这里需要特别说明的是，Unity 编辑器中看到的文件夹或文件是有实际的磁盘文件夹或文件对应的，查看方式是在任意文件夹或文件上右击，在弹出的快捷菜单中选择 Show in Explorer 命令，弹出此文件夹或文件在计算机磁盘中的实际位置，如图 1-31 和图 1-32 所示。

Unity 编辑器中的资源也有其对应的实际的计算机磁盘文件，两者是会同步的，也就是说使用计算机系统提供的文件目录来增加、删除、修改文件都会反映到 Unity 编辑器中，反之在 Unity 编辑器的 Project 窗口中增加、删除、修改文件也会反映到计算机磁盘中。但是在通常情况下，我们会选择在 Unity 编辑器中更改文件，因为 Unity 编辑器一般还会处理一些额外的事情，这些在后续我们会继续讨论。

图 1-32

在创建 Unity 项目时，Unity 编辑器会默认创建一个 Scenes 文件夹，其中还会包含一个名为 SampleScene 的场景文件，关于场景的概念，我们后续会进行讲解，目前将其视为“Unity 中的专属文件”。

将文件导入到项目中的方式非常简单，在计算机磁盘文件夹中直接将文件夹或文件拖动到 Project 窗口中即可，此行为相当于将文件复制到项目目录下。

在 Project 窗口中，对文件夹或文件进行的操作等同于在计算机系统中对文件夹或文件进行的操作，常使用以下方式对文件夹或文件进行操作。

（1）Ctrl+C：复制文件夹或文件。

（2）Ctrl+V：粘贴文件夹或文件。

（3）Ctrl+D：快速复制并粘贴文件夹或文件。

（4）Ctrl+X：剪切文件夹或文件。

（5）拖动文件夹或文件：操作方式等同于在计算机磁盘中对文件夹或文件的操作。

（6）Delete：删除文件夹或文件。

（7）单击后拖动鼠标指针进行框选：此操作的目的主要用于多选，多选后可以进行上方（1）~（6）的操作。

（8）F2：重命名，此快捷键操作在 Unity 编辑器中存在，不仅是在 Project 窗口中。

（9）右击：右击后有相应的菜单。

（10）双击文件：用于打开文件，不同的文件类型会有不同的反应，部分文件会采用 Unity 编辑器中的窗口来打开文件，也有可能使用外部其他软件打开文件。

1.3.3 Hierarchy 窗口

Hierarchy 窗口可以翻译为“层级面板”，这里的“层级”是指游戏开发中“游戏对象”的层级，而“游戏对象”非常接近类编程中“面向对象思想”中的对象，是 Unity 中单独抽象了一层名为 GameObject 的概念，后续我们会详细讲解这方面的内容，现在可以先将“游戏对象”理解成游戏中的 UI、场景、角色、特效等元素。在 Hierarchy 窗口中可以查看游戏对象和它的层级关系，层级关系就是嵌套关系、父子关系，如图 1-33 所示。

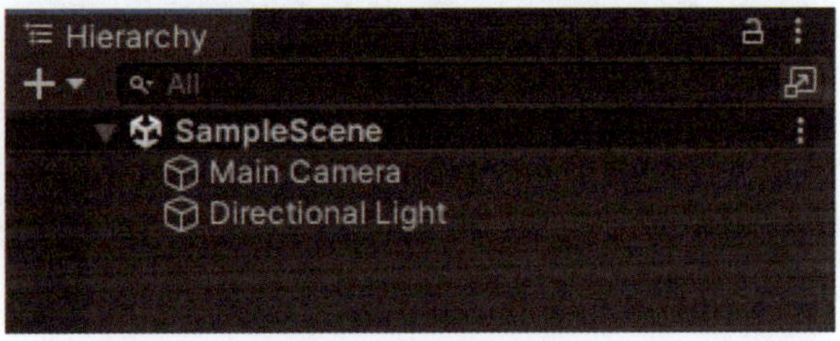

图 1-33

在大多数游戏中，存在着许多不同的场景，如登录场景、PVP 场景、PVE 场景等，不同的场景中有不同的游戏元素，如不同的 UI、不同的模型等。Hierarchy 窗口不可能一次性观察所有场景中的游戏元素，所以在 Hierarchy 窗口中实际上观察的只是一个场景中的所有游戏对象。

图 1-34

在创建项目后，Hierarchy 窗口中已经存在两个游戏对象，分别为 Main Camera 和 Directional Light。在 1.3.2 节中有提到项目创建时会默认创建名为 SampleScene 的场景文件，如图 1-34 所示，而 Hierarchy 窗口现在显示的正是这个场景的游戏对象，从字面意思上可以理解为“摄像机”“平行光”。

如果存在多个场景，则可以通过双击场景文件来切换场景，Hierarchy 窗口会自动显示当前场景的所有游戏对象，也可以通过如图 1-34 所示的部分知道当前显示的是什么场景。

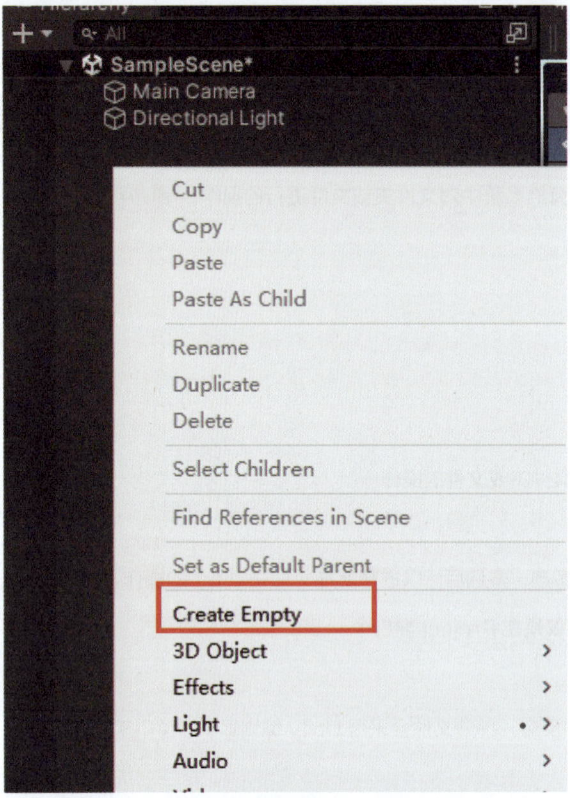

图 1-35

现在，我们可以在 Hierarchy 窗口中右击，在弹出的快捷菜单中选择 Create Empty 命令，创建一个空的游戏对象，如图 1-35 所示。

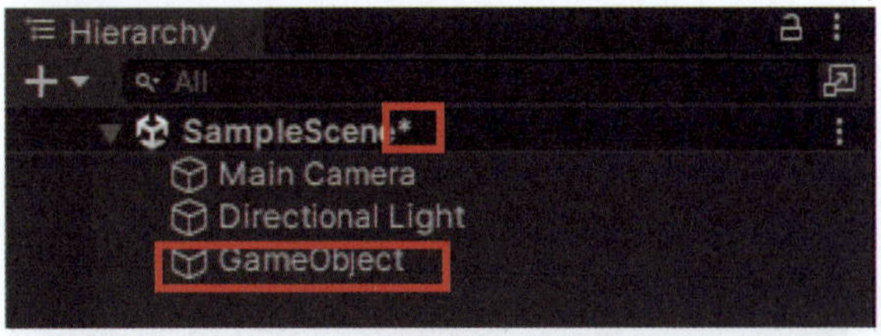

图 1-36

创建完成后，Hierarchy 窗口中会出现一个名为 GameObject 的游戏对象，并且场景名称后会出现一个“*”，这两者都在提示我们在当前场景下新建了一个游戏对象，如图 1-36 所示。如果需要保存当前文件，则可以使用 Ctrl+S 组合键来保存场景，关于场景的详细操作会在 1.3.5 节中进行讲解。

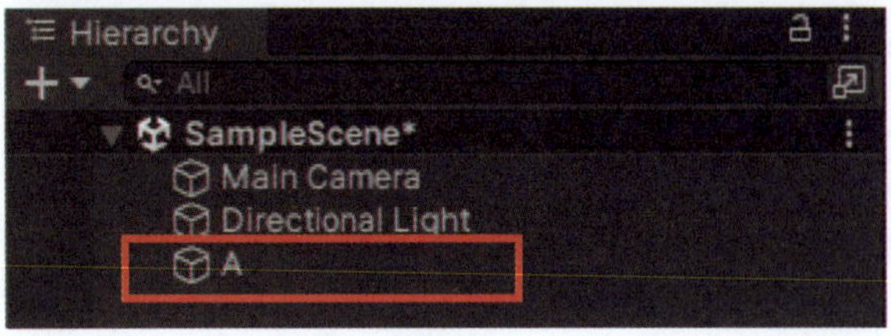

图 1-37

选中某个游戏对象，使用 F2 快捷键，可以重命名这个游戏对象，通过此操作可以将创建的 GameObject 对象更名为 A，如图 1-37 所示。

创建一个游戏对象 B，选中游戏对象 B，将其拖动到游戏对象 A 的子集中，以达到变更其父物体的目的，如图 1-38 和图 1-39 所示。

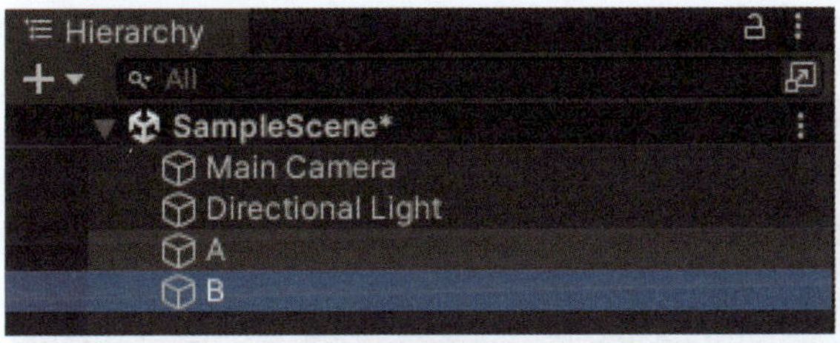

图 1-38

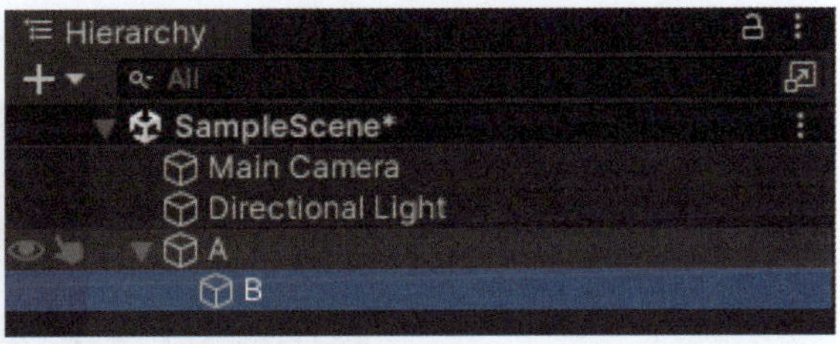

图 1-39

Hierarchy 窗口中的常用操作如下。

（1）Ctrl+C：复制游戏对象。

（2）Ctrl+V：粘贴游戏对象。

（3）Ctrl+D：快速复制并粘贴游戏对象。

（4）Ctrl+X：剪切游戏对象。

（5）拖动：变更嵌套关系。

（6）Delete：删除游戏对象。

（7）鼠标框选：多选后进行以上操作。

注意：

游戏对象嵌套时，对父物体进行复制、删除、粘贴等操作会将其所有子物体视为一体来执行。例如，复制游戏对象 A 后会得到一个完整的结构，如图 1-40 所示。

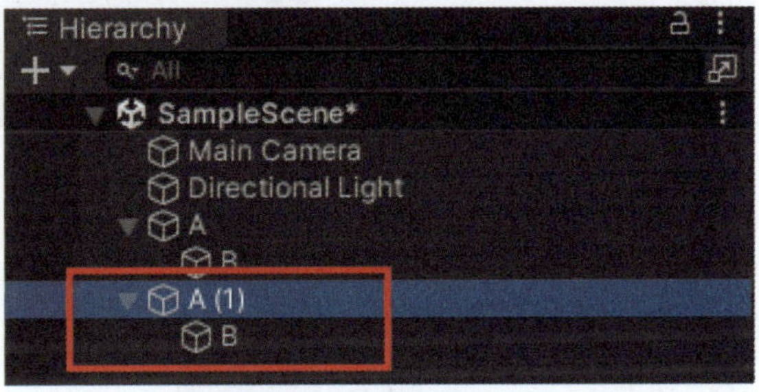

图 1-40

1.3.4 Inspector 窗口

Inspector 窗口直译为“检查器窗口”，但是我们按照“属性窗口”来理解更合适。这个窗口本身并没有内容，在默认情况下，Inspector 窗口如图 1-41 所示。

图 1-41

这是因为，既然 Inspector 窗口是一个查看属性的窗口，那么必然有一个 “用来观察的对象”，在游戏开发中我们往往需要操作与设置这两类资源。

（1）Project 窗口中的资源：对图片、模型、声音等文件进行资源层面的设置。

（2）Hierarchy 窗口中的游戏对象：对它们的名称、位置等进行设置

创建游戏对象，然后单击它保持选中状态，右侧的 Inspector 窗口中会发生变化，此时 Inspector 窗口展现的就是该游戏对象的属性，当然对于一个空游戏对象，我们能设置的属性并不多，如图 1-42 所示，这些设置我们会在后续详细说明。

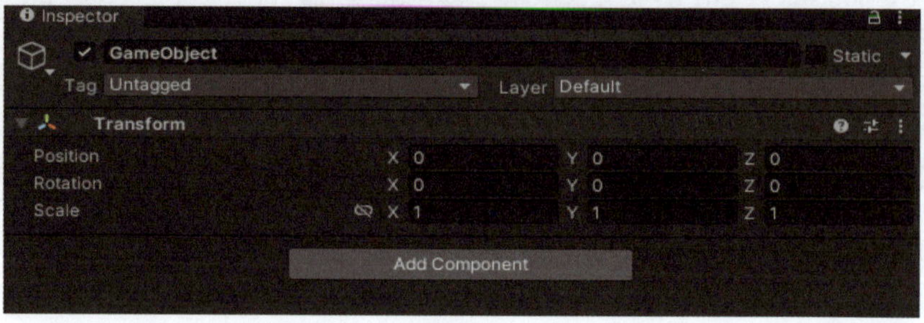

图 1-42

1.3.5 Scene 窗口

Scene 窗口就是场景窗口，它是用来编辑和观察游戏场景的，如编译角色模型在游戏场景中的位置。

在正式学习 Scene 窗口之前，先来创建一个“看得见”的模型，以增强我们对后续学习的理解。在 Hierarchy 窗口中右击，在弹出的快捷菜单中选择 3D Object → Cube 命令，如图 1-43 所示，这样我们就能得到一个 Cube 游戏对象。

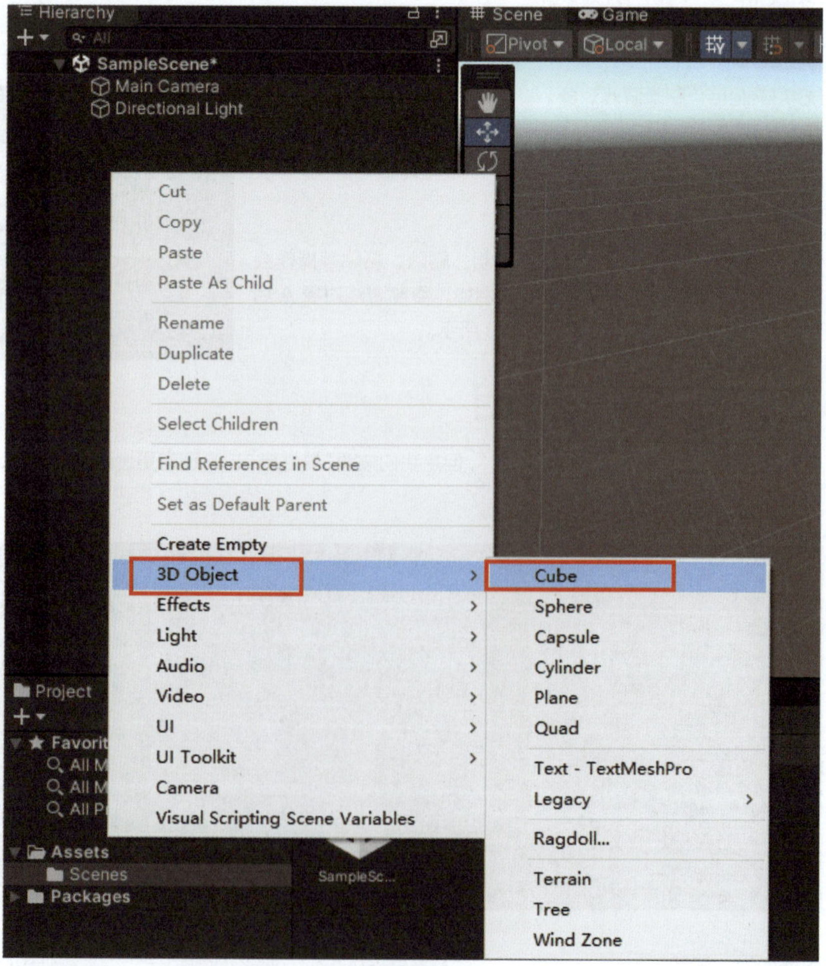

图 1-43

此时观察 Scene 窗口，会发现窗口中多了一个立方体，这说明 Scene 窗口会显示在 Hierarchy 窗口中创建的游戏对象，如图 1-44 所示。

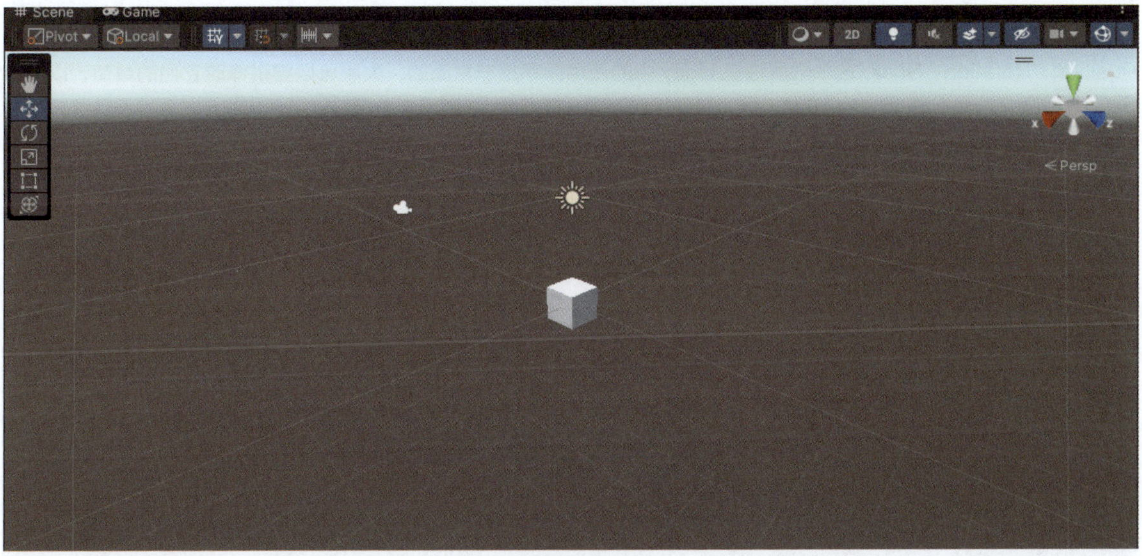

图 1-44

窗口之间是存在联动性的。例如，在 Hierarchy 窗口中选择一个游戏对象，Inspector 窗口中会显示它的属性，但是这些属性也决定了 Scene 窗口会如何渲染它，如设置坐标会决定它在 Scene 窗口的什么坐标进行显示。

选中刚刚创建的 Cube 游戏对象，会发现 Scene 窗口中多了 3 个箭头，如图 1-45 所示。

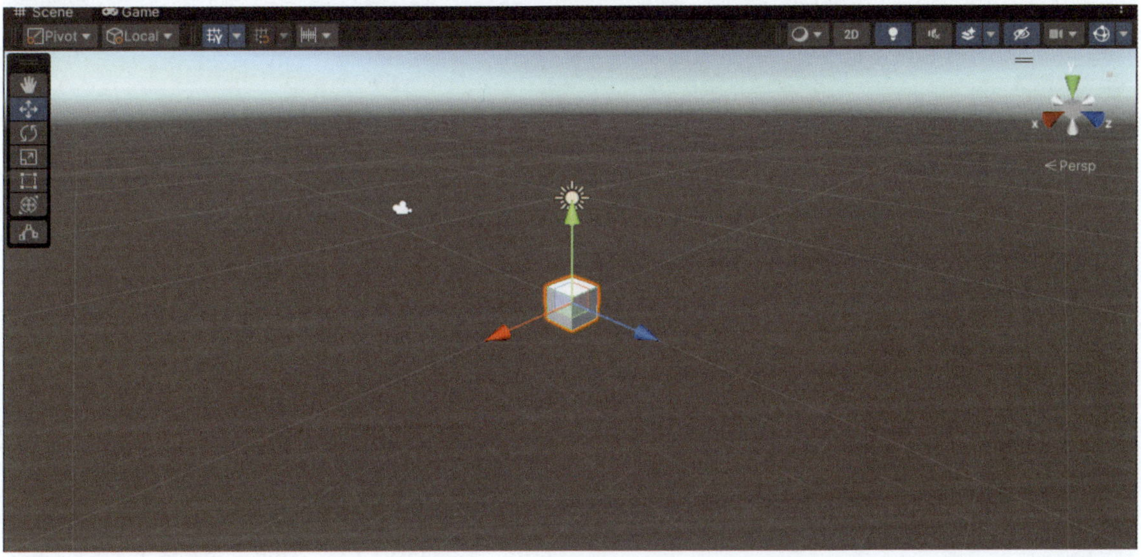

图 1-45

这 3 个箭头出现的位置刚好是当前所选游戏对象的坐标，如果在 Inspector 窗口中设置 Transform 组件中 Position 属性的 Y 坐标，则会发现 3 个箭头的位置发生了变化。反过来，如果我们在 Scene 窗口中拖动 3 个箭头中的任意一个，则立方体也会移动，并且可以观察到 Hierarchy 窗口中的坐标发生了变化。

这里先简单介绍一下 Transform 组件，后续我们会在第 2 章中详细讲解它，现在，暂时只需要我们理解它的 3 个主要属性。

（1）Position：游戏对象的空间坐标值。

（2）Rotation：游戏对象的旋转坐标值。

（3）Scale：游戏对象的缩放坐标值。

Position、Rotation、Scale 这 3 个属性在 Unity 中的使用频率是非常高的，大家可以尝试修改它们的数值，以观察 Scene 窗口中 Cube 游戏对象的变化。因为其使用频率高，在 Scene 窗口中也可以以可视化的方式直接设置这 3 个属性值，Scene 窗口中的工具栏如图 1-46 所示，它们的具体功能如下。

（1）移动工具：对应 Position 属性，快捷键为 Q。

（2）旋转工具：对应 Rotation 属性，快捷键为 W。

（3）缩放工具：对应 Scale 属性，快捷键为 E。

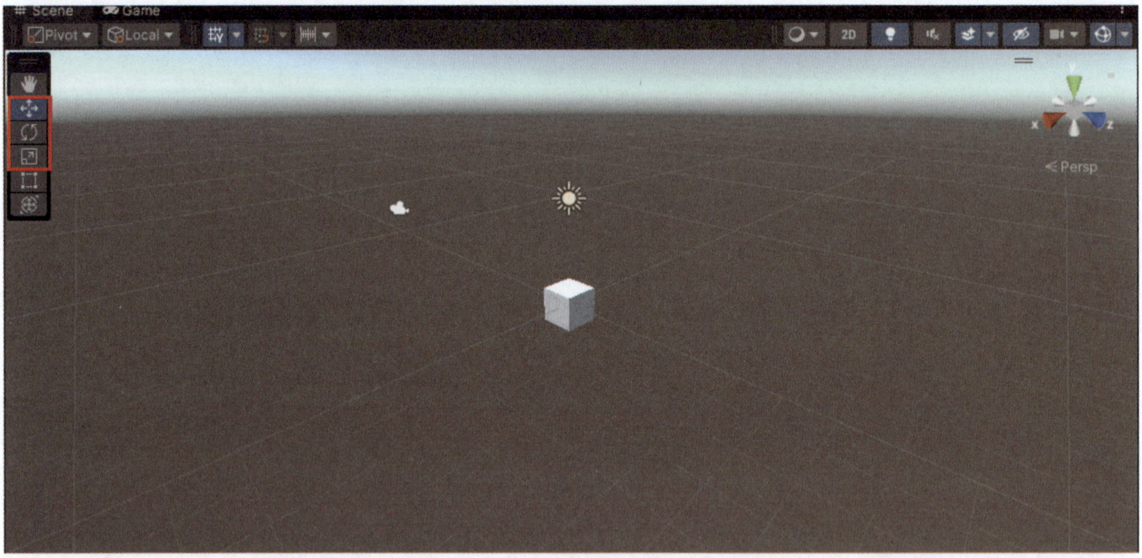

图 1-46

Scene 窗口会出现一些类似上方所说的 3 个箭头，这是在 Scene 窗口中辅助我们进行可视化编辑的，玩家是看不到它们的。

还有一个关键的操作，就是有可能我们的游戏对象非常多，需要快速在 Scene 窗口中以某个游戏对象为核心去观察它，这里只需要在 Hierarchy 窗口中双击此游戏对象即可。

另外，我们有时候也想更自由地查看游戏世界，那就需要在 Scene 窗口中漫游，当然 Unity 也是支持此操作的，常用操作如下。

（1）按下鼠标中键（滚轮）并移动鼠标指针：平移视角。

（2）滚动鼠标中键（滚轮）：拉远或拉近视角。

（3）Alt 键保持按下状态 + 按住鼠标左键：旋转视角。

（4）Alt 键保持按下状态 + 按住鼠标右键：拉远或拉近视角。

（5）鼠标右键保持按下状态：进入第一人称模式。

使用键盘上 W、S、A、D 键进行摄像机的移动，鼠标指针的移动会导致摄像机的旋转。

可以通过 Scene 窗口右上角的区域进行视角的快速变化，如图 1-47 所示，单击轴向即可。如果单击中心的立方体区域，则会切换到 2D 正交模式，这种模式不具备近大远小的 3D 特征。这个区域也表现了当前观察视角相对世界中心的关系。例如，我们要将角色坐标向相对世界坐标的前方移动，那就需要明白在 Scene 窗口中到底哪里是“前”，可以通过此区域中 Z 轴指向得知世界前方。

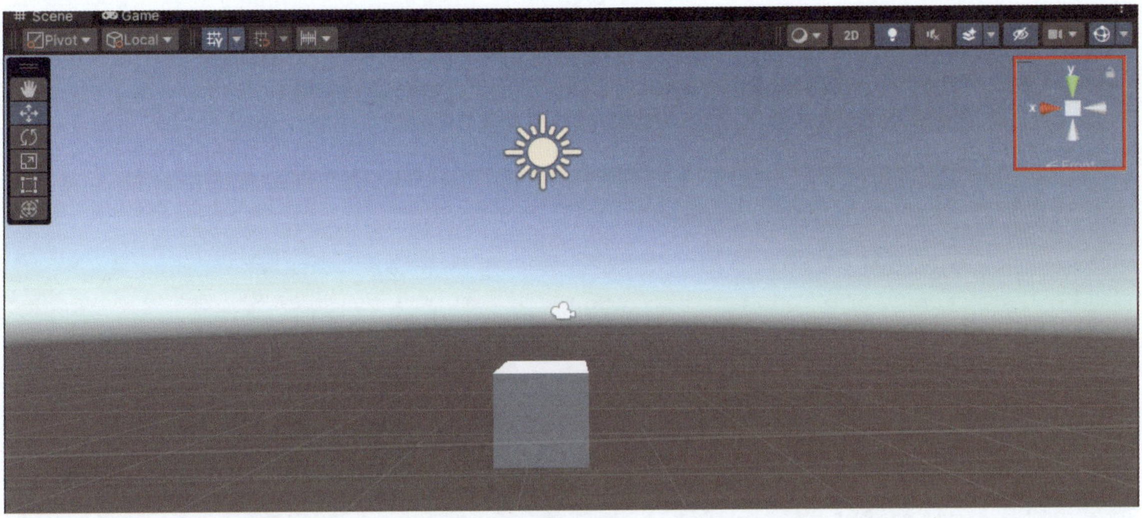

图 1-47

1.3.6 Game 窗口

如果说 Scene 窗口是“上帝视角”，则 Game 窗口就是“玩家视角”。

首先，调整一下窗口布局，以让我们更好地观察 Game 窗口。将 Game 窗口拖动到 Scene 窗口的下方，这样我们可以同时观察 Scene 窗口和 Game 窗口的状态，如图 1-48 所示。

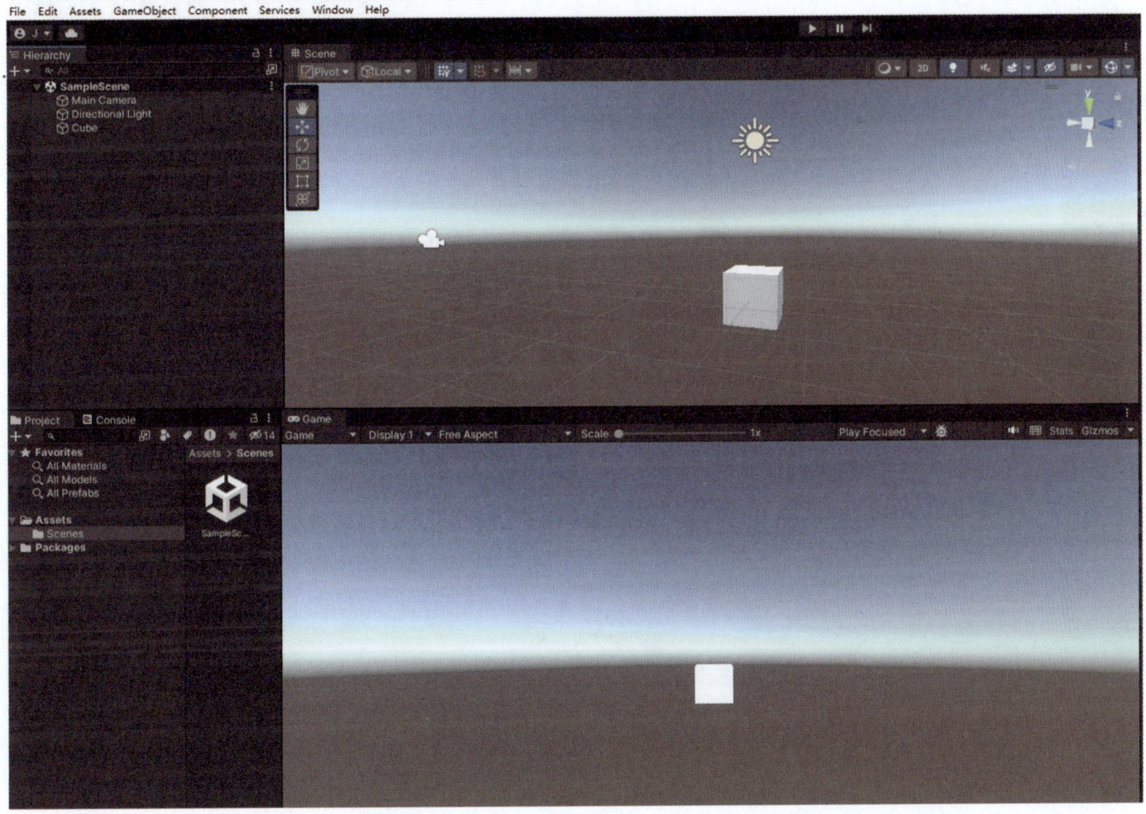

图 1-48

在了解 Game 窗口之前，需要了解 Camera。在创建项目后，系统默认会创建一个名为 Main Camera 的游戏对象，它就是游戏中的摄像机。Scene 窗口中实际上也有一个摄像机，不过这个摄像机仅在 Unity 编辑器中为开发者服务，而 Hierarchy 窗口中的摄像机会在最终打包的游戏中运行。选择 Main Camera 游戏对象后，在 Scene 窗口中移动它，可以观察到摄像机会在 Scene 窗口中额外绘制一些辅助元素来帮助我们去设置它，如图 1-49 所示。

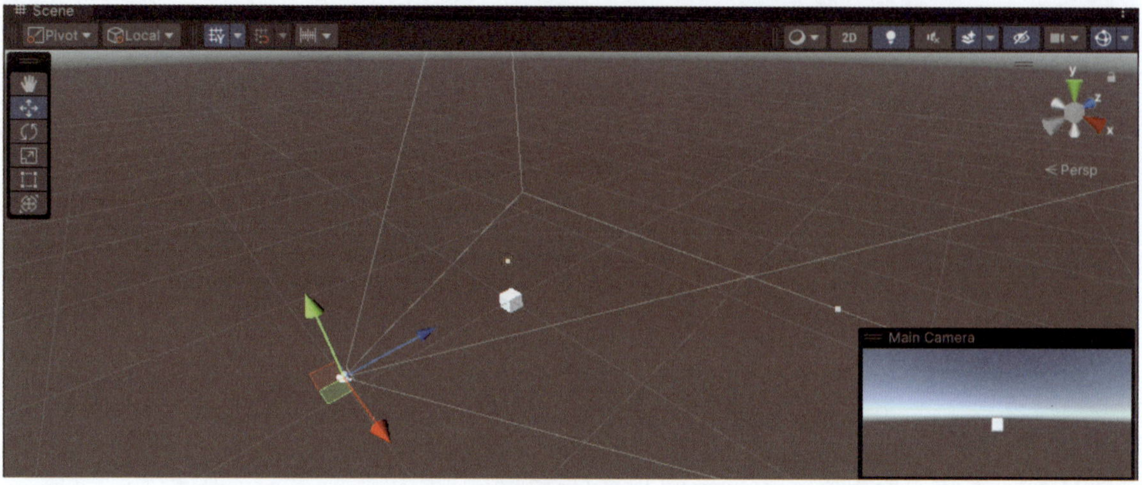

图 1-49

当我们移动或旋转摄像机时，会发现 Game 窗口中的画面会同步发生变化，出现这个现象的原因是 Game 窗口是基于 Hierarchy 窗口中的摄像机来绘制游戏的。游戏中玩家视野的变化本质上就是摄像机的坐标的变化，摄像机其他的设置我们会在第 2 章中进行学习。

Game 窗口本身有一些设置，其中关键的就是分辨率的设置，这里我们可以选择按照比例或固定的尺寸，这里设置为"16:9 Aspect"，这是开发中最常用的比例，如图 1-50 所示。

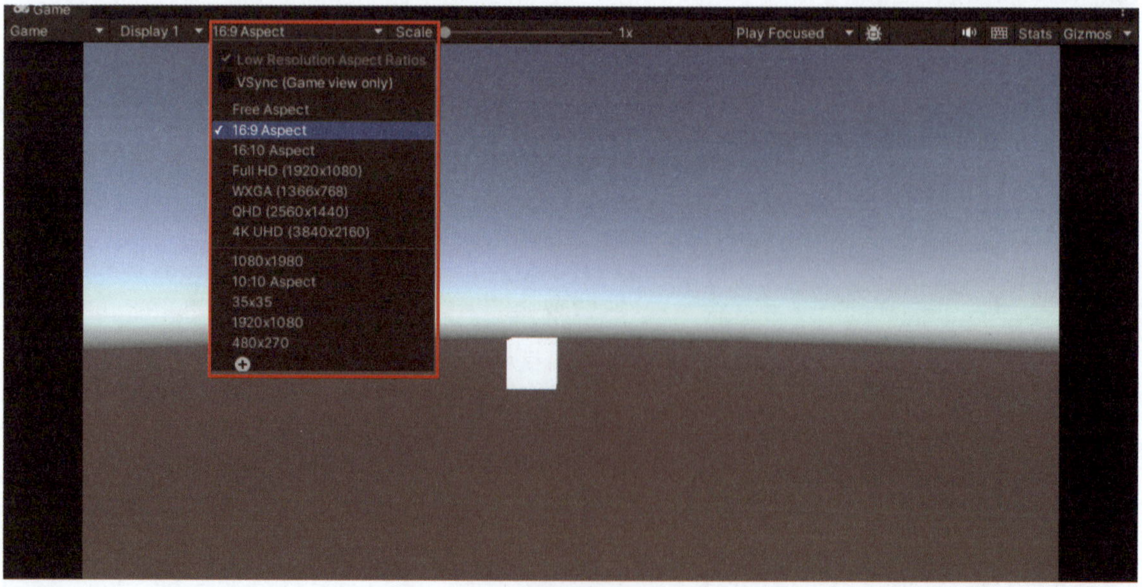

图 1-50

第 2 章　Unity 的运行框架

从本章开始，我们来了解游戏是怎么运行的，以及为什么要这样设计。

本章学习要点

- 游戏场景
- 游戏对象
- 游戏组件
- 游戏循环

2.1　游戏场景

无论是 2D 游戏还是 3D 游戏，一般来说，游戏中都存在一个演出的“舞台”，这个舞台就是场景，而玩家就是舞台的观众。

场景中可能会有花草树木等环境元素、NPC、玩家，甚至还有特效、声音等元素，游戏中我们看到的、听到的都发生在场景中。我们可以认为场景是游戏中一切元素的载体，但是要注意的是，一个游戏可能会有多个场景，如登录场景、竞技场场景、副本场景，不同的场景可能会由不同的元素组成，当然这一切都是由开发者决定的。

在开发实践中，开发者会根据目的不同区划分不同功能的场景，如加载场景、登录场景、副本场景等。

在 Unity 中，Scene 就是场景，并且场景中只有 GameObject，但 GameObject 的作用是由开发者决定的，它可能是 NPC、玩家、特效、声音等。

复习一下在上一章中与场景有关的知识。

Hierarchy 窗口是用来观察场景中有哪些 GameObject 的。

Scene 窗口是用来观察当前场景的视觉内容的。

Game 窗口是用来模拟游戏启动后玩家看到的视觉内容的。

在上一章中，我们已经看到过场景，Project 窗口中看到的 SampleScene 就是场景文件，但是这个场景是创建工程时系统自动创建的，我们可以自行新建、删除场景。

2.1.1　新建场景文件

（1）选择 File → New Scene 命令，这一步可以通过 Ctrl+N 组合键执行，如图 2-1 所示。

（2）在弹出的对话框中选择一个场景模板，选择 Empty 选项后单击 Create 按钮即可，如图 2-2 所示。

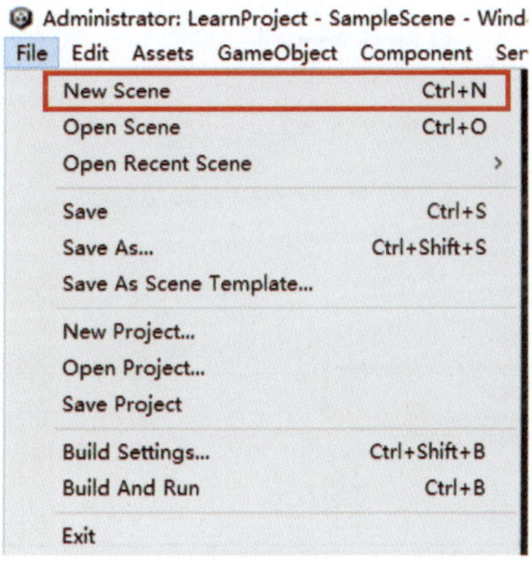

图 2-1

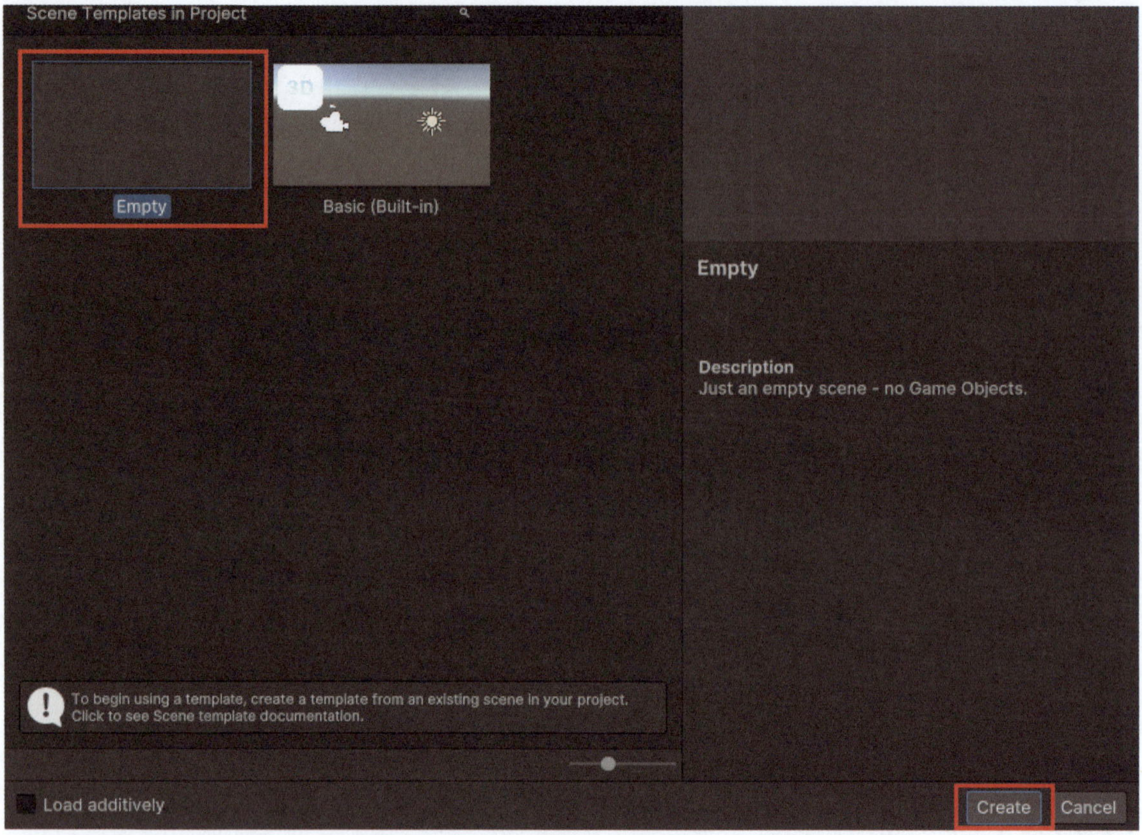

图 2-2

（3）此时 Hierarchy、Scene、Game 等窗口都会自动刷新，因为当前会默认打开新创建的场景，但是请注意，此时虽然创建了场景，但是并没有保存，需要使用 Ctrl+S 组合键保存场景。

（4）打开 Save Scene 对话框后，首先需要选择保存路径，一般选择 Scenes 文件夹，然后输入场景名称，这里我们假设此时创建的是登录场景，取名为 Login，最后单击“保存”按钮，如图 2-3 所示。

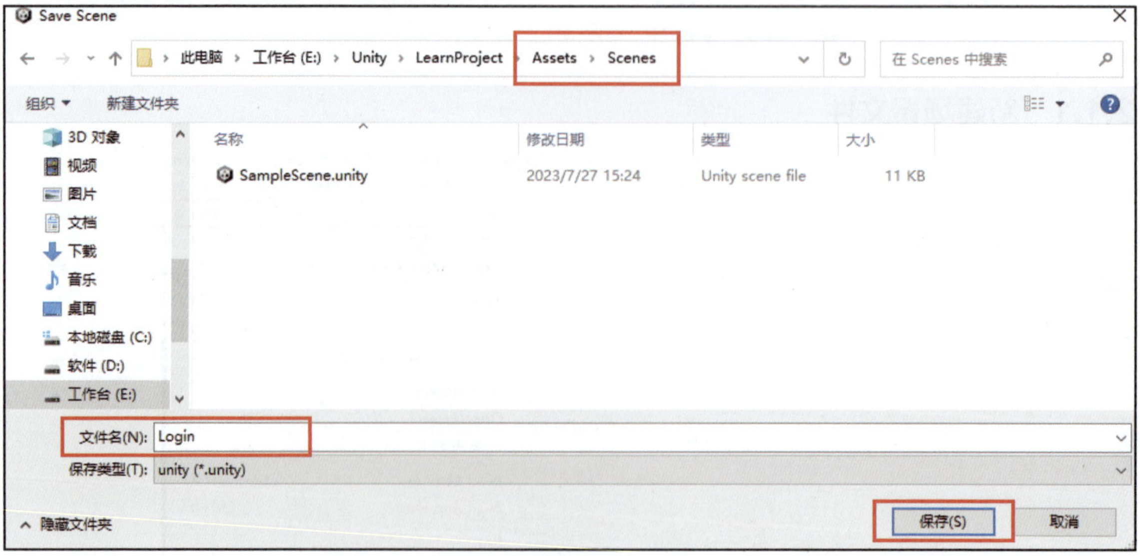

图 2-3

2.1.2 场景文件操作

重命名：场景创建后，可以在 Project 窗口中选中场景，使用 F2 快捷键进行重命名（Project 窗口中的文件都可以这样进行重命名），如图 2-4 所示。

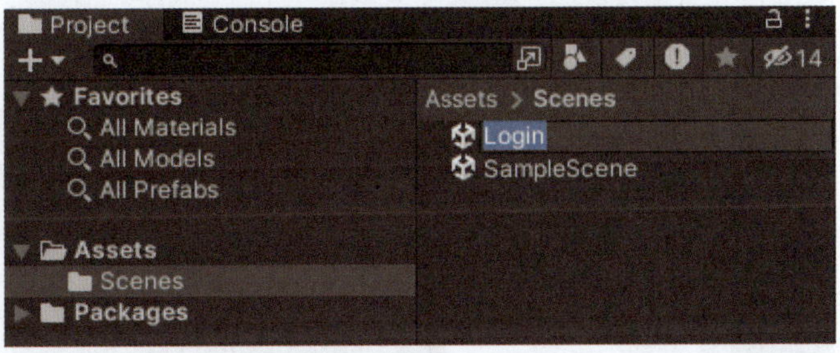

图 2-4

删除场景：在 Project 窗口中按下 Delete 键即可删除场景。

切换场景：在 Project 窗口中双击场景即可切换场景，此操作会同时触发 Hierarchy、Scene、Game 窗口的刷新。

2.2 游戏对象

如果说场景是“舞台”，那么游戏对象就是“演员”。

GameObject 就是游戏对象，也可以称为游戏对象，Hierarchy 窗口中的所有存在都是游戏对象。

游戏对象其实是对游戏中各种元素的抽象，如 3D 模型、声音、特效等都是游戏对象，游戏对象有以下共同的属性。

（1）Name：游戏对象的名称，但是玩家是看不到这个名称的，在 Hierarchy 窗口中可以看到游戏对象的名称。

（2）Tag：游戏对象的标签，这是一种分类工具，如图 2-5 所示。例如，不同的敌人虽然外表名称不同，但是可以将 Tag 都设置为 Enemy。

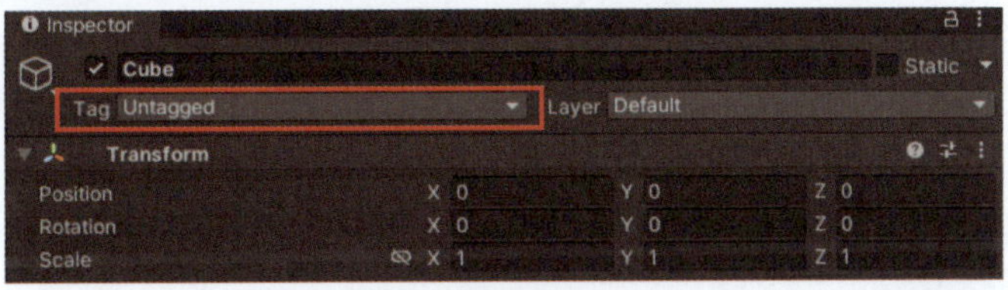

图 2-5

单击 Tag 下拉按钮，在弹出的下拉列表中会看到 Unity 内置的一些 Tag，如果需要新建 Tag，则可以选择 Add Tag 选项，打开 Tags & Layers 窗口，如图 2-6 所示。

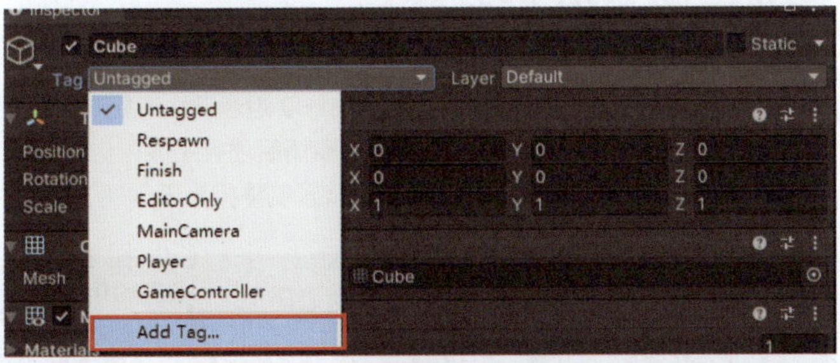

图 2-6

在 Tags & Layers 窗口中，单击“+”按钮，输入标签名称，最后单击 Save 按钮即可，如图 2-7 所示。

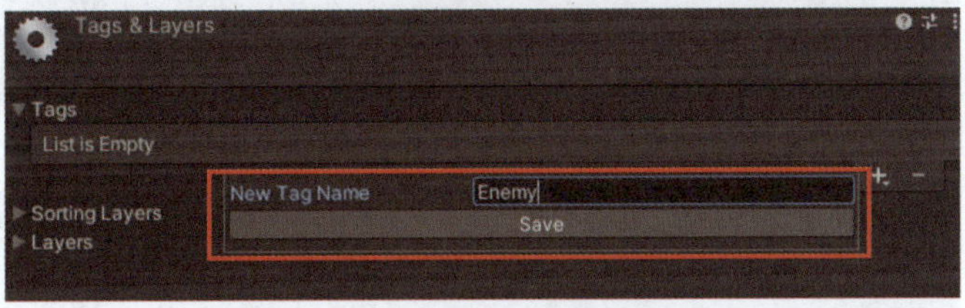

图 2-7

以上两步操作相当于在项目中新建了一个 Tag，但是并不意味着我们为刚刚的游戏对象添加了 Tag。如果要为游戏对象添加 Tag，则可以在选择一个游戏对象后在 Tag 下拉列表中选择指定的 Tag，如图 2-8 所示。

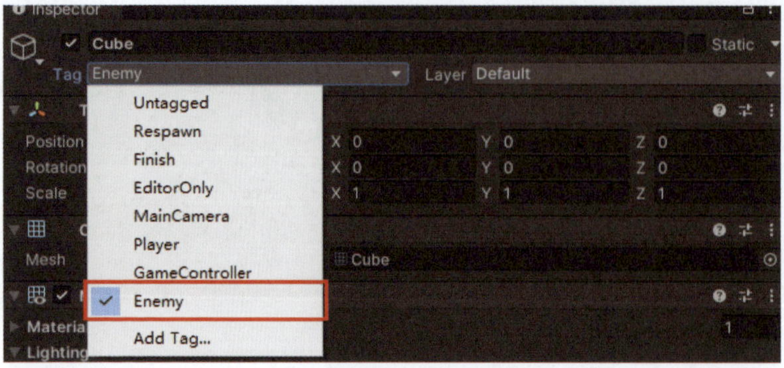

图 2-8

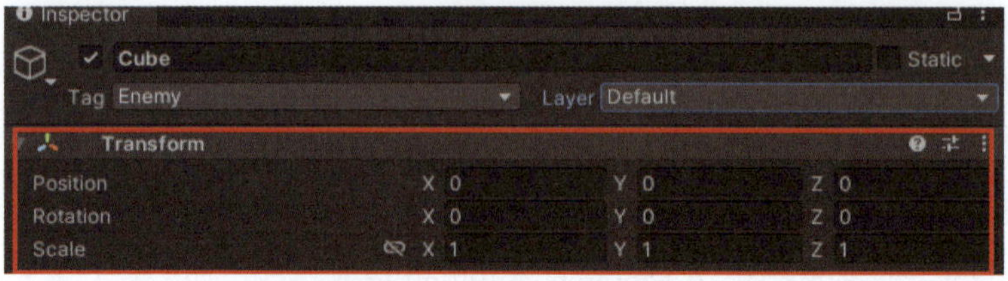

图 2-9

（3）Layer：与 Tag 很接近，不过一般在渲染、物理碰撞检测等场景中使用，后续会进行讲解，其设置方式与 Tag 相同。

游戏对象一定拥有一个空间信息，它就是 Transform，选择任何一个游戏对象后，在 Inspector 窗口中都可以看到它，如图 2-9 所示。

每个游戏对象都有其位置、旋转、缩放等信息，即使它是看不见的或抽象的。但是，与游戏对象的 Name、Tag、Layer 不同的是，Transform 是作为游戏对象的一个组件存在的。这里要提到 Unity 的一个重要的开发思想——组件式开发。这种开发方式将功能模块化，然后将其挂载到游戏对象上。Transform 作为一个不可或缺的组件，默认会自动挂载在游戏对象上。

因此，可以说游戏对象是一种容器或载体，具体的功能由其上挂载的各种组件决定。例如，如果需要显示模型，就要挂载渲染相关的组件；如果需要物理碰撞，就要挂载物理相关的组件。这种设计思想就像搭积木一样，根据需要将不同的组件组合在一起。关于组件的具体内容，将会在后续学习中详细介绍。

2.3 游戏预制体

在游戏开发中，经常会使用相同的元素。例如，游戏中的很多怪物长得都一样，为了节省时间和工作量，需要一次性创建一个元素，然后进行复用。可以使用 Ctrl+D 组合键快速复制一个相同的怪物，但是游戏中可能存在多个不同的场景，而且有一些怪物可能是在玩家触发了某些事情后才会生成，也就是说，它们并不会一开始就出现在场景中。下面介绍一种更方便的技术，那就是游戏预制体，游戏预制体相当于创建了游戏对象的模板，方便之后复用。

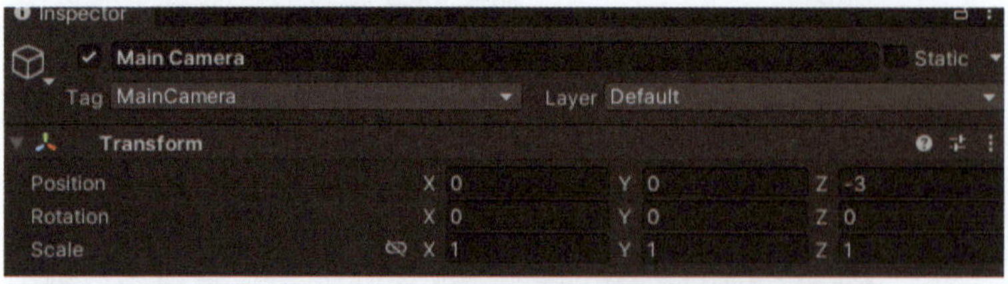

图 2-10

假设在场景中制作一个简单的角色，首先，要确保在默认场景中，主摄像机的 Position 属性值为（0，0，-3），这样可以保证观察角度适宜，如图 2-10 所示。

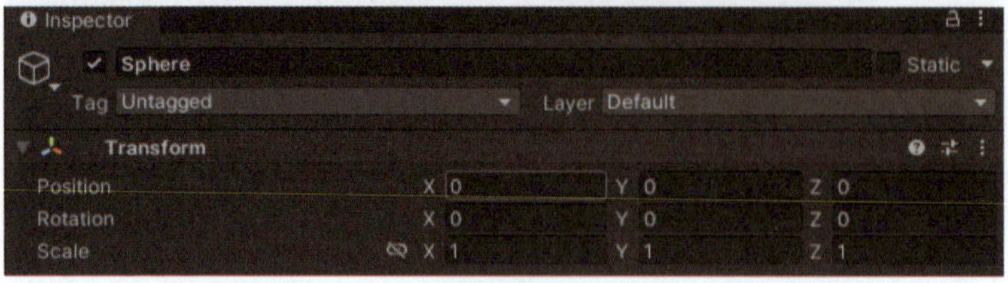

图 2-11

接下来创建角色的脑袋，在 Hierarchy 窗口的空白处右击，在弹出的快捷菜单中选择 3D Object→Sphere 命令，创建一个球，在 Inspector 窗口中将其 Position 属性值设置为（0，0，0），如图 2-11 所示。

使用相同的操作创建两个球，作为角色的眼睛，要注意的是在 Hierarchy 窗口中将两个眼睛的父物体设置为刚刚创建的脑袋，并且对它们进行更名，最终结构如图 2-12 所示。

现在为眼睛设置合适的坐标和比例。

左眼：Position 属性值为（-0.2，0.108，-0.55），Scale 属性值为（0.3，0.3，0.3）。

右眼：Position 属性值为（0.2，0.108，-0.55），Scale 属性值为（0.3，0.3，0.3）。

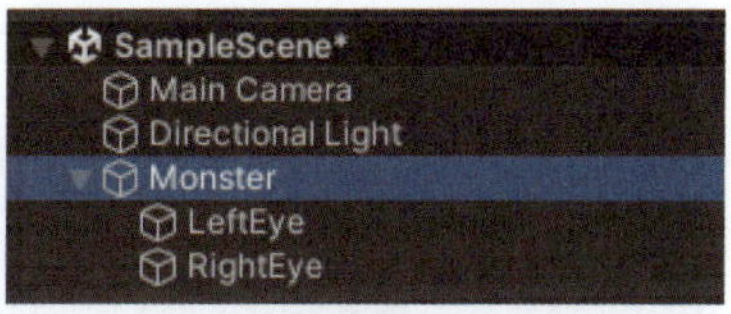

图 2-12

角色最终的效果如图 2-13 所示。

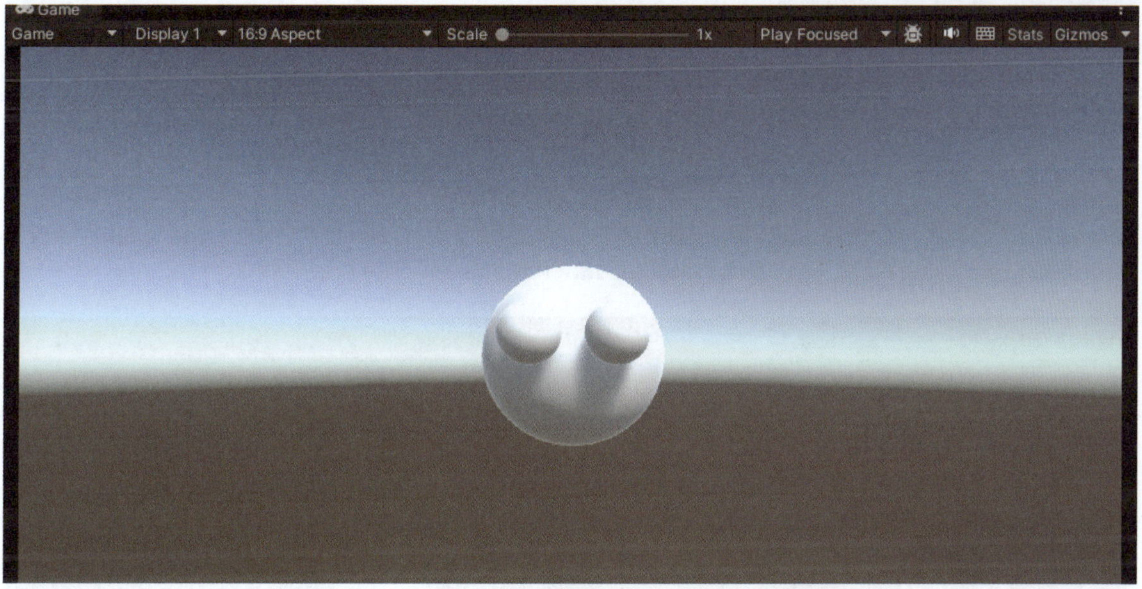

图 2-13

角色创建完成后，我们可以将其变成一个预制体。操作非常简单，只需要将该角色的游戏对象拖动到 Project 窗口中的任何一个 Assets 目录下即可。可以创建一个专门的 Prefabs 目录，将这些预制体存放在这个目录下，如图 2-14 所示。

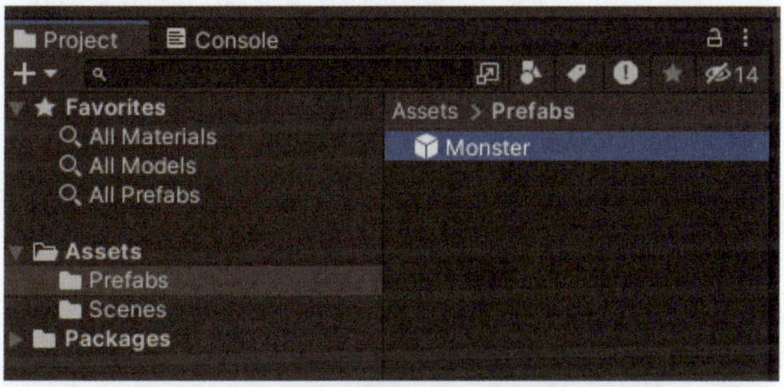

图 2-14

值得注意的是，Hierarchy 窗口中会使用蓝色字体来提醒我们哪些游戏对象是预制体，如图 2-15 所示。

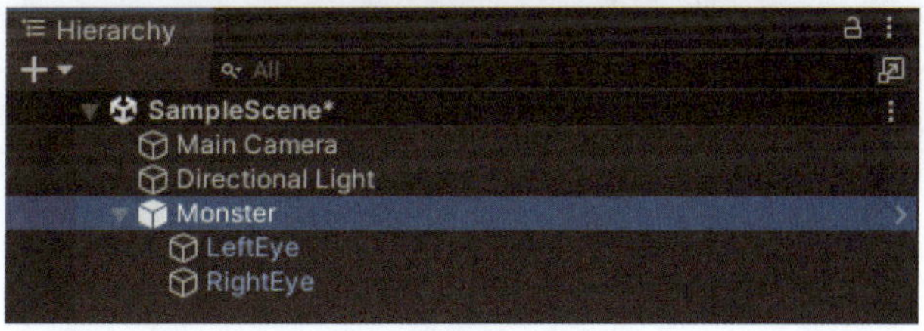

图 2-15

在右侧还会出现一个“>”的箭头，如果单击这个箭头，就会进入预制体的凸显模式，这种模式会在场景中凸显当前游戏对象，并且在 Hierarchy 窗口中仅显示当前游戏对象的层级结构，单击“<”箭头退出这种模式，如图 2-16 所示。

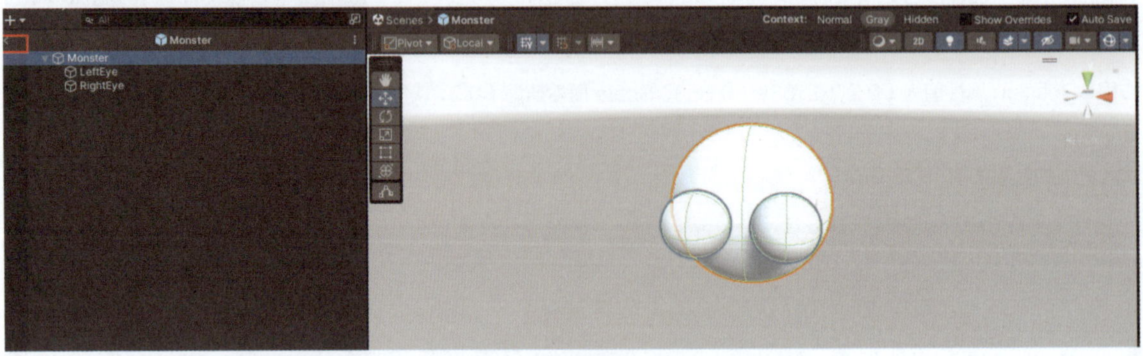

图 2-16

预制体还有一个特殊性：在 Project 窗口中如果双击预制体，会进入如图 2-17 所示的凸显模式，Scene 窗口中会仅显示当前预制体，但 Game 窗口并不会单独显示当前游戏对象，同样单击“<”箭头退出这种模式。

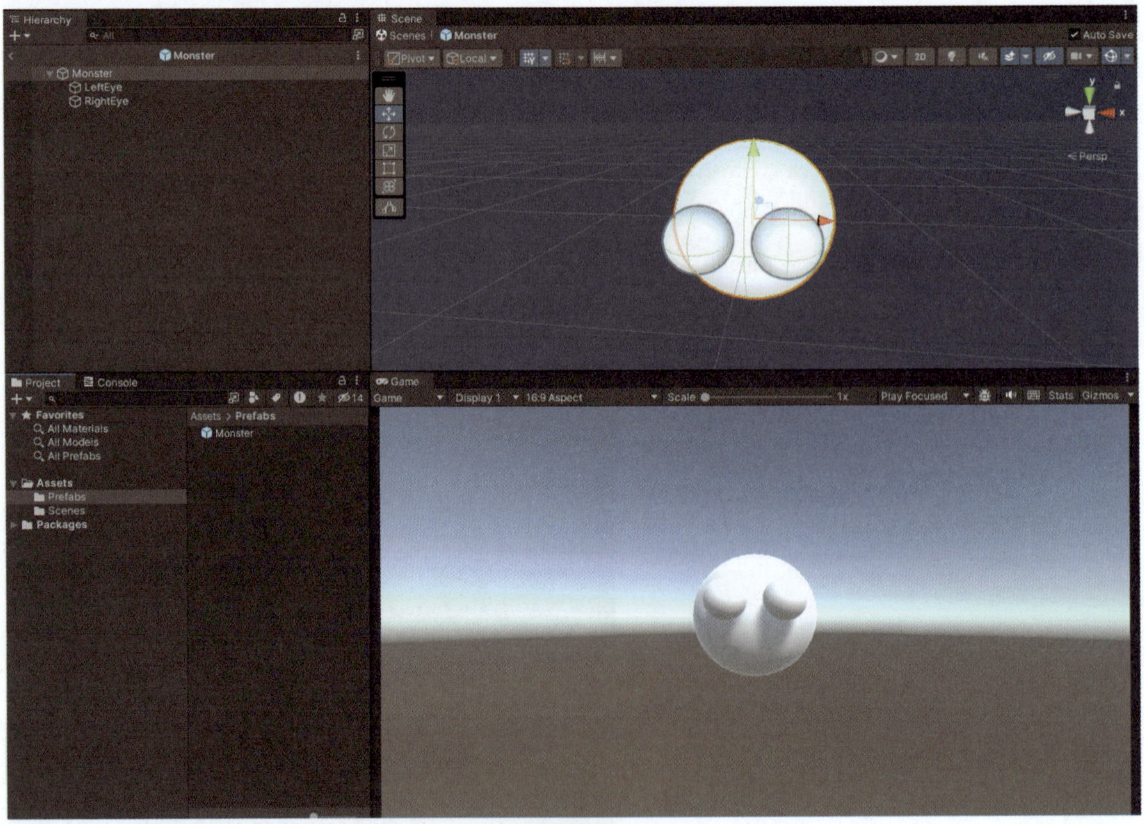

图 2-17

这些特殊模式是为了方便我们编辑预制体。如果将 Project 窗口中的预制体直接拖动到 Hierarchy 窗口中，则会发现场景中多了一个角色，这就是最常用的一种复用游戏元素的方法，如图 2-18 所示。

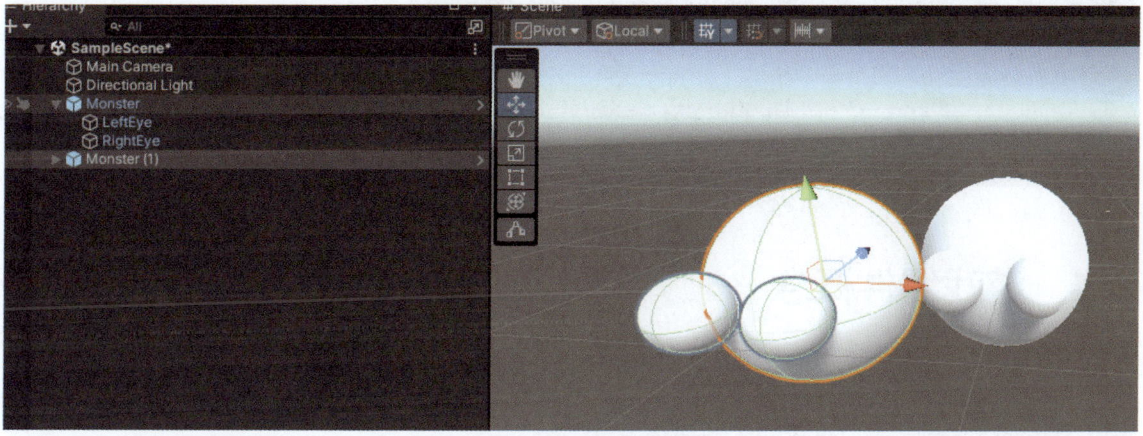

图 2-18

使用 Ctrl+D 组合键对 Hierarchy 窗口中的预制体进行快速复制时，会产生与将 Project 窗口中的预制体拖动到 Hierarchy 窗口中相同的效果。

如果需要修改预制体，则所有使用了这个预制体的部分都会同步修改。例如，在 Project 窗口中双击 Monster 预制体后，将其左眼的 Scale 属性值修改为（0.4，0.4，0.4），如图 2-19 所示。

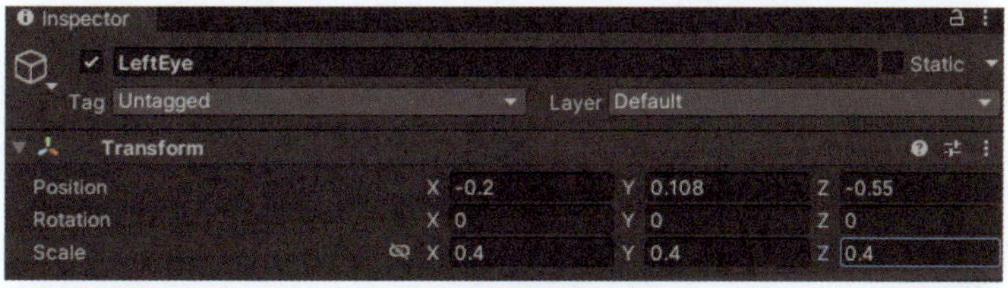

图 2-19

如图 2-20 所示，所有怪物的左眼都变大了，这种现象和编程中的引用非常相似。

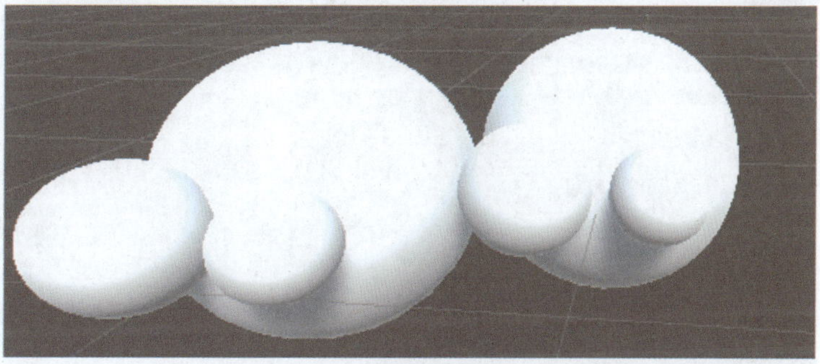

图 2-20

如果在 Hierarchy 窗口中直接修改预制体的某个属性值，则不会影响通过该预制体创建的游戏对象。假设我们将场景中一只怪物的眼睛放大，会发现其他怪物的眼睛大小仍然保持不变，这是因为我们实际上是对个体的属性值进行了修改，而没有修改预制体的属性值，如图 2-21 所示。

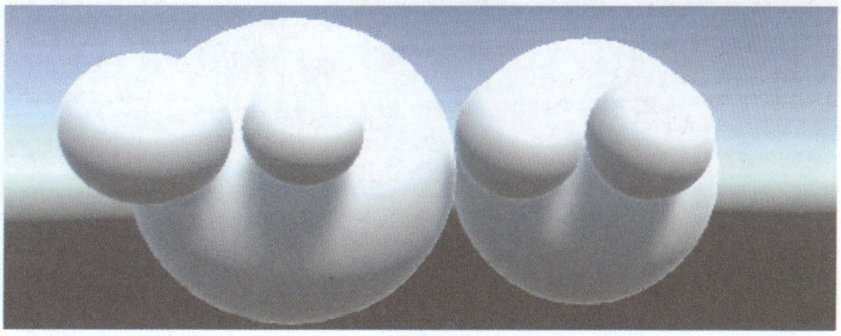

图 2-21

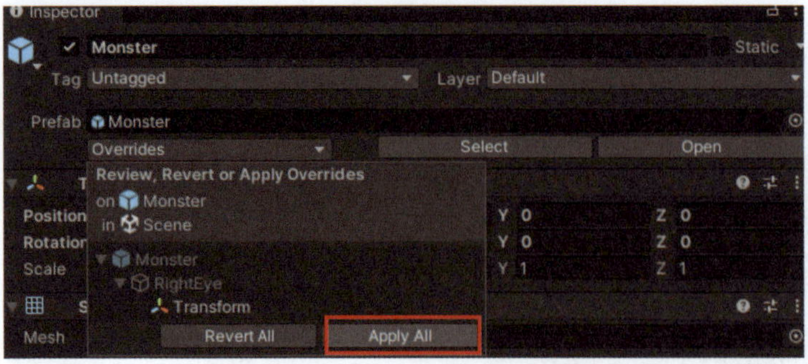

图 2-22

如果想要将这些修改保存到预制体中，则可以在 Inspector 窗口的 Prefab 专属操作栏中，单击 Overrides 下拉按钮，在弹出的下拉列表中单击 Apply All 按钮，如果单击 Revert All 按钮，则表示放弃所有修改，保存后会发现场景中怪物们的眼睛大小又相同了，如图 2-22 所示。

在游戏运行过程中，需要经常根据游戏进度、玩家行为等动态生成预制体。这方面的知识会在后续章节中详细介绍。

2.4 游戏组件概念

如果说场景是“舞台”，游戏对象是“演员”，那么组件就是“剧本”。场景中可以有多个游戏对象，游戏对象也可以有多个组件。

从游戏开发者的角度来说，我们可以把组件分为两类。

（1）Unity 内置的功能性组件，如渲染、动画、声音等。

（2）由开发者自己编写，主要用来控制逻辑的组件，如单击发射子弹。

第一类组件可以在不同项目中使用，我们只需要学习它们的功能和特点即可。而第二类组件通常是开发者的主要工作内容。例如，动画组件虽然提供了播放动画的功能，但在什么种情况下播放什么动画应该由开发者来控制。因此，逻辑脚本更像是舞台剧中的剧本，负责控制角色的动画。

要查看游戏对象的组件，可以先在 Hierarchy 窗口中选中该游戏对象，再在 Inspector 窗口中查看和设置组件。以 2.3 节中制作的怪物为例，除了 Transform 组件，还可以看到与渲染和物理相关的组件，如图 2-23 所示。

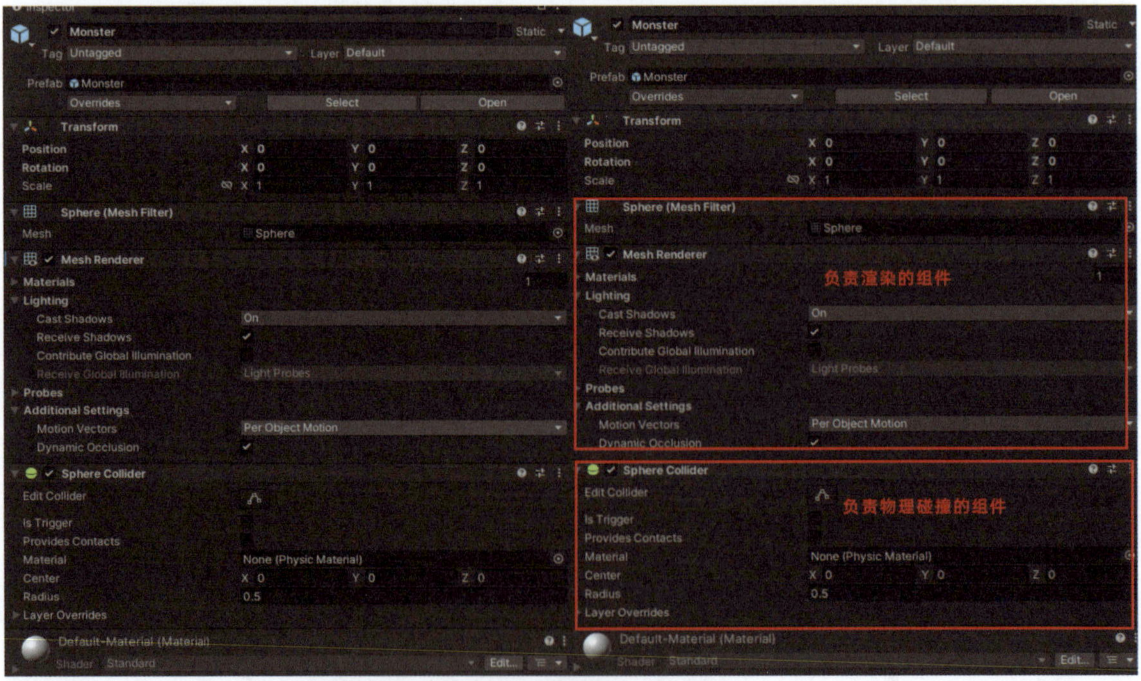

图 2-23

取消勾选 Mesh Renderer 复选框，关闭该组件，会发现怪物的身体消失了，由此可知怪物的模型渲染功能由该组件控制，如图 2-24 所示。

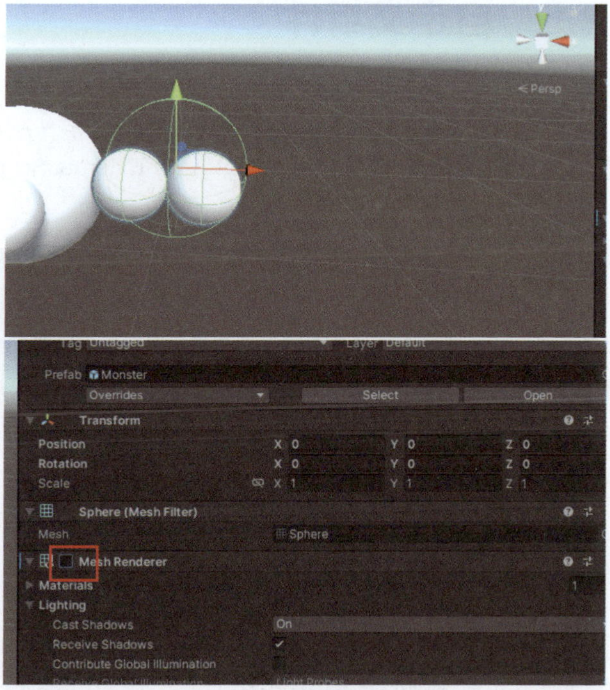

图 2-24

组件为游戏对象提供功能，开发者可以关闭或开启这些功能。

组件的属性可以在 Inspector 窗口中设置。然而，由于游戏是动态的，在某些事件发生时可能才会修改组件，因此学习如何使用代码来控制组件也非常重要。所以，学习组件的使用既包括属性设置，也包括代码控制。

添加组件：在选择某个游戏对象后，在 Inspector 窗口中单击 Add Component 按钮，再进行组件搜索或根据组件分类选择组件即可，如图 2-25 所示。

删除组件：在选择某个游戏对象后，单击某个组件右侧的下拉按钮，在弹出的下拉列表中选择 Remove Component 选项即可删除组件，如图 2-26 所示。

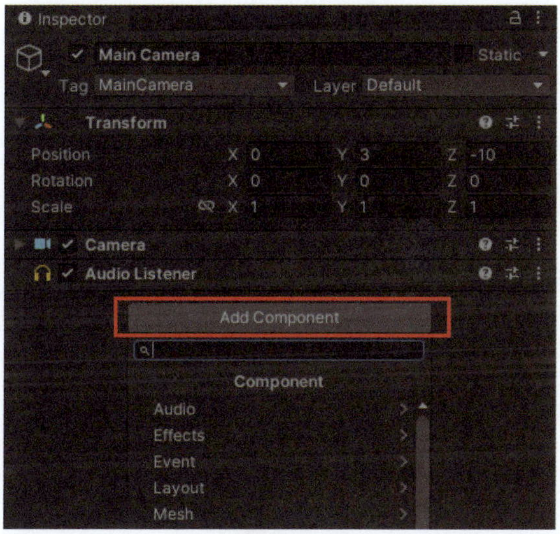

图 2-25

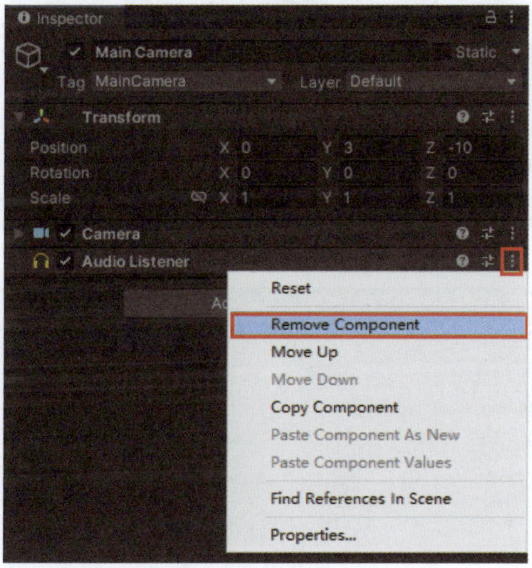

图 2-26

2.5 自定义组件

自定义组件：自己编写的组件，使用它来调度其他组件完成功能。

自定义组件也是脚本，这里采用 Visual Studio 作为代码编辑器，为了确保功能使用正常，需要选择 Editor → Preferences → External Tools → External Script Editor → Microsoft Visual Studio 2022 Preview [17.6.33513] 选项，如图 2-27 所示。

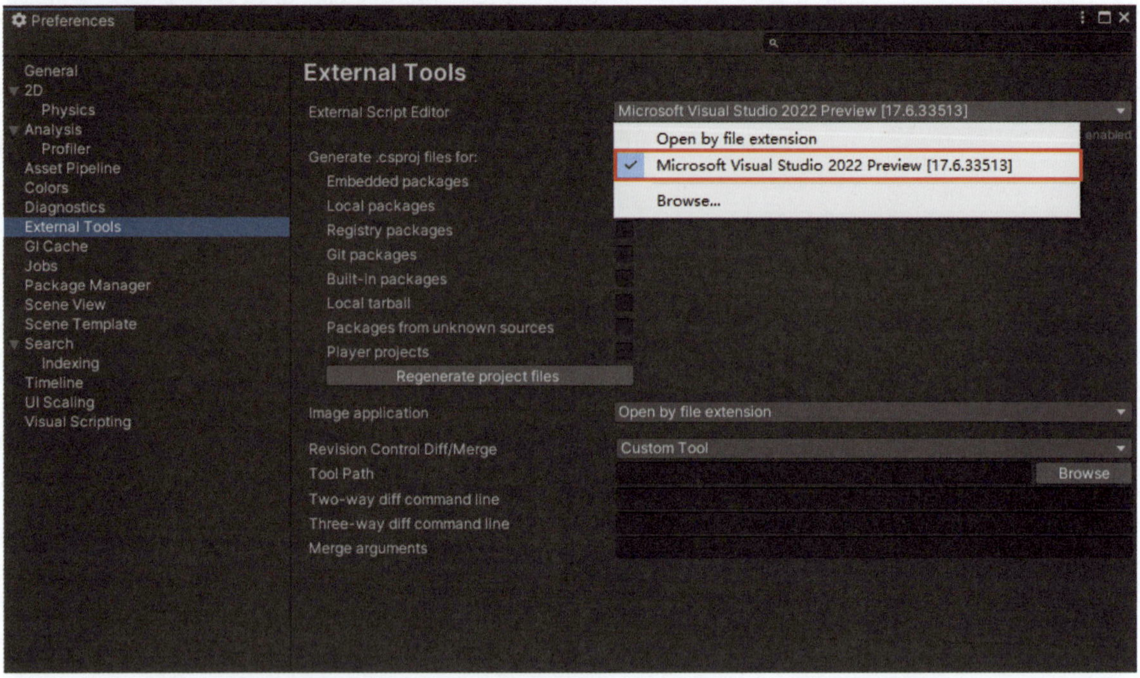

图 2-27

可以在 Project 窗口中创建名为 Scripts 的文件夹，专门用来存放脚本文件，如图 2-28 所示。

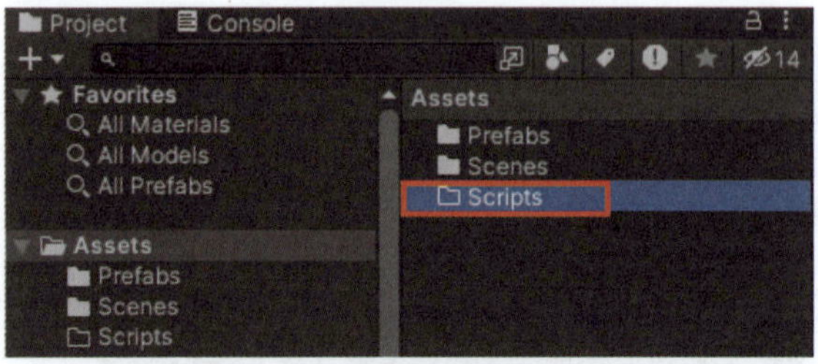

图 2-28

在 Scripts 文件夹上右击，在弹出的快捷菜单中选择 Create → C# Script 命令，创建一个 C# 脚本文件，并且命名为 FirstScript，如图 2-29 所示。

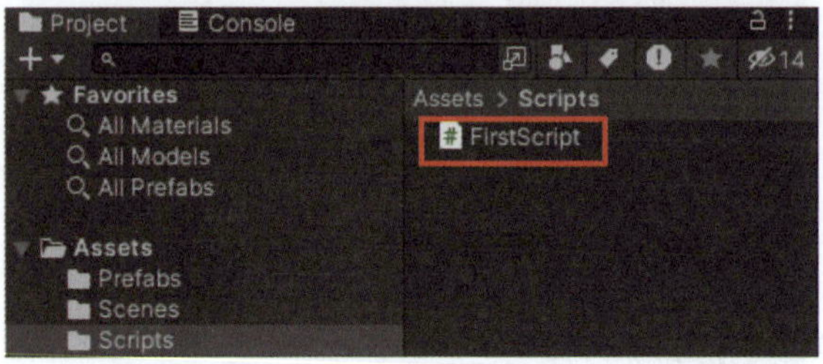

图 2-29

双击脚本文件，打开 Visual Studio 文件，如图 2-30 所示。

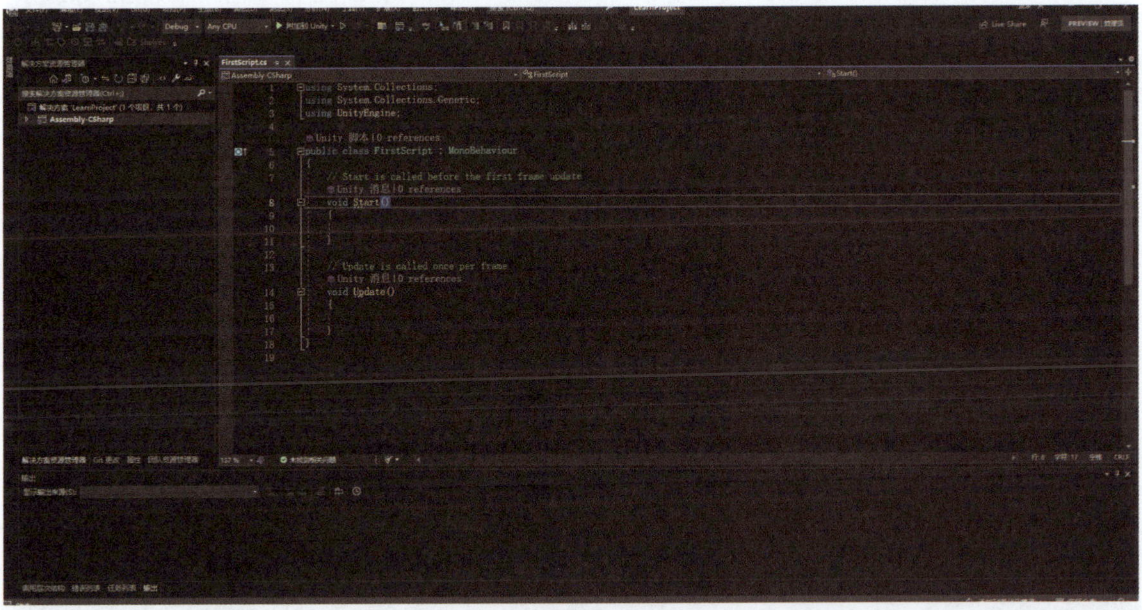

图 2-30

在创建脚本文件的过程中可能会犯一个错误：脚本文件中类的名称与文件名不同。这两处名称必须完全相同，如果需要修改脚本文件的名称，则可以在 Project 窗口中对文件进行重命名，如图 2-31 所示。

最终，在脚本文件中编写简单的代码，代码的含义是将坐标修改为 (1,1,1)，如图 2-32 所示。

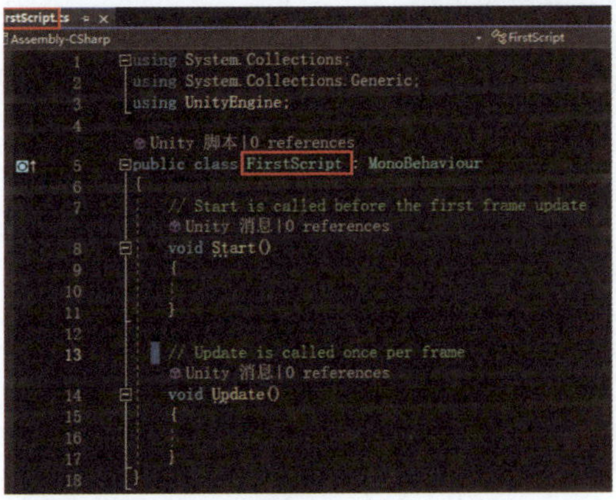
Assembly-CSharp
FirstScript
using System.Collections;
using System.Collections.Generic;
using UnityEngine;
Unity 脚本 | 0 references
public class FirstScript : MonoBehaviour
// Start is called before the first frame update
Unity 消息 | 0 references
void Start()
// Update is called once per frame
Unity 消息 | 0 references
void Update()

图 2-31

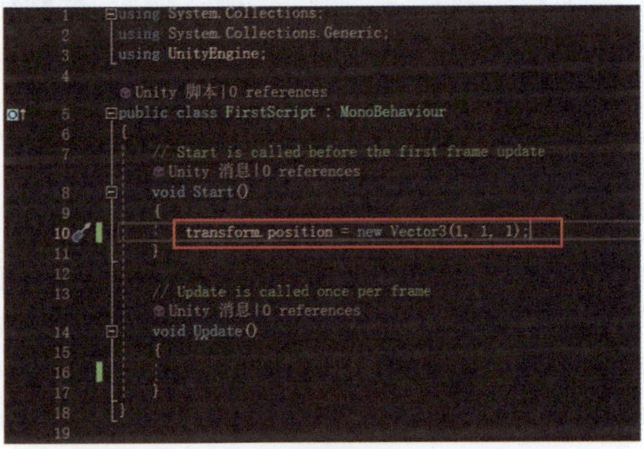
using System.Collections;
using System.Collections.Generic;
using UnityEngine;
Unity 脚本 | 0 references
public class FirstScript : MonoBehaviour
// Start is called before the first frame update
Unity 消息 | 0 references
void Start()
transform.position = new Vector3(1, 1, 1);
// Update is called once per frame
Unity 消息 | 0 references
void Update()

图 2-32

自定义组件的一个关键性特征就是类需要继承 MonoBehaviour，否则就是一个普通的类而不是一个组件，如图 2-33 所示。

Unity 脚本(1 个资产引用)| 0 references
public class FirstScript : MonoBehaviour

图 2-33

由于脚本继承关系，可以使用基类的成员，其中最常用的如下。

（1）transform：表示当前组件所在游戏对象的 Transform 组件。

（2）gameObject：表示当前组件所在的游戏对象。

编写的脚本文件最终会以组件的形式挂载到游戏对象上并运行，只需要先在 Hierarchy 窗口中选中之前创建的 Monster 游戏对象，再使用长按鼠标左键的方式将 FirstScript 脚本文件拖动到 Inspector 窗口中即可，如图 2-34 和图 2-35 所示。

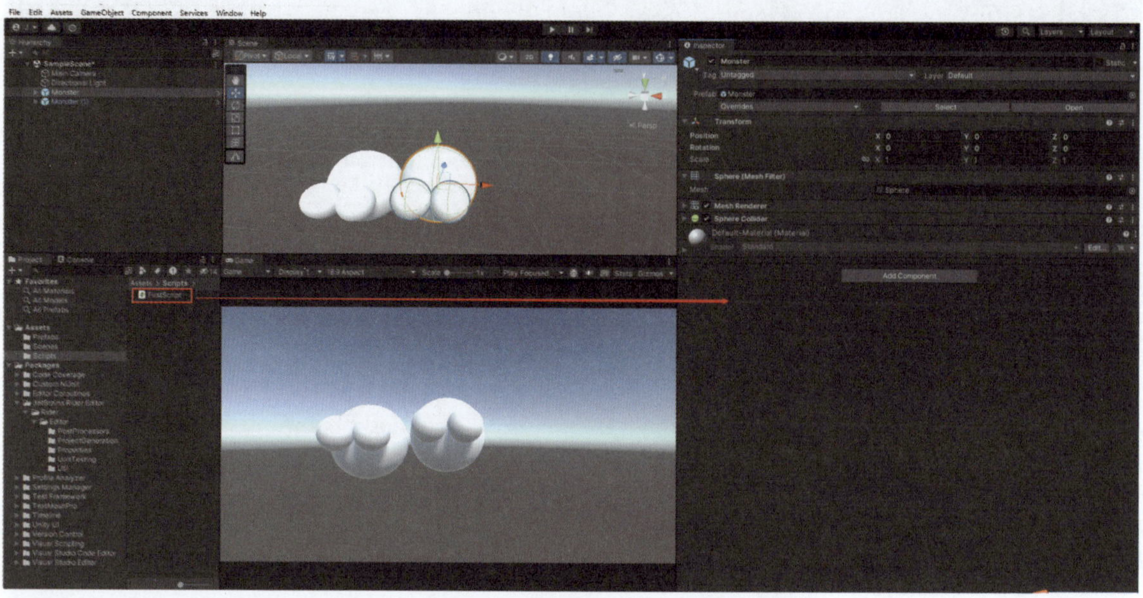

图 2-34

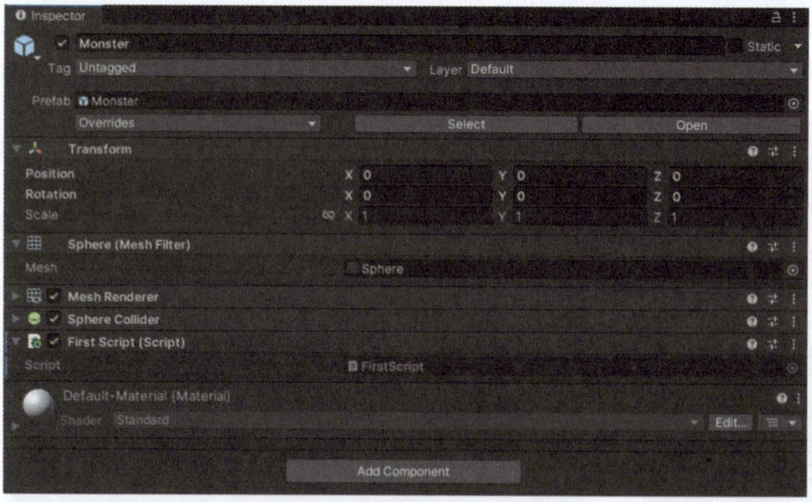

图 2-35

需要注意的是，在一般情况下，脚本文件只会在游戏运行时运作，观察脚本文件是否生效需要启动游戏，如图 2-36 所示。

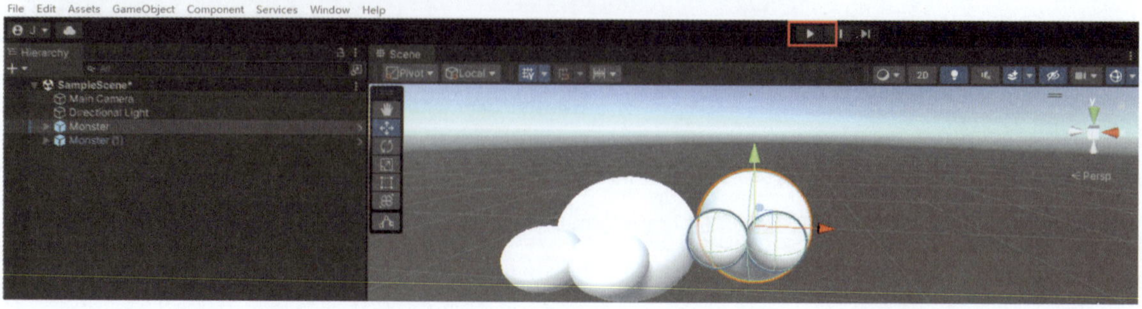

图 2-36

游戏运行后会发现 Monster 游戏对象移动到了坐标 (1,1,1)，如图 2-37 所示。

图 2-37

综上所述，自定义组件是控制游戏逻辑的主要方式，通过调度其他组件来实现所需的功能。虽然实际游戏中的功能更加复杂，但原理是相同的。

2.6 游戏循环逻辑

游戏的原理本质上与动画、电影类似，都是基于视觉暂停现象的。当多个静态图像快速切换时，会产生动态图像的错觉，这些静态图像被称为帧。游戏玩家常说的 60FPS（帧率）指的是机器每秒刷新图像 60 次，低端机器可能因刷新频率不足而出现卡顿现象。在 Unity 中，视觉功能已经由引擎完成，不需要直接控制图像刷新的方式。但游戏与动画、电影最大的区别在于其具有互动性，这种互动性源自游戏逻辑。例如，在射击游戏中按下鼠标左键，武器将开火，因此我们需要适时监听鼠标输入，在控制器中触发子弹发射等。

在游戏中，逻辑执行通常基于帧的概念。例如，角色需要在 1 秒内移动 1 米的距离。假设我们的帧率稳定在 60FPS，实际上每 1/60 秒移动 1/60 米的距离。在此过程中，我们只需要操作角色的坐标，即 Transform 组件中的 Position 属性，Unity 会自动完成渲染层面的同步，将模型显示在正确位置上，最终呈现出连贯的角色移动效果。

在 Unity 中，这一切都基于游戏组件的生命周期。生命周期是指组件从创建到销毁的完整过程，在不同的时间节点，会执行特定的逻辑，这些逻辑的执行载体就是生命周期函数。

打开脚本文件，查看生命周期函数的具体内容。通过之前的学习，在当前的场景中 Monster 游戏对象身上已经挂载了一个名为 FirstScript 的自定义脚本，双击打开脚本文件，如图 2-38 所示。

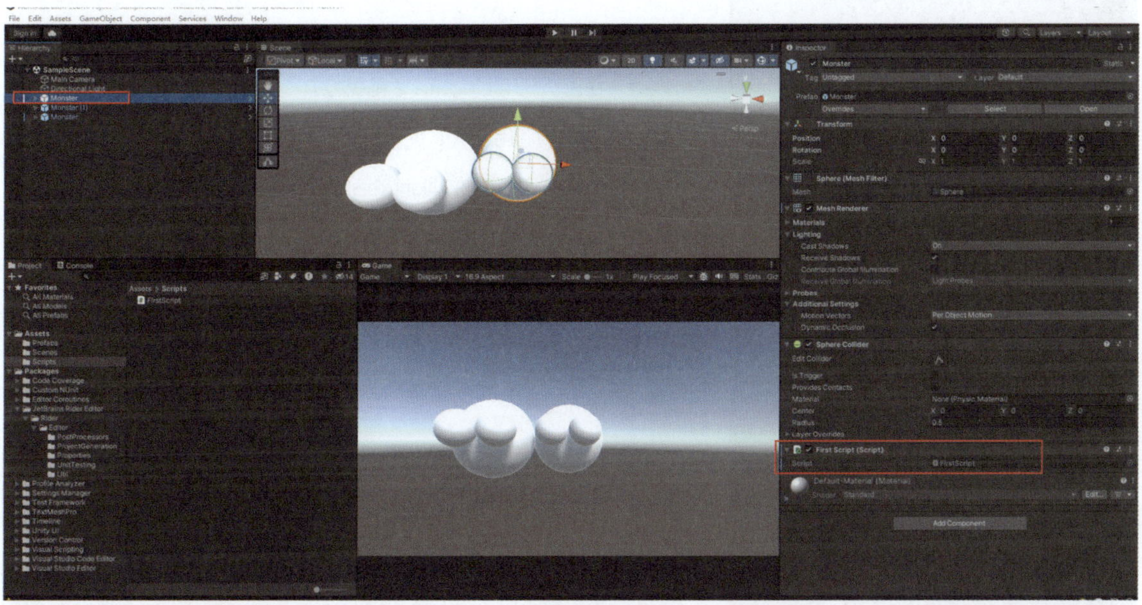

图 2-38

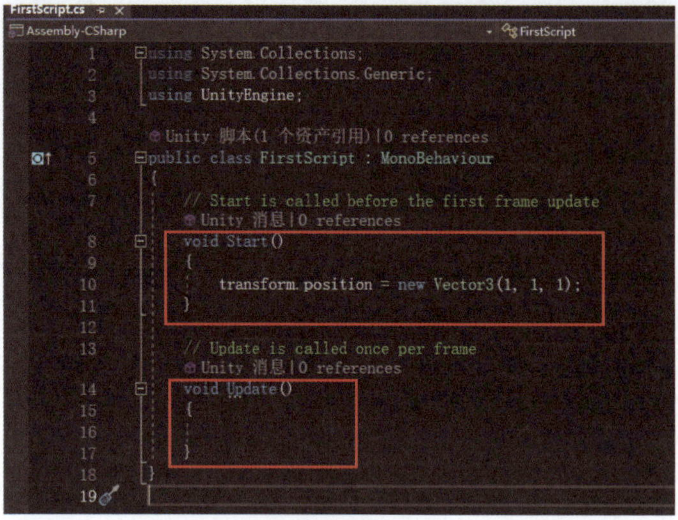

图 2-39

打开脚本文件后，会发现脚本文件中默认包含了 Start 和 Update 两个函数，这两个函数是最常用的生命周期函数。Start 函数是指组件一开始就会执行一次，Update 函数是指每一帧都会执行一次。这也是 2.5 节中启动游戏后角色的坐标发生变化的原因，如图 2-39 所示。

在 Unity 中，生命周期函数会在对应的生命周期节点被引擎自动调用。这意味着只要组件中的函数名称相符，引擎就会自动找到并调用这些函数。需要注意的是，只有继承 MonoBehaviour 的组件才能使用这些生命周期函数。

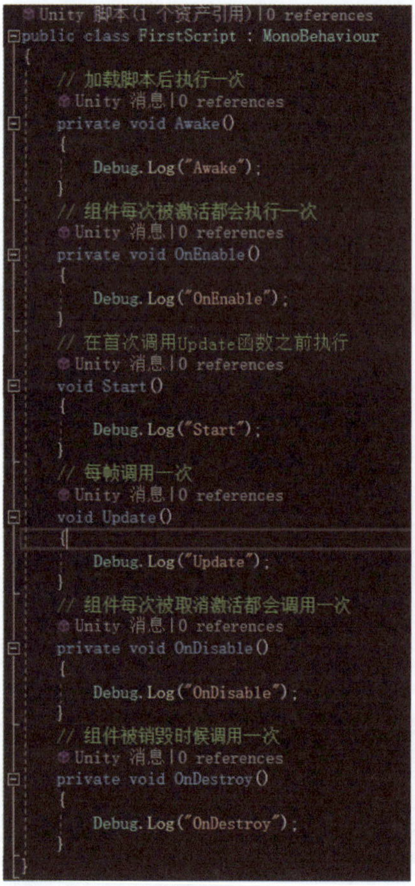

图 2-40

Awake：加载脚本后执行一次。

OnEnable：组件每次被激活时都会执行一次。

Start：在首次调用 Update 之前执行。

Update：每帧调用一次。

OnDisable：组件每次被取消激活时都会调用一次。

OnDestroy：组件被销毁时调用一次。

这里学习一个基本的调试方法，使用 Debug.Log 在控制台输出文本，在不同的生命周期内都会输出不同的文本，如图 2-40 所示。

切换到 Console 窗口，如图 2-41 所示。如果发现没有此窗口，则可以选择 Window → General → Console 命令。

图 2-41

启动游戏后观察 Console 窗口中输出的信息，勾选 / 取消勾选 Monster 复选框和 First Script(Script) 复选框来激活 / 取消激活游戏对象和 First Script(Script) 组件来观察输出信息的变化，如图 2-42 所示。

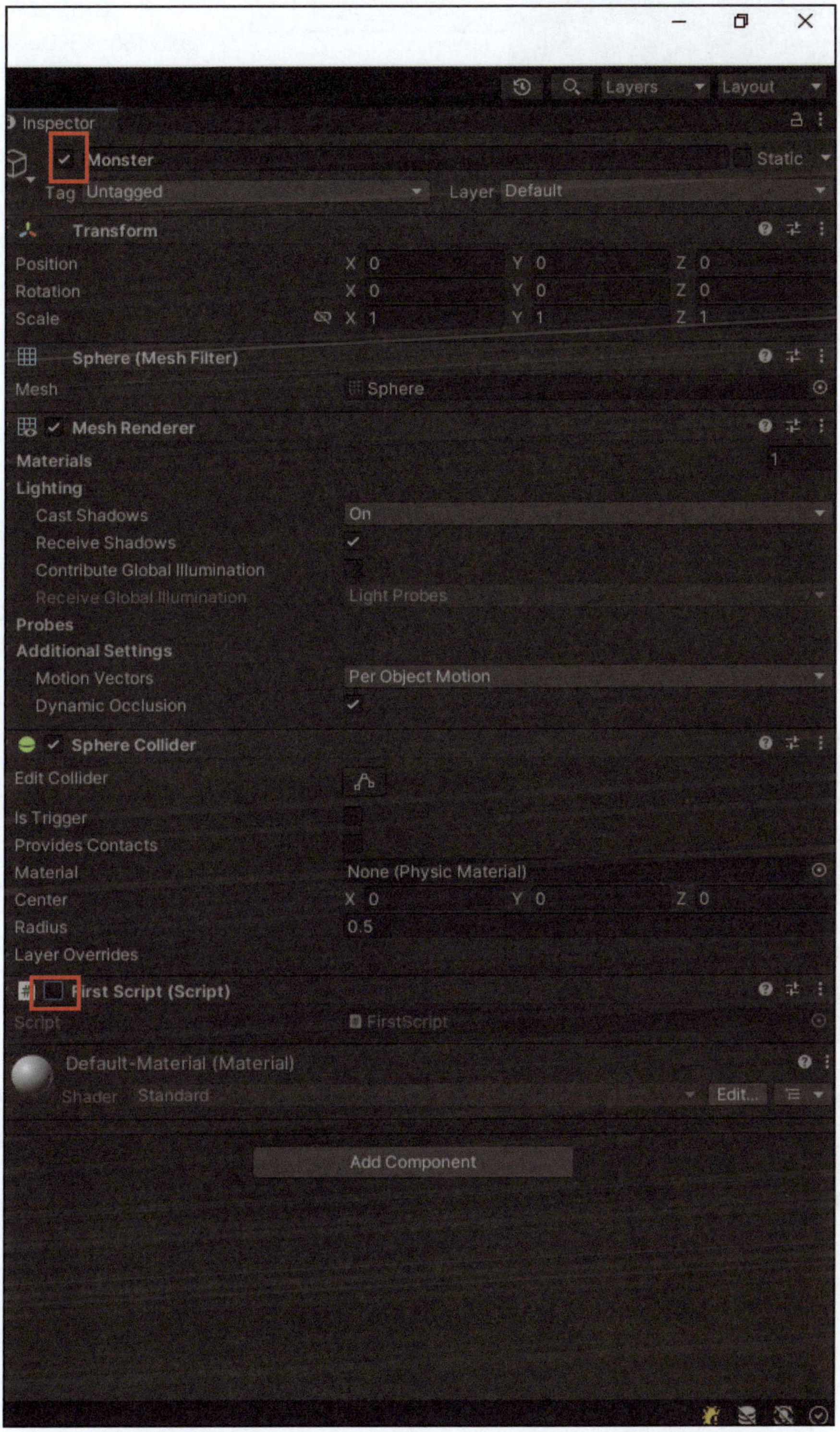

图 2-42

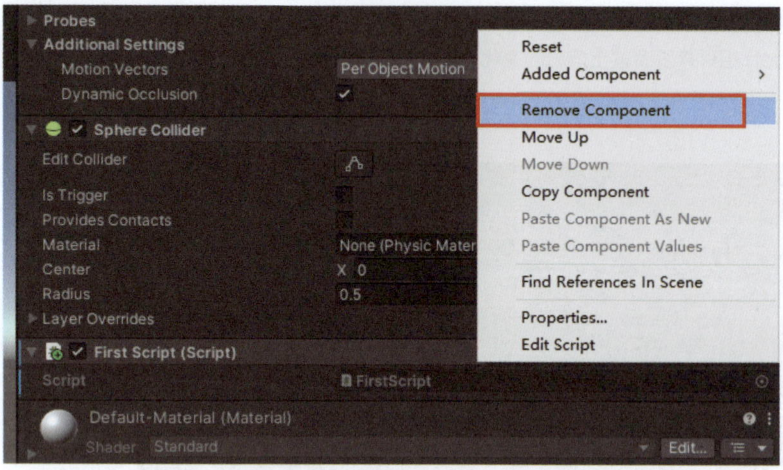

图 2-43

如果需要测试 OnDestroy 函数，有以下两种方法。

第一种，启动游戏后选中 Monster 游戏对象，按下 Delete 键将其删除，游戏对象和组件都被销毁。

第二种，手动移除组件，如图 2-43 所示。

2.7 Inspector 窗口组件序列化

在选择一个游戏对象后，Inspector 窗口中会显示该游戏对象的组件和它们的属性值，这个过程被称为“组件在 Inspector 窗口中的序列化”。

序列化意味着组件的变量可以在 Inspector 窗口中显示，并且可以通过鼠标、键盘等交互方式直接修改这些变量的值。需要特别说明的是，这些修改是会保存下来的，当我们关闭 Unity 编辑器后，再次打开项目时，这些变量的值仍然是我们修改后的值。

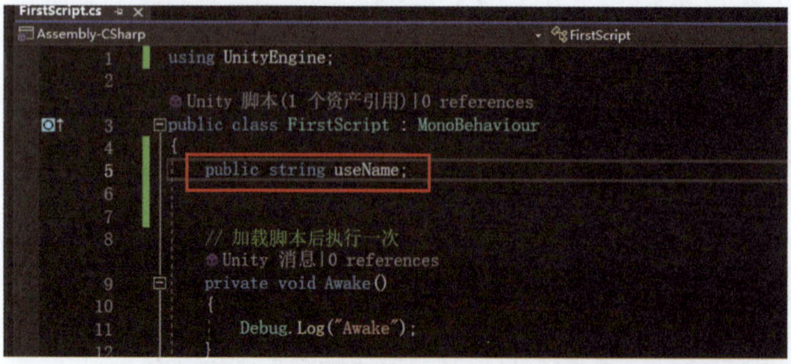

图 2-44

打开 FirstScript 脚本文件，在原有代码的基础上添加一个名为 useName 的 public（公开）变量，如图 2-44 所示。需要将它声明为 public 变量，因为如果将其声明为 private（私有）变量，则不会被序列化显示在 Inspector 窗口中。

图 2-45

回到 Unity 编辑器，选择 Monster 游戏对象，就可以在 Inspector 窗口中查看并设置 useName 变量了。需要注意的是，由于 Inspector 窗口会自动进行首字母大写和空格分割单词的处理，所以 useName 将变为 Use Name。在这里，将 Use Name 的值修改为 Joker，如图 2-45 所示。

组件的变化意味着游戏对象的变化，游戏对象在场景中，所有游戏对象的变化意味着场景的变化，此时观察 Hierarchy 窗口会发现场景需要保存，如图 2-46 所示。

图 2-46

回到 FirstScript 脚本文件中，在 Awake 生命周期函数中添加输出 useName 变量的代码，如图 2-47 所示。

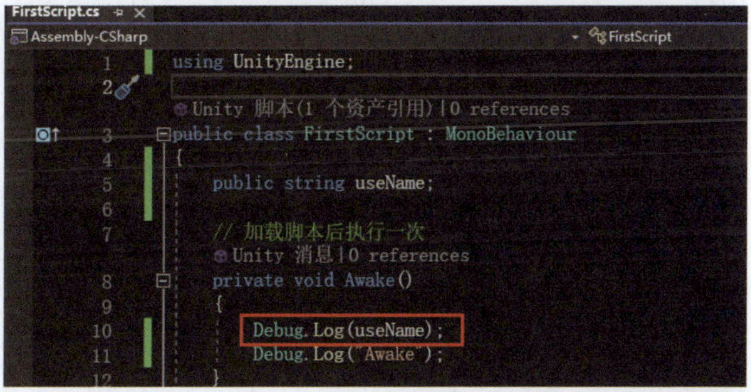

图 2-47

回到 Unity 编辑器中启动游戏，切换到 Console 窗口中观察输出，与在 Inspector 窗口中设置的一致，如图 2-48 所示。

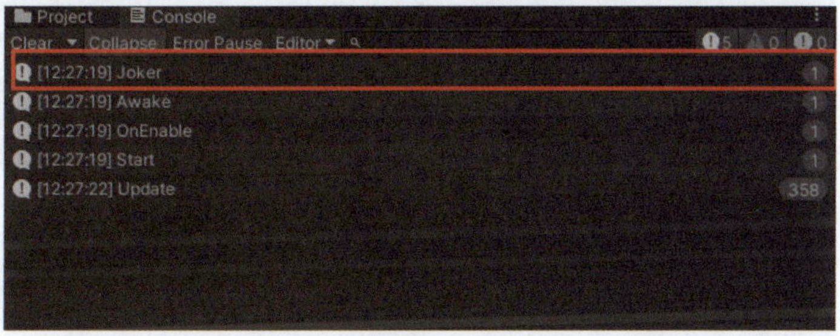

图 2-48

通过这个机制，可以实现一定程度的配置。例如，在角色移动功能中，可以编写一个脚本文件，并且公开一个名为 MoveSpeed 的变量。不同的游戏对象可以在 Inspector 窗口中设置不同的数值，从而实现单独设置每个游戏对象移动速度的目的。

需要特别说明的是，变量在运行时往往会发生变化。一种可能性是在代码逻辑中进行修改，另一种可能性是在游戏运行过程中通过 Inspector 窗口进行人为修改。这两种修改都是有效的，并且会立即生效。但是当游戏结束后，这些修改并不会保存，这是合理的，因为游戏运行结束后应恢复到初始状态。

除了常见的 String、Float 和 Int 等编程常见的类型，Inspector 序列化还有另一个强大的功能，那就是可以直接引用对象。在 FirstScript 脚本文件中，可以添加一个 Transform 类型的变量，命名为 otherTransform，如图 2-49 所示。

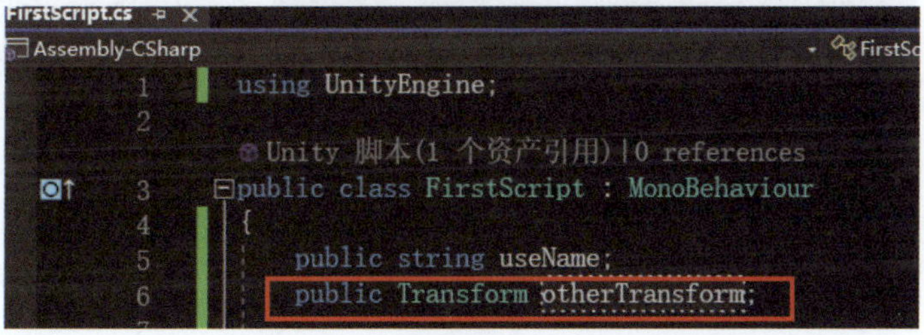

图 2-49

在 Inspector 窗口中可以查看和设置该变量，如图 2-50 所示。

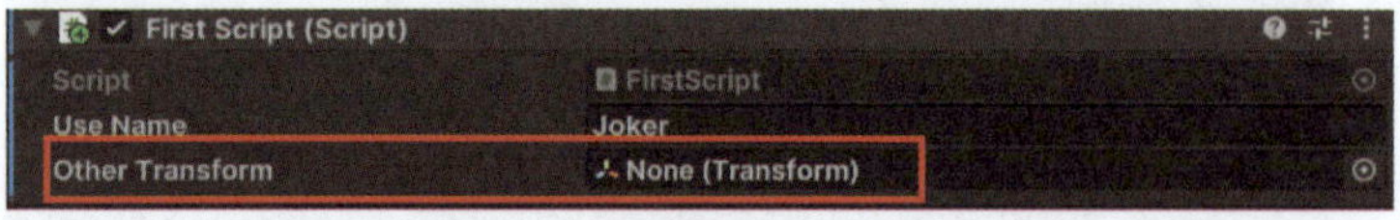

图 2-50

此时可以使用长按其他游戏对象的方式，将其他游戏对象直接拖动到变量设置区域，虽然我们拖动的是游戏对象，但是 Unity 会自动查找游戏对象的 Transform 组件并引用，如图 2-51 和图 2-52 所示。

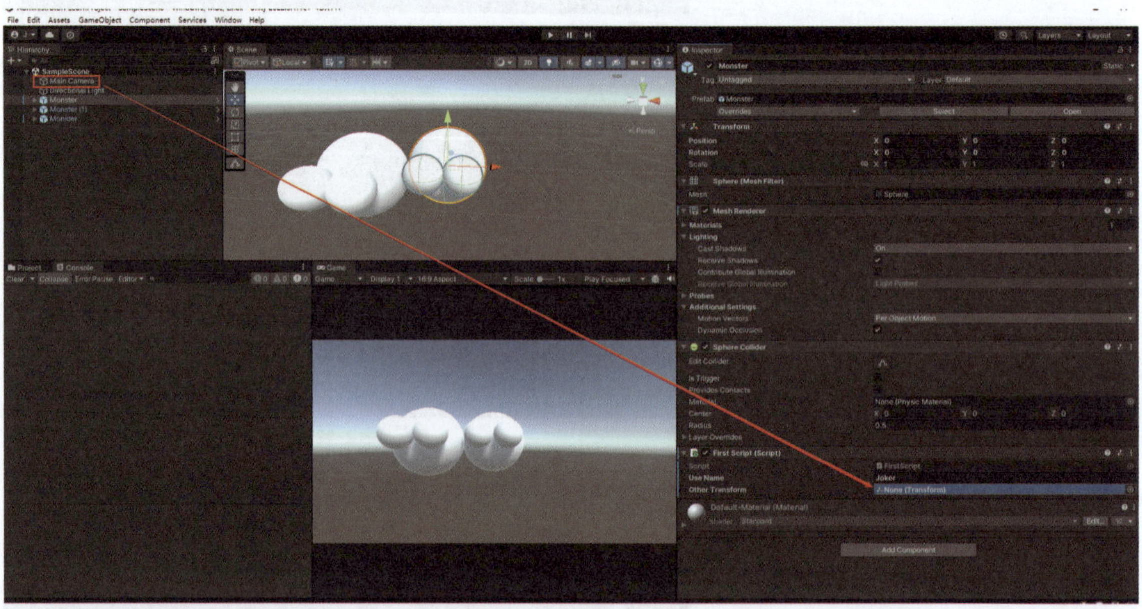

图 2-51

图 2-52

```
using UnityEngine;

Unity 脚本(1 个资产引用)|0 references
public class FirstScript : MonoBehaviour
{
    public string useName;
    public Transform otherTransform;

    // 加载脚本后执行一次
    Unity 消息|0 references
    private void Awake()
    {
        Debug.Log(useName);
        Debug.Log("Awake");
        Debug.Log(otherTransform.name);

    }
```

图 2-53

包括自定义组件在内的其他组件都可以使用这种方式引用赋值，引用赋值后在游戏运行时就可以直接调用引用对象的变量、函数等，这方面与常规 C# 并无区别，如图 2-53 所示。

值得一提的是，游戏对象也就是 GameObject 也可以使用这种引用赋值的方式，并且 Project 窗口中的音效、图片、预制体等资源都支持这种方式，在 2.9 节中会进行相关演示。

2.8 组件的运行时控制

运行时是指游戏进入播放状态后，主要有两种情况：在 Unity 编辑器中运行和打包游戏后运行。

一般需要尽可能在 Unity 编辑器中设置好游戏对象和相关组件，但是在特定情况下也许会希望在运行时动态修改、查询、添加、删除组件，Unity 为我们提供了相关的方法。

1. 修改组件

拿到组件的引用后，调用组件的成员即可修改组件，如 transform.position = Vector3.zero; 就是对 Transform 组件的修改。

2. 查询组件

在代码编辑器中输入“GetComponent”时，会提示相关的多个函数，如图 2-54 所示。

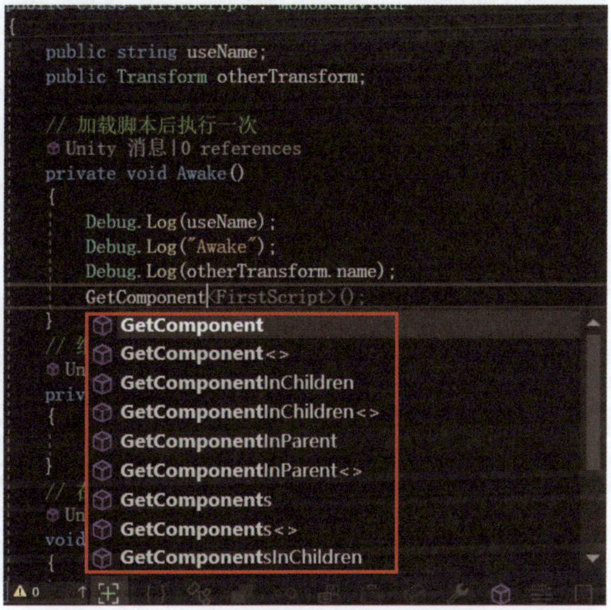

图 2-54

这里主要说明其中几个关键的函数，这里的 Transform 代指其他所有组件，如图 2-55 所示。

图 2-55

（1）GetComponent<Transform>()：获取当前组件所在游戏对象的 Transform 组件。

（2）GetComponents<Transform>()：获取当前组件所在游戏对象的所有 Transform 组件，这也说明一个游戏对象可以有多个相同的组件，但是 Unity 会限制部分组件的数量（如 Unity 就不支持为游戏对象添加多个 Transform 组件）。另一种情况是游戏对象上可能有多个不同的组件，但是这些组件有共同的基类，此时可以通过查找基类获得所有派生类组件的引用。

（3）GetComponentInParent<Transform>()：获取当前组件所在游戏对象父级的 Transform 组件，需要注意的是，不只是向上查找一层，而是一直向上查找直到查找完成或到最终一层。

（4）GetComponentInChildren<Transform>()：获取当前组件所在游戏对象子集的 Transform 组件，需要注意的是，不只是向下查找一层，而是一直向下查找直到查找完成或到最终一层。

GetComponentsInChildren、GetComponentInParent 等函数都类似，不过它们用于查找多个组件。

自定义组件继承 MonoBehaviour，这种继承关系使我们可以使用这些函数，如果通过 2.7 节所学获取到其他游戏对象的引用，则会发现 GameObject 和组件也具有 GetComponent 相关的函数，如图 2-56 所示。

```
Transform myTransfrom = otherTransform.GetComponent<Transform>();
Transform[] myTransfroms = otherTransform.GetComponents<Transform>();
Transform myParentTransfroms = otherTransform.GetComponentInParent<Transform>();
Transform myChildrenTransfroms = otherTransform.GetComponentInChildren<Transform>();
```

图 2-56

3. 添加组件

创建一个名为 SecondScript 的脚本文件，但是不需要编写代码，因为仅仅将其作为另一个自定义组件进行测试，如图 2-57 所示。

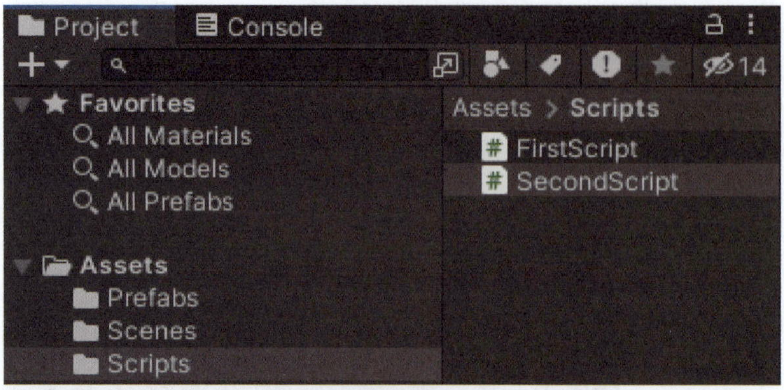

图 2-57

无法直接使用 AddComponent 这样的函数，只有 GameObject 才能直接使用相关函数，其返回值是添加新组件后的引用，如图 2-58 所示。

```
using UnityEngine;

Unity 脚本(1 个资产引用)|0 references
public class FirstScript : MonoBehaviour
{
    public Transform otherTransform;

    // 加载脚本后执行一次
    Unity 消息|0 references
    private void Awake()
    {
        SecondScript secondScript = gameObject.AddComponent<SecondScript>();
    }
```

图 2-58

如果是为其他组件的游戏对象添加组件，则可以通过其他组件的 gameObject 变量完成，如图 2-59 所示。

```
using UnityEngine;

Unity 脚本(1 个资产引用)|0 references
public class FirstScript : MonoBehaviour
{
    public Transform otherTransform;

    // 加载脚本后执行一次
    Unity 消息|0 references
    private void Awake()
    {
        SecondScript secondScript = otherTransform.gameObject.AddComponent<SecondScript>();
    }
```

图 2-59

回到 Unity 编辑器中，将 Other Transform 设置为自身，在运行后观察 Inspector 窗口，添加一个新的 Second Script（script）组件，如图 2-60 所示。

图 2-60

4. 删除组件

删除组件需要使用 Destroy 函数，如图 2-61 所示。

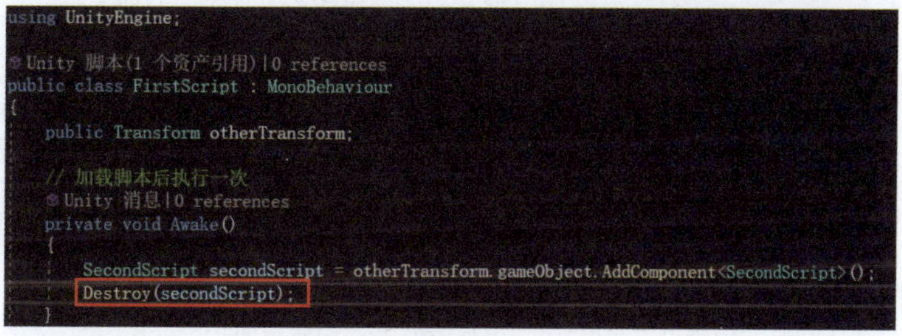

图 2-61

在游戏运行后，会发现没有任何变化，这是因为在组件添加完成后立即被删除了。无论通过什么方式，只要先获得组件的引用，再调用 Destroy 函数，就可以销毁它。

需要注意的是，Destroy 函数实际上是 UnityEngine.Object.Destroy(UnityEngine.Object obj) 的别名。它与 System.Object 中的 Destroy 函数并不相同。UnityEngine.Object 是 Unity 中绝大多数类的基类，因此在自定义组件中可以直接调用 Destroy 函数。如果在非自定义组件的函数中调用 Destroy 函数，则可以使用 SecondScript.Destroy(secondScript)。另外，也可以直接在类型名称下调用静态函数 Destroy，如 UnityEngine.Object.Destroy(UnityEngine.Object obj)，也能达到相同的效果。

需要注意的是，Destroy 函数的作用并不仅限于销毁组件，它是通用的 Unity 对象销毁函数。

2.9 游戏对象的运行时控制

相对于组件，游戏对象更加需要运行时控制，因为在实际游戏中我们会经常发生生成子弹、销毁子弹、生成 AI、销毁 AI 等行为。这意味着游戏对象的创建、销毁往往是动态的，而不能仅依靠在 Unity 编辑器中的设置。

1. 实例化游戏对象

游戏对象的生成一般基于预制体，预制体的内容请见 2.3 节。在场景中生成预制体一般也被称为实例化预制体。

游戏预制体在 Project 窗口中就是一种资源，关于资源的加载方式，会在第 7 章中进行讲解。在本节，会采用 2.7 节中的公开变量和拖动到 Project 窗口中的 Monster 游戏对象进行引用赋值。

目前场景中的 Monster 游戏对象可能会干扰我们，先将其全部删除并新建一个名为 InstantiatePrefab 的空游戏对象，如图 2-62 所示。

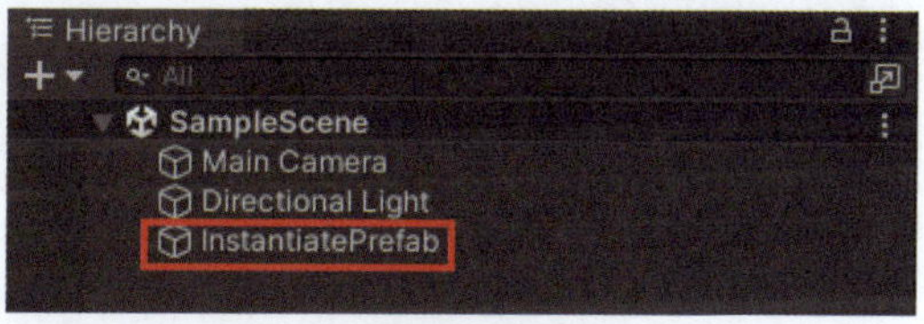

图 2-62

在 Project 窗口中创建一个同样名为 InstantiatePrefab 的脚本文件并打开它。新增并公开一个 GameObject 类型的变量，在 Start 函数中实例化它，如图 2-63 所示。

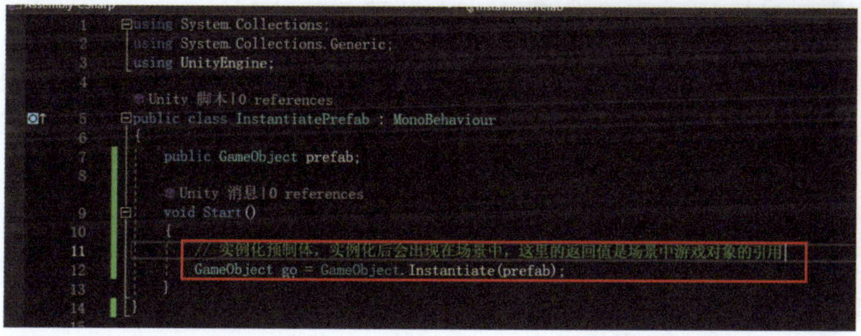

图 2-63

```
public class InstantiatePrefab : MonoBehaviour
{
    public GameObject prefab;

    Unity 消息|0 references
    void Start()
    {
        // 实例化预制体，实例化后会出现在场景中，这里的返回值是场景中游戏对象的引用
        GameObject go = GameObject.Instantiate(prefab);
        go.transform.position = new Vector3(0, 1, 0);
    }
}
```

图 2-64

GameObject.Instantiate 函数有较多重载，一般用于设置预制体实例化后的父物体、坐标、旋转等，但是由于函数返回值就是预制体实例化后在场景中的引用，因此可以通过这个引用进行设置，将生成的游戏对象的坐标设置为（0，1，0），如图 2-64 所示。

回到 Unity 编辑器，为 InstantiatePrefab 游戏对象添加 InstantiatePrefab 组件，将 Project 窗口中的 Monster 预制体拖动给 Instantiate Prefab(Script) 组件中的 Prefab 属性，如图 2-65 所示。

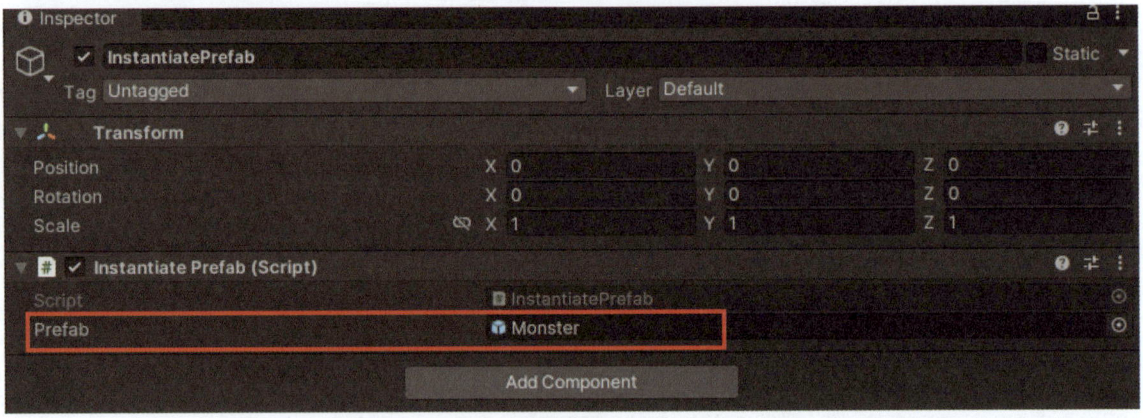

图 2-65

运行后，场景中会出现 Monster(Clone)，通过这种方式实例化的游戏对象都会具有 (Clone) 的后缀，并且可以发现其 Position 属性值为（0，1，0），至此完成了从预制体到游戏对象的实例化过程，如图 2-66 所示。

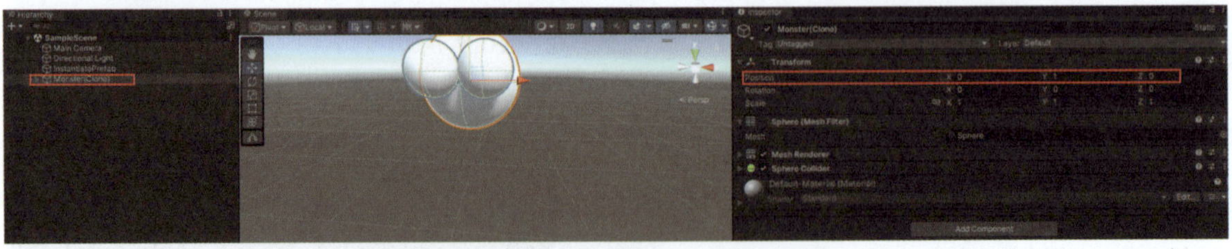

图 2-66

通过这个例子，可以发现预制体的类型是 GameObject，场景中游戏对象的类型也是 GameObject，但是依然要注意的是，虽然类型一致，但是预制体是资源，只有实例化到场景中才是游戏对象。

```
public class InstantiatePrefab : MonoBehaviour
{
    public GameObject prefab;

    Unity 消息|0 references
    void Start()
    {
        // 实例化预制体，实例化后会出现在场景中，这里的返回值是场景中游戏对象的引用
        GameObject go = GameObject.Instantiate(prefab);
        go.transform.position = new Vector3(0, 1, 0);
        Destroy(go);
    }
}
```

图 2-67

2. 销毁游戏对象

游戏对象的销毁方式和组件的销毁方式一致，都是调用 Destroy 函数，在自定义组件的脚本文件中可以直接调用 Destroy 函数。如果运行这个组件，则会实例化一个 Monster 游戏对象后立刻将其销毁，如图 2-67 所示。

2.10 Transform 组件

Transform 组件提供了 Position、Rotation、Scale 等属性，但它本身只是提供了一些数值。其他组件和工具根据这些数值来完成自身的功能。例如，Scene 窗口会根据游戏对象的 Transform 组件来确定显示相关的编辑器 UI，如图 2-68 所示。Empty 游戏对象的 Transform 组件决定了 Scene 窗口中的辅助操作 UI（通常被称为 Handle）。

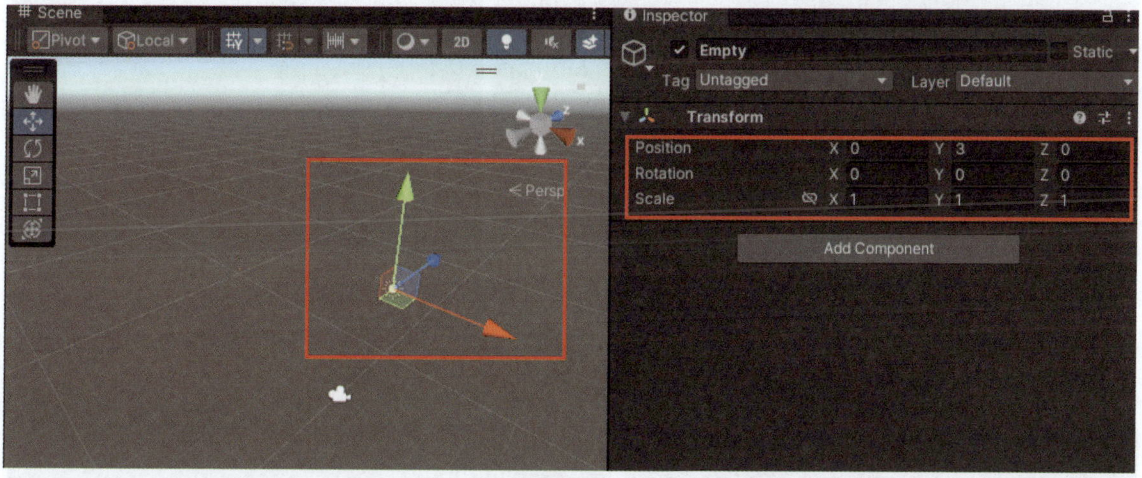

图 2-68

Unity 内置的组件或自定义组件都可以读取 Transform 组件的数据来完成自己的功能。最典型的例子是渲染组件，它会根据 Transform 组件的 Position 属性值在指定的位置上进行渲染。此外，物理组件也会通过 Transform 组件反映物体的物理行为，如位置的改变和旋转角度的变化。

Transform 组件的主要功能如下。

（1）控制游戏对象的坐标、旋转和缩放。

（2）保存并控制游戏对象的节点信息，也就是父物体、子物体等信息。

Unity 中左右为 *x* 轴，前后为 *z* 轴，上下为 y 轴。可以通过观察 Scene 窗口右上角的区域了解当前 Scene 窗口视角的方向，如图 2-69 所示。

图 2-69

Unity 是一款 3D 游戏引擎，位置、旋转、缩放等属性都有 X、Y、Z 三个数值，实际开发中的逻辑和数学中的向量是相同的。

创建一个名为 TestTransform 的游戏对象，并且创建同名的脚本文件，将脚本文件挂载到游戏对象上，如图 2-70 所示。

如果需要传递或持有坐标、旋转和缩放等信息，则可以使用 Vector3 类型。定义 Vector3 类型的变量并传递参数，如图 2-71 所示。

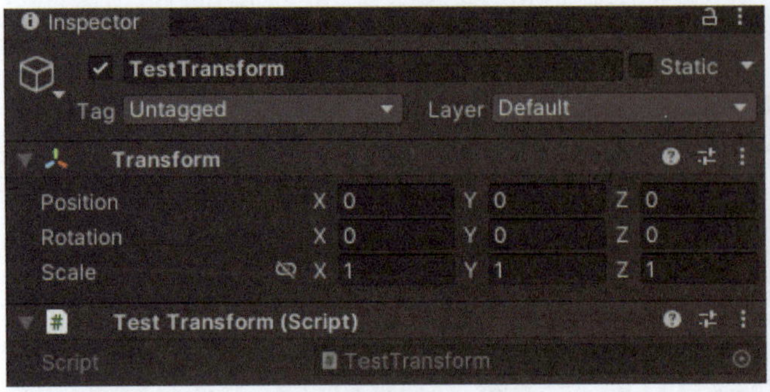

图 2-70

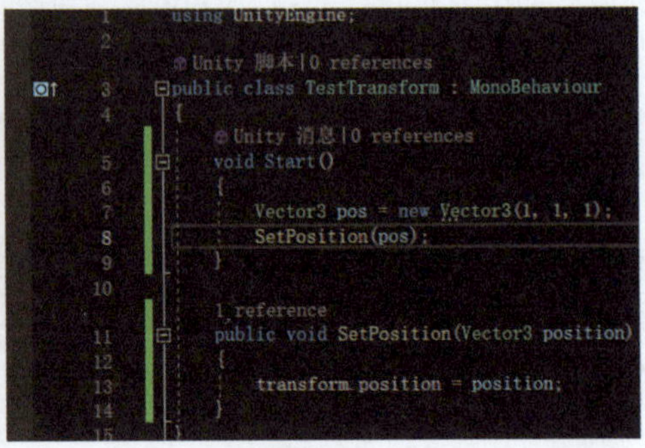

图 2-71

有时需要定义一些配置，例如，希望游戏一运行就将当前游戏对象设置到指定位置，这时可以在脚本文件中公开变量后，在 Inspector 窗口中设置相应的属性值，如图 2-72 和图 2-73 所示。

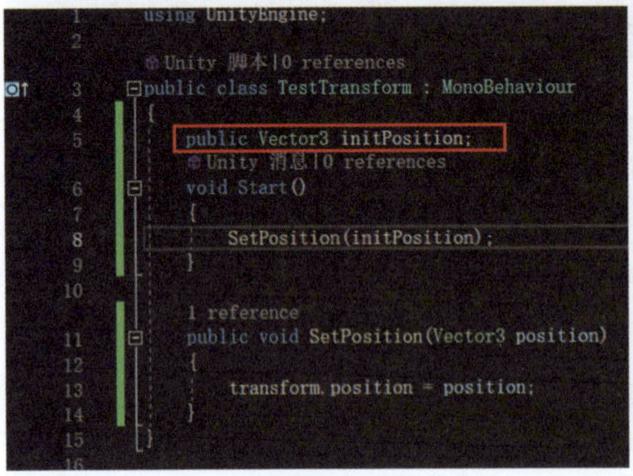

图 2-72

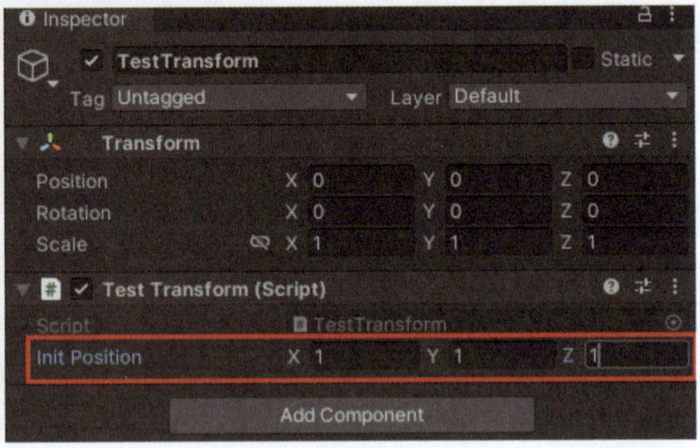

图 2-73

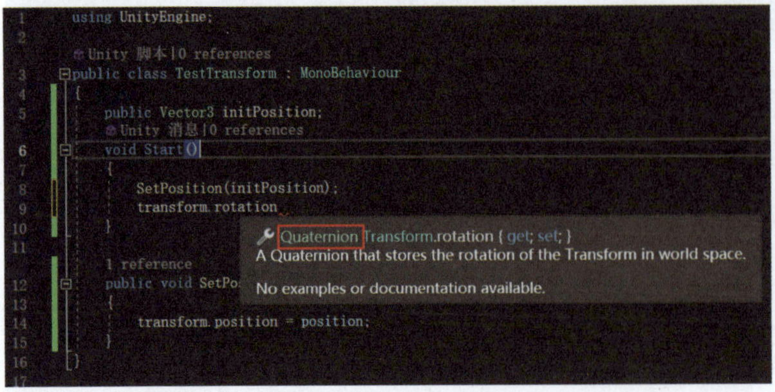

图 2-74

旋转具备特殊性，游戏内的旋转虽然在 Inspector 窗口中看起来与坐标、缩放相同，都具有 X、Y、Z 三个数值，但是在脚本文件中可以看到其实际类型是 Quaternion（四元数），如图 2-74 所示。

在目前的学习阶段我们可以忽视这个问题，一种方法是使用 eulerAngles 来设置旋转，另一种方法是使用图 2-75 的方式来设置旋转，其中的 X、Y、Z 就是三个方向各旋转多少度。Quaternion.Euler 函数将欧拉角转换为四元数，四元数和欧拉角都是用来描述角度的数学工具，目前不用深究。

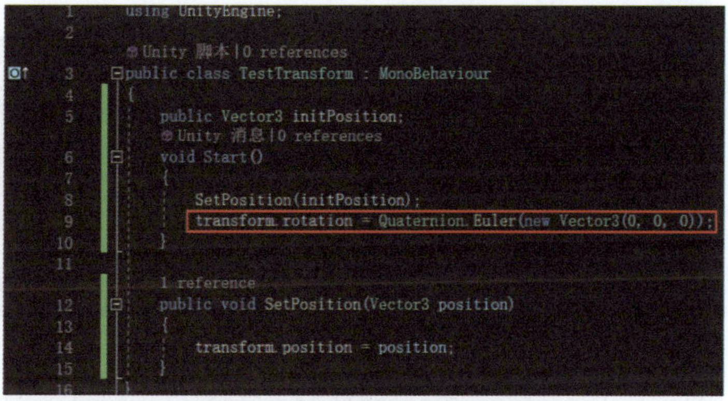

图 2-75

在 Unity 中，可以使用 Position 属性和 Rotation 属性来设置游戏对象相对于世界中心的位置和旋转。在一些情况下，我们也可以相对于父物体来对游戏对象的位置和旋转进行设置，这就是局部坐标系。

当一个物体作为另一个物体的子物体时，我们可以通过设置局部坐标来调整它的位置和旋转。这种相对于父物体的设置实际上是相对于父物体的 Transform 组件进行设置，也就是相对于父物体的 Position、Rotation 和 Scale 等属性进行设置，如图 2-76 所示。

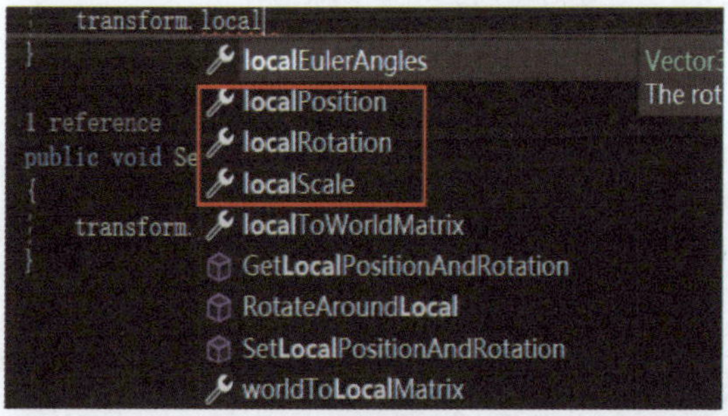

图 2-76

不过需要注意的是，Transform 组件在 Inspector 窗口中名为 Scale 的属性在脚本中实际名为 localScale，意为相对父物体的局部缩放值。这意味着缩放的设置必须是相对于父物体的缩放。

现在实现一个一直向前移动且自身旋转的小案例。首先创建一个 Cube 游戏对象，将其 Transform 组件的属性值设置为默认值，并且创建一个新的脚本文件 MoveAndRotate，将其挂载到 Cube 游戏对象上，如图 2-77 所示。

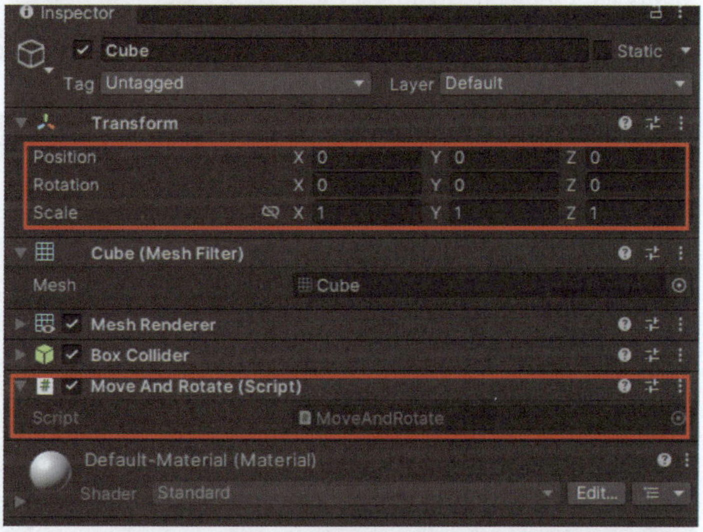

图 2-77

代码对位置的修改都是瞬间完成的，然而为了实现连贯而平滑的移动效果，我们需要根据游戏引擎每一帧所花费的时间来计算每一帧应该移动的微小距离。Unity 提供了 Time.deltaTime 属性，该属性可用于获取游戏引擎每一帧的时间间隔。因此，我们可以将速度乘以 Time.deltaTime 得到每一帧应该移动的距离。这样，我们就能实现每一帧以微小而平滑的步伐移动，从而达到连贯的移动效果，如图 2-78 所示。

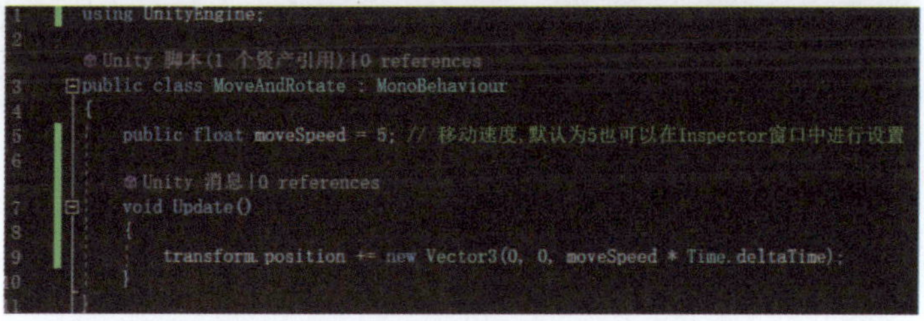

图 2-78

```
using UnityEngine;

Unity 脚本(1 个资产引用)|0 references
public class MoveAndRotate : MonoBehaviour
{
    public float moveSpeed = 5; // 移动速度,可以在Inspector窗口中进行设置

    Unity 消息|0 references
    void Update()
    {
        // 等价: transform.position += new Vector3(0, 0, moveSpeed * Time.deltaTime);
        transform.Translate(new Vector3(0, 0, moveSpeed * Time.deltaTime), Space.World);
    }
}
```

图 2-79

运行此代码后，游戏对象会自动向前移动，每一帧都在自身坐标的基础上对 Position 属性的 Z 值增加 moveSpeed * Time.deltaTime，达到了向前移动的效果。transform.Translate 函数可以代替这段代码，达到同样的效果，如图 2-79 所示。

transform.Translate 函数中 Space 枚举类型的参数有 World 和 Self，它们是指 Transform 组件中 Position 属性值的变化是相对于世界中心还是相对于自身的。如果相对于自身，则游戏对象的移动会受到自身旋转的影响，简单来说就是你希望游戏对象朝着世界前方移动，还是朝着自身的前方移动。由于下一个功能会使 Cube 游戏对象旋转，所以这里需要填写 Space.World。

```
using UnityEngine;

Unity 脚本(1 个资产引用)|0 references
public class MoveAndRotate : MonoBehaviour
{
    public float moveSpeed = 5; // 移动速度,可以在Inspector窗口中进行设置
    public float rotateSpeed = 10;  // 旋转速度,可以在Inspector窗口中进行设置
    Unity 消息|0 references
    void Update()
    {
        // 等价: transform.position += new Vector3(0, 0, moveSpeed * Time.deltaTime);
        transform.Translate(new Vector3(0, 0, moveSpeed * Time.deltaTime), Space.World);
        // 等价: transform.eulerAngles += new Vector3(rotateSpeed * Time.deltaTime, 0, 0);
        transform.Rotate(new Vector3(rotateSpeed * Time.deltaTime, 0, 0), Space.World);
    }
}
```

图 2-80

按照前进的思路编写旋转的逻辑，接下来只需要运行游戏即可观察效果，并且可以在 Inspector 窗口中修改 moveSpeed 和 rotateSpeed 的参数值，如图 2-80 所示。

```
using UnityEngine;

Unity 脚本(1 个资产引用)|0 references
public class TestTransform : MonoBehaviour
{
    public Transform otherTransform;
    Unity 消息|0 references
    void Start()
    {
        // 设置自身没有父物体
        transform.parent = null;
        // 设置自身的父物体
        transform.parent = otherTransform;
        // 获取自身子物体的数量
        Debug.Log(transform.childCount);
        // 获取第N个游戏对象的Transfrom组件
        Debug.Log(transform.GetChild(0).gameObject.name);
        // 遍历子物体
        for (int i = 0; i < transform.childCount; i++)
        {
            Debug.Log(transform.GetChild(i));
        }
    }
}
```

图 2-81

Transform 组件的另一个关键功能就是游戏对象对于子节点 API 的管理，如图 2-81 所示。

第 3 章　Unity 的渲染系统

从本章开始，我们会从 Unity 开发的角度来学习与渲染相关的内容，但是要注意这里只是了解相关概念、相关组件等，并不会深入学习渲染的内容。从第 3 章开始，每一章节会按照第 2 章的方式创建独立的项目进行演示。

本章学习要点

- 渲染管线
- 着色器与材质
- 渲染相关组件
- 天空盒
- 光源

3.1　渲染管线

渲染管线也被称为渲染流水线，可以将其理解为渲染的流程。在 Unity 中，实际上可以将 2D 游戏对象理解成一个 3D 面片，所以 2D 游戏和 3D 游戏在渲染上并没有太大的差异，它们最终渲染到屏幕上一定都是 2D 像素，这里面存在场景数据到屏幕像素的转换过程。

根据应用场景的不同，开发者可能会对渲染管线有一些定制化的要求，对此 Unity 提供以下渲染管线。

（1）Built-in：Unity 的默认渲染管线，自定义选项有限。

（2）通用渲染管线（URP）：适用于各类平台，如移动端、PC 等。

（3）高清渲染管线（HDRP）：适用于高端平台，如 PC、主机等。

（4）可以使用 Unity 的可编程渲染管线 API 来创建自定义渲染管线。

在学习初期，建议学习内置渲染管线即可，这也是本书使用的渲染管线，使用不同的渲染管线对编程没有影响，渲染管线主要影响画面，但使用的渲染管线不同，渲染相关的组件的属性也会有所不同。

在 Unity Hub 中新建项目时需要选择项目模板，未特别标注渲染管线的使用的就是内置渲染管线，如图 3-1 所示。

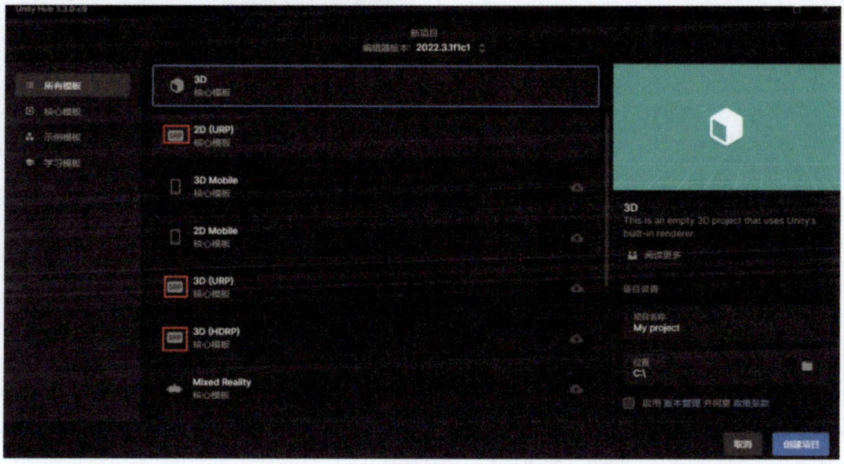

图 3-1

3.2 着色器与材质

3.2.1 着色器

着色器也被称为 Shader，是用来实现图像渲染的可编辑程序，大多数程序是面向 CPU（中央处理器）编程的，这是指程序一般运行在 CPU 上，而着色器是面向 GPU（图形处理器，即显卡）编程的，也就是运行在 GPU 上。

渲染管线的设置是全局设置，会影响整个游戏的渲染，而着色器可以针对某类或某个游戏对象进行个性化定制。

着色器从功能上还可以分为顶点着色器和像素着色器，但是在 Unity 中两者并不冲突，即一个着色器可以既是顶点着色器也是像素着色器。

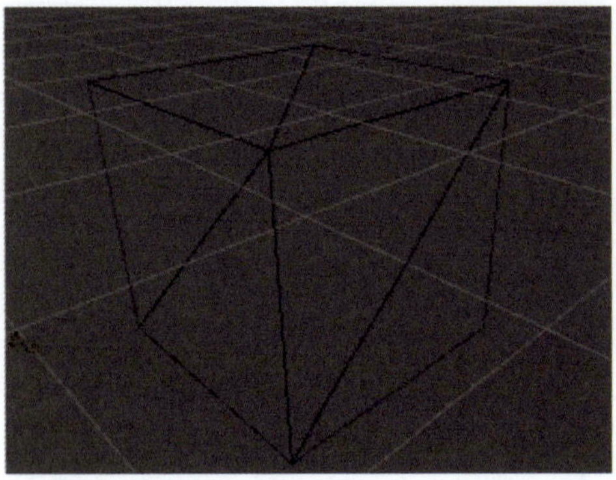

图 3-2

顶点着色器是对顶点进行操作的着色器，可以将其简单理解为对形状的改变。3D 模型本质上就是顶点连接成三角面，所以对顶点的控制会产生形状变化的效果，可以实现水面波纹、旗帜随风摆动等效果，如图 3-2 所示。甚至有的 GPU 动画基于着色器来完成角色的待机、移动、攻击等复杂动画。

像素着色器也被称为片段着色器、片元着色器，它按照像素计算效果，对画风的影响较大，可以实现光照模拟、写实风格、卡通风格等。

3.2.2 材质

材质也被称为 Material。着色器很强大，但是其无法独立工作。例如，某个着色器的效果是将模型红色化，如果还需要有一个黑色化、绿色化的效果，重新复制一次着色器的代价较高，所以着色器也可以定义变量，而变量需要一个地方进行赋值、修改，这就是材质。

这种关系类似于面向对象编程中的类与对象的关系，着色器是类，而材质是对象，基于一个着色器创建多个材质，每个材质的属性（变量）可以都不同，从而可以达到一个着色器（算法）的多次复用。

3.2.3 实践

当在 Unity 中创建一个 Cube 游戏对象后会发现它是白色的，这就是内置材质和内置着色器导致的。在 Unity 中，创建内置几何体、UI 等视觉元素时会默认使用内置材质，在 Inspector 窗口中查看 Cube 游戏对象的 Mesh Renderer 组件可以观察到它使用了 Default-Material，如图 3-3 所示。

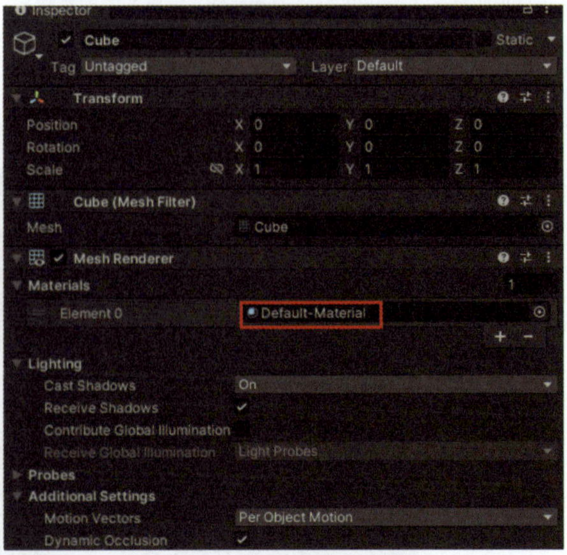

图 3-3

双击此处可以观察到该材质，但是无法对其进行编辑。内置资源一般是禁止编辑的，此处可以看到其 Albedo 属性值为白色，这就是 Cube 游戏对象为白色的原因，并且可以观察到其 Shader 属性值为 Standard，如图 3-4 所示。

如果希望 Cube 游戏对象为红色，现在是没办法直接修改的，我们可以通过新增材质来处理这个问题，因为内置着色器已经足够实现我们的需求。

在 Assets 目录下右击，在弹出的快捷菜单中选择 Create→Material 命令新建材质，如图 3-5 所示，将新材质命名为 Red，如图 3-6 所示。

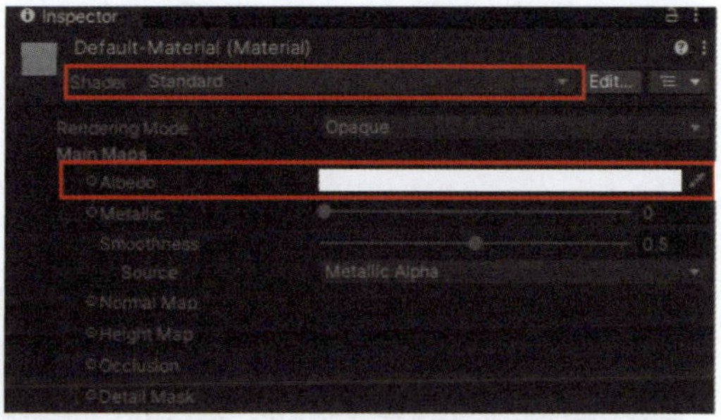

图 3-4

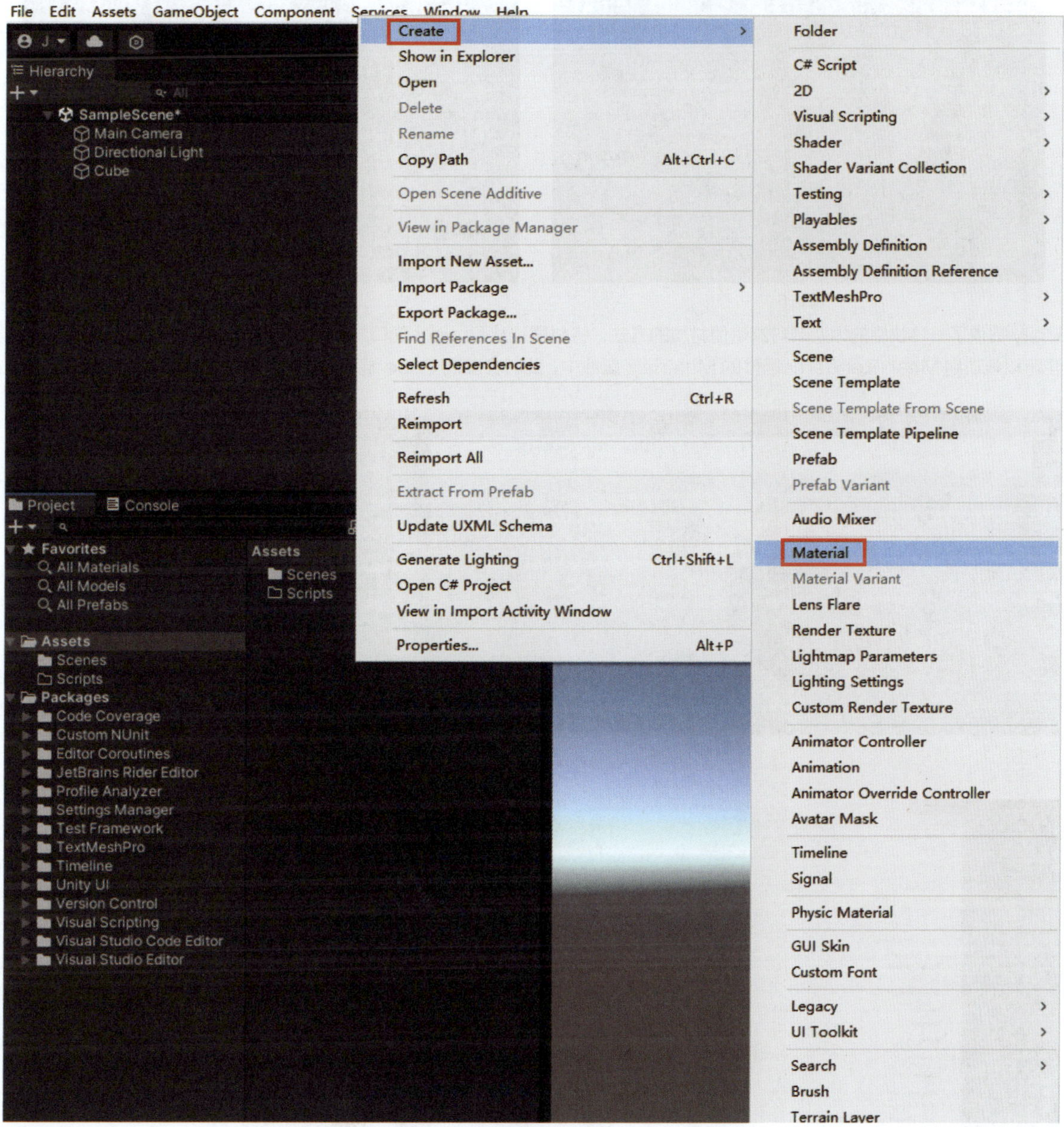

图 3-5

业内常将材质称为材质球，选中材质球后，在 Inspector 窗口单击 Albedo 属性右侧的颜色预览区域，可以打开调色盘，选择红色，如图 3-7 所示。

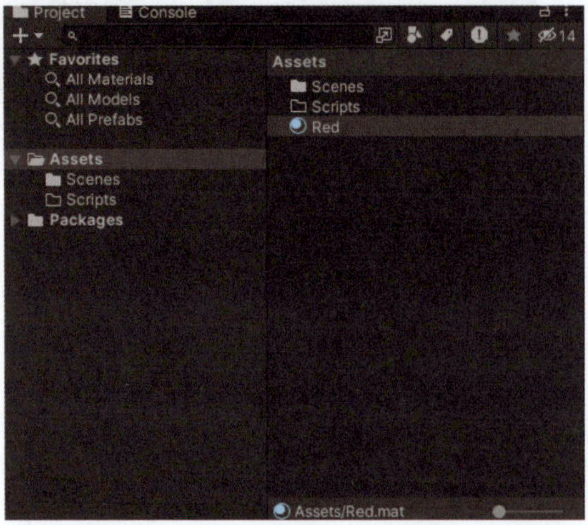

图 3-6

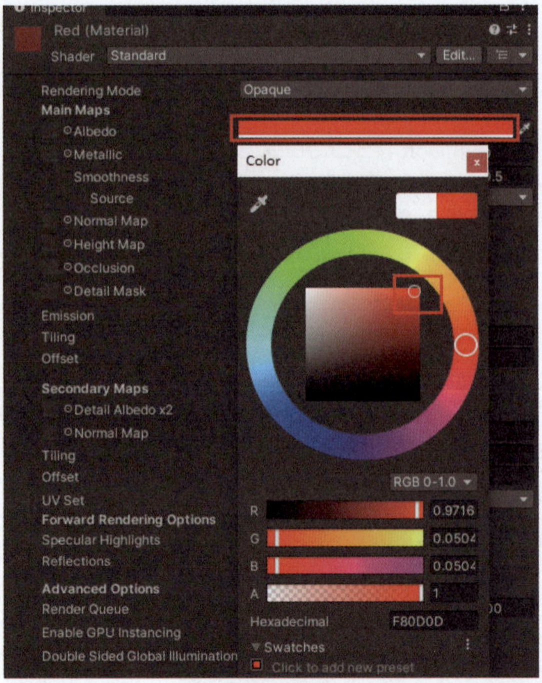

图 3-7

Unity 提供了一种快捷的为游戏对象赋值材质的方式。将材质球从 Project 窗口中直接拖动到 Scene 窗口的游戏对象上，也可以拖动到 Mesh Renderer 组件的 Materials 属性中，此时会发现 Cube 游戏对象已经变成了红色，如图 3-8 所示。

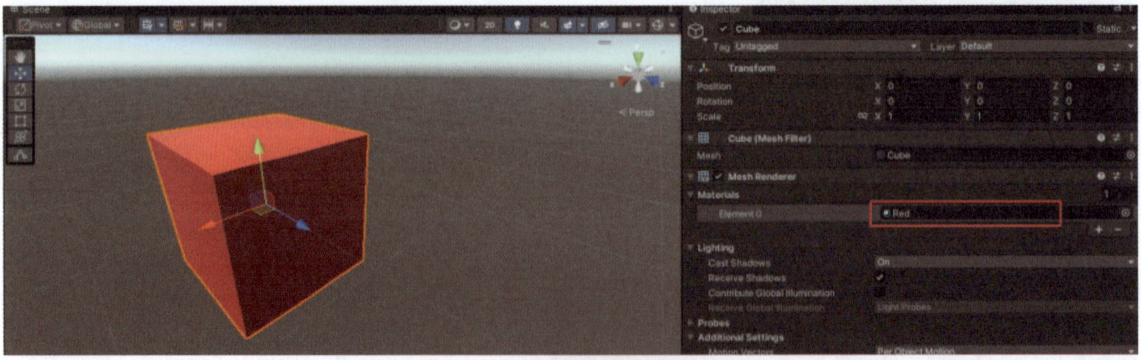

图 3-8

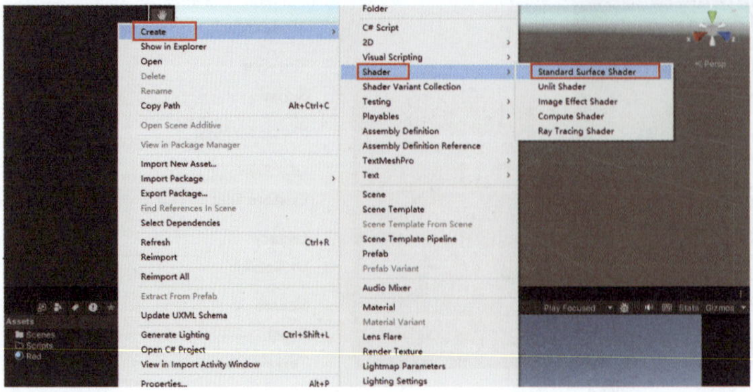

图 3-9

接下来手动创建一个着色器，这里不去编辑它，仅使用 Unity 提供的默认模板即可。

在 Project 窗口中右击，在弹出的快捷菜单中选择 Create → Shader → Standard Surface Shader 命令，将着色器命名为 SurfaceShader，如图 3-9 所示。最终效果如图 3-10 所示。

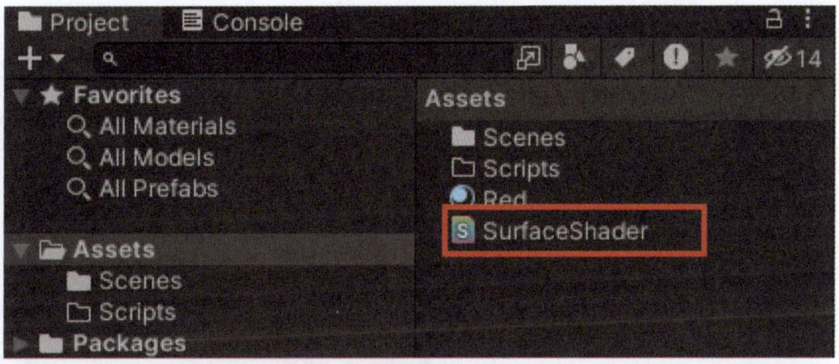

图 3-10

变更材质引用的着色器可以直接在 Project 窗口中将着色器文件拖动到材质球上，也可以在材质球的 Inspector 窗口的 Shader 下拉列表中选择相应的选项，自定义着色器默认在 Custom 分组中，如图 3-11 所示。

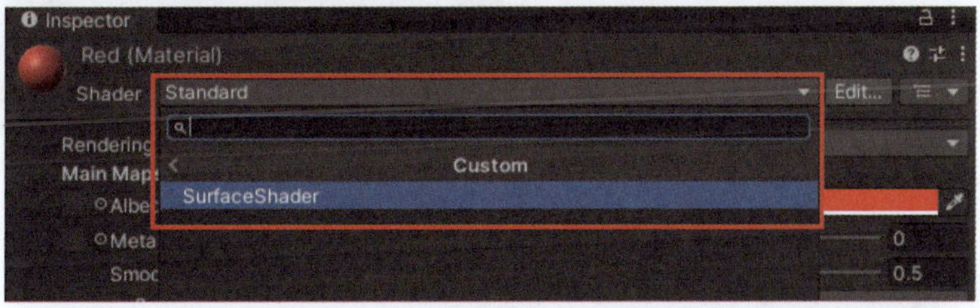

图 3-11

变更材质球的着色器后，会发现 Cube 游戏对象依然是红色的，并没有发生变化，这是因为 Unity 自动记录了基础色的设置，图 3-12 中红色材质球的 Inspector 窗口其实已经发生了很大的变化，这也说明了材质球的属性是由着色器决定的，不同的着色器由于其功能算法不同会公开不同的属性（变量）。

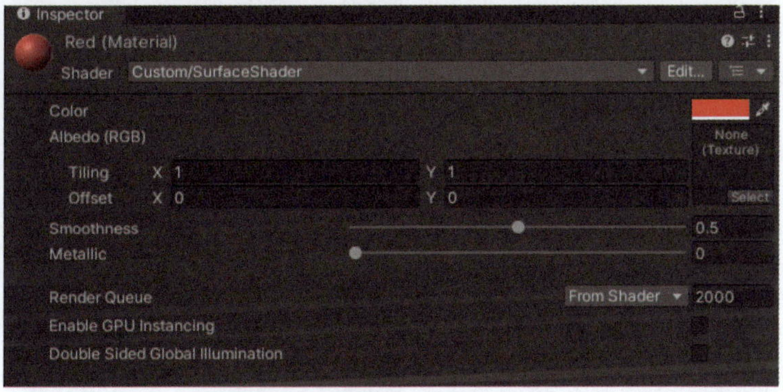

图 3-12

3.3　Mesh 与相关组件

3.3.1　Mesh

计算机中的一切都是数据，3D 模型也不例外。Mesh 文件一般由美术人员在 3D Max、Maya、Blender 等建模软件中制作而成。

3D 模型也具备通用格式，在游戏行业一般使用 FBX 文件格式。

在 Unity 中创建的 Cube 游戏对象也存在一个 Mesh，不过这个 Mesh 是内置的资源，可以通过组件查看，如图 3-13 所示。双击后可以查看 Mesh 的信息，如图 3-14 所示。

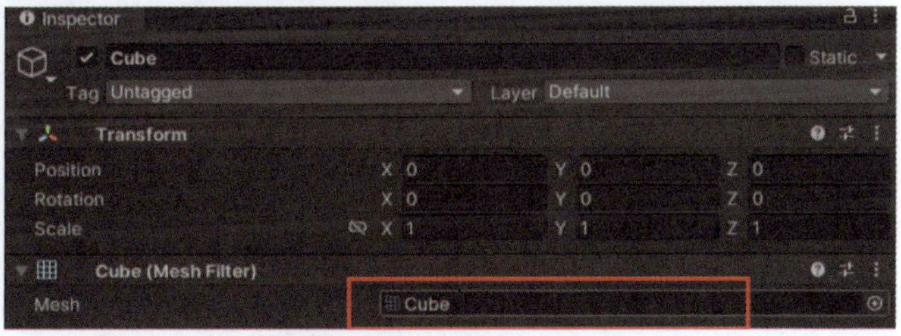

图 3-13

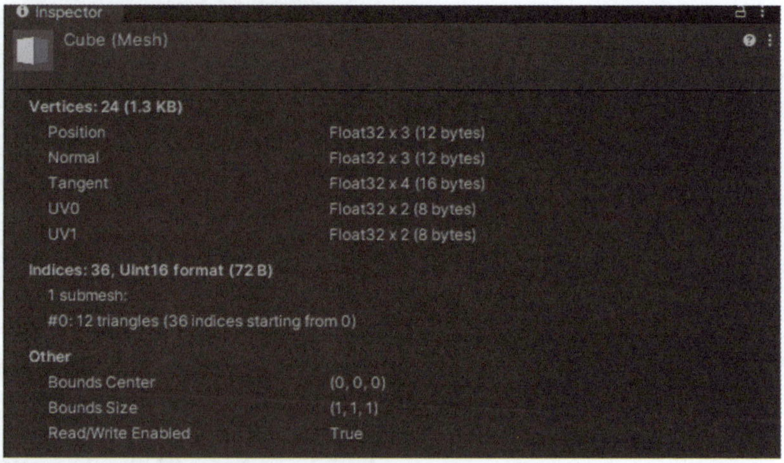

图 3-14

3.3.2 Mesh Filter 组件

Mesh Filter 一般被称为网格过滤器，称其为过滤器并不是因为其有“过滤功能”，而仅仅是 Unity 的历史原因。这个组件的功能比较单一，就是引用一个 Mesh 资源。既然是引用，就意味着可以有多个游戏对象引用同一个 Mesh 资源，也就是说游戏中 Mesh 资源只有一份，这很符合面向对象的思想，也是一种优化游戏性能的必要方式。

在创建的 Cube 游戏对象上就包含该组件，如图 3-15 所示。

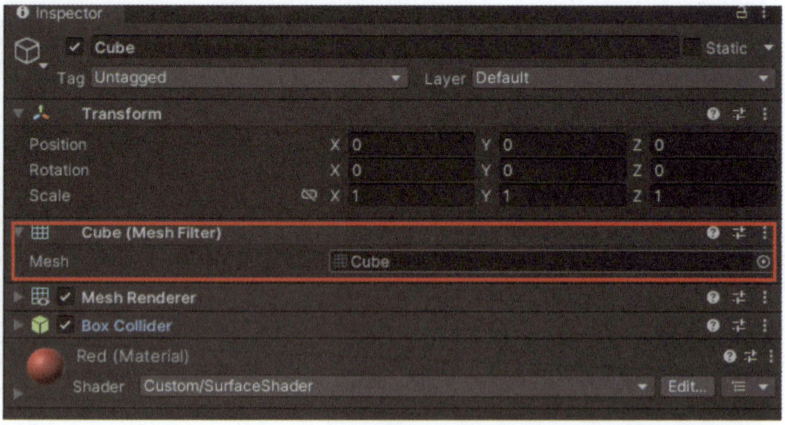

图 3-15

3.3.3 Mesh Renderer 组件

Mesh Renderer 一般被称为网格渲染器，它的作用是渲染网格，其目的是渲染 3D 角色、3D 场景。Mesh Renderer 组件还会引用材质球等资源，如图 3-16 所示。

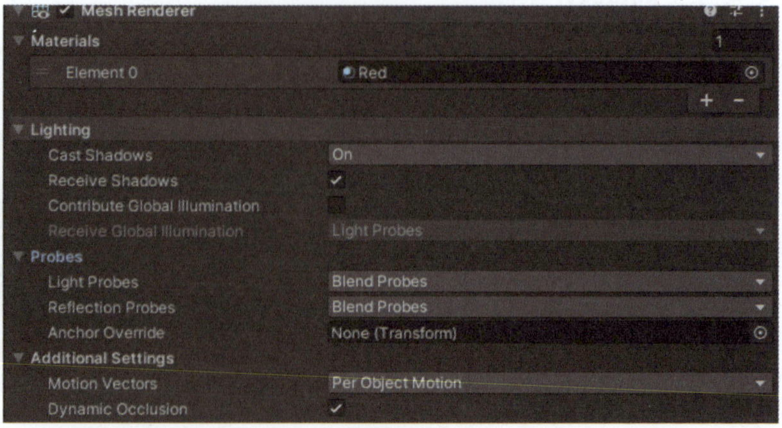

图 3-16

Mesh Renderer 组件的主要属性如下。

Materials：Mesh 中还可以存在 SubMesh，也就是子网格，所以 Materials 是一个材质数组，可以让每一个 SubMesh 使用不同的材质进行渲染。

Cast Shadows：是否会将自己的影子投射到其他模型上。

Receive Shadows：是否接受其他模型投射来的影子。

对 Mesh Renderer 组件来说，Mesh Filter 是必要组件，所以一般都会成对出现。

在 Inspector 窗口中，Cube 游戏对象有一个特殊的区域，和一般组件的显示并不相同，如图 3-17 所示，这里显示的实际上是 Mesh Renderer 组件中的材质，在目前的项目中就是 Red 材质球，如果修改此处的属性值实际上就是修改 Red 材质球的属性值，这是 Unity 方便我们进行编辑的一种机制。

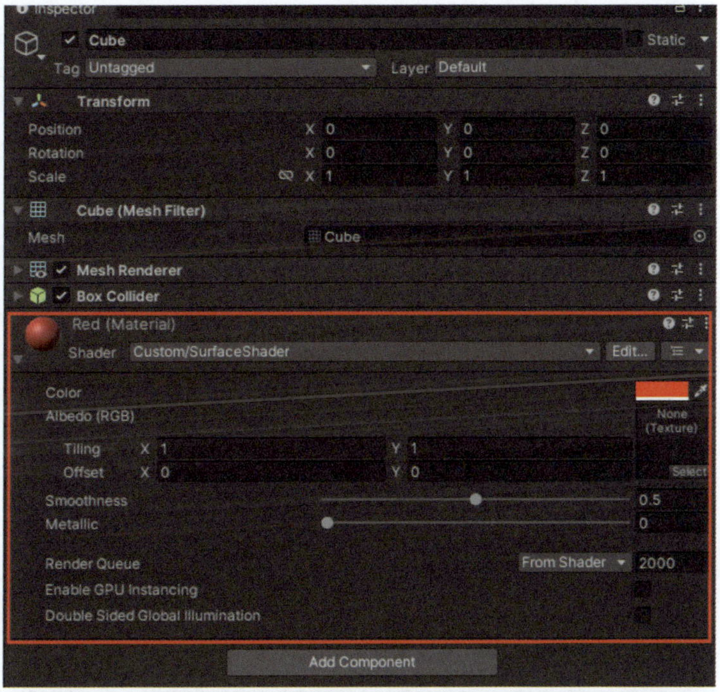

图 3-17

3.4　天空盒

无论是 Scene 窗口还是 Game 窗口都可以看到天空，这就是 Unity 内置且默认的天空盒，天空盒是一个增强表现力的常用技术，其本质上就是在摄像机周围包裹一个纹理，之所以被称为“盒”，是因为其贴图一般是一个立方体的展开图，如图 3-18 所示。

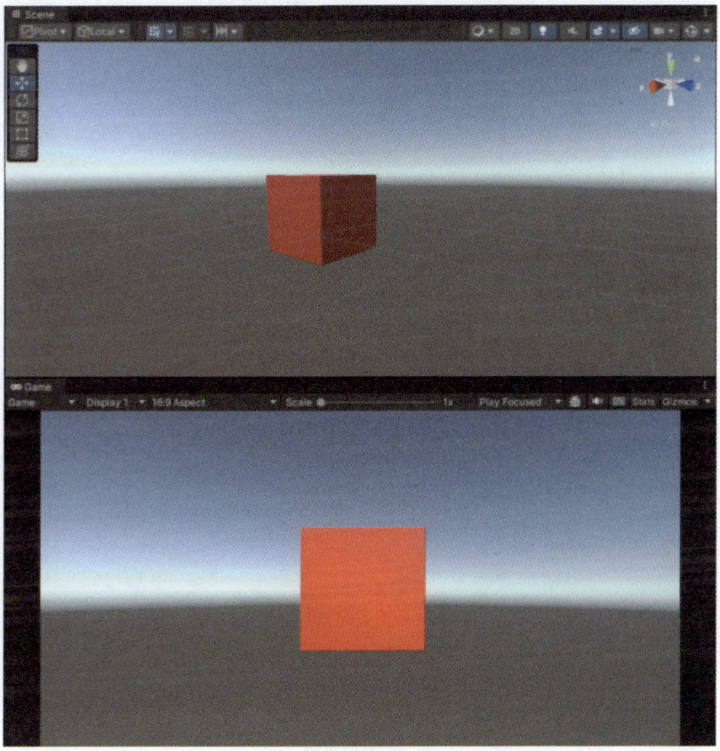

图 3-18

选择 Window → Rendering → Lighting 命令，打开 Lighting 窗口后切换到 Environment 选区中即可，如图 3-19 和图 3-20 所示。

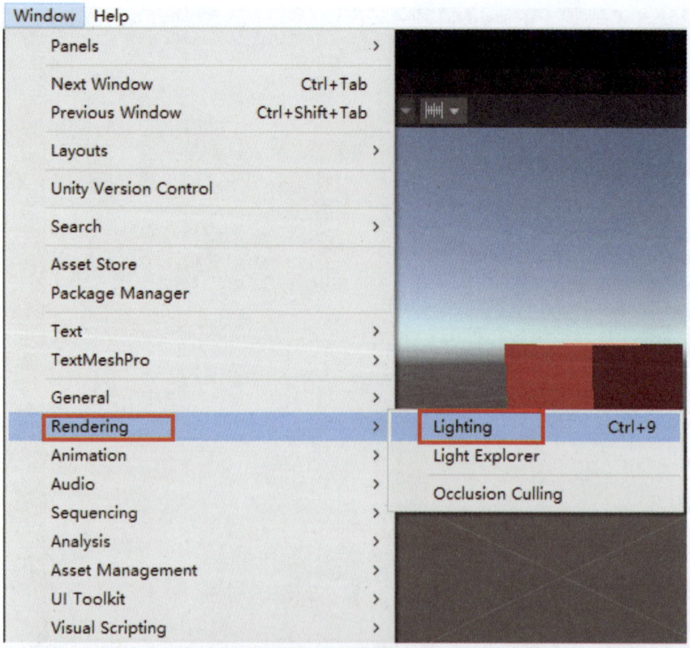

图 3-19

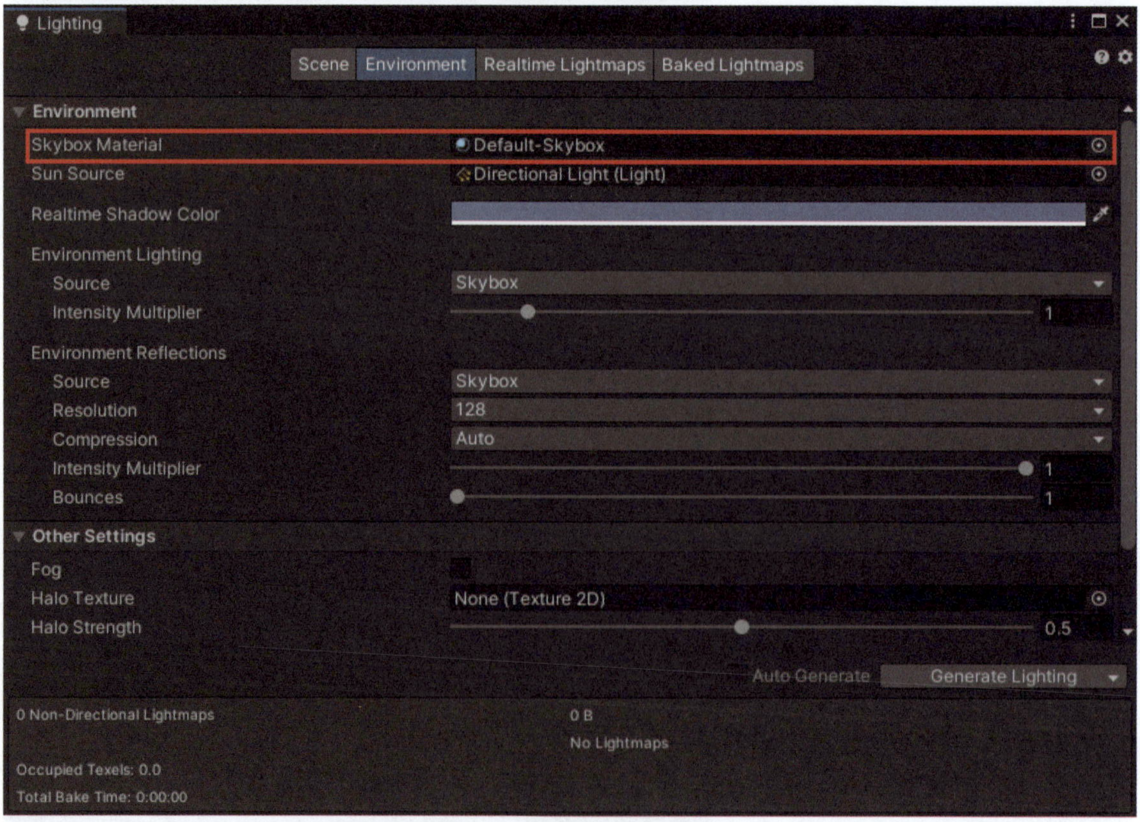

图 3-20

天空盒本质上是一个材质，但是天空盒也有照明效果。如果将 Environment Lighting 选区中的 Intensity Multiplier 属性值设置为 0 或 8，则场景中的 Cube 游戏对象会产生明显的亮度变化，实际上还有不易察觉的轻度的颜色变化。如果使用较明显的颜色，则亮度变化会较明显。如果不希望天空盒对场景的亮度有影响，则可以将 Intensity Multiplier 属性值设置为 0。如果希望自定义环境光，则可以将 Source 属性值设置为 Color 或 Gradient，它们都是按照具体颜色来设置环境光的，如图 3-21 和图 3-22 所示。

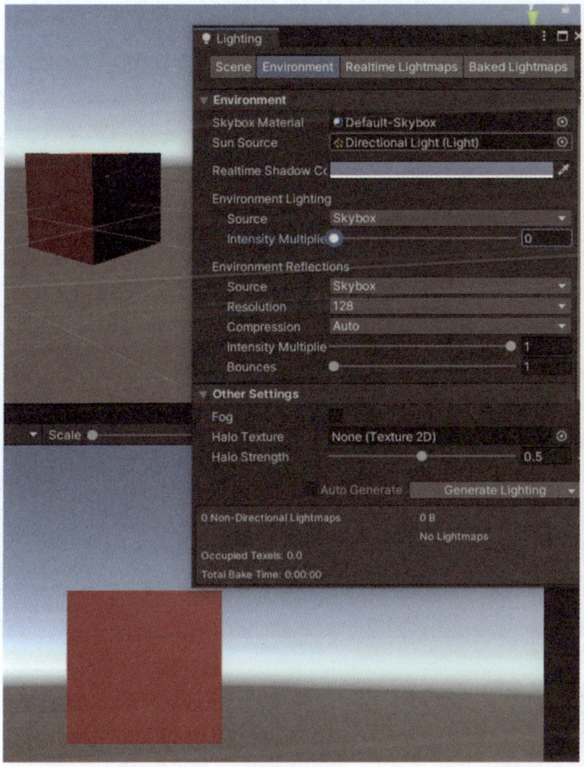

图 3-21

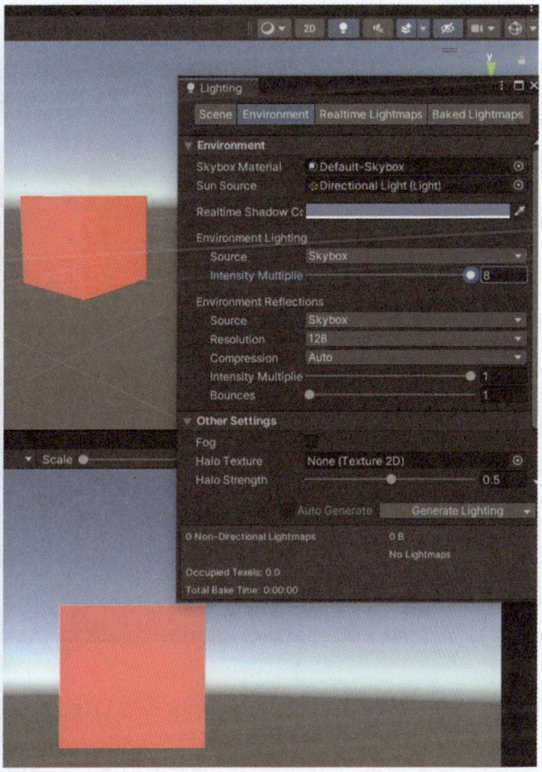

图 3-22

Lighting 窗口中还有一个名为 Environment Reflections 的选区，这是用来模拟光的反射效果的，如图 3-23 所示。修改其中的 Intensity Multiplier 属性值也会看到微弱变化。

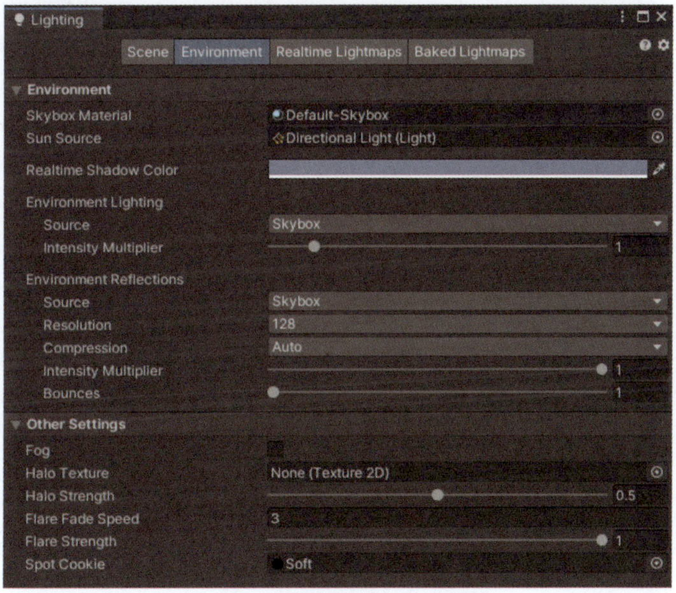

图 3-23

3.5 光源

光源也被称为灯光，是对现实世界中太阳、电灯、手电筒等物体发光的模拟。

我们目前的场景过于简单，不利于对光照的模拟，所以我们首先使用 Unity 内置的各种几何体搭建一个场景，如图 3-24 所示，其主要组成如下。

（1）模拟地面的 Panel，并且为其创建和设置一个浅灰色的材质球。

（2）模拟场景物体的多个 Cube。

（3）调整摄像机的位置和旋转角度以达到俯视图的效果。

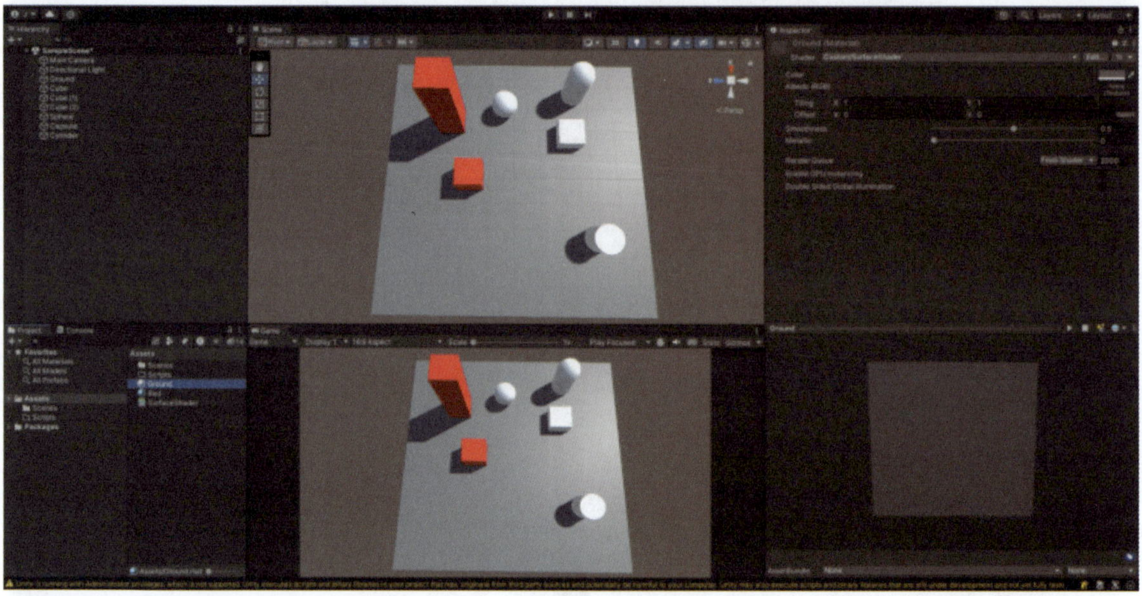

图 3-24

创建项目后，场景中默认就会有一个名为 Directional Light 的游戏对象，该游戏对象拥有一个 Light 组件，这就是灯光组件。Light 组件的第一个属性为 Type，它决定了灯光类型，不同的灯光类型其属性也有所不同，但是默认的平行光包含了大多数通用属性，其中常用的如下。

（1）Type：灯光类型，可取值有 Directional Light（平行光）、Point Light（点光源）、Spot Light（聚光灯）、Area Light（区域光）。

（2）Color：灯光的颜色。

（3）Mode：渲染模式。

（4）Intensity：灯光强度，也就是亮度。

（5）Indirect Multiplier：反射强度，如果设置为低于 1 的值，则每次反射时反射光会变暗。如果设置为大于 1 的值，则每次反射时反射光会变亮。

（6）Shadow Type：阴影类型，也就是灯光会不会导致其他游戏对象产生影子，可取值有 No Shadows（无阴影）、Hard Shadows（硬阴影）和 Soft Shadows（软阴影）。

（7）Draw Halo：绘制光晕。

（8）Culling Mask：层剔除，用于控制哪些游戏对象会被灯光影响。

获取 Light 组件后可以通过脚本来修改这些属性，其本质上和获取 Transform 组件并修改坐标的方式没有区别。

手动创建灯光的方式：在 Hierarchy 窗口中右击，在弹出的快捷菜单中选择 Light 命令，在二级菜单中选择相应的灯光即可。

灯光会受 Transform 组件的 Position 属性和 Rotation 属性的影响，可以基于此来移动、旋转灯光。

3.5.1 Directional Light

Directional Light 也被称为平行光，在 Hierarchy 窗口中右击，在弹出的快捷菜单中选择 Light → Directional Light 命令即可快速创建，一般用于照亮整个场景，所以类似现实世界中太阳的作用。如果禁用场景中默认创建的平行光游戏对象或它的 Light 组件，则场景都会变暗，但并不是完全漆黑，这是因为环境光的相关设置在生效，可以查阅 3.4 节中天空盒的设置，如图 3-25 所示。

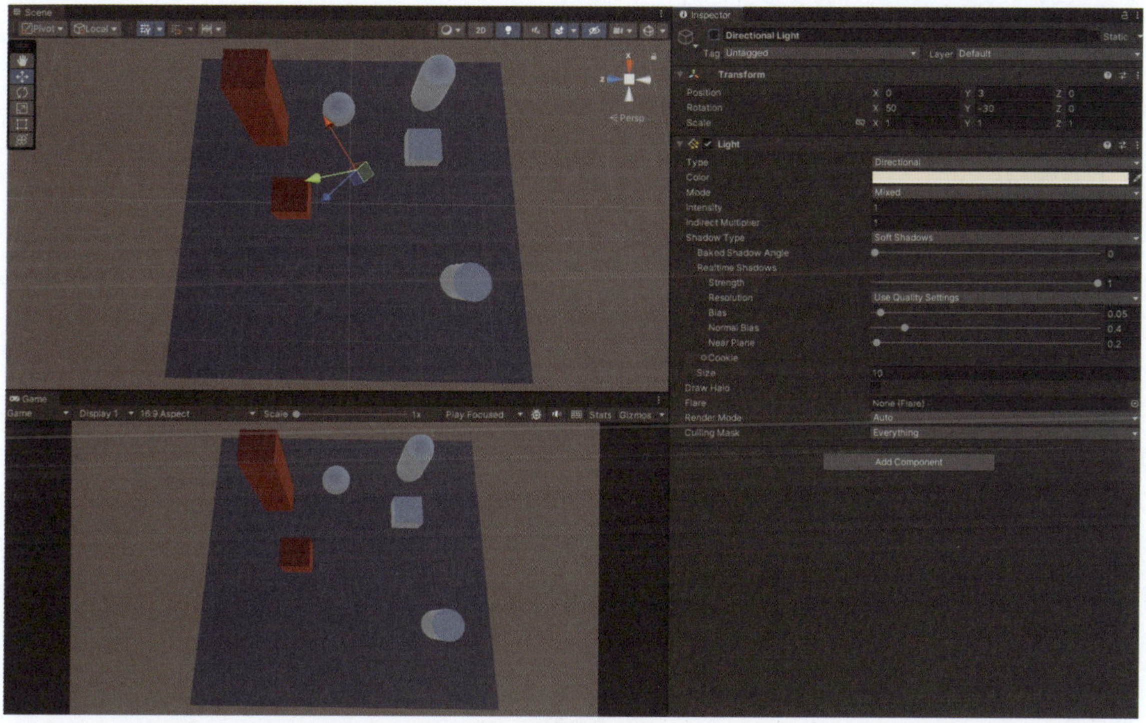

图 3-25

出于对灯光的测试目的，这里希望达到全黑的效果。在 Lighting 窗口中将 Environment Lighting 选区中的 Intensity Multiplier 属性值和 Environment Reflections 选区中的 Intensity Multiplier 属性值设置为 0，场景将达到全黑的效果，这是因为天空盒没有再为场景贡献任何灯光效果，如图 3-26 所示。

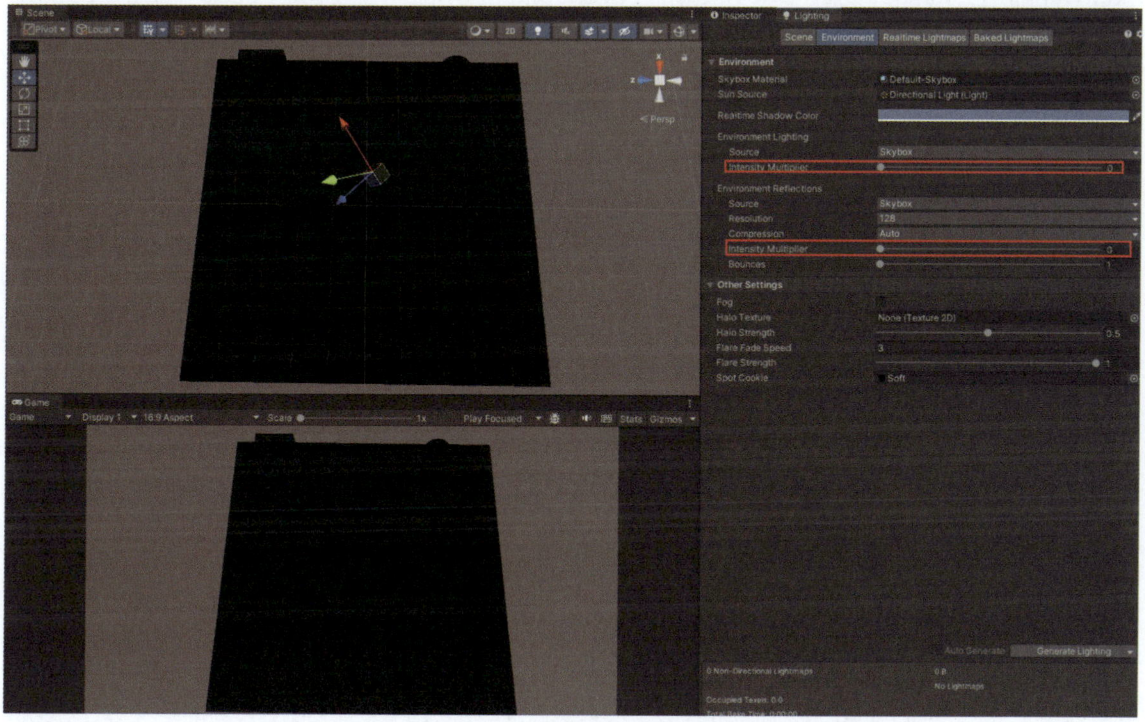

图 3-26

可以尝试设置灯光的颜色和 Transform 组件的 Rotation 属性来模拟不同时间点的灯光，简单模拟一个傍晚时分的阳光，但是因为平行光影响整个场景，所以 Position 属性不会对灯光产生影响，如图 3-27 所示。

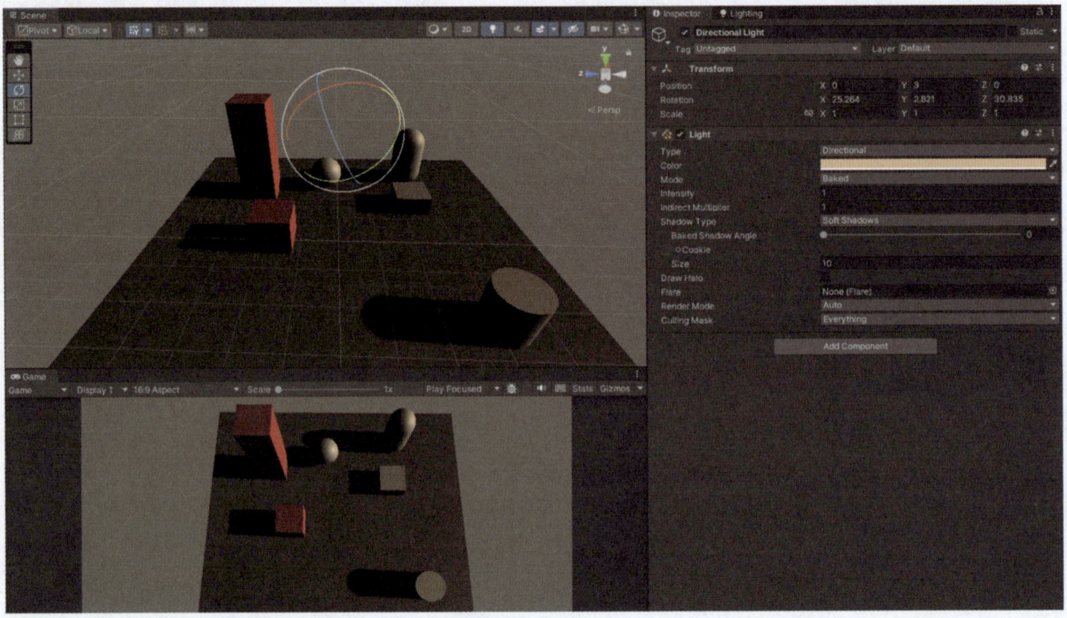

图 3-27

3.5.2 Point Light

Point Light 也被称为点光源，在 Hierarchy 窗口中右击，在弹出的快捷菜单中选择 Light → Point Light 命令即可快速创建，其特别属性为 Range，该属性影响灯光范围，在 Scene 窗口中也有相应的范围提示（Handle），如图 3-28 所示。

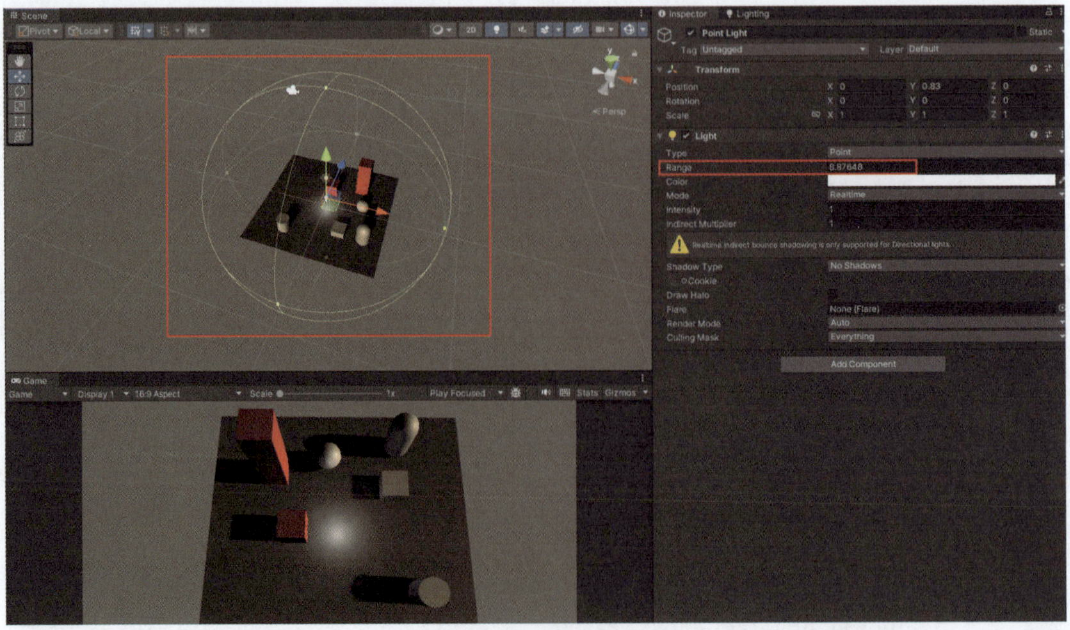

图 3-28

点光源实际上是场景中的一个点，它会向周围均匀发出光线，光线强度会随着距离的增大而减弱，物体离中心越近就越亮。

3.5.3　Spot Light

Point Light 也被称为聚光灯，在 Hierarchy 窗口中右击，在弹出的快捷菜单中选择 Light → Point Light 命令即可快速创建，一般用于模拟手电筒、路灯、舞台聚光灯等灯光效果，其特别属性为 Range，该属性用于控制灯光的范围，Spot Angle 属性用于控制灯光的开口角度，如图 3-29 所示。

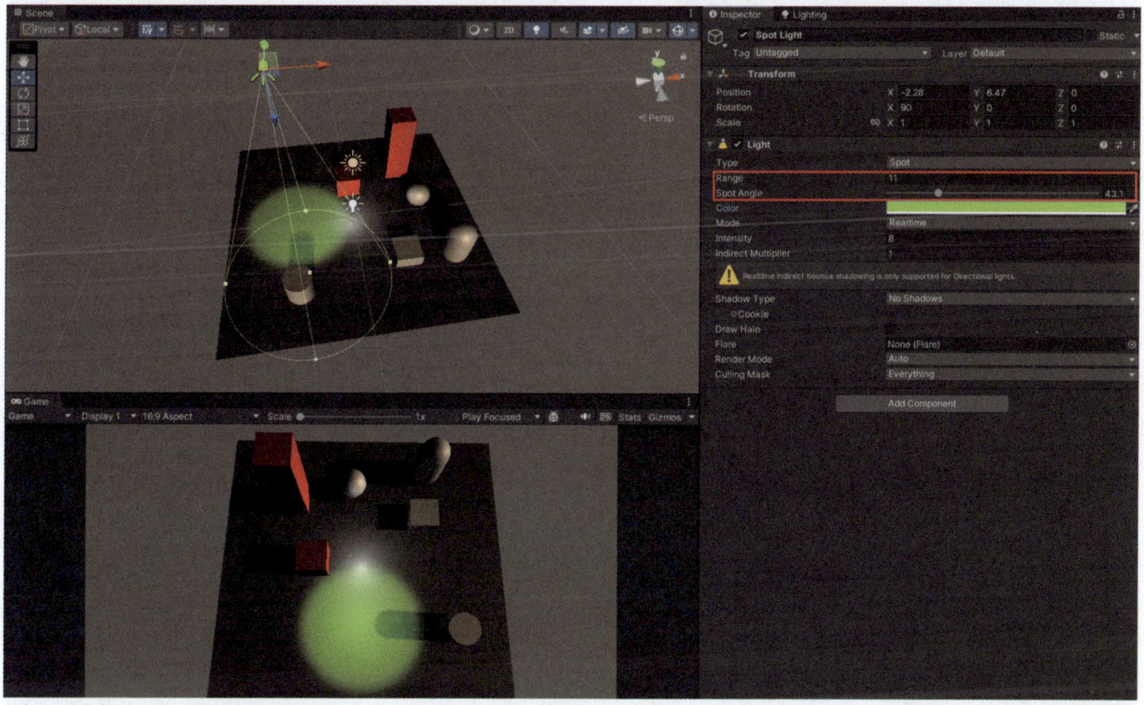

图 3-29

3.5.4　灯光烘焙

灯光是一种运算性能消耗较高的技术，灯光烘焙是一种优化方案，其原理就是如果灯光不变，则一个游戏对象也不变（如位置、旋转等），这就意味着灯光的表现是不变的，那就没有必要一直进行高消耗的计算，而是在游戏开发阶段（Editor 下）预先制作好一张光照贴图（Lightmap），这也是一种空间换时间的性能优化方案。

使用光照贴图的前提是游戏对象不会移动，后续即使灯光发生了颜色、位置等各项属性的变化，游戏对象的光照信息也不会改变。

Unity 也内置了这种优化方案，使用步骤如下。

（1）将场景等游戏对象设置为 Static（静态），注意后续游戏对象将无法移动，如图 3-30 所示。

（2）将灯光的 Mode 属性值设置为 Baked 或 Mixed，如图 3-31 所示。

（3）选择 Window → Rendering → Lighting 命令，在 Lighting 窗口 Workflow Settings 选区右下角的下拉列表中选择 Generate Lighting 选项。

在右下角会出现烘焙进度，当完成烘焙时，会自动在当前场景所在的文件夹中创建一个与场景同名的文件夹，下方会包含烘焙后的灯光相关数据，如图 3-32 所示。

上述步骤中提到了可以将游戏对象设置为 Static 以将其转换为静态游戏对象，这意味着这个游戏对象的 Transform 组件在后续都无法改变，一般会将场景等不会移动的游戏对象设置为 Static。

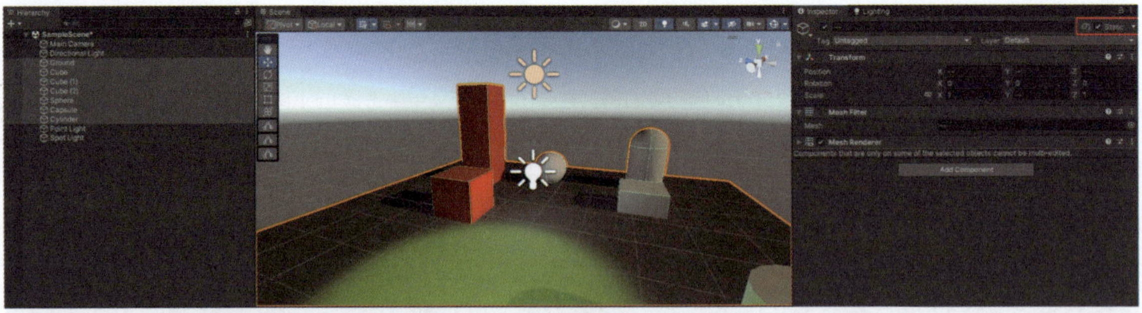

图 3-30

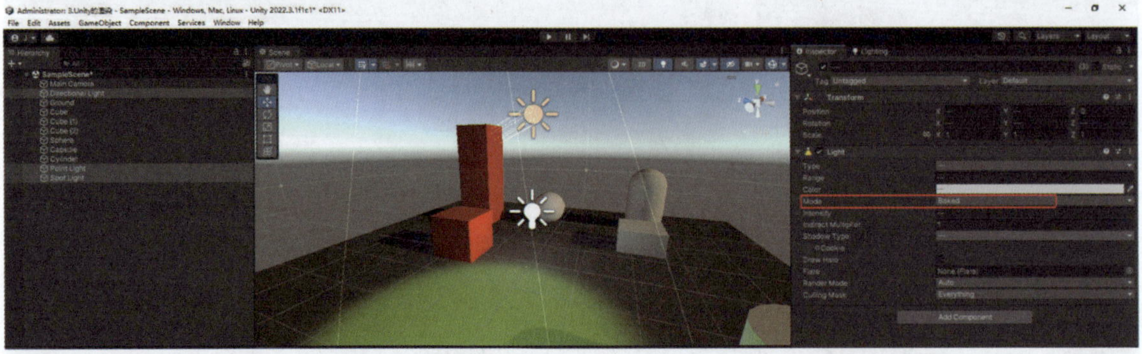

图 3-31

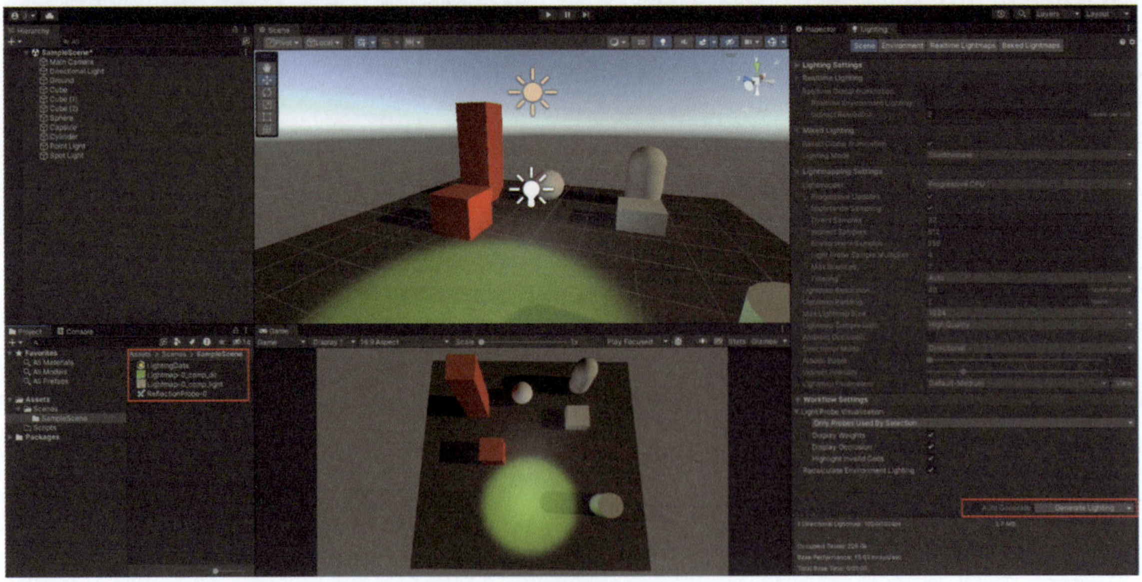

图 3-32

目前我们创建的所有灯光都有 Mode 属性，该属性有 3 个值。

（1）Realtime：即时计算。

（2）Mixed：混合的，也就是既会烘焙也会即时计算。

（3）Baked：烘焙的。

大多数项目中会有多个灯光，除非游戏有昼夜变化等特殊灯光需求，否则灯光往往是静态的。开发者可以根据情况来设置 Baked 模式并进行烘焙，但是一般尽可能不因优化的需要而修改游戏玩法。

3.5.5 Area Light

Area Light 也被称为区域光，在 Hierarchy 窗口中右击，在弹出的快捷菜单中选择 Light → Area Light 命令即可快速创建。区域光是一种仅支持 Baked 模式的灯光类型，其 Shape 属性值可以设置为 Rectangle（矩形）或 Disc（圆盘），不同的形状会有不同的尺寸参数，Rectangle 的尺寸参数为宽度和高度，Disc 的尺寸参数为半径。Range 属性的作用是控制灯光范围。

在场景中添加的区域光需要在烘焙后才有效果，如图 3-33 所示。

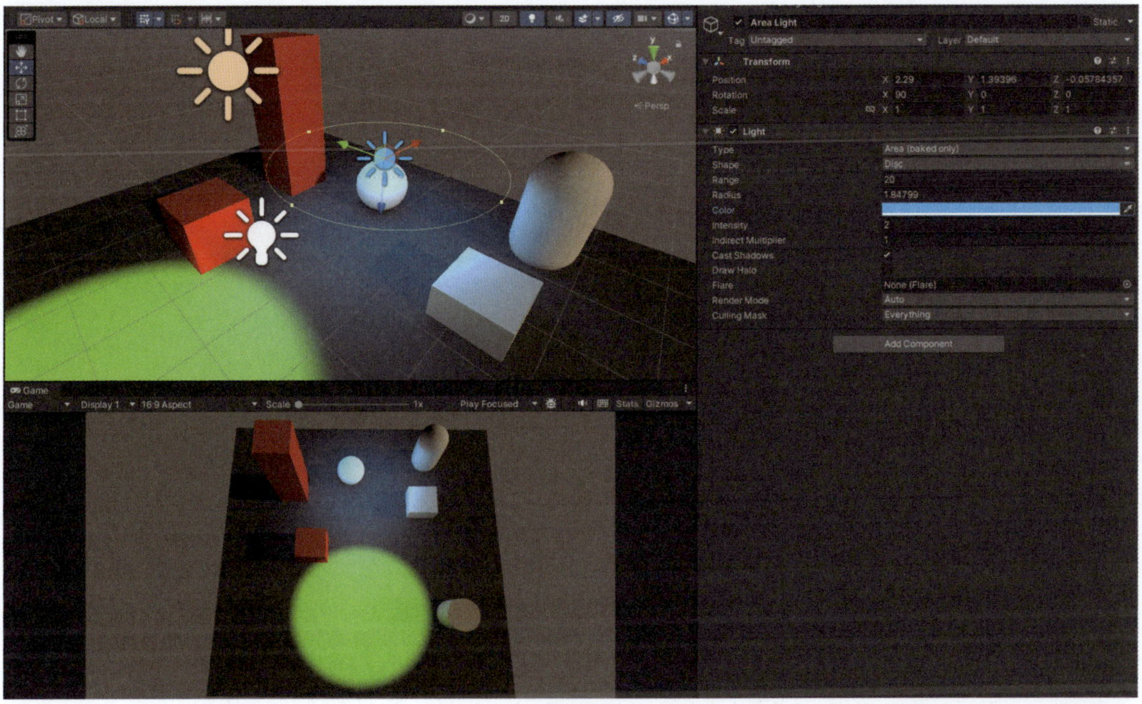

图 3-33

3.5.6 Sun Source

Lighting 窗口中有一个 Sun Source 属性，可以为其赋值一个平行光，设置后会使用 Sun Source 的旋转信息控制环境光的亮度和颜色，在一般情况下默认引用场景默认的 Directional Light，如图 3-34 所示。

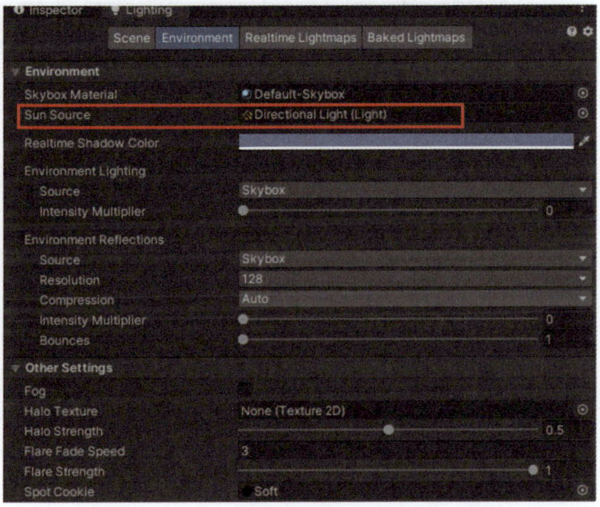

图 3-34

第 4 章　输入系统与常用工具类

本章会讲解常用的工具类，如 C# 中的 class 类型，这些工具并不以组件的形式出现，而是在代码中帮助我们更方便地实现游戏逻辑。

本章学习要点

- Input（输入系统）
- Mathf（数学工具类）
- Random（随机数工具类）
- Application（应用程序工具类）
- Vector3（向量工具函数）

4.1　Input（输入系统）

通过之前的学习，我们可以通过 Transform 组件来改变角色的坐标，但是在大多数游戏中，主角的控制都基于玩家的输入，所以输入系统是至关重要的部分。

Unity 中有两套输入系统的解决方案。

（1）Input Manager：Unity 的默认选项。

（2）Input System：额外的拓展包。

本书将对 Input Manager 进行展开讲解。

首先，搭建一个简单的场景用于练习，效果如图 4-1 所示，其主要组成如下。

（1）Player：红色材质球的 Cube，Position 属性值为（0，0.5，0）

（2）Ground：灰色材质球的 Plane，Scale 属性值为（5，1，5）

（3）Wall：默认材质球的 Cube，Position 属性值为（0，0.5，5），Scale 属性值（5，1，1）

（4）摄像机：Position 属性值为（0，10，-7），Rotation 属性值为（60，0，0）

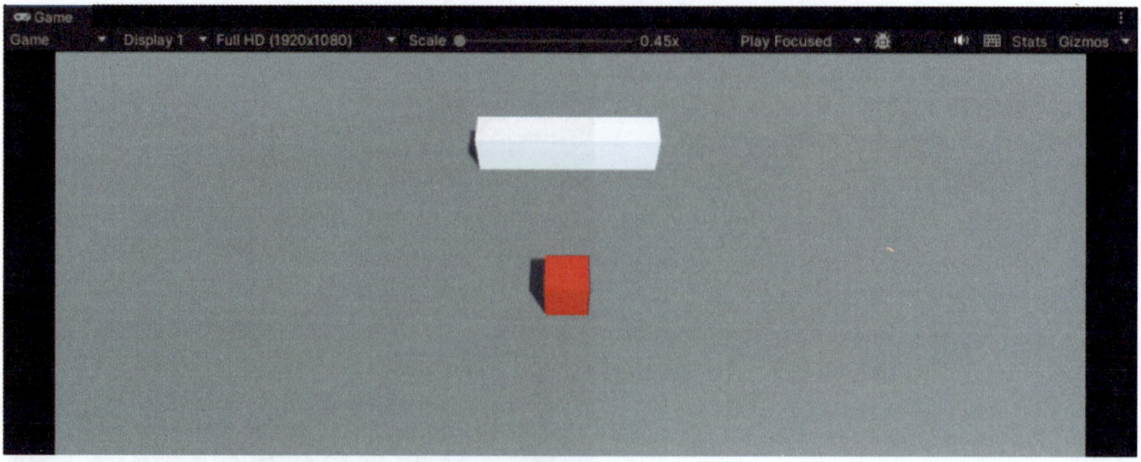

图 4-1

新建名为 Player 的脚本文件，并且将其拖动到 Player 游戏对象下，打开脚本文件，编写代码以使用鼠标相关的 API，如图 4-2 所示。

使用图 4-2 的方法可以监听鼠标按键按下、按住、弹起，其中，按下和弹起只会执行一次，而按住的调用次数和实际鼠标按键的按住状态的持续时间有关，运行后尝试按下鼠标左键并观察 Console 窗口，如图 4-3 所示。

```
using UnityEngine;

Unity 脚本|0 references
public class Player : MonoBehaviour
{
    Unity 消息|0 references
    void Update()
    {
        TestMouseInput();
    }
    1 reference
    void TestMouseInput()
    {
        // 0代表鼠标左键，1代表鼠标右键
        if (Input.GetMouseButtonDown(0))
        {
            Debug.Log("你按下了鼠标左键");
        }
        else if (Input.GetMouseButton(0))
        {
            Debug.Log("你按住了鼠标左键");
        }
        else if (Input.GetMouseButtonUp(0))
        {
            Debug.Log("你松开了鼠标左键");
        }
    }
}
```

图 4-2

图 4-3

接下来需要让 Player 游戏对象进行移动，那么一定要监听键盘，这里我们希望键盘的 W、S、A、D 键对应角色的前、后、左、右方向，以控制 Player 进行移动，如图 4-4 所示。

在图 4-4 代码中，仅编写了 GetKeyDown 来监听键盘按键按下时的逻辑。另外，与鼠标监听类似，键盘也有 GetKeyDown、GetKey、GetKeyUp 等 API，运行游戏后尝试按下 W、S、A、D 键即可完成 Player 游戏对象的移动。

```
using UnityEngine;

Unity 脚本|0 references
public class Player : MonoBehaviour
{
    Unity 消息|0 references
    void Update()
    {
        TestMouseInput();
        TestKeyboardInput();
    }
    1 reference
    void TestMouseInput()[...]
    1 reference
    void TestKeyboardInput()
    {
        Vector3 newPosition = transform.position;
        // KeyCode枚举表示不同的键盘键位
        // 与鼠标监听类似，键盘也有 GetKeyDown、GetKey、GetKeyUp 等 API
        if (Input.GetKeyDown(KeyCode.W))
        {
            newPosition.z += 1;
        }
        if (Input.GetKeyDown(KeyCode.S))
        {
            newPosition.z -= 1;
        }
        if (Input.GetKeyDown(KeyCode.A))
        {
            newPosition.x -= 1;
        }
        if (Input.GetKeyDown(KeyCode.D))
        {
            newPosition.x += 1;
        }
        transform.position = newPosition;
    }
}
```

图 4-4

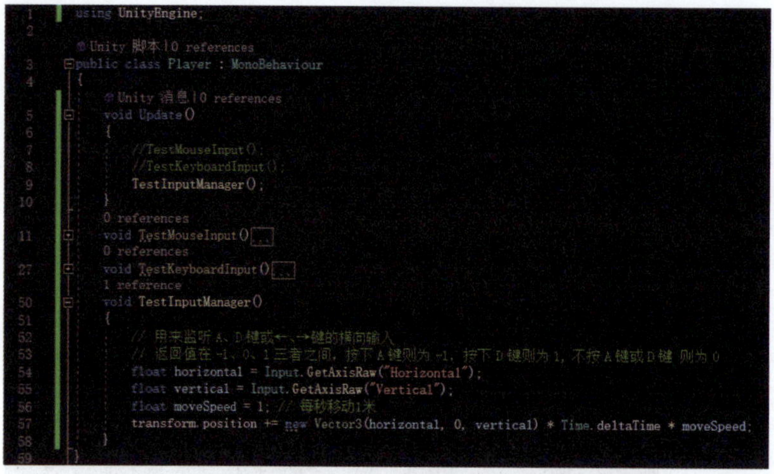

图 4-5

目前的移动是按一次键走一米，如果需要实现更平滑的连续移动，则需要编写更多的逻辑，但输入系统为我们准备了更好的方案。编写如图 4-5 所示的代码。

编写完成后运行游戏，就会得到一个更连贯的移动效果，这里的关键在于 Input.GetAxisRaw("Horizontal") 中 Horizontal 字符串是如何得来的。选择 Edit → Project Settings... 命令，在 Project Settings 窗口的 Input Manager 界面中可以看到 Axes 的相关设置，如图 4-6 所示。

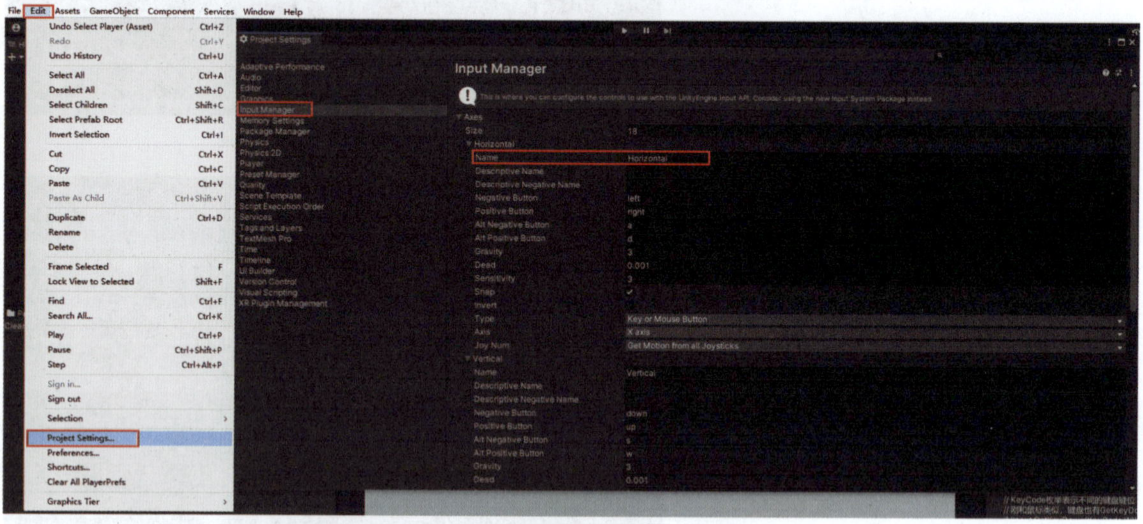

图 4-6

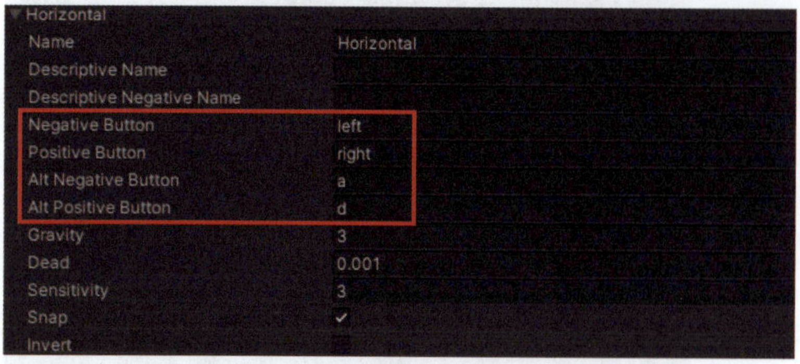

图 4-7

在 Axes 选区中默认有较多的设置，但最常用的就是图 4-6 中的 Horizontal 选区和 Vertical 选区。之所以可以做到与 A、D、←、→等键绑定，是因为 Horizontal 选区中进行了如图 4-7 所示的设置。

除了目前使用的 GetAxisRaw，还有一个相关的 API 名为 GetAxis，读者可以在项目中尝试比较两者的表现，以 Horizontal 选区为例，两者的区别如下。

GetAxisRaw：返回值为 -1、0、1 三者之间的 Int 类型，按下 A 键则为 -1，按下 D 键则为 1，不按 A 键或 D 键则为 0，对输入特别敏感。

GetAxis：返回值为 -1 ~ 1 范围内的 Float 类型，但是其数值是平滑过渡的，如按下 D 键后返回值不是瞬间为 1，而是平滑地增加到 1，可以模拟角色启动和停止时的惯性效果。

4.2　常用工具类

4.2.1　Mathf（数学工具类）

C# 本身有内置的数学工具类，如取绝对值可以使用 System.Mathf.Abs(-1)。Unity 也提供了 UnityEngine.Mathf.Abs(-1f)，像绝对值这种常见的数学运算操作，两者并没有什么区别，但是 Unity 提供了更多便利的功能，如图 4-8 所示。

如图 4-8 所示，大多都很好理解，Lerp 函数较为特殊且比较常用，它的实际函数实现为 return a + (b – a) * c;。

```
// 约束在0~1之间
float value1 = Mathf.Clamp01(0.2f);      // 结果为0.2
// 约束在两数之间
float value2 = Mathf.Clamp(0.2f, 1, 3); // 结果为1
// 向下取整
int value3 = Mathf.FloorToInt(0.2f);     // 结果为0
// 向上取整
int value4 = Mathf.CeilToInt(0.2f);      // 结果为1
// 四舍五入
int value5 = Mathf.RoundToInt(0.51f);    // 结果为1

// 插值，在a和b之间使用t线性插值
// t在0~1范围内，为0则结果为a，为1则结果为b，为0.5则结果为a到b之间的一半
float a = 1f;
float b = 2f;
float t = 0.5f;
float value6 = Mathf.Lerp(a, b, t);    // 结果为1.5f
```

图 4-8

4.2.2　Random（随机数工具类）

大多数游戏都有随机的因素，如随机掉落一件装备、随机获取一张卡牌等，那么必然在程序中有相关的运算。C# 也内置了 System.Random，而 Unity 提供的 UnityEngine.Random 使游戏开发更为便利，如图 4-9 所示。

```
// 在范围内随机一个数
float value = Random.Range(1.5f, 3f);
// 随机一个0~1的数
float value2 = Random.value;
// 返回半径为1.0的球体内部或球体上的随机点
Vector3 rotation = Random.insideUnitSphere;
```

图 4-9

4.2.3　Application（应用程序工具类）

游戏进行打包后，如果希望退出游戏，则需要使用 Application，如图 4-10 所示。

```
// 是否在Unity编辑器下运行
bool value = Application.isEditor;
// 关闭游戏
Application.Quit();
```

图 4-10

4.2.4　Vector3（向量工具函数）

Vector3 在 Unity 中非常常见，除了作为值来使用，Vector3 本身有一些常用的工具性质的函数，如图 4-11 所示。

```
// 两点之间的线性插值
Vector3 a = new Vector3(1, 0, 0);
Vector3 b = new Vector3(2, 0, 0);
Vector3 c = Vector3.Lerp(a, b, 0.5f);

// 计算向量之间的夹角
float value = Vector3.Angle(Vector3.up, Vector3.left);
// 计算向量的长度
float value2 = Vector3.Magnitude(Vector3.up);
// 使这个向量的长度为1
Vector3 value3 = Vector3.Normalize(Vector3.up);

// 计算当前点和目标点之间的位置，移动不超过maxDistanceDelta指定的距离
Vector3 current = transform.position;
Vector3 target = new Vector3(0, 0, 100);
float maxDistanceDelta = 10;
Vector3 value4 = Vector3.MoveTowards(current, target, maxDistanceDelta);
```

图 4-11

第 5 章 Unity 的物理系统

物理系统可以让游戏的表现更趋于真实。物理系统是对自然中的物理现象进行模拟，但大多数游戏类型只会采用部分物理系统甚至不采用物理系统，因为游戏中往往需要的只是一个重力模拟，过于仿真反而会使游戏变得不可控。但是在伤害检测、确定物体边缘等方面大多数依然需要 Unity 的物理系统。

Unity 的物理系统实际上集成了第三方的物理引擎，但我们一般并不需要去关注它们。

3D 物理系统：Nvidia PhysX 引擎

2D 物理系统：Box2D 引擎

这种集成导致 3D 物理系统和 2D 物理系统在使用上非常相似，本书将对 3D 物理系统进行讲解。

本章学习要点

- 渲染管线
- 着色器与材质
- 渲染相关组件
- 天空盒
- 光源

5.1 碰撞体组件

碰撞体组件是用于确定 3D 游戏对象的轮廓的组件。视觉上可以看到的 3D 游戏对象是基于渲染系统渲染的，如果没有碰撞体组件，则意味着这个 3D 游戏对象“看得见，但摸不着”，摸不着是指在物理系统看来这个 3D 游戏对象并不存在，当然仅仅有碰撞体组件也没有实际意义，这部分会在 5.2 节中介绍。

Unity 中包含以下几个常见形状的碰撞体组件。

（1）Box Collider：盒型碰撞体组件。

（2）Capsule Collider：胶囊碰撞体组件。

（3）Sphere Collider：球形碰撞体组件。

当我们创建 Cube、Capsule、Sphere 等内置几何游戏对象时，会默认添加对应形状的碰撞体组件。Cube 游戏对象默认添加的是 Box Collider 组件，并且可以看到当选择 Cube 游戏对象时，Scene 窗口中会对碰撞体进行描边渲染以作为提醒，如图 5-1 所示。

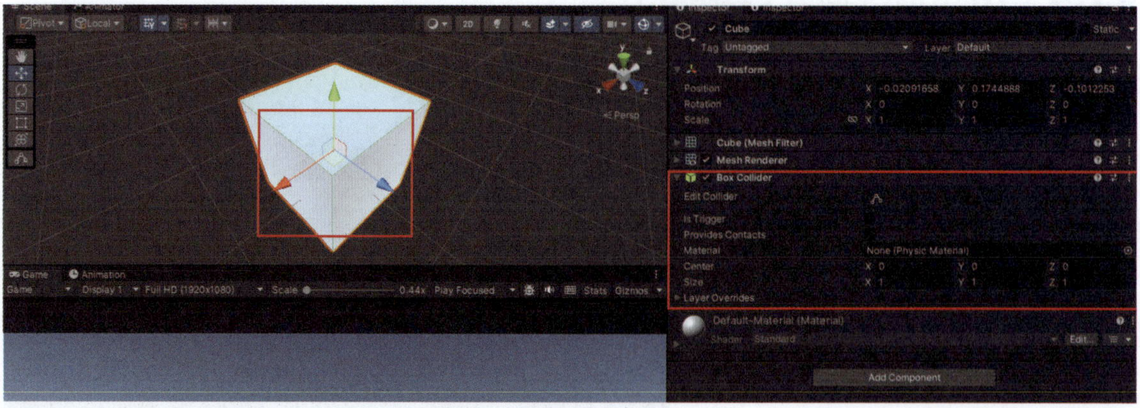

图 5-1

不同碰撞体组件的属性都较为相同，Center、Size 等属性用来确定碰撞体的位置和形状，但依赖数值的输入来调整碰撞体的效率较低，可以单击 Scene 窗口中的游戏对象，直接拖动绿色小点来调整碰撞体的位置、体积等，可以观察到在拖动过程中 Center 属性值和 Size 属性值都在变化，如图 5-2 所示

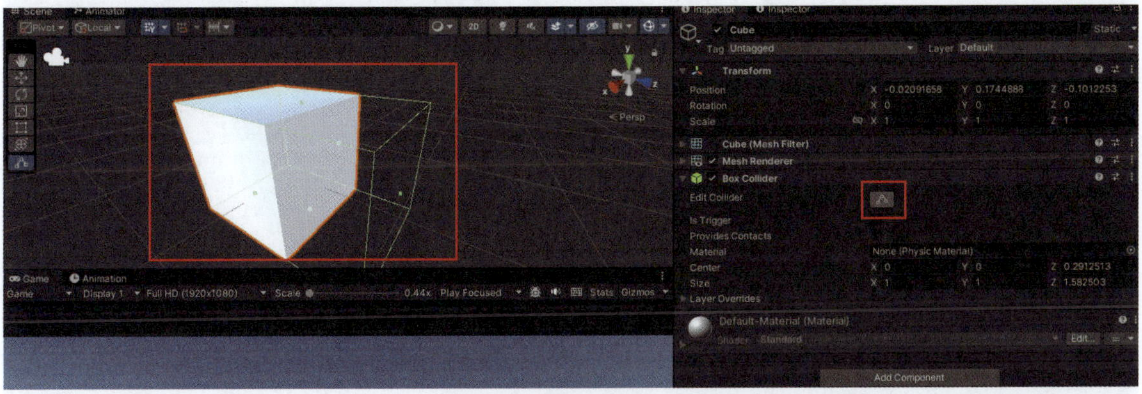

图 5-2

当我们为游戏对象设置碰撞体时，往往会根据实际模型的形状选择一个或多个碰撞体进行组合，但是如果要使碰撞体严丝合缝地符合模型轮廓，则需要采用 Mesh Collider 组件，也就是网格碰撞体组件，当创建内置几何体 Plane 时，可以发现 Plane 采用的就是 Mesh Collider 组件，如图 5-3 所示。

Mesh Collider 组件更加精准，但性能开销更大，所以一般尽可能不使用它，其 Mesh 属性决定了使用什么网格作为碰撞体轮廓的依据。

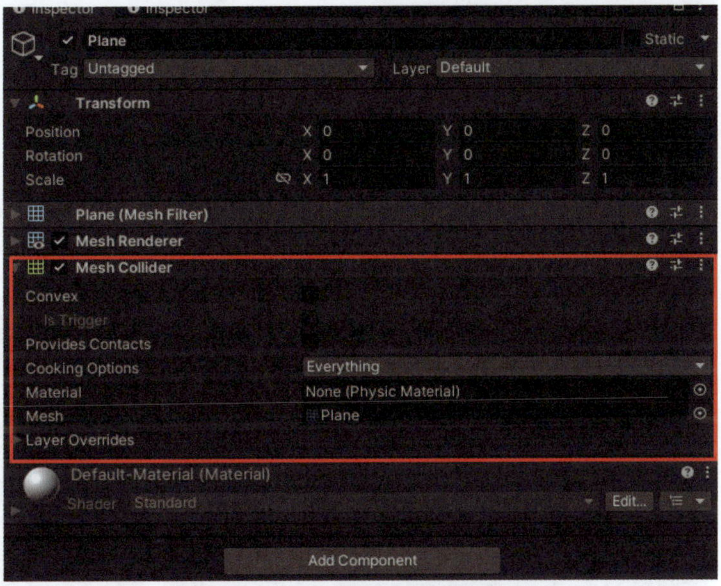

图 5-3

其他碰撞体组件的设置思路都是相同的，除了位置和尺寸等相关属性，还有一些较为重要的属性。

（1）Is Trigger：是否为触发器，将在 5.3 节中介绍。

（2）Material：物理材质，将在 5.6 节中介绍。

（3）Layer Overrides：层重写，将在 5.4 节中介绍。

5.2　刚体组件

只有添加了刚体组件的游戏对象才会进行物理模拟（如重力表现）。

3D 游戏对象要进行物理交互（如碰撞），还需要一个 3D 边框来确定 3D 对象的身体范围，这就是 5.1 节中的碰撞体。

首先我们搭建一个模拟场景来练习，新建一个 Cube，将 Cube 的 Position 属性值设置为（0，3，0），也就是将其

放置到空中。然后新建一个 Plane，将 Plane 的 Position 属性值设置为（0，0.0）。将 Main Camera 游戏对象的 Position 属性值设置为（0，3，10），最终在 Game 窗口中观察效果，如图 5-4 所示。

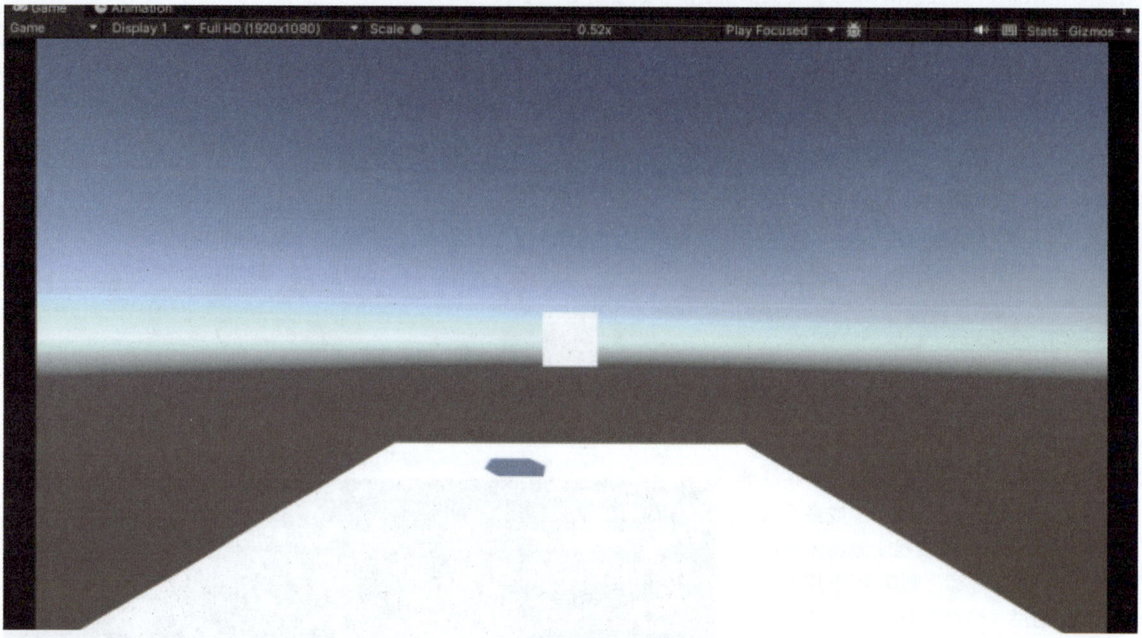

图 5-4

如果此时运行游戏，则什么都不会发生。一般情况下地面不会移动，所以我们不为 Plane 添加刚体组件。为 Cube 添加刚体组件，如图 5-5 和图 5-6 所示。

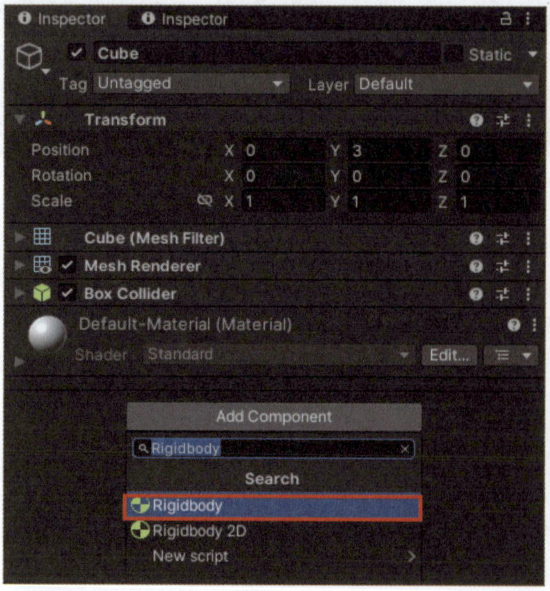

图 5-5

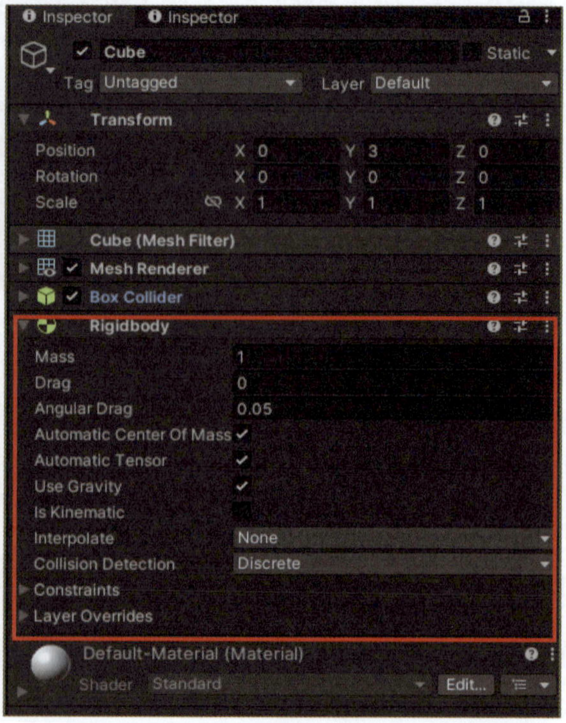

图 5-6

我们暂时不用理会刚体组件的属性设置，直接运行游戏后，Cube 会下降，在接触 Plane 后停止下降，最终呈现出 Cube 在 Plane 上的效果，如图 5-7 所示。

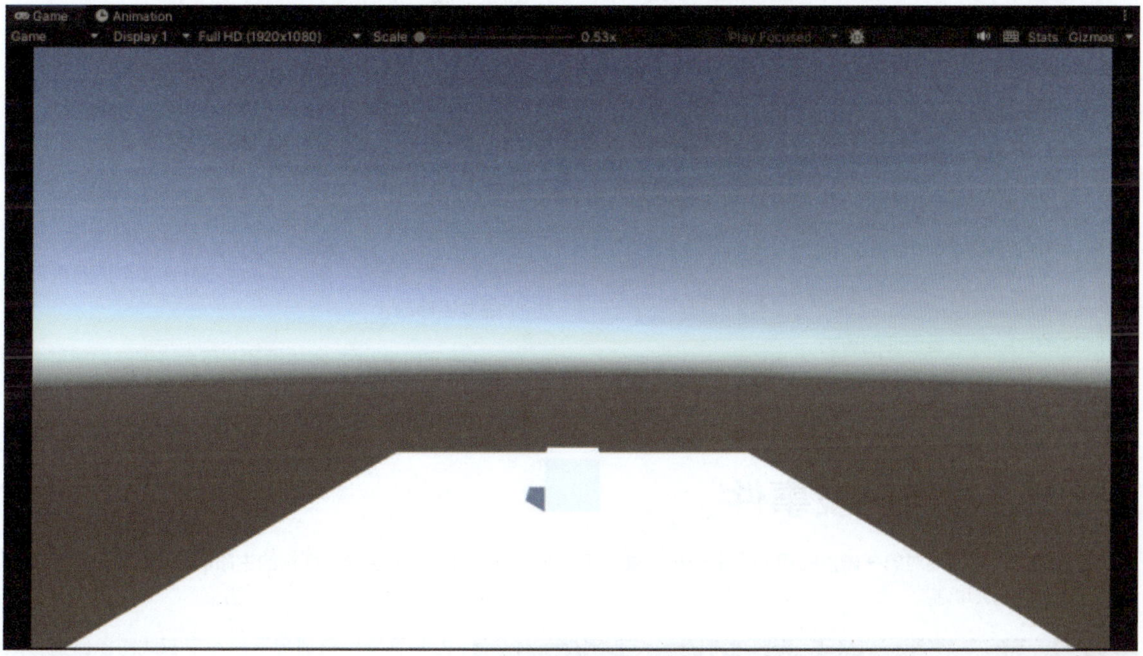

图 5-7

如果删除 Cube 或 Plane 任意一方的碰撞体组件，则会发生穿透现象，也就是 Cube 和 Plane 不会碰撞，这里可以得出一个结论，碰撞双方都要有碰撞体组件且其中一方要有刚体组件。如果两方都有刚体组件，则也可以发生碰撞。例如，Cube 和 Sphere 都具有碰撞体组件和刚体组件，运行后会发现 Cube 和 Sphere 的物理效果模拟都比较真实，如图 5-8 所示。

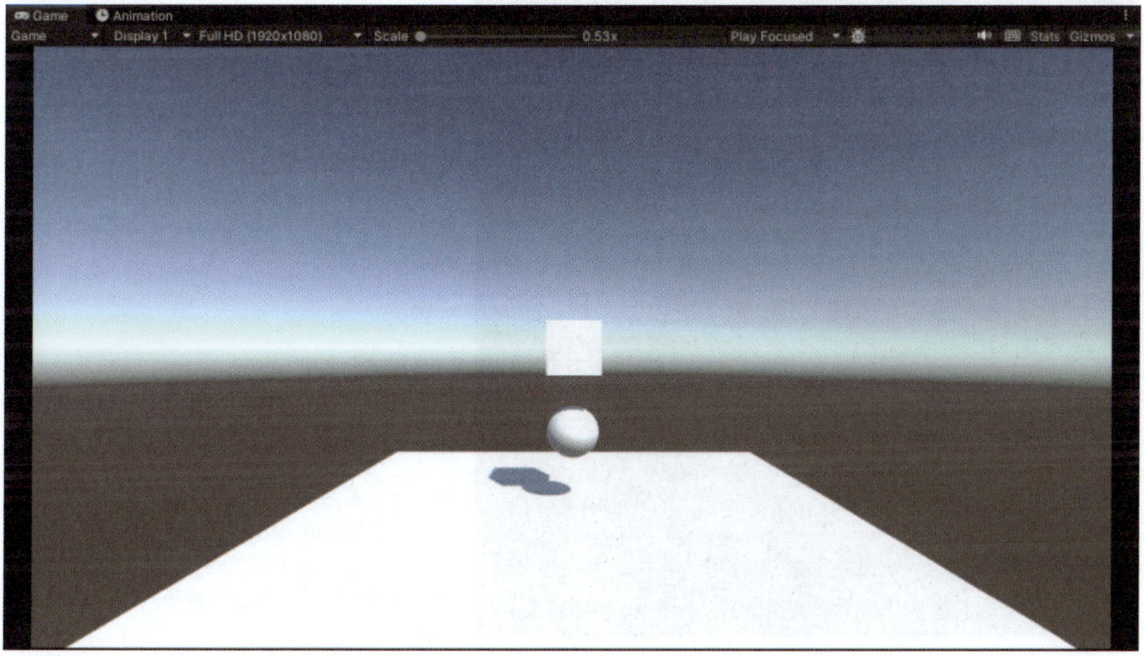

图 5-8

通过实验可以得出，只有拥有刚体组件的游戏对象会进行物理模拟运动，仅有碰撞体组件的游戏对象会阻碍具有刚体组件的游戏对象，因此在游戏中一般场景游戏对象（如墙体、地面等）都只有碰撞体组件，而会移动的角色可能同时拥有碰撞体组件和刚体组件。

刚体组件的主要属性如下。

（1）Mass：质量，单位为千克。

（2）Drag：移动时的空气阻力，0 表示没有空气阻力，阻力越大，移动速度越慢。

（3）Angular Drag：扭矩旋转对象时的空气阻力。

（4）Use Gravity：是否使用重力。

（5）Collision Detection：防止快速移动时穿过其他游戏对象。

- Discrete：离散检测，也是默认值，容易穿透。
- Continuous：连续检测，适用于被高速游戏对象撞击的游戏对象。
- Continuous Dynamic：连续动态检测，适用于高速移动的游戏对象。
- Continuous Speculative：推测性连续动态监测，避免穿墙且性能较优的选项。

（6）Constraints：对刚体的运动进行限制。

- Freeze Position：刚体运动时不允许某个沿着世界某个轴发生移动。
- Freeze Rotation：刚体运动时不允许围绕局部某个轴旋转。

5.3 碰撞与触发事件

有些时候希望两个游戏对象在碰撞的瞬间产生一些效果，如子弹打到怪物的身上会导致怪物的生命值降低，Unity 为我们提供了这样的检测机制。

图 5-9

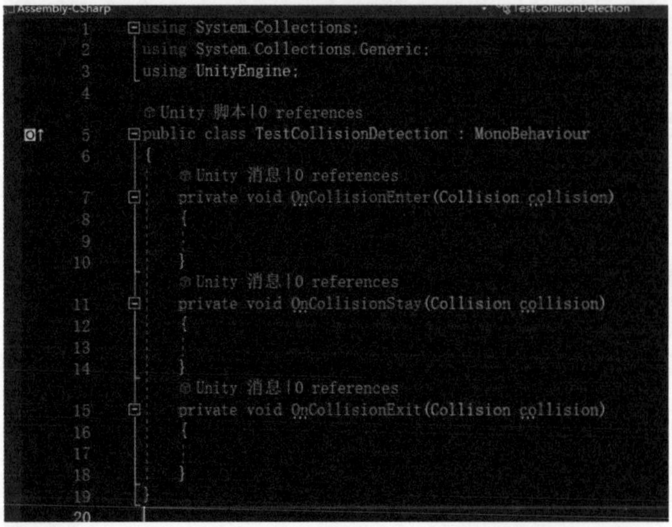

图 5-10

但并不是所有情况下都希望游戏对象碰撞，如赛车游戏中玩家到达终点，我们并不希望通过玩家撞到一堵墙来完成胜利的检测。

我们需要一种基于碰撞的检测，如 Cube 落地后的检测，也需要不碰撞只是相交的检测，如上方所说的赛车例子。这两种事件的监测一般被称为碰撞事件和触发事件。

1. 碰撞事件

碰撞有 3 个特殊函数，其使用方法非常接近生命周期函数，当一个游戏对象发生碰撞时会自动调用该游戏对象上脚本文件中的这些特殊函数。

（1）OnCollisionEnter：在碰撞开始时调用一次。

（2）OnCollisionStay：在碰撞过程中会持续调用。

（3）OnCollisionExit：在碰撞结束时调用一次。

新建一个名为 TestCollisionDetection 的脚本文件，在 Visual Studio 中打开输入函数名时，Visual Studio 会自动提醒并解释相应函数的作用，选择函数后会自动生成函数体，如图 5-9 和图 5-10 所示。

这些函数中的 collision 参数是碰撞信息，其主要引用了与当前游戏对象发生碰撞的另外一个游戏对象，在碰撞开始时判断当前游戏对象是否接触到了 Plane，输出语句，在碰撞中，以及碰撞退出时都会输出语句，如图 5-11 所示。

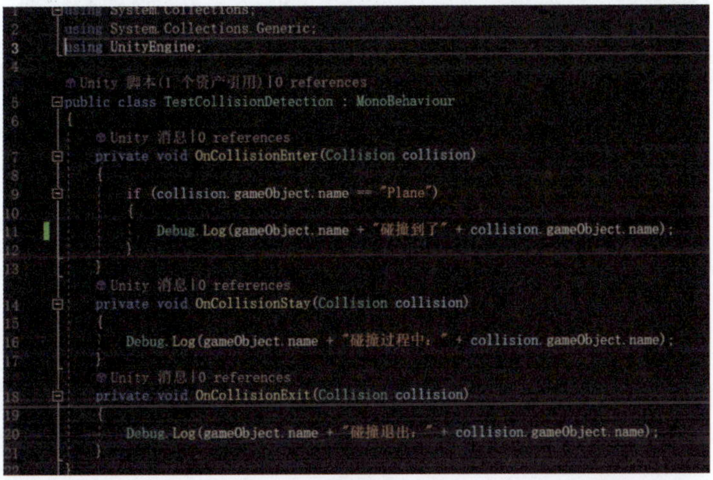

图 5-11

回到 Unity 中，将 TestCollisionDetection 组件添加到 Cube 上，并且在运行游戏后观察 Console 窗口，可以看到碰撞事件的生效。可以看到没有输出与 Sphere 的碰撞开始，这是因为 OnCollisionEnter 函数中进行了条件的判断；也没有输出与 Plane 的碰撞离开，这是因为最终 Cube 并没有离开地面，如图 5-12 所示。

图 5-12

碰撞事件的触发前提是，两个游戏对象都有碰撞体组件且一方有刚体组件。

2. 触发事件

在当前场景中，假设不希望 Cube 和 Sphere 进行碰撞，也就是 Cube 会直接穿过 Sphere，但是希望监听 Cube 和 Sphere 相交的瞬间。

首先要将 Cube 或 Sphere 一方的碰撞体组件的 Is Trigger 属性值设置为 true，也就是勾选该复选框。目前 Cube 是移动的一方，Cube 还需要与地面发生碰撞，因此不宜将 Cube 设置为触发器。而 Sphere 是静止的、用来检测的一方，可以删除 Sphere 的刚体组件，并且勾选 Sphere 的碰撞体组件的 Is Trigger 复选框，如图 5-13 所示。

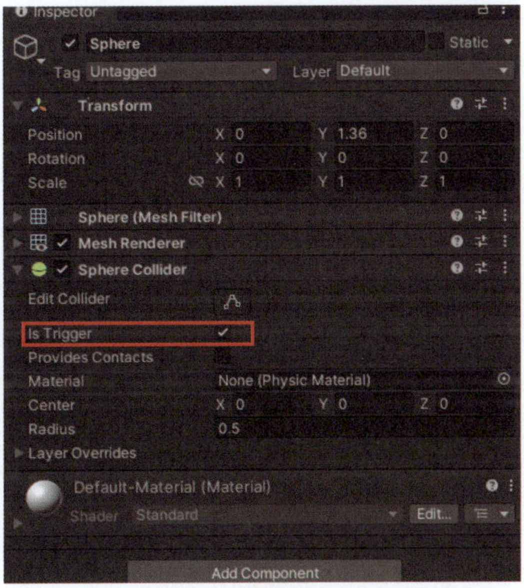

图 5-13

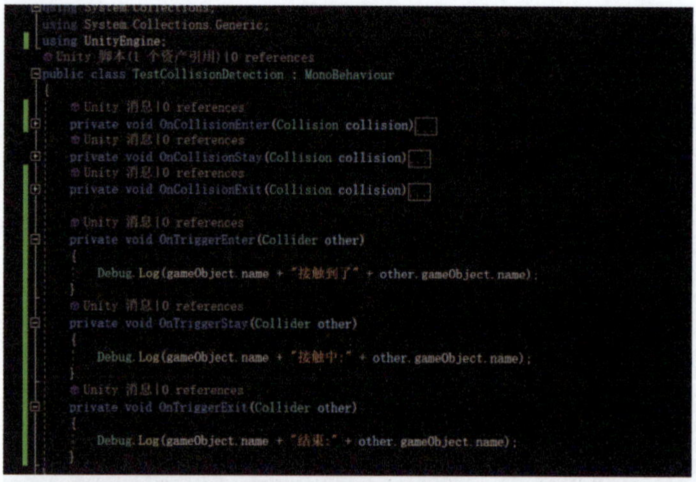

```
using System.Collections;
using System.Collections.Generic;
using UnityEngine;
// Unity 脚本(1 个资产引用)|0 references
public class TestCollisionDetection : MonoBehaviour
{
    // Unity 消息|0 references
    private void OnCollisionEnter(Collision collision) ...
    // Unity 消息|0 references
    private void OnCollisionStay(Collision collision) ...
    // Unity 消息|0 references
    private void OnCollisionExit(Collision collision) ...

    // Unity 消息|0 references
    private void OnTriggerEnter(Collider other)
    {
        Debug.Log(gameObject.name + "接触到了" + other.gameObject.name);
    }
    // Unity 消息|0 references
    private void OnTriggerStay(Collider other)
    {
        Debug.Log(gameObject.name + "接触中:" + other.gameObject.name);
    }
    // Unity 消息|0 references
    private void OnTriggerExit(Collider other)
    {
        Debug.Log(gameObject.name + "结束:" + other.gameObject.name);
    }
```

图 5-14

如果此时尝试运行游戏，则 Cube 会直接穿过 Sphere，并不会触发碰撞事件。

触发事件和碰撞事件类似，也具有 3 个函数。

（1）OnTriggerEnter：在触发开始时调用一次。

（2）OnTriggerStay：在触发过程中会持续调用。

（3）OnTriggerExit：在触发结束时调用一次。

在触发事件时输出语句，如图 5-14 所示。

运行游戏后，会输出与 Sphere 的触发事件并输出和 Plane 的碰撞事件，如图 5-15 所示。

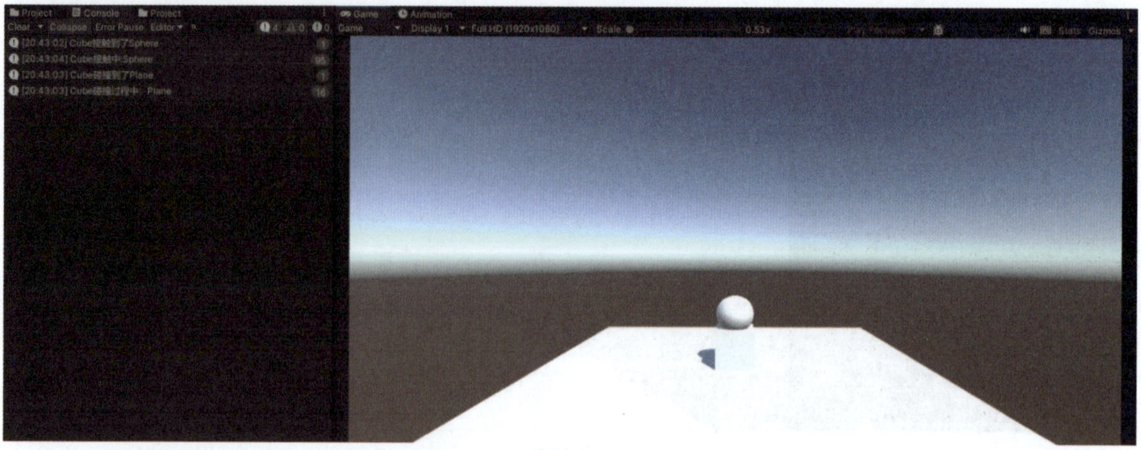

图 5-15

总结一下，碰撞体组件设置 Is Trigger 属性后被称为触发器，会产生以下情况。

（1）碰撞体与碰撞体之间只会发生碰撞事件。

（2）碰撞体与触发器之间只会发生触发事件。

（3）触发器与触发器之间不会发生任何事件。

（4）无论是碰撞事件还是触发事件，必须有一方具有刚体组件。

5.4 射线检测和物理检测

1. 射线检测

在射击游戏中，并没有实际发射出去的子弹，而是玩家枪口指向的第一个障碍物被攻击，这就是射线检测，从一个点沿着一个方向发射射线，返回检测到的目标。

相关的函数如下。

（1）Physics.RayCast：返回射线检测到的第一个碰撞体。

（2）Physics.RaycastAll：返回射线检测到的全部碰撞体。

在当前场景中，使用 Cube 向下发射射线来检测地面，将 Cube 的 TestCollisionDetection 组件移除，创建 TestPhysicalDetection 脚本文件并添加到 Cube 上，移除 Cube 的刚体组件。

RayCast 函数和 RaycastAll 函数非常类似，只是 RaycastAll 函数返回的是一个数组，这里使用 RayCast 函数。RayCast 函数具备很多重载，这里采用最常见的使用方式，如图 5-16 所示。

射线检测的关键点在于确定射线的起点、方向、最大距离，当射线检测到物体后，将射线检测结果返回为 RaycastHit 类型的数据，其中包含了射线检测到的游戏对象相关引用。

射线检测函数在 Start、Update 等生命周期函数中皆可使用，目前的案例，每一帧都会执行射线检测逻辑。例如，射击游戏中射线的起点和方向会因为玩家的操作而动态改变。

```
Unity 脚本(1 个资产引用)|0 references
public class TestPhysicalDetection : MonoBehaviour
{
    Unity 消息|0 references
    void Update()
    {
        RayCast();
    }

    1 reference
    void RayCast()
    {
        // 起点就是Cube的坐标
        Vector3 origin = transform.position;
        // 方向是朝向，所以是负的up
        Vector3 direction = -transform.up;
        // 构造一个射线
        Ray ray = new Ray(origin, direction);
        // 射线只检测1000米
        float distance = 1000f;
        // 射线检测到后返回的数据包装
        RaycastHit hitInfo;
        // 检测射线
        if (Physics.Raycast(ray, out hitInfo, distance))
        {
            Debug.Log("射线检测到：" + hitInfo.collider.gameObject);
        }
        else
        {
            // 射线没有检测到
        }
    }
}
```

图 5-16

游戏运行后，由于 Sphere 是射线的第一个检测目标，因此控制台会一直输出射线检测到 Sphere，但在运行过程中，如果移开 Sphere，则 Plane 会成为射线的目标，如图 5-17 所示。

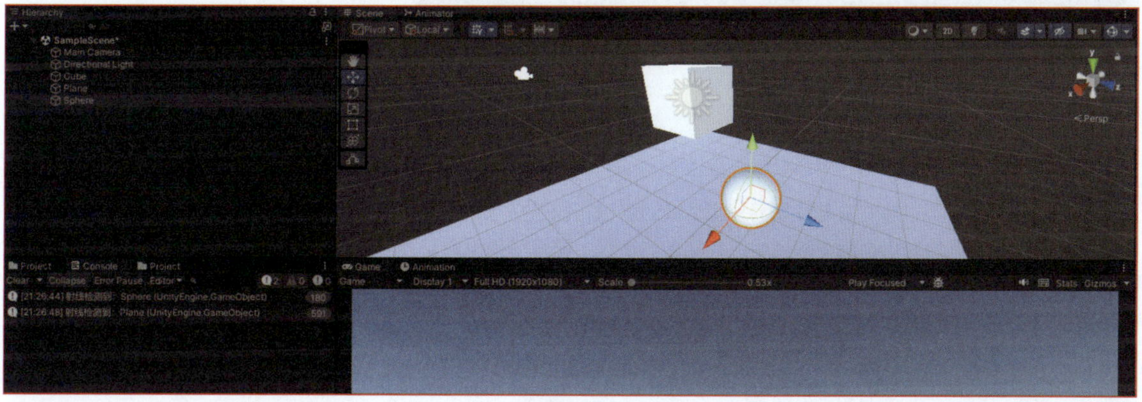

图 5-17

需要注意，目前 Sphere 的碰撞体组件是设置了触发器且没有刚体组件的，由此可以得出结论，射线检测不会受碰撞体组件是否设置了触发器的影响，也不会受是否有刚体组件的影响。

2. 物理检测

和射线不同的另一种需求是，RTS（即时战略游戏）中往往都会通过鼠标框选来选中一个范围内的所有士兵，这在 Unity 中可以通过物理检测函数来完成。

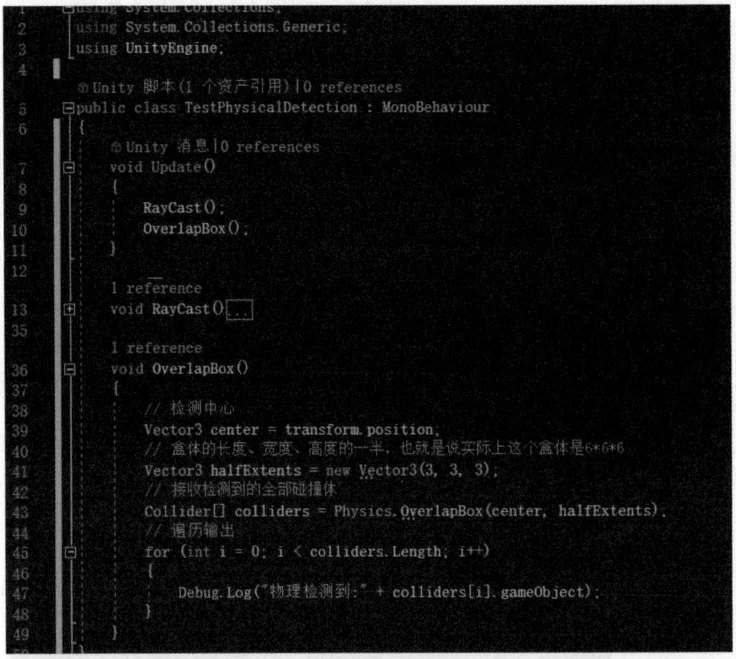

图 5-18

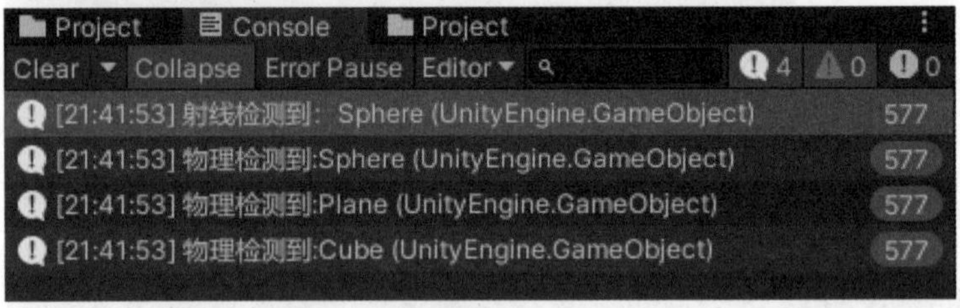

图 5-19

物理检测支持对盒体、球体、胶囊体等场景几何体进行检测，检测函数的区别一般在于尺寸设置。例如，球体检测需要设置半径。这里以较为常用的盒体检测为例，如图 5-18 所示。

物理检测的关键点在于，确定位置、尺寸，它返回的是碰撞体的数组，Collider 是各类碰撞体的基类。

由于这里的盒体检测范围特别大，运行后会将场景中的 3 个游戏对象全部输出。物理检测和射线检测相同，都会忽视碰撞体组件是否是触发器、是否存在刚体组件等，如图 5-19 所示。

其他具有相关功能的函数（球体、胶囊体也都有这些函数）如下。

（1）Physics.OverlapBox：检查一个范围内是否有碰撞体，返回命中的碰撞体数组信息。

（2）Physics.CheckBox：检查一个范围内是否有碰撞体，返回 bool 类型的结果。

（3）Physics.BoxCast：沿射线投射盒体，返回第一个命中的信息。

（4）Physics.BoxCastAll：沿射线投射盒体，返回全部命中的信息。

5.5 物理层控制

有时候我们会希望某类游戏对象无法与另一类游戏对象进行物理交互，也就是不希望发生碰撞和触发。例如，少数射击游戏采用子弹和敌人接触后在触发事件中进行扣血的逻辑，这里子弹也有可能接触到玩家自身，虽然我们可以在逻辑上判断这种情况并进行排除，但是如果从一开始玩家的子弹就忽视与自身的碰撞或触发会更加理想，也避免了无意义的判断。接下来我们来学习如何控制一类游戏对象可以与哪些类型的游戏对象进行交互。

首先我们需要一个对游戏对象进行分类的方式，在 Unity 中可以通过游戏对象的 Tag 属性和 Layer 属性来分类，但在大多数情况下是通过 Layer 属性进行分类的。

我们首先将目前的项目还原成默认情况，我们需要取消勾选 Sphere 的碰撞体组件的 Is Trigger 复选框，使其在正常情况下可以与 Cube 碰撞，紧接着删除 Cube 的 TestPhysicalDetection 组件并添加刚体组件。如图 5-20 所示。

此时运行游戏，Cube 会因为碰撞到 Sphere 而停止下降，这也是常规情况下的表现，如图 5-21 所示。

我们现在希望 Cube 无法与 Sphere 碰撞和触发，也就是不修改任何一方的碰撞体组件或刚体组件来达到效果。

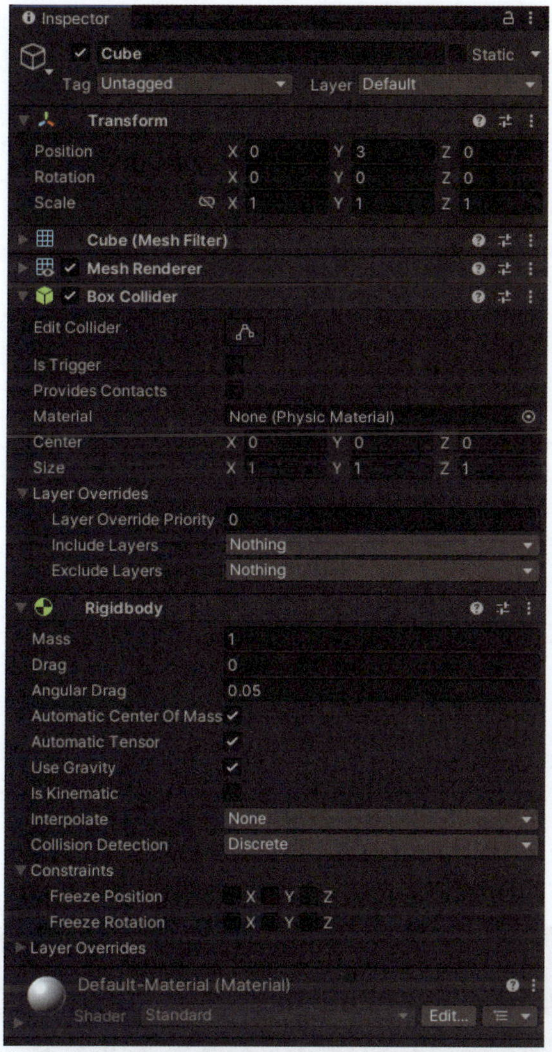

图 5-20

图 5-21

将 Cube 的 Layer 属性值设置为 Cube，将 Sphere 的 Layer 属性设置为 Sphere，设置方法请见 2.2 节，最终设置结果如图 5-22 和图 5-23 所示。

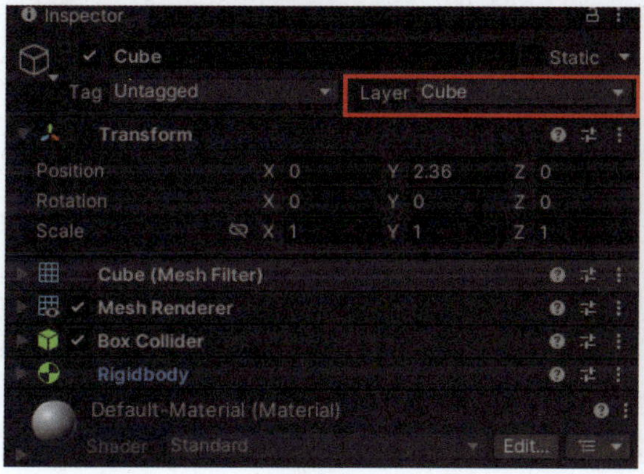

图 5-22

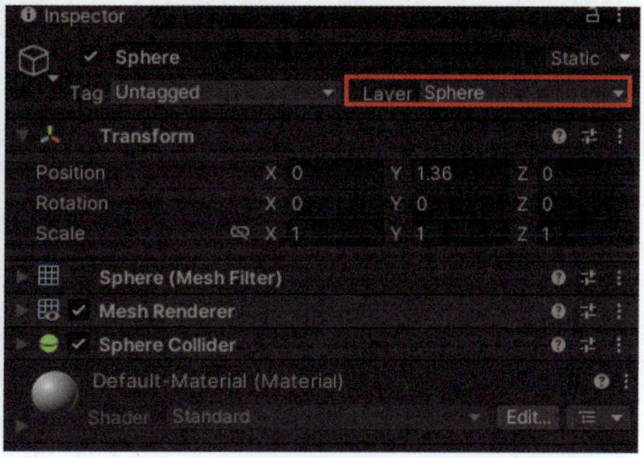

图 5-23

要设置层之间是否进行物理交互，需要选择 Edit→Project Settings... 命令，如图 5-24 所示。

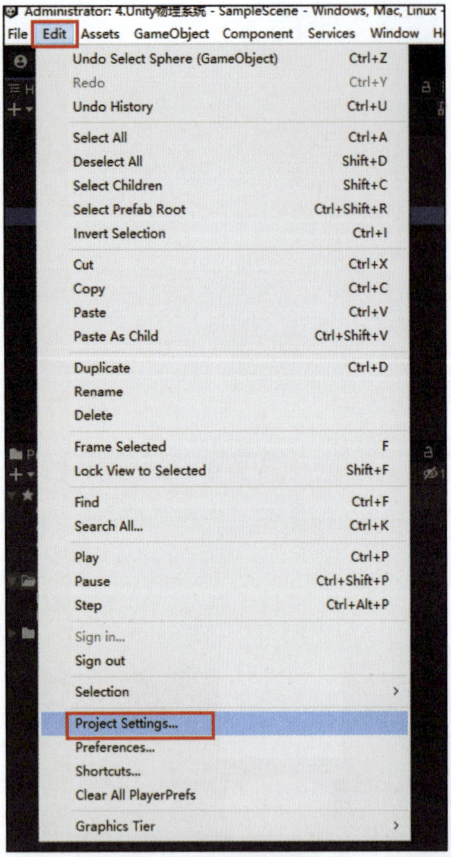

图 5-24

Project Settings 窗口中有多个选项，选择 Physics 选项后，在右侧下方的 Layer Collision Matrix 选区中可以设置 Layer 之间的物理交互情况。取消 Cube 和 Sphere 的交互，如图 5-25 所示。

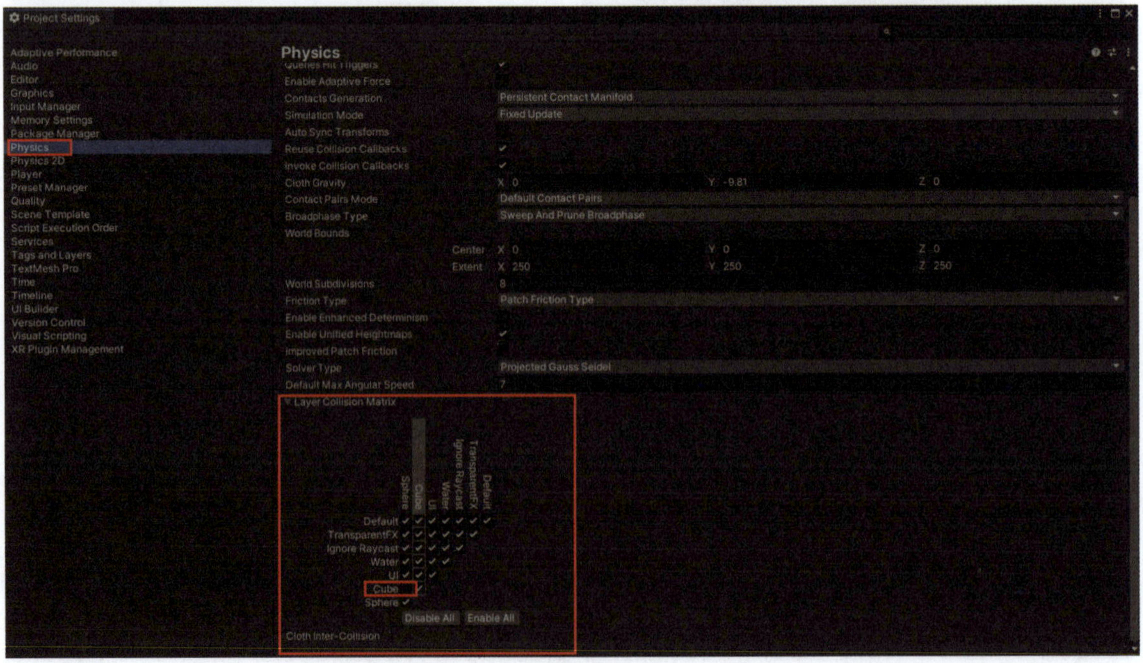

图 5-25

再次运行后，Cube 和 Sphere 就无法相互碰撞了，Cube 会穿透 Sphere，效果如图 5-26 所示。

图 5-26

在碰撞体组件和刚体组件上，都有一个名为 Layer Overrides 的选区，该选区中是设置覆盖层的相关属性。例如，在当前项目中，Cube 和 Sphere 无法碰撞是由于物理层设置，但是如果有多个 Cube 和多个 Sphere，我们可以将部分 Cube 的 Layer 设置为 Cube，但是其依然可以碰撞到 Sphere，也就是覆盖了物理层设置，复制当前的 Cube 和 Sphere 并调整位置，由于这里是复制操作，所以 Cube2 和 Sphere 的 Layer 无须额外设置，如图 5-27 所示。

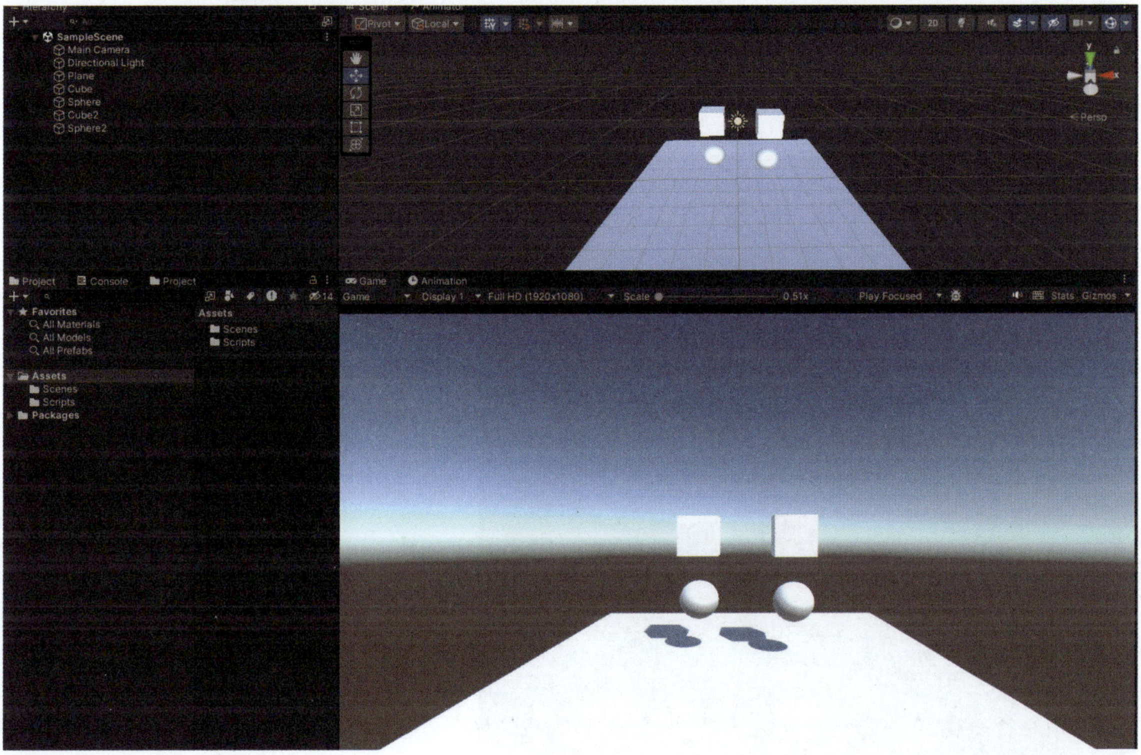

图 5-27

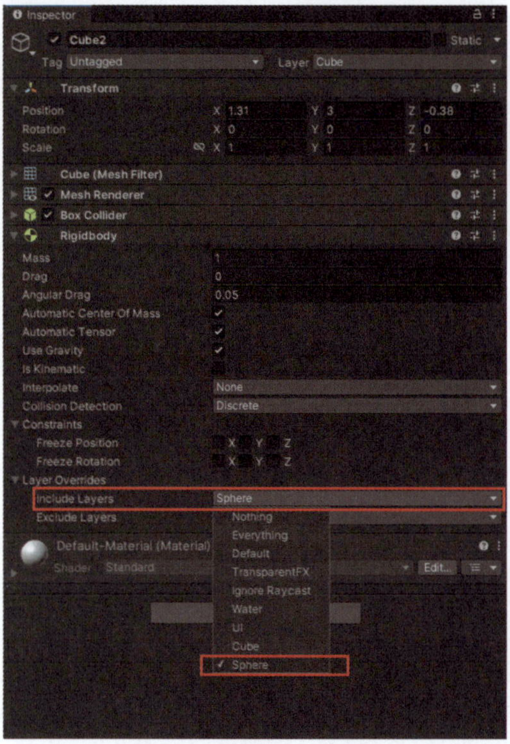

图 5-28

将 Cube2 的 Layer Overrides 选区的 Include Layers 属性值设置为 Sphere，如图 5-28 所示。

紧接着运行游戏，会发现 Cube2 和 Sphere2 会进行碰撞，如图 5-29 所示。

Layer Overrides 选区中的属性说明如下。

（1）Include Layers：设置哪些 Layer 可以与当前游戏对象交互。

（2）Exclude Layers：设置哪些 Layer 不可以与当前游戏对象交互。

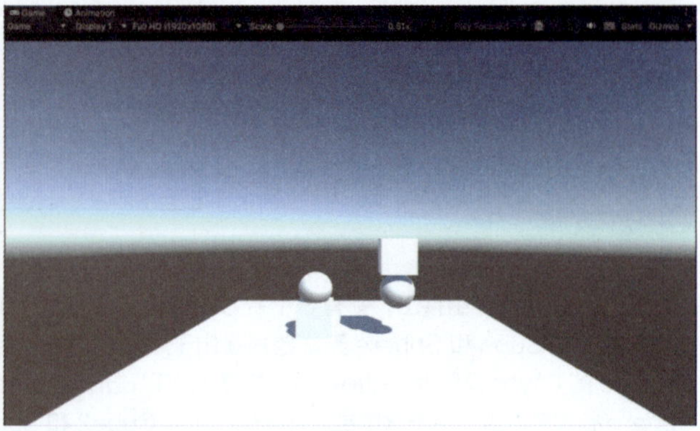

图 5-29

5.6 物理材质

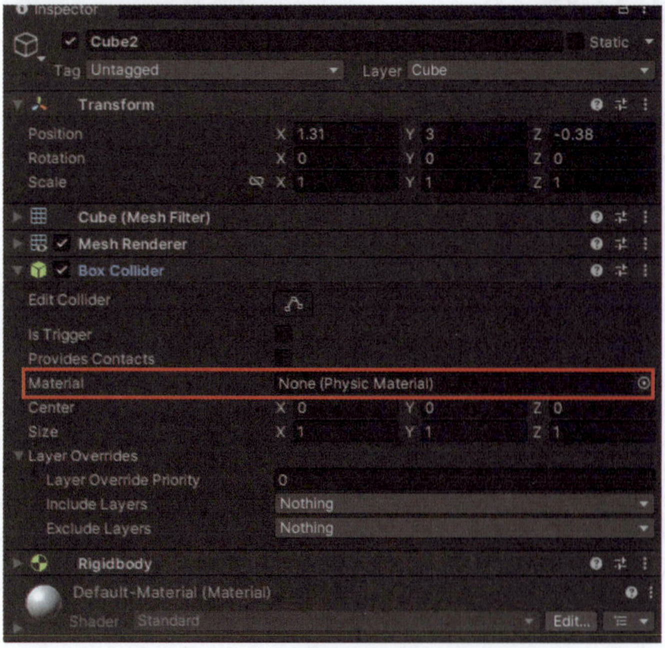

图 5-30

物理材质（Physic Material）用于模拟弹性、摩擦力等物理效果，一个游戏对象要参与物理模拟就一定要具有碰撞体组件，物理材质的设置位于碰撞体组件上，如图 5-30 所示。

在当前项目中，可以设置 Cube2 具备较高的弹性，为此需要创建一个物理材质文件。在 Project 窗口中右击，在弹出的快捷菜单中选择 Create → Physic Material 命令，将文件命名为 Cube2 Physic Material，如图 5-31 和图 5-32 所示。

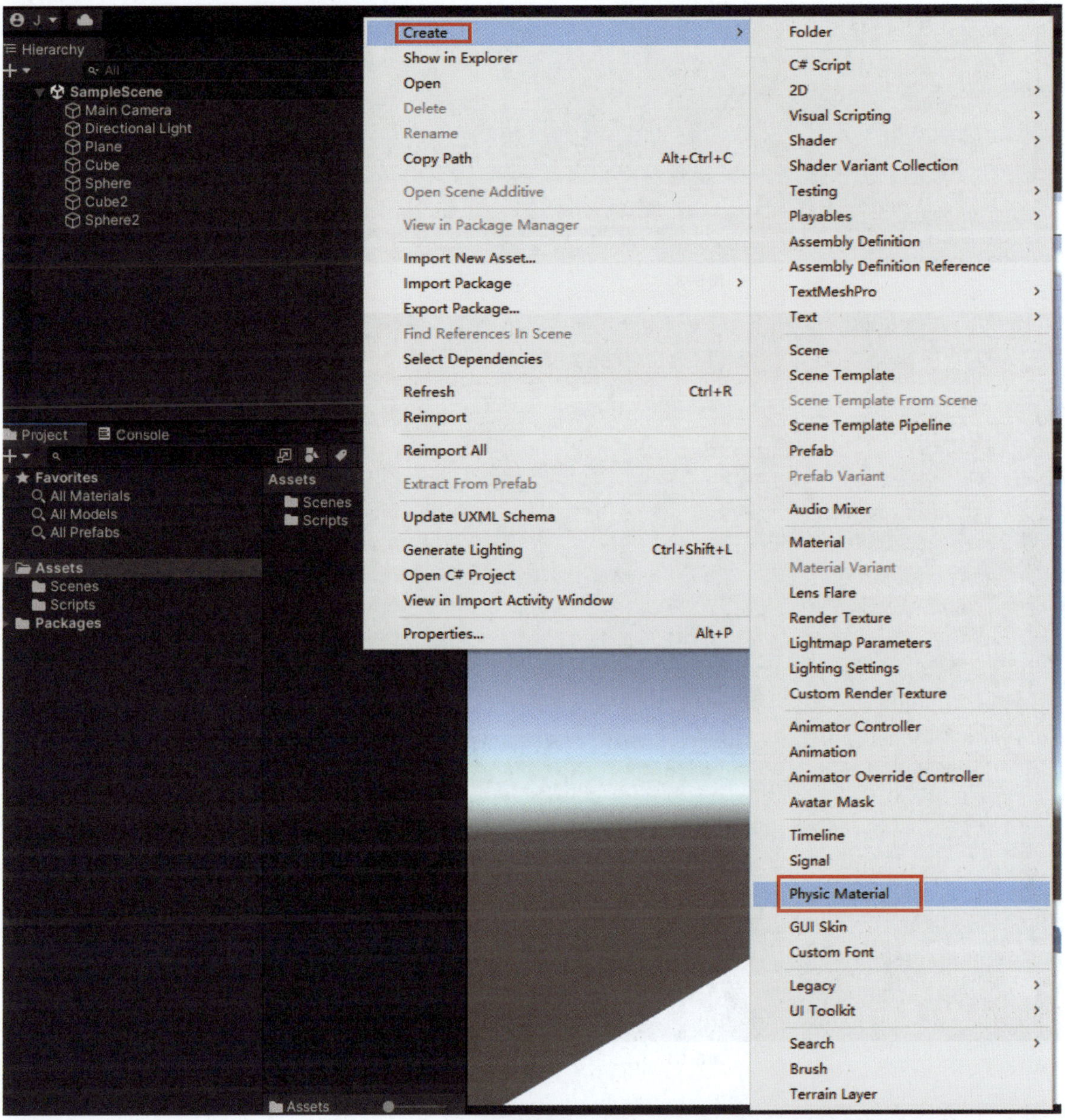

图 5-31

物理材质的属性说明如下。

（1）Dynamic Friction：移动时使用的摩擦力，取值范围为 0 ~ 1。

（2）Static Friction：静止在表面时的摩擦力，取值范围为 0 ~ 1。

（3）Bounciness：表面的弹性，取值范围为 0 ~ 1，为 0 时不会反弹，为 1 时反弹不会损失能量（就是会一直弹下去）。

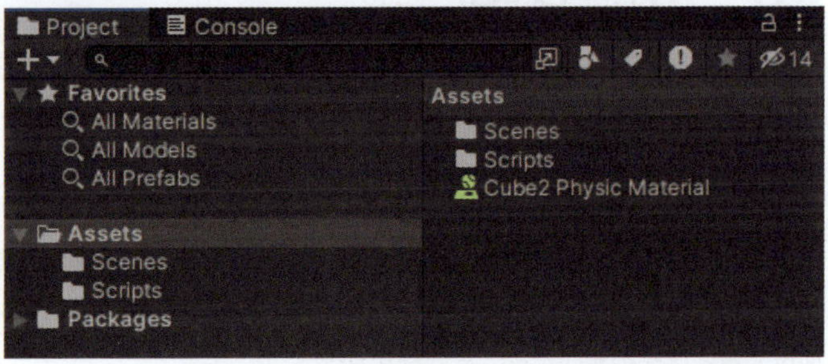

图 5-32

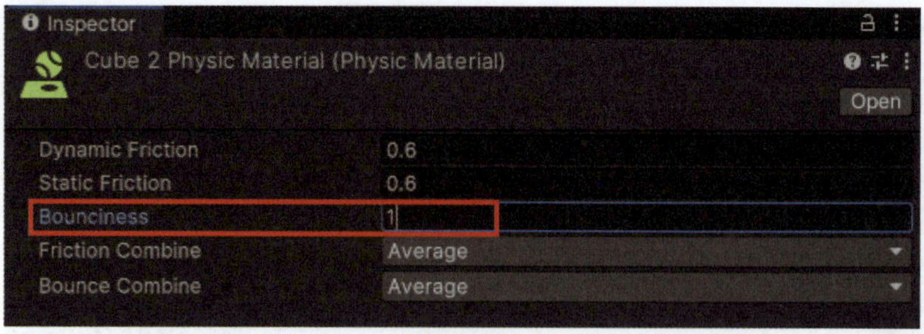

图 5-33

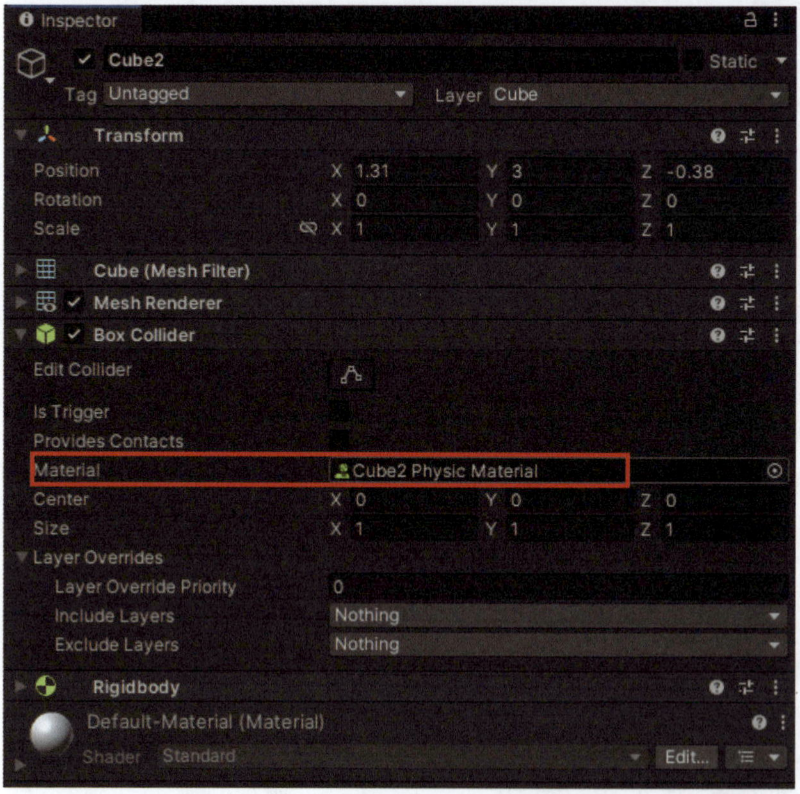

图 5-34

（4）Friction Combine：两个碰撞对象摩擦力的计算方式（对方可能也会设置一个物理材质）。

- Average：使用平均值。
- Minimum：使用最小值。
- Maximum：使用最大值。
- Multiply：使用相乘后的值。

（5）Bounce Combine：两个碰撞对象弹性的计算方式。

将 Bounciness 属性值设置为 1 后，将物理材质文件拖动到 Cube2 碰撞体组件的 Material 属性中，如图 5-33 和图 5-34 所示。

设置完成后，运行游戏会发现 Cube2 在接触其他碰撞体后会产生小幅度的连续回弹效果。将物理材质文件的 Bounce Combine 属性值设置为 Maximum 后，再次运行游戏，Cube2 在接触其他碰撞体后就会无限回弹。

如果读者想要研究摩擦力的效果，可以搭建一个斜坡，使 Cube 像滑滑梯一样滑下来，以此进行测试。

5.7 刚体移动

我们目前已经掌握的移动方式是直接修改游戏对象 Transform 组件的 Position 属性值，这是较为“强制”的移动，也就是瞬间闪现且不考虑周围其他游戏对象的位置变化。

在有些游戏类型中，我们可能在移动时需要考虑“我不能掉到地上”“我不能穿墙”“我可能推着箱子移动”等符合物理模拟的表现，此时我们就需要用到刚体移动。但是需要注意的是，在大多数游戏中依然会避免使用刚体移动，因为基于较为真实的物理仿真反而会出现意想不到的表现，这种表现不一定是我们希望看到的，开发者一般更倾向于可控的表现。

首先我们重新搭建一个场景，依然是一个 Plane 和一些障碍物，为场景添加一些材质，让玩家为红色的球体，接着将摄像机调整到适合观察的角度，最终效果如图 5-35 所示。

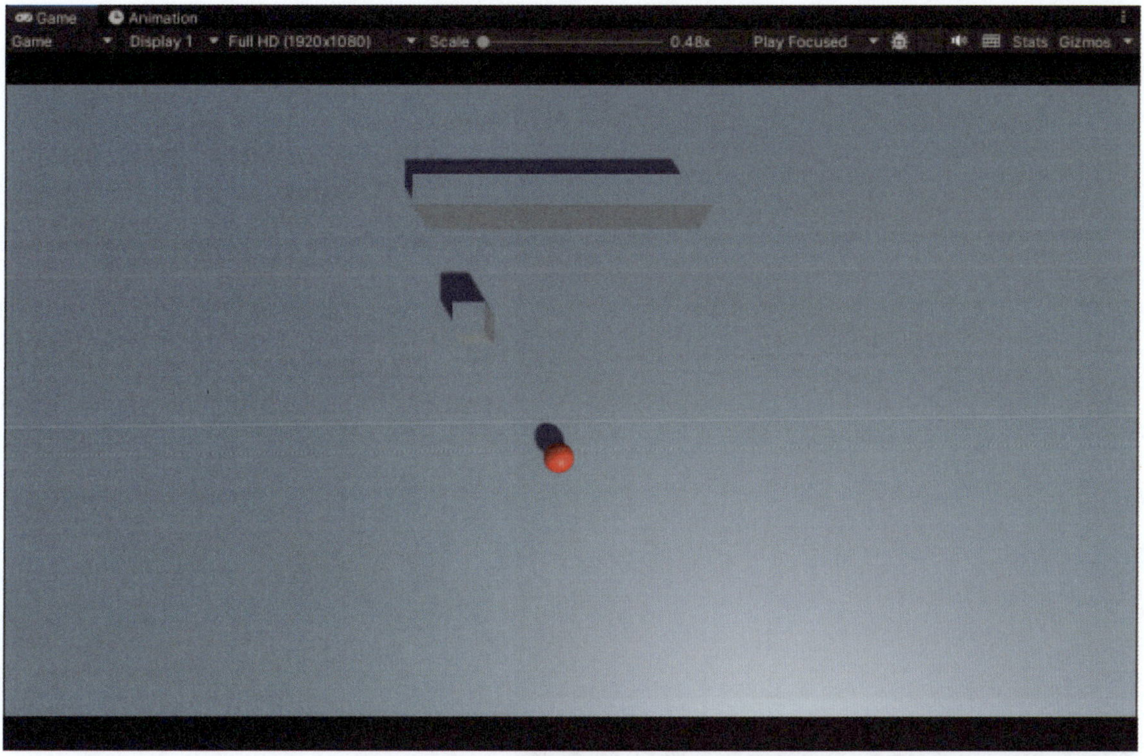

图 5-35

接下来需要编写脚本文件来控制刚体以达到移动的效果。新建一个名为 TestRigidbodyMove 的脚本文件并拖动到玩家游戏对象上，并且为玩家游戏对象添加刚体组件，保持刚体组件的默认设置即可，如图 5-36 所示

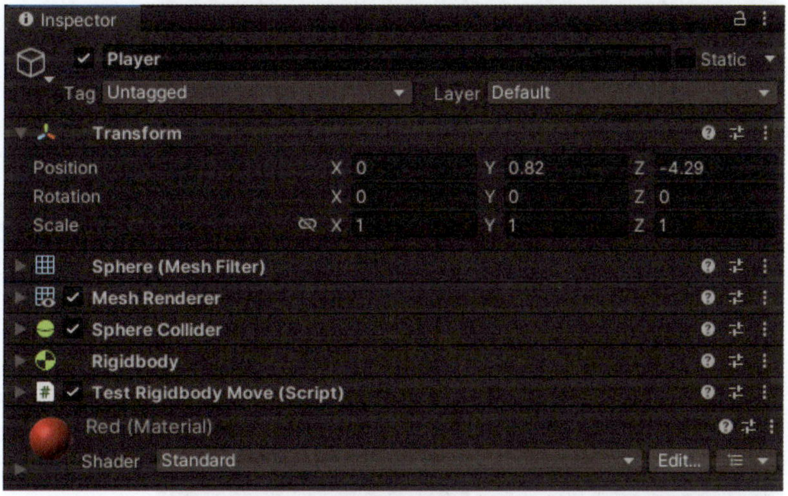

图 5-36

刚体的移动有 3 种方式，第一种方式是通过施加力，其核心就是刚体组件的 AddForce(Vector3 force) 函数，force 参数是指相对于世界中心的力，其数值本身有强度影响，可以认为 (1,0,0) 和 (5,0,0) 都是一个向右的力，但是后者的力量更大。如图 5-37 所示，运行游戏，即可让玩家游戏对象移动并与环境发生碰撞，在控制过程中可以感受到惯性，并且由于玩家游戏对象是一个球体，所以在移动过程中会旋转自身，这也符合物理模拟的表现。

第二种方式是通过修改刚体组件的 Velocity 属性，这个属性控制刚体的移动速度，但是其类型是 Vector3，因此也表示了移动方向。通过这个属性可以得知刚体目前向什么方向移动，以什么样的速度进行移动。

```
using UnityEngine;

Unity 脚本(1 个资产引用)|0 references
public class TestRigidbodyMove : MonoBehaviour
{
    // 通过面板拖动赋值
    public Rigidbody rgb;

    Unity 消息|0 references
    void Update()
    {
        TestAddForce();
    }
    1 reference
    void TestAddForce()
    {
        // 获取键盘
        float h = Input.GetAxis("Horizontal");
        float v = Input.GetAxis("Vertical");
        // 根据输入组装出一个力的方向
        Vector3 dir = new Vector3(h, 0, v);
        // 力的强度
        float power = 2;
        // 施加力
        rgb.AddForce(dir * power);
    }
}
```

图 5-37

Velocity 属性是可以使用代码直接修改的，也就是无论之前刚体是如何运动的，我们都可以将其强制设置为希望的数值，基于此我们可以实现刚体移动的效果。编写如图 5-38 所示代码，运行游戏，会发现刚体依然可以与其他游戏对象进行碰撞，但是它不具备惯性，这里我们直接设置了刚体的移动速度，如果使用 AddForce 函数，则实际上是“增加一个力，但是会考虑之前的刚体移动速度”。例如，刚体在以飞快的速度向前移动，增加一个微弱的向后的力，只会降低刚体前进的速度，并不能导致其后退。但是如果直接覆盖了刚体的力量，则刚体会直接向后移动，这就是两者的差异。

```
using UnityEngine;

Unity 脚本(1 个资产引用)|0 references
public class TestRigidbodyMove : MonoBehaviour
{
    // 通过面板拖动赋值
    public Rigidbody rgb;

    Unity 消息|0 references
    void Update()
    {
        // TestAddForce();
        TestVelocity();
    }
    0 references
    void TestAddForce()...
    1 reference
    void TestVelocity()
    {
        // 获取键盘
        float h = Input.GetAxis("Horizontal");
        float v = Input.GetAxis("Vertical");
        // 根据输入组装出一个力的方向
        Vector3 dir = new Vector3(h, 0, v);
        // 移动速度
        float speed = 2;
        // 设置刚体的当前速度
        rgb.velocity = dir * speed;
    }
}
```

图 5-38

关于物理系统，有一个特殊的生命周期函数 FixedUpdate。Update 函数受游戏帧率的影响，而 FixedUpdate 函数会尽量以固定的时间间隔调用，它用于进行物理模拟和更新。选择 Edit → Project Settings... 命令，打开 Project Settings 窗口，选择 Time 选项，在窗口右侧可以看到 Fixed Timestep 的默认值为 0.02，也就是调用频率为每秒 50 次，如图 5-39 所示。与 Update 函数对应 Time.deltaTime 类似，FixedUpdate 函数对应 Time.fixedDeltaTime，按照默认设置，Time.fixedDeltaTime 的数值一般都为 0.02，但是也有例外。如果游戏逻辑过于复杂或其他程序导致计算机非常卡顿，根本没有足够的资源在 0.02 秒内调用一次 FixedUpdate 函数，则会出现偏差，但是在绝大多数情况下都是以固定的时间间隔调用。

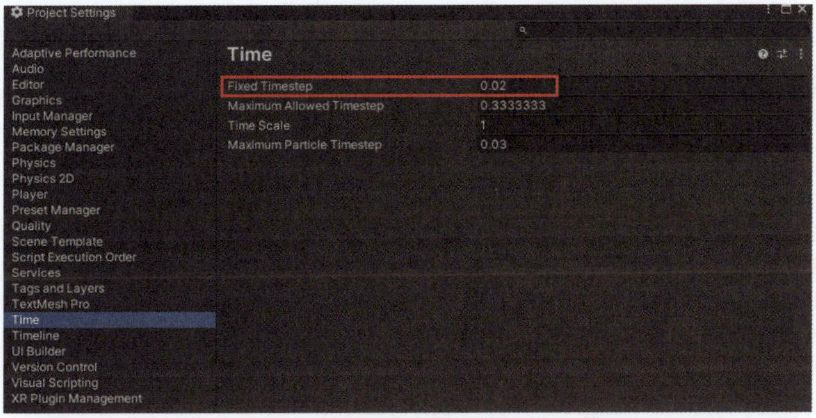

图 5-39

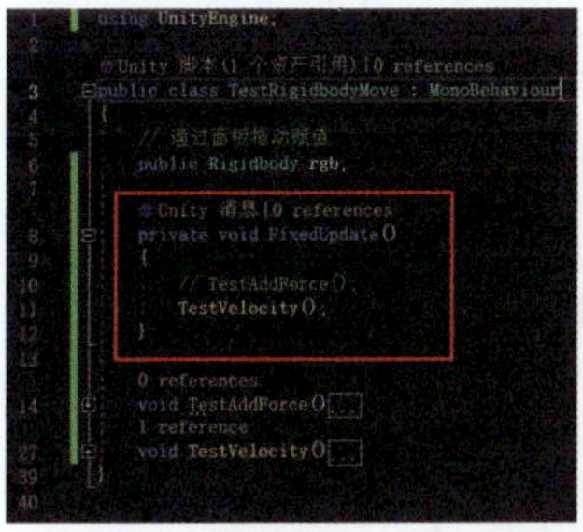

图 5-40

Unity 的物理更新频率与 FixedUpdate 函数一致，所以将与物理相关的逻辑放置在 FixedUpdate 函数中更合理。改写目前的代码，将 Update 函数直接修改为 FixedUpdate 函数，运行游戏后从表现上看并没有区别，如图 5-40 所示。

第三种方式是通过刚体的 MovePosition 函数编写如图 5-41 所示代码，MovePosition 函数可以解释为“以物理的方式移动坐标”，也就是会考虑其他碰撞体的情况。使用 MovePosition 函数不会导致刚体穿透其他碰撞体。例如，使用 Transform 组件让角色移动时忽视其他碰撞体，表现为刚体可能会穿透石头，随后会因为物理系统被挤出来，而使用 MovePosition 函数则表现为刚体一开始就不会穿透到石头。

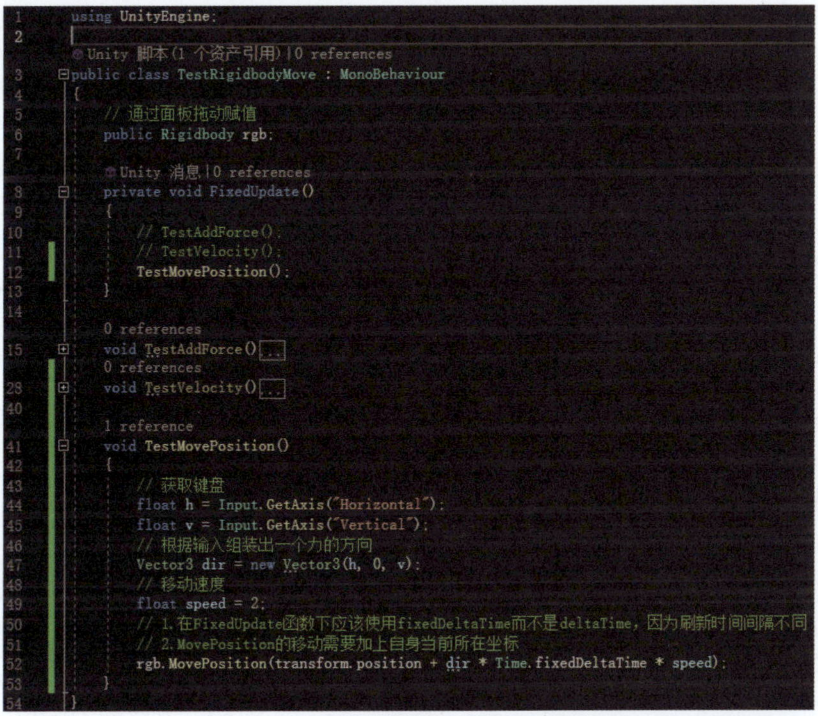

图 5-41

第 6 章 Unity 的动画系统

在游戏设计中，动画可以说是最重要的表现方式。广义上的游戏动画除了角色行走、攻击等，还包括 UI 的颜色变化、某个物体保持旋转等，但是一般情况下我们也将角色动画也称为动作。需要强调的是，动作设计 / 动画设计属于艺术创造，一般由动画师 / 动作设计师来完成，站在程序员的角度，我们需要知道相关的原理，以及如何在游戏中使用动画。

本章学习要点

- 动画系统的组成
- 制作并控制动画
- 人型动画

6.1 Animation Clip

1. Animation Clip 的概念

动画文件中保存的关键数据是关键帧，动画是由帧组成的，但是如果保存每一帧的动画数据，则显得过于冗余，因此会采用关键帧来记录数据，按时间在关键帧之间进行插值计算。例如，在 0 秒时 z 坐标是 0，在 1 秒时 z 坐标是 1，如果此时时间是 0.5 秒，则 z 坐标是 0.5。

动画的帧率和游戏的帧率在概念上相同，但是要注意游戏的帧率会因为设备情况产生浮动，而动画的帧率是固定的。例如，一个动画是每秒 60 帧，而当前游戏是每秒 120 帧，那么动画的播放速度并不会变化，但是动画的插值播放次数会更高，比如动画的长度是 1 秒，那么一秒钟会计算 120 次，如果游戏也是每秒 60 帧，则一秒钟会计算 60 次，两者的流畅度是不同的。

一些复杂的物体会由很多个不同的部分组成，如一个机器人可能有头部、身体、双手、双腿等部分，动画会控制不同部分的位置、旋转、缩放，也就是对应 Unity 中的 Transform 组件。当部位较多且部位之间存在嵌套关系时，如双手是身体的子物体，身体的变化会带动双手的变化，此时动画文件还需要记录路径。

综上所述，动画文件主要记录帧率、长度等基础信息，以及各个子物体的关键帧数据。

在 Unity 中，使用 Animation Clip 描述动画文件资源，其文件扩展名为 .anim。实践中人形的动作大多数是由第三方的 3D 艺术创作软件产出的，但在 Unity 中也可以制作 Animation Clip，尤其是一些简单的动画往往会在 Unity 中制作。

接下来我们就制作一个 Animation Clip，以更深刻地认识 Animation Clip。

2. Animation 窗口

查看和制作 Animation Clip 都需要用到 Animation 窗口。

我们需要搭建一个简单的场景用于测试。首先将摄像机的 Position 属性值设置为（0，0，4），Rotation 属性值设置为（0，180，0），这样做的目的是让角色的前方朝着 z 轴，如果摄像机也朝着 z 轴会导致只能看到角色的背后。

接下来搭建一个角色，这里我们使用一个 Sphere 作为主体，并且将其命名为 Player，再创建两个 Cube 作为角色的左右手，搭建效果如图 6-1 所示，其中主要参数如下。

（1）Player：Transform 组件保持默认设置，也就是 Position 属性值、Rotation 属性值都为 0，Scale 属性值都为 1。

（2）LeftHand：Position 属性值为（0.434，0，0.317）、Rotation 属性值为（0，−90，0），Scale 属性值为（1，0.15，0.15）。

（3）RightHand：Position 属性值为（−0.434，0，0.317）、Rotation 属性值为（0，−90，0），Scale 属性值为（1，0.15，0.15）。

角色准备完成后，选择 Window → Animation → Animation 命令即可打开 Animation 窗口，打开后调整布局，如图 6-2 所示。

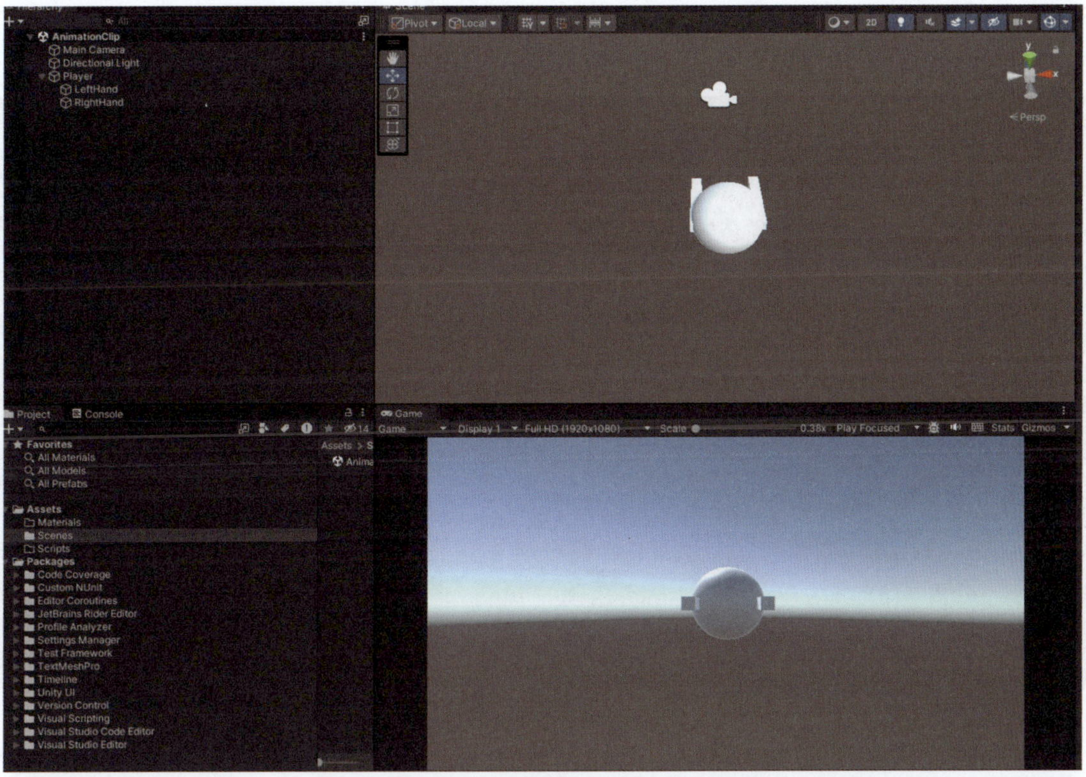
AnimationClip
Main Camera
Directional Light
Player
LeftHand
RightHand
Pivot
Local
2D
Persp
Project
Console
Game
Display 1
Full HD (1920x1080)
Scale
0.38x
Play Focused
Stats
Gizmos
Favorites
All Materials
All Models
All Prefabs
Assets
Materials
Scenes
Scripts
Packages
Code Coverage
Custom NUnit
Editor Coroutines
JetBrains Rider Editor
Profile Analyzer
Settings Manager
Test Framework
TextMeshPro
Timeline
Unity UI
Version Control
Visual Scripting
Visual Studio Code Editor
Visual Studio Editor

图 6-1

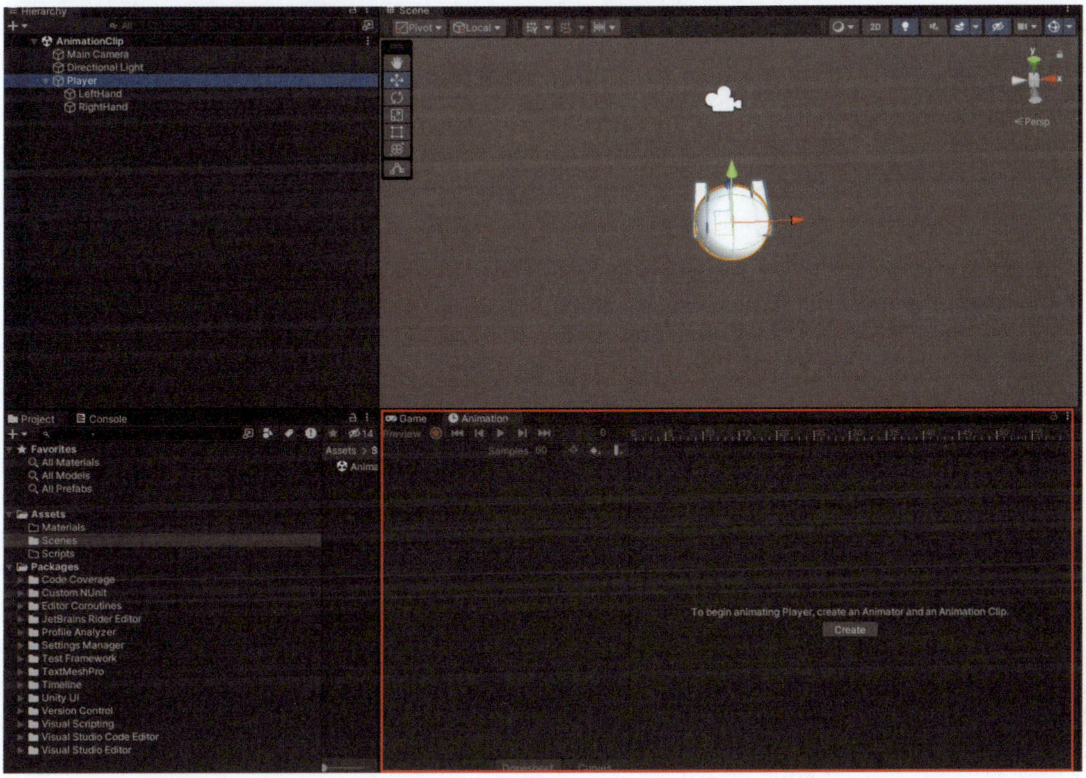
Hierarchy
AnimationClip
Main Camera
Directional Light
Player
LeftHand
RightHand
Scene
Pivot
Local
2D
Persp
Project
Console
Game
Animation
Preview
Samples 60
Favorites
All Materials
All Models
All Prefabs
Assets
Materials
Scenes
Scripts
Packages
Code Coverage
Custom NUnit
Editor Coroutines
JetBrains Rider Editor
Profile Analyzer
Settings Manager
Test Framework
TextMeshPro
Timeline
Unity UI
Version Control
Visual Scripting
Visual Studio Code Editor
Visual Studio Editor
To begin animating Player, create an Animator and an Animation Clip.
Create

图 6-2

保持对游戏对象 Player 的选中，单击 Animation 窗口中的 Create 按钮后会弹窗询问动画的保存位置，注意一定要选择当前项目 Assets 目录下的位置。这里创建动画文件并将文件名设置为 Test.anim，如图 6-3 ~图 6-5 所示。

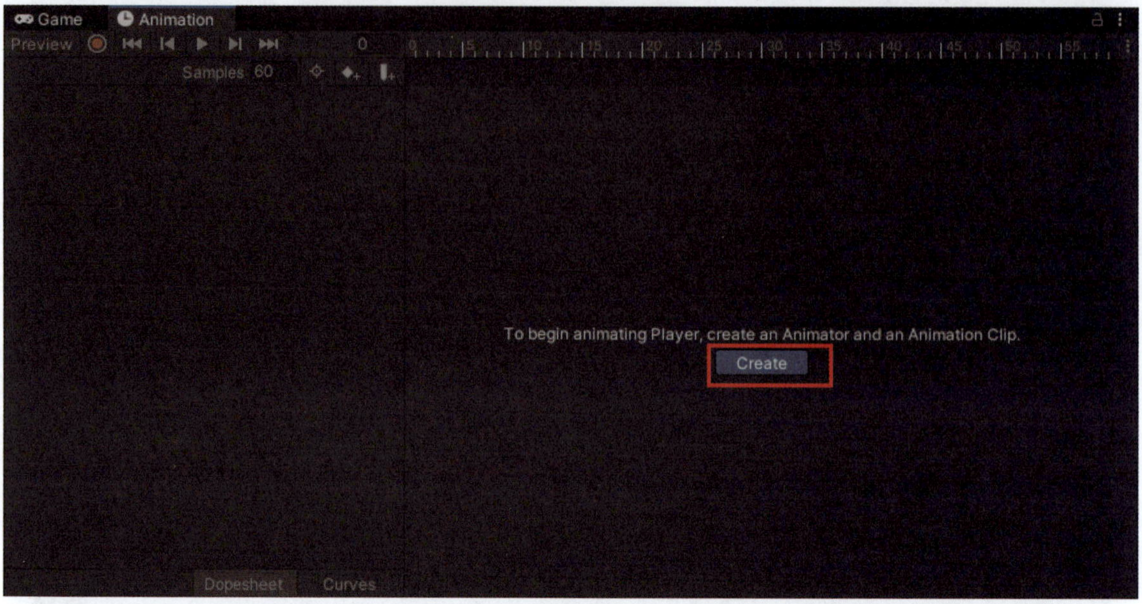

图 6-3

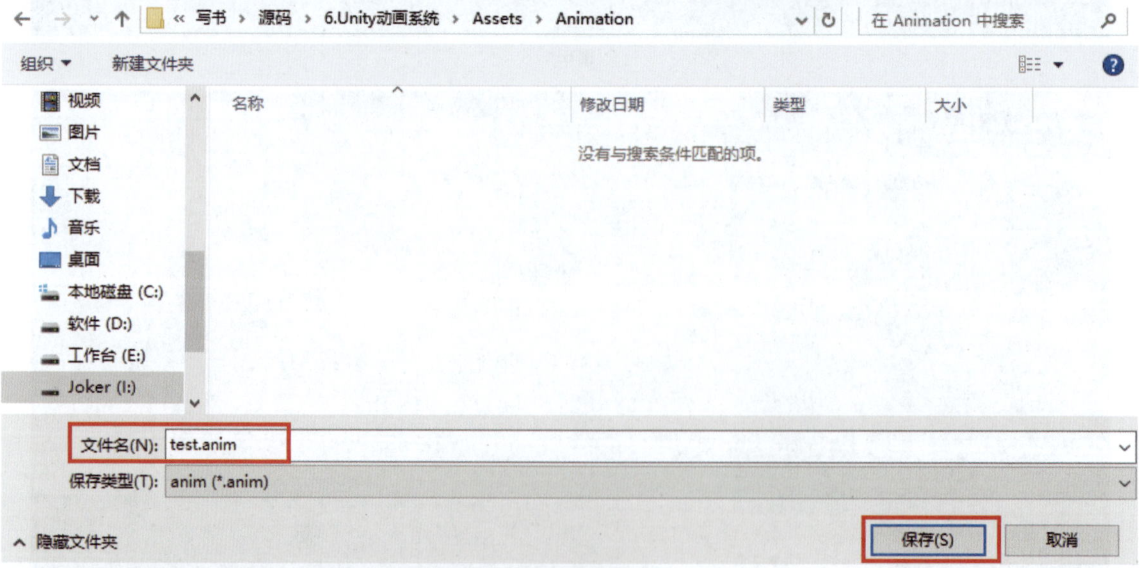

图 6-4

图 6-5

Unity 会自动创建两个文件，Player 实际上是动画控制器，当前不用理会，test 则是刚刚创建的动画文件。

在 Hierarchy 窗口中选中 Player，这样 Animation 窗口才可以确定正在编辑或查看哪一个动画，较为智能的是，即使当选择的是 Player 的子物体时，Unity 编辑器也会识别到需要制作动画的对象是 Player。

Animation 窗口主要展示动画名称、帧率等信息，动画的默认帧率是 60，如图 6-6 所示。

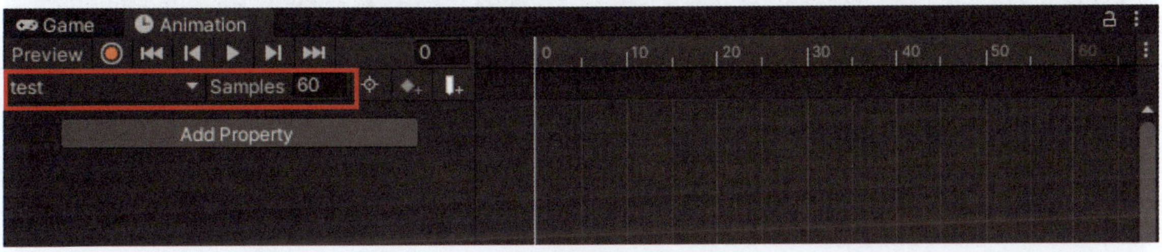

图 6-6

单击动画名称右侧的下拉按钮，会发现可以切换动画和新建动画文件，新建一个 test2 动画文件，如图 6-7 所示。

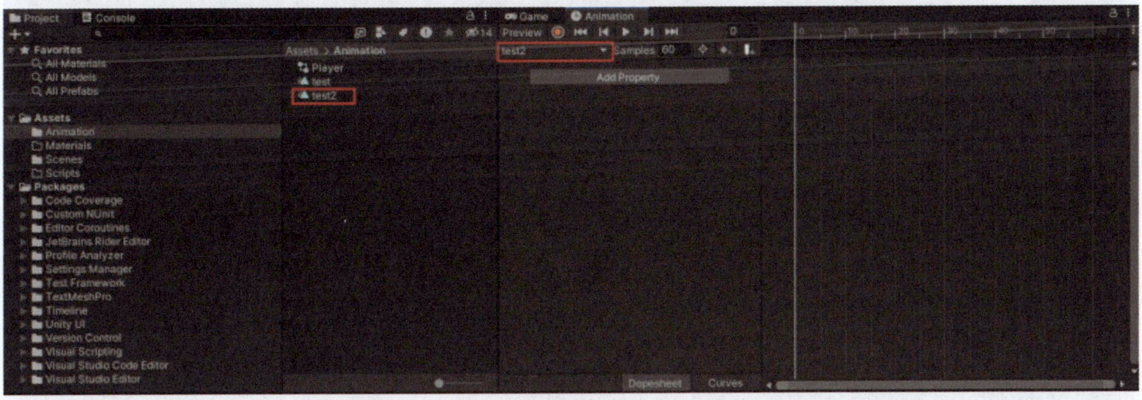

图 6-7

通过这种方式可以新建动画，以及切换动画。尝试将动画切换回 test，接下来我们可以进行动画的录制。

录制动画的方式非常简单。首先单击“录制”按钮，即可直接进入录制状态。在录制状态下我们对游戏对象的修改会被记录为关键帧，需要先在时间轴区域上选择一个时间，可以选择直接输入帧或单击时间轴上的时间，此处选择第 10 帧，如图 6-8 所示。

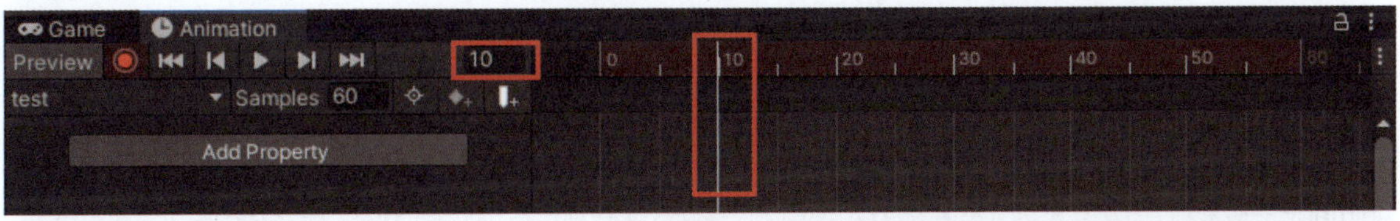

图 6-8

接下来我们在 Hierarchy 窗口中选中 LeftHand，将其 Position 属性的 Z 坐标修改为 1，这个操作会被记录下来，并且会在第 0 帧的位置记录下原始值，如图 6-9 所示。

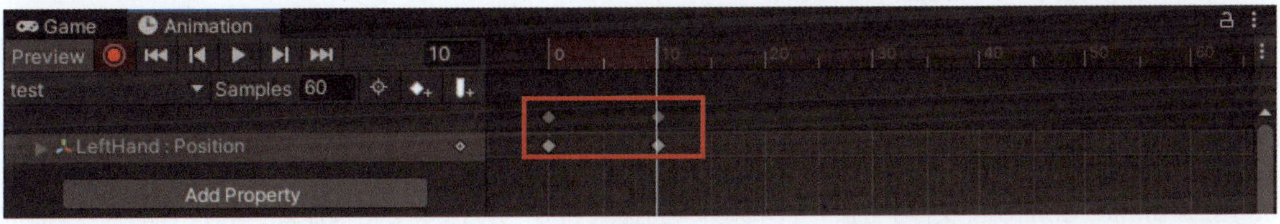

图 6-9

选中一个关键帧，使用 Ctrl+C 组合键进行复制，选择一个时间位置，使用 Ctrl+V 组合键进行粘贴，这里选中第 0 帧的关键帧并将其复制粘贴到第 20 帧的位置，如图 6-10 所示。

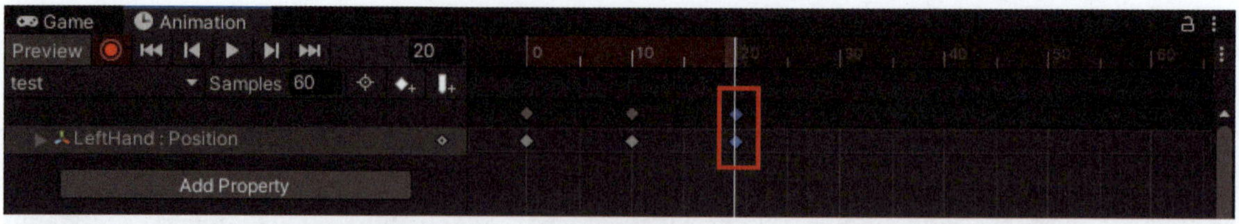

图 6-10

如果需要取消结束状态，则只需要在录制状态下再次单击按钮即可。在录制结束后，单击按钮，就可以在 Scene 或 Game 窗口中预览录制的动画效果了。

即使是复杂的动画，也可以通过这样简单的方式来实现，动画主要就是由关键帧和部位组成的，如图 6-11 所示。

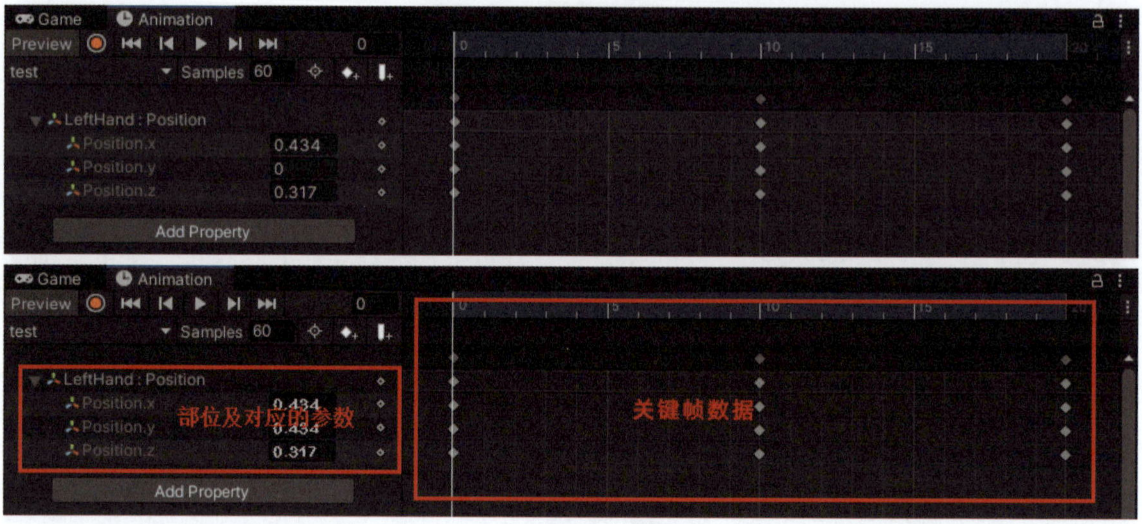

图 6-11

如果选中部位，如 LeftHandl Position，则按下 Delete 键会快速删除此部位的全部动画。如果选中某一个关键帧，则也可以使用 Delete 键将其删除。如果误操作删除了关键帧，则可以使用 Ctrl+Z 组合键撤回。

6.2 动画系统的主要组成

Animation Clip 是用来记录动画信息的，其本质上是一个文件资源，而 Animator 组件则是控制动画播放的组件。

Animator 一般被称为动画状态机，大多数游戏中的动画一般处于某一种状态，如待机状态、走路状态等。

Animator 的状态由 Animator Controller 控制，可以将其理解成一份配置文件，游戏中同一个种类的不同单位的 Animator 是不同的对象实例，但是它们都引用同一份 Animator Controller 实例，这是因为虽然各个单位当前的动画状态、进度不同，但是其动画的播放逻辑是相同的。

当我们在 Animation 窗口中为游戏对象创建动画时，Unity 实际上进行了以下一系列的操作。

（1）为当前选中的游戏对象添加 Animator 组件。

（2）创建与游戏对象同名的 Animator Controller 文件并赋值给 Animator 组件的 Controller 属性。

（3）在 Animator Controller 文件中添加一个与动画同名的状态名称，并且将其 Clip 属性值设置为新建的 Animation Clip 文件。

当前项目中已经有录制完成的 test 动画，删除 Unity 为我们在 Player 游戏对象上添加的 Animator 组件和对应的 Animator Controller 文件，我们自己来建立它们，当从其他渠道获得动画资源后，一般都是这样操作的。

删除 Animator 组件和 Animator Controller 文件后，Animation 窗口将无法录制和观察 Player 游戏对象的动画，这说明 Animation 窗口依赖 Animator 组件和 Animator Controller 文件。

首先，为 Player 游戏对象添加 Animator 组件，如图 6-12 所示。

然后，在 Project 窗口中创建名为 Player 的 Animator Controller 文件，在文件上右击，在弹出的快捷菜单中选择 Create → Animator Controller 命令，如图 6-13 所示。

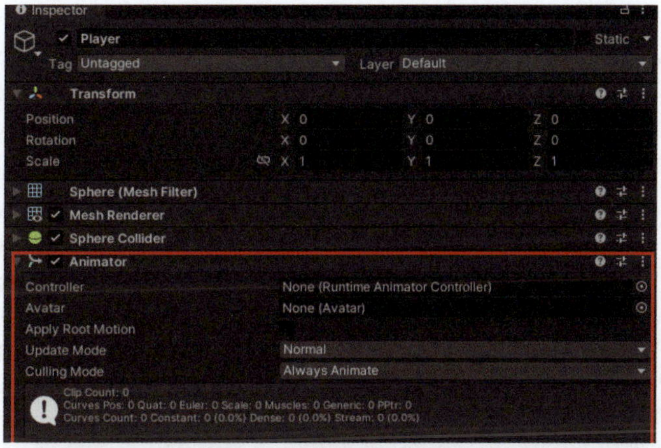

图 6-12

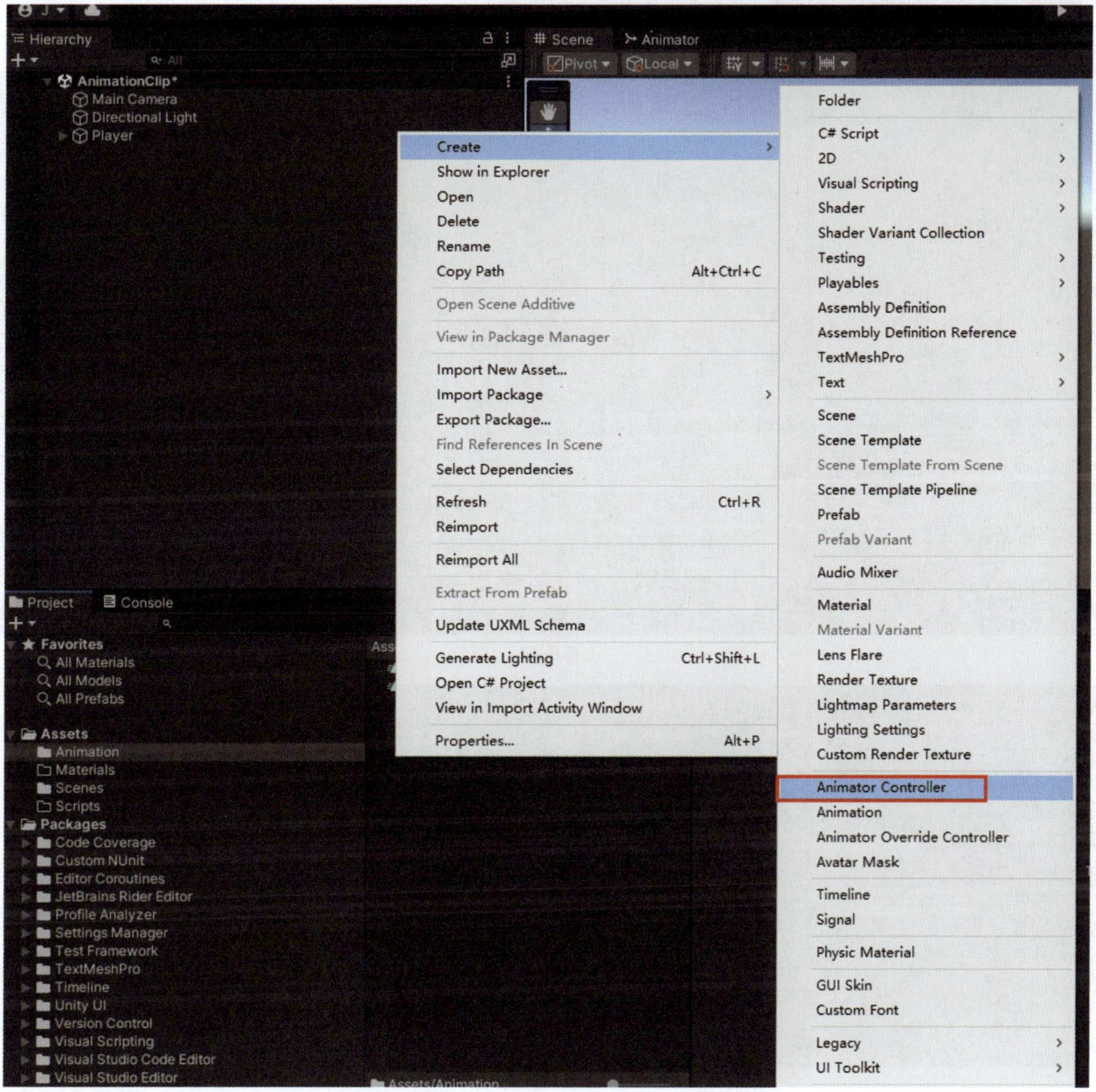

图 6-13

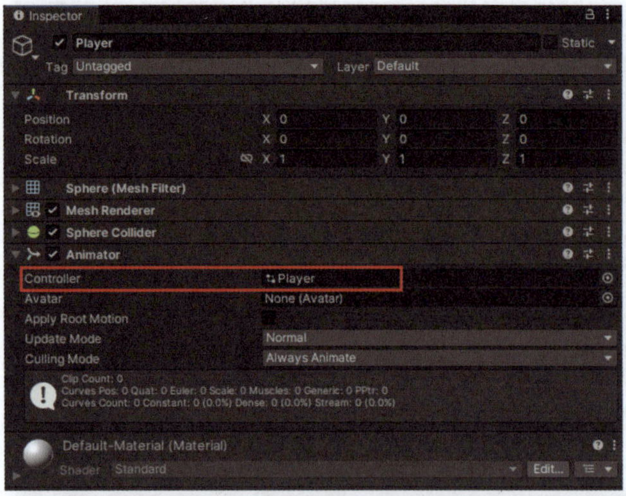

图 6-14

接着，设置 Animator 组件的 Controller 属性，也就是将 Animator Controller 文件拖动到 Controller 属性框中，如图 6-14 所示。Player 游戏对象的 Animator 组件将使用指定的 Animator Controller 文件。

选择 Player 游戏对象后会发现在 Animation 窗口中依然看不到之前录制的动画，这是因为在 Animator Controller 文件中并没有关联 Animation Clip。在 Project 窗口中双击 Animator Controller 文件会打开 Animator 窗口，调整布局，如图 6-15 所示。

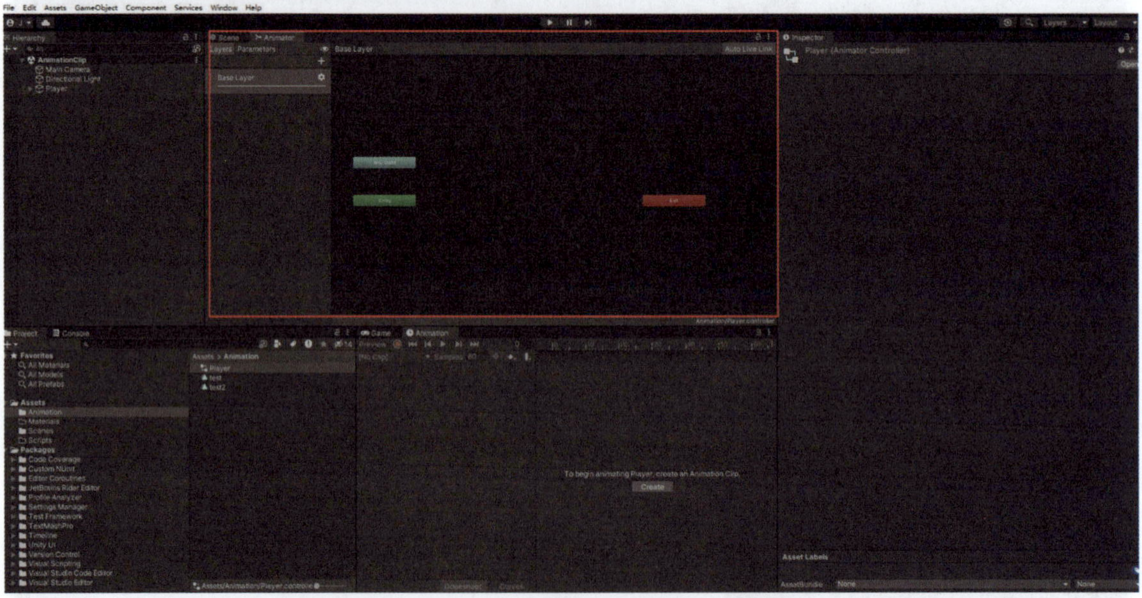

图 6-15

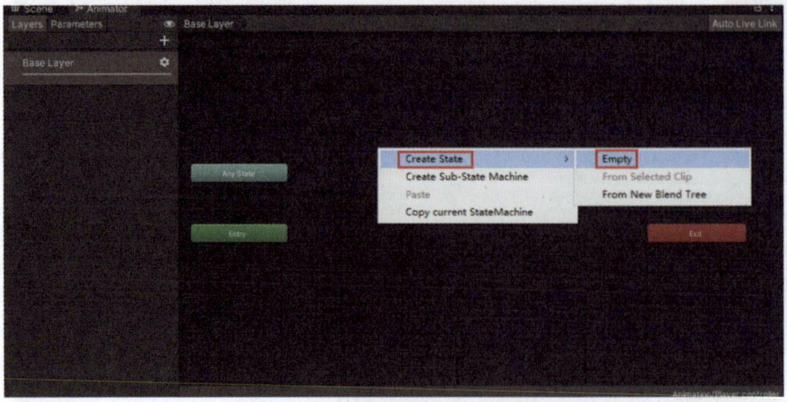

图 6-16

Animator 窗口是用来编辑 Animator Controller 文件的，打开此窗口后，在 Hierarchy 窗口中选择不同的游戏对象也会切换到 Animator 窗口中显示的 Animator Controller 文件。

在 Animator 窗口中右击，在弹出的快捷菜单中选择 Create State → Empty 命令，创建一个空状态，如图 6-16 和图 6-17 所示。

这一过程就是手动创建动画状态的过程，单击 New State 按钮后，Inspector 窗口中会显示状态的相关属性，其中最关键的 3 个属性如下。

（1）Name：状态名称

（2）Motion：当前状态的动画片段。

（3）Speed：动画的播放速度。

显而易见，设置 Motion 属性就意味着绑定状态与动画文件，将之前创建的 test 动画文件拖动到 Motion 属性框中，并且将名称设置为 test，如图 6-18 所示。

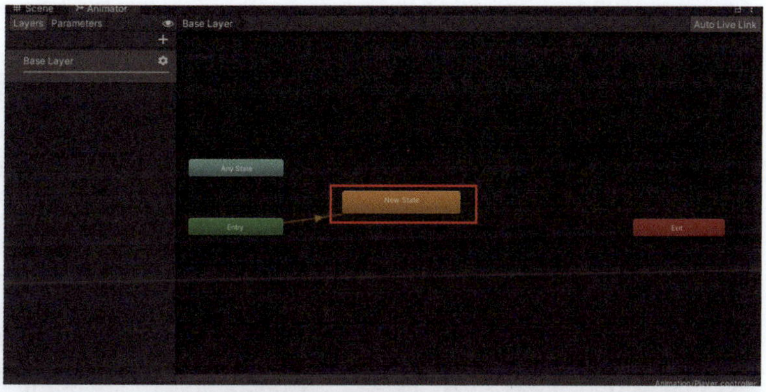

图 6-17

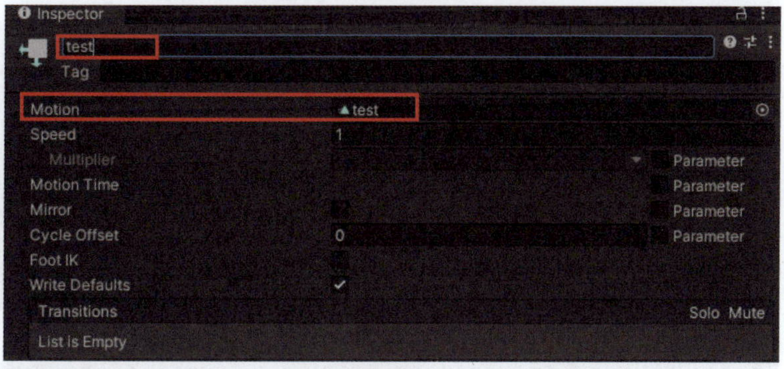

图 6-18

设置 Motion 属性后，在 Hierarchy 窗口中选择 Player 游戏对象，观察 Animation 窗口，会发现会重新出现了动画的相关信息，Animation 窗口实际上显示的是当前 Animator 组件的全部 Animation Clip，同一个 Animation Clip 可能会在多个动画状态中重复出现，但是在 Animation 窗口中的动画下拉列表中只会出现一次。

Animator、Animator Controller、Animation State、Animation Clip 的关系如下。

Animator：需要一个 Animator Controller 文件作为配置文件。

Animator Controller：本身是一个文件资源，其中包含了多个 Animation State，用于配置动画的逻辑。

Animation State：持有一个或多个 Animation Clip 资源，还包括播放速度等设置。

Animation Clip：本身是一个文件资源，包含了游戏对象的动画信息。

6.3　Animator Controller

6.3.1　动画状态

接下来详细介绍 Animator 窗口，图 6-19 中画框的区域被称为布局区域，可以使用鼠标滚轮进行缩放，按住鼠标滚轮同时移动鼠标指针可以平移视图。

Animator 窗口是用来配置 Animator Controller 文件的，而 Animator Controller 文件本身是一个动画状态机。动画状态机也比较容易理解，一个角色一般同时只会处于一个状态，而这个状态会去播放对应的动画，这会强制

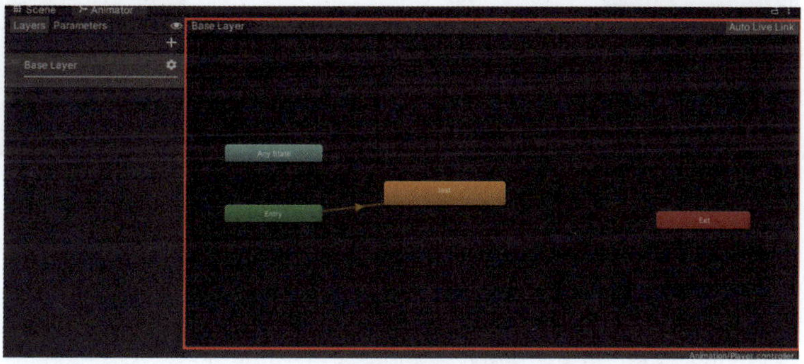

图 6-19

要求动画在运行过程中一定处于一个状态，即存在默认状态。这里我们先新建一个状态，再更换默认状态。

在 6.2 节中，我们使用 Create State 命令建立了 test 状态，这里我们学习另一种更便捷的方式，就是直接将 Project 窗口中的 Animation Clip 拖动到 Animator 窗口的布局区域中，Unity 会自动创建一个同名的状态并自动设置其 Clip 属性指向被拖动的 Animation Clip。这里我们将 test2 状态拖动到布局区域中，如图 6-20 所示。

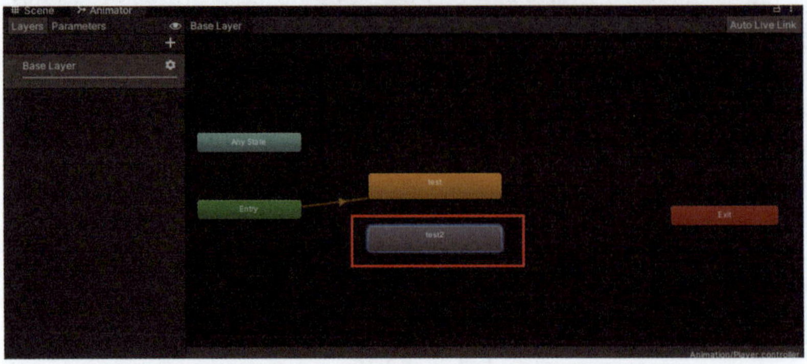

图 6-20

可以看到，test 状态作为默认状态，其背景色是橙色的，而 test2 状态的背景是黑灰色的。如果要切换默认状态，则可以选中 test2 状态并右击，在弹出的快捷菜单中选择 Set as Layer Default State 命令，将 test2 状态设置为默认状态，如图 6-21 所示。

图 6-21

设置后，test2 状态的背景色变为橙色且 Entry 指向 test2，如图 6-22 所示。

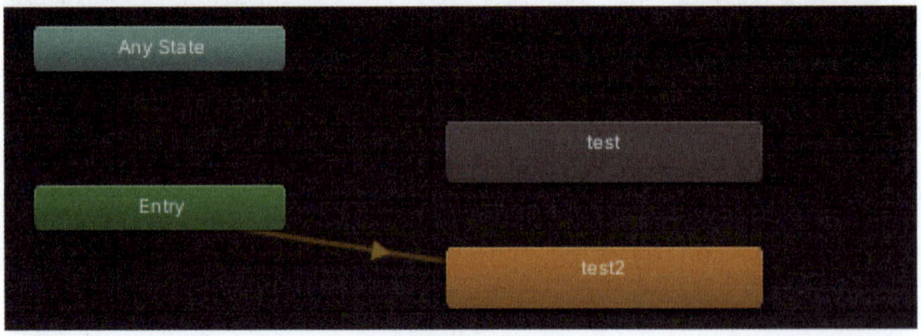

图 6-22

6.3.2 动画过渡

角色不会从头到尾只播放一个动画，动画的切换也就是状态的过渡。将 test 状态恢复成默认状态，如果希望从 test 状态过渡到 test2 状态，则选中 test 状态并右击，在弹出的快捷菜单中选择 Make Transition 命令，单击一次 test2 状态，如图 6-23 所示。

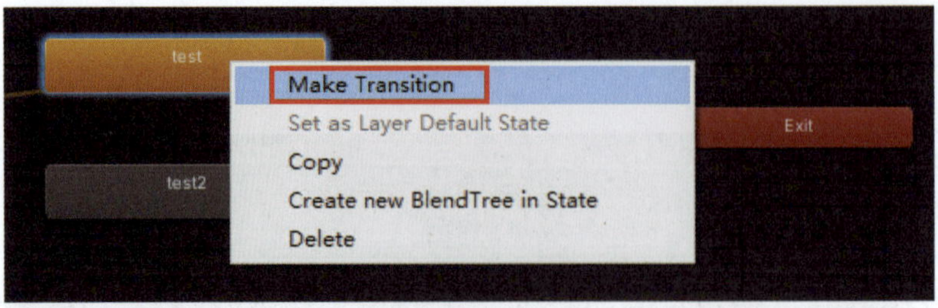

图 6-23

创建过渡后，test 状态和 test2 状态之间会出现箭头，箭头的方向表明了过渡的起点状态和目标状态，也就是从什么状态过渡到目标状态，如图 6-24 所示。

在 Hierarchy 窗口中保持对 Player 游戏对象的选中，运行游戏，如图 6-25 所示。

按照当前的设置，角色会在游戏开始时播放一次 test 状态，然后自动过渡到 test2 状态，由于 test2 状态是空的

Animation Clip，不利于当前测试，因此删除 test 状态到 test2 状态的过渡。将 test2 状态设为默认状态，然后将其连线到 test 状态，如图 6-26 所示。

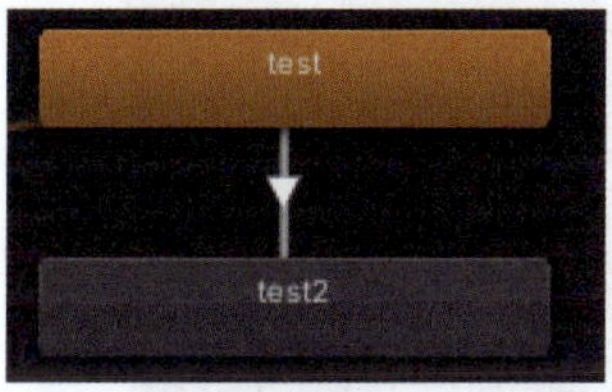

图 6-24

图 6-25

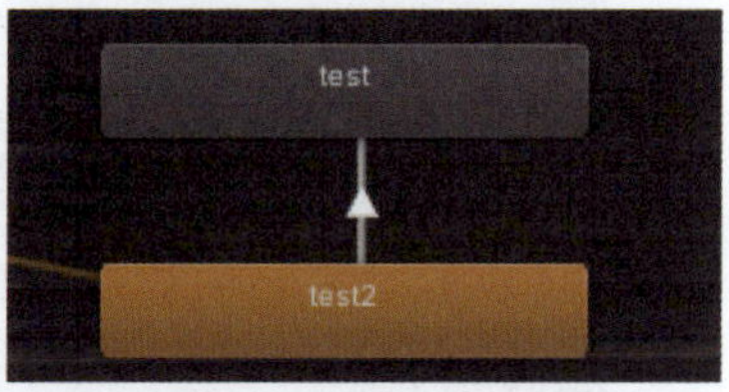

图 6-26

再次运行游戏就会发现，游戏一开始角色会在 test2 状态做短暂停留，之后就过渡到 test 状态，然后循环地播放 test 状态的动画，是否循环播放动画并不是由动画状态决定的，而是由 Animation Clip 的设置决定的。在 Project 窗口中选中 test 文件后，在 Inspector 窗口中取消勾选 Loop Time 复选框可以将动画设置为非循环动画，如图 6-27 所示。设置完成后运行游戏，角色会一直处于 test 状态，但是并不会循环播放动画。

在大多数情况下，我们不希望生硬地切换动画，尤其是人形动画，因此我们需要减弱生硬感。Animator 的过渡也有相关的设置。在游戏运行时，我们不只可以观察到角色当前的动画状态，而且可以看到动画的切换过程，也就是角色由 test2 状态过渡到 test1 状态，在图 6-28 中，这两种状态都显示了播放进度，并且连接的箭头以叠加蓝色线条的方式体现了过渡进度。

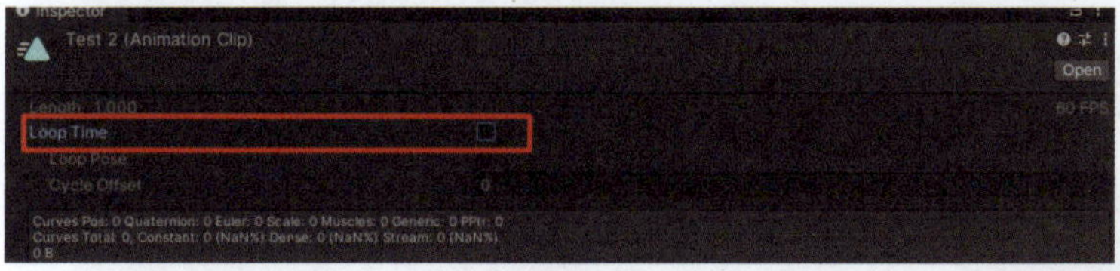

图 6-27

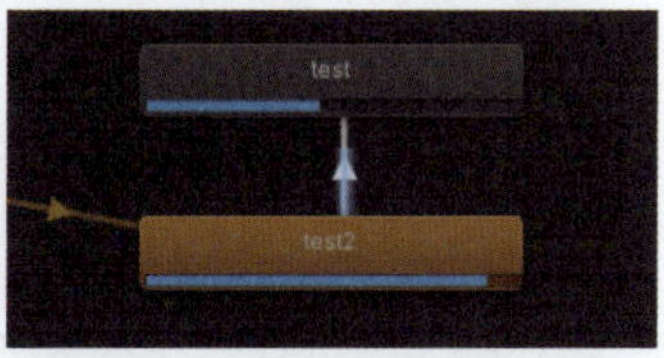

图 6-28

单击状态之间的过渡箭头可以观察过渡的相关设置，如图 6-29 所示。

（1）Has Exit Time：是否在源头动画播放结束后才能切换到下一个状态。

（2）Exit Time：退出时间，只有勾选 Has Exit Time 复选框时才有意义。当要切换动画时，在源头动画指定进度时进行过渡，取值范围为 0 ~ 1，如图 6-30 所示。

（3）Fixed Duration：是否进行固定时间的过渡，如果取消勾选此复选框，则将按照动画总时长的百分比进行切换。

（4）Transition Duration（s）：指的是从一个状态过渡到另一个状态所需的时长，如果勾选了 Fixed Duration 复选框，则该属性表示完成过渡所需的秒数；如果没有勾选 Fixed Duration 复选框，则该属性表示相对于当前动画状态持续时间的比例，取值范围为 0~1。

（5）Preview：用于预览过渡过程的动作表现，基于此来决定过渡时间设置是否合理等。

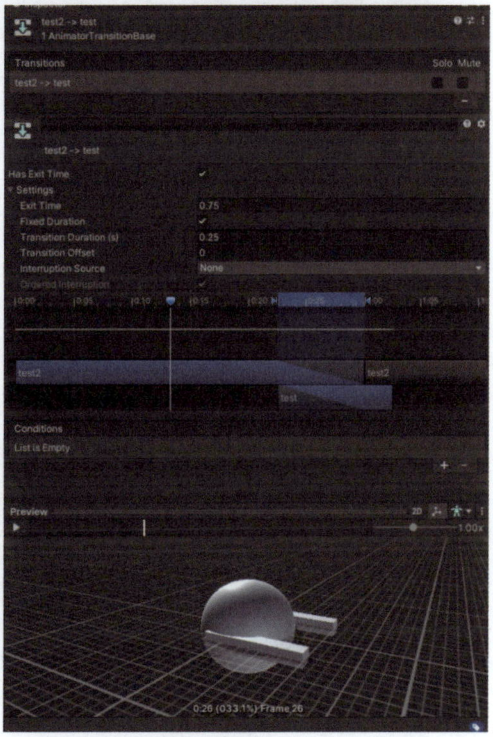

图 6-29

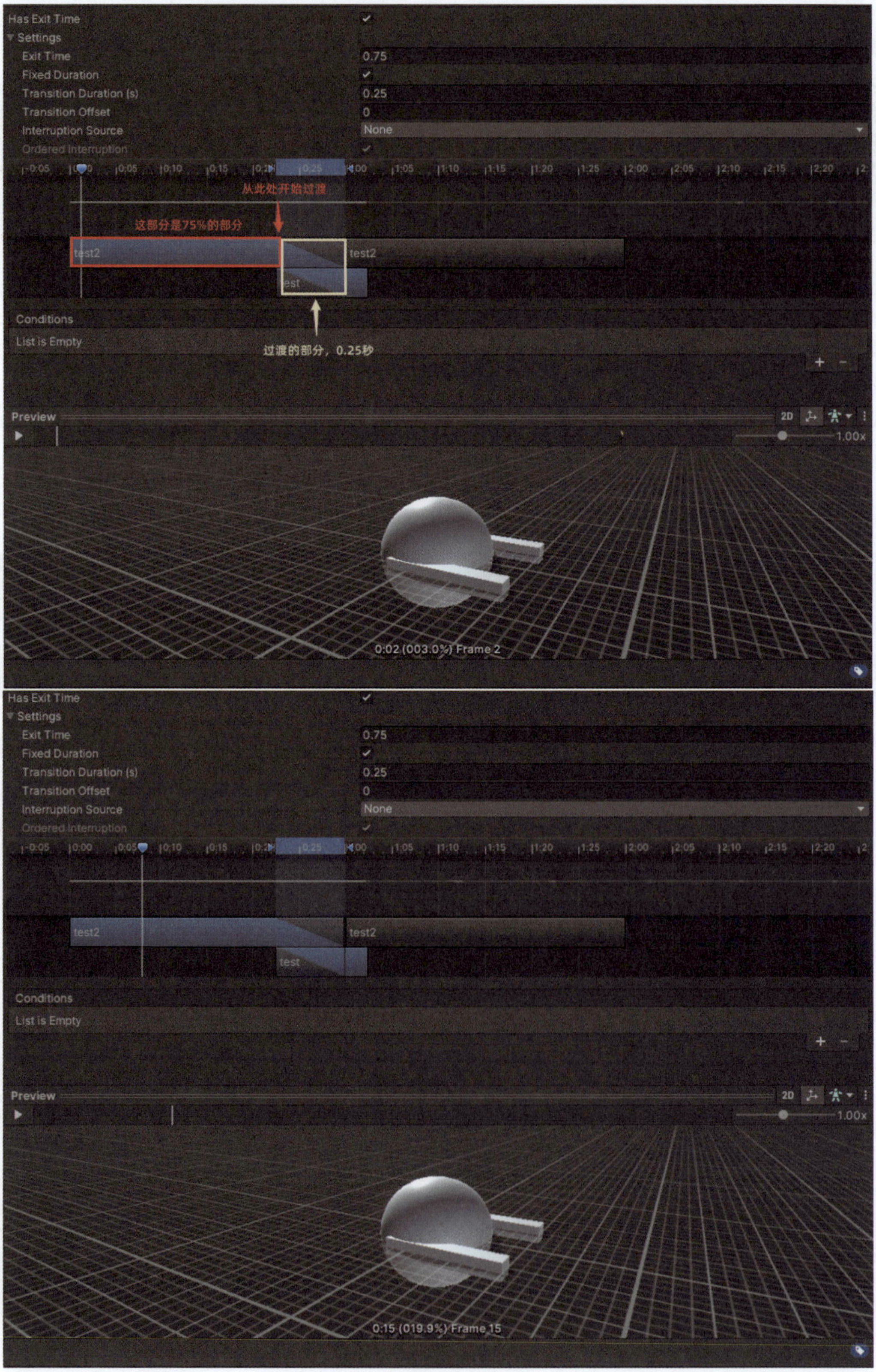
Has Exit Time
Settings
Exit Time
0.75
Fixed Duration
Transition Duration (s)
0.25
Transition Offset
0
Interruption Source
None
Ordered Interruption
从此处开始过渡
这部分是75%的部分
test2
test2
test
Conditions
List is Empty
过渡的部分，0.25秒
Preview
2D
1.00x
0:02 (003.0%) Frame 2
Has Exit Time
Settings
Exit Time
0.75
Fixed Duration
Transition Duration (s)
0.25
Transition Offset
0
Interruption Source
None
Ordered Interruption
test2
test2
test
Conditions
List is Empty
Preview
2D
1.00x
0:15 (019.9%) Frame 15

图 6-30

6.3.3 动画参数

过渡还有一个非常重要的设置，就是过渡的前置条件。例如，在游戏中，只有移动角色才会播放行走的动画。前置条件在 Conditions 选区中设置，如图 6-31 所示。但是这部分需要动画参数的相关设置作为前提，因此我们需要先了解一下动画参数。

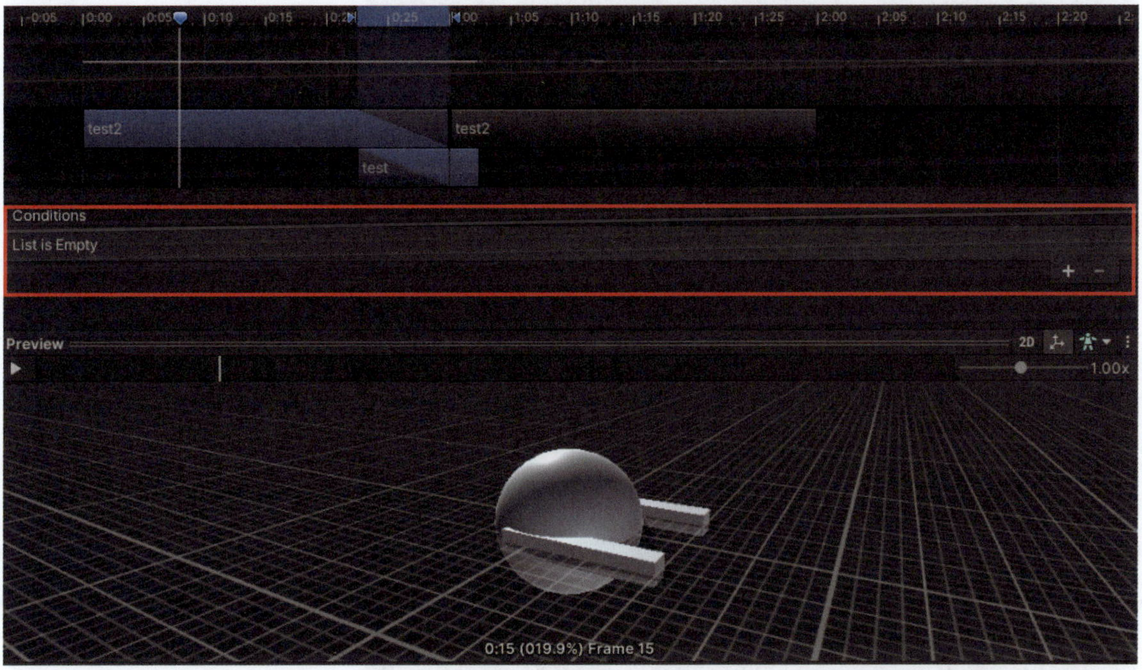

图 6-31

从需求上，很多游戏会在按下对应按键后播放移动动画，单击则会播放射击动画等。如果按照程序逻辑的方式对动画进行管理，则显得难以维护。于是，Unity 抽象出了动画参数（Parameters），我们可以将这里的参数理解成一个变量，当玩家按下按键后就去修改这个参数，在动画的切换条件中配置相应的参数。动画状态机的状态、过渡和参数的关系是，状态定义了具体的动画，过渡决定了什么状态可以切换到什么状态，而过渡需要参数作为条件来决定是否可以切换。

配置动画参数的方式较为简单，选择 Animator 窗口上的 Parameters 选项进行左侧视图的切换，如图 6-32 所示。切换后单击 + 按钮，在弹出的下拉列表中选择参数类型，这里我们选择 Bool 类型作为示例，接着为参数输入名称 TestBool，如图 6-33 和图 6-34 所示。

按照上方的步骤，重复创建 Float 类型、Int 类型、Trigger 类型的动画参数。如果输入的参数名称有误，则可以双击参数名称后重新输入，如图 6-35 所示。

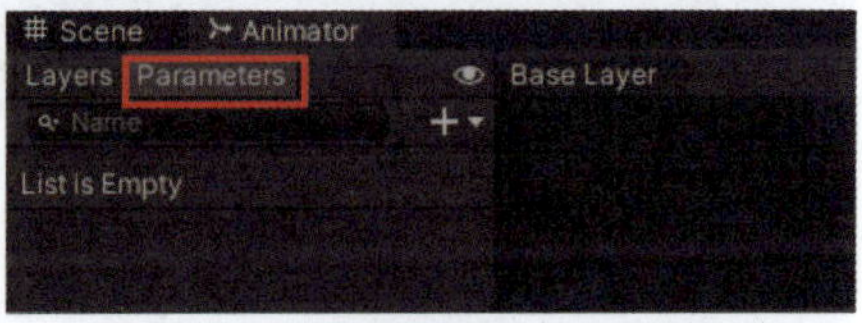

图 6-32

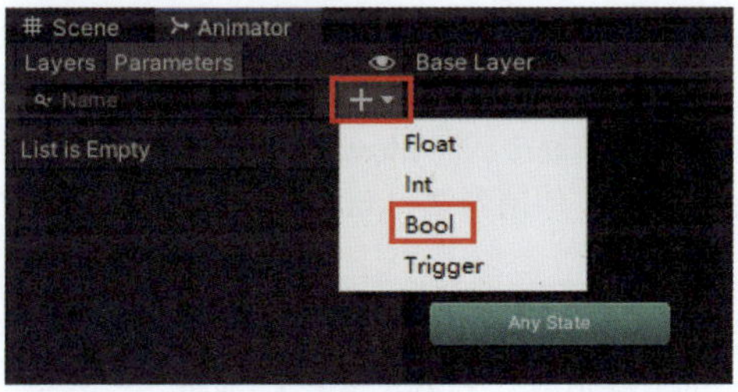

图 6-33

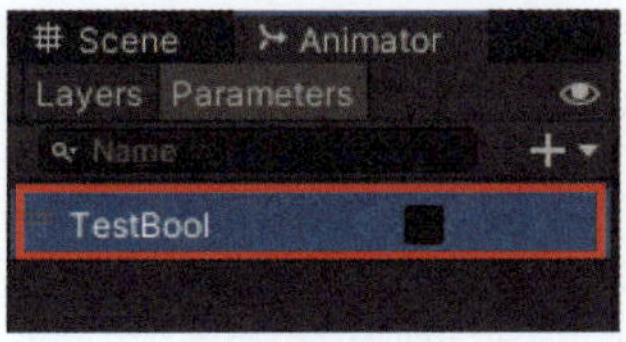

图 6-34

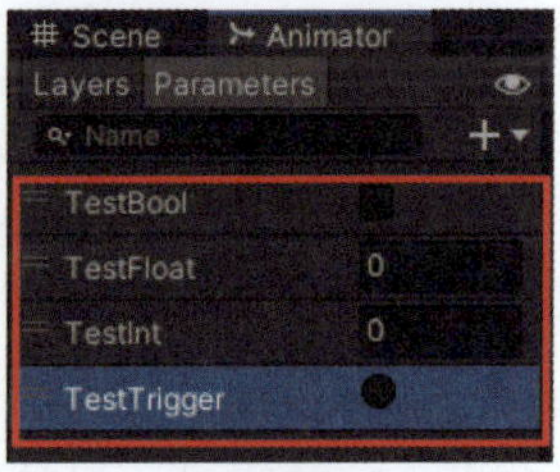

图 6-35

除了 Trigger 类型，其他动画参数类型实际上与程序中的 Float、Int、Bool 是基本一致的，这 3 种类型可以理解成一种状态，如“正在前进”“正在开火中”。而 Trigger 类型是一个一瞬即逝的“事件”，如“开火一次”，不过其本质上就是 Bool，只是在 Animator 使用一次后立刻修改为 false，只需要触发而不需要维护状态。

在动画参数的右侧可以设置其默认值，但是在大多数情况下我们会通过脚本来控制这些数值，而不依赖默认设置。

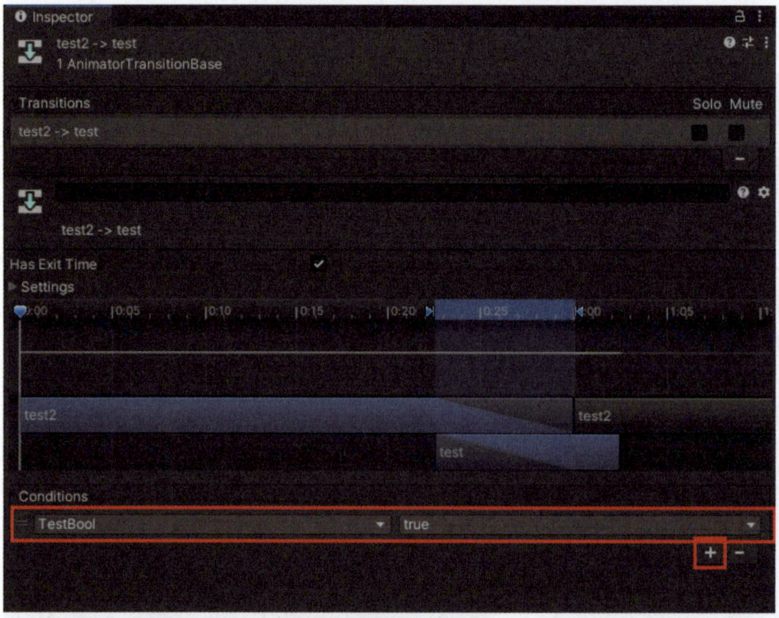

图 6-36

选择 test2 到 test1 的过渡箭头，在 Conditions 选区中单击 + 按钮，添加一个过渡条件，其默认会设置为动画参数中的第一个，在当前案例中就是 TestBool。单击左侧的下拉按钮，在弹出的下拉列表中可以进行切换，单击右侧的下拉按钮，在弹出的下拉列表中可以进行条件的变更。对于 Bool 类型，其值可以为 true 或 false；对于 Int、Float 等类型，其值可以为大于、等于、小于等比较；对于 Trigger 类型，只有触发这一种情况，所以没有可设置的选项。大家可以自行测试，测试后恢复到目前只有一个参数为 TestBool 的条件，其条件值为 true 的状态，表示 test2 状态会过渡到 test1 状态，如图 6-36 所示。

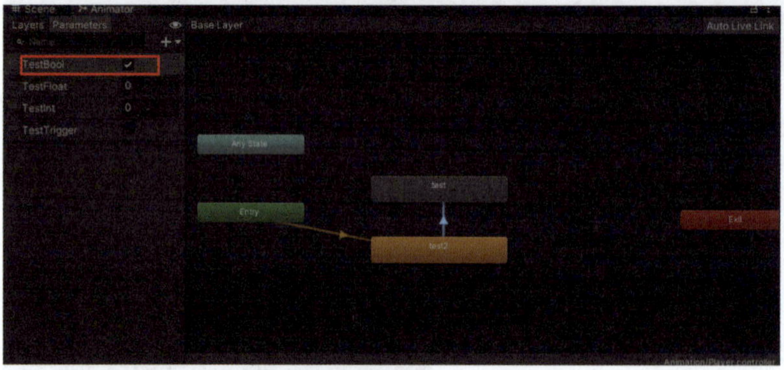

图 6-37

此时启动游戏，角色不会自动从 test2 状态过渡到 test1 状态，这是因为不满足过渡条件，可以通过脚本修改动画参数的值。但是如果仅仅为了测试，则我们可以在 Unity 编辑器中直接修改数值从而观察效果，如图 6-37 所示，将 TestBool 参数的值设置为 true 并勾选 TestBool 复选框。

动画将会从 test2 状态过渡到 test1 状态，但是注意由于过渡配置中勾选了 Has Exit Time 复选框，因此即使满足过渡条件，也会在 test2 状态播放完成后才进行过渡，如果取消勾选 Hast Exit Time 复选框，则会立刻发生过渡，但是注意，这种改动会导致继续游戏、停止播放也会保存，记得重新设置为默认值。

接下来我们通过一个小案例，模拟角色在待机和移动状态之间的切换。假设 test2 是待机状态，而 test1 是移动状态，我们将其更名为 Idle 和 Move，新建一个名为 IsMoving 的 Bool 类型的参数，并且互相连线过渡。其中，Idle 状态过渡到 Move 状态的条件为 IsMoving 参数为 true，这表示角色开始移动了。而 Move 状态过渡到 Idle 状态的条件为 IsMoving 参数为 false，这表示角色停止移动了。为了快速过渡，取消勾选 Has Exit Time 复选框，如图 6-38 ~图 6-40 所示。

此时启动游戏后，可以尝试多次切换 IsMoving 参数，会看到角色在待机、移动两种状态来回过渡，到这里我们只需要使用脚本来控制 IsMoving 参数就可以驱动动画状态机进行状态的变化，Int、Float、Trigger 类型皆是如此。

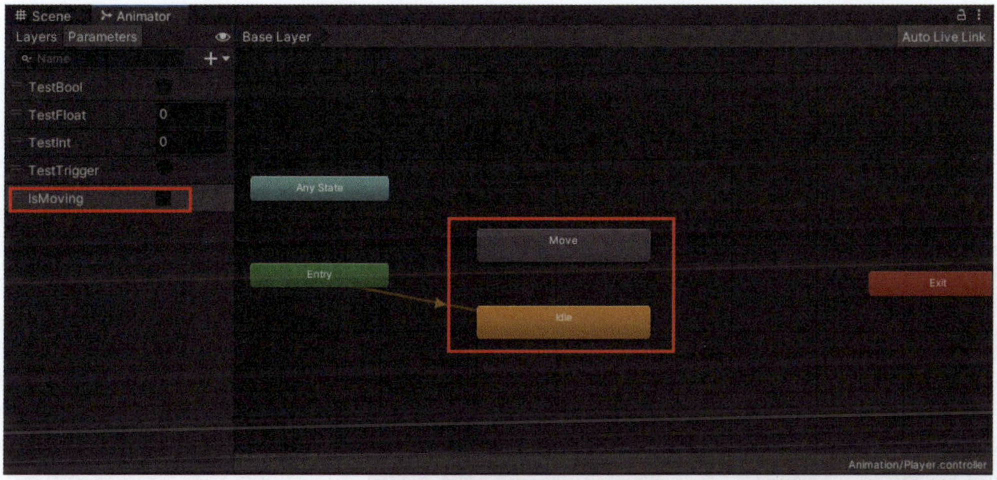

图 6-38

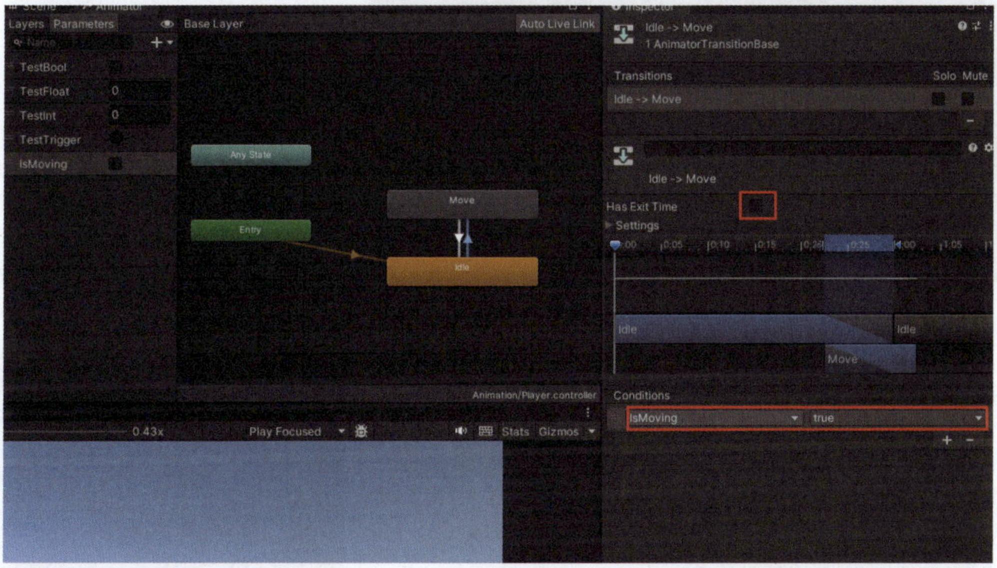

图 6-39

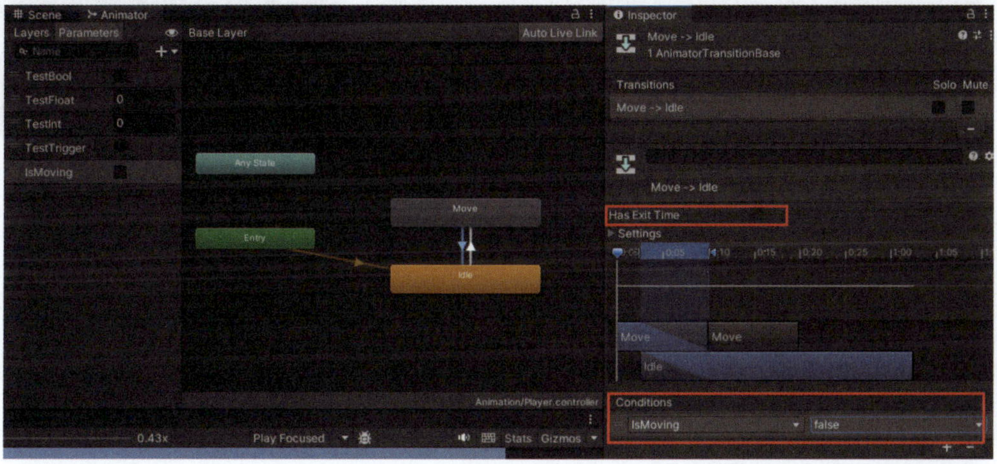

图 6-40

6.3.4 使用脚本文件控制动画

1. 使用脚本文件修改动画参数

编写如图 6-41 所示的代码并将脚本文件拖动给 Player 游戏对象，启动游戏后可以控制角色的移动，以及正确地根据输入情况决定是否播放动画。

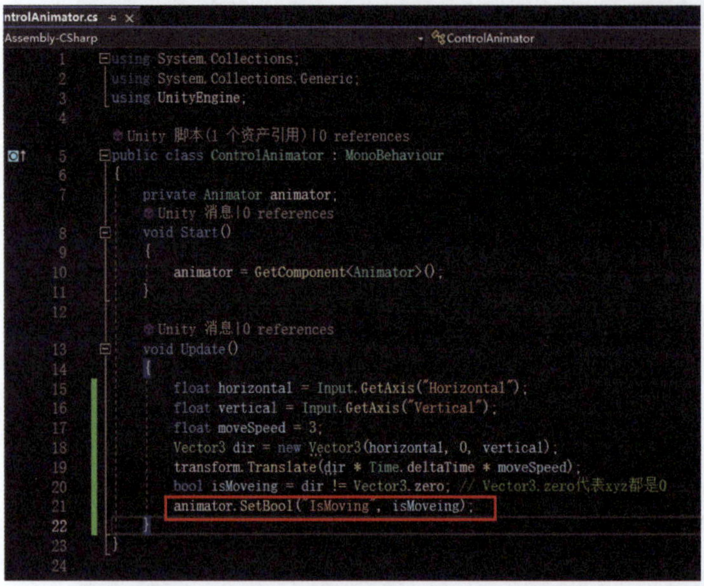

图 6-41

这里的关键在于，首先通过检测玩家键盘输入的值决定 isMoving 参数是否为 true，然后将其同步到动画参数，也就是 Animator 组件下的 SetBool (string name, bool value) 函数，这里的 name 是指 Animator 窗口中 Parameters 下的命名。对于 Int、Float 等类型也都有相应的 SetInt 和 SetFloat 函数，参数逻辑也都相同，而 SetTrigger 参数较为特殊，它并不需要传值，仅用于触发。

2. 使用脚本文件直接切换状态

部分项目中的角色动画十分复杂，这种复杂表现为单个角色的动画状态较多、动画参数较多，从而导致过渡连线较为复杂，这一般被称为蜘蛛网现象。Animator 组件有一种相对简单的处理方式，就是脚本文件中没有动画参数和过渡连线，仅设置好默认状态，然后将所有状态放在 Animator Controller 中，如图 6-42 所示。

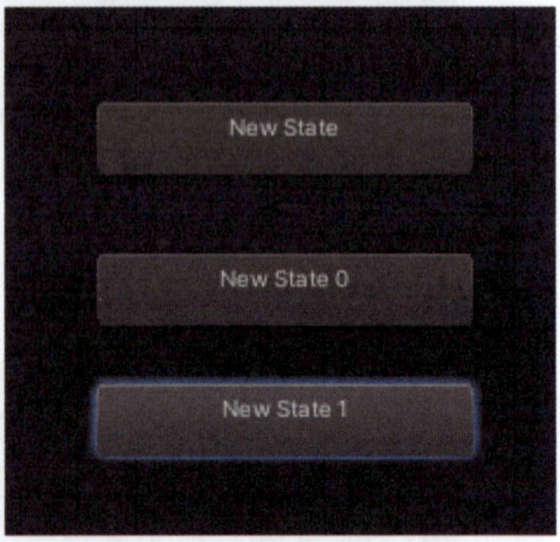

图 6-42

状态的切换完全由脚本文件控制，这里的关键函数是 Animator 组件中的 CrossFadeInFixedTime(string stateName, float fixedTransitionDuration) 函数。其中，stateName 是状态的名称而不是 Animation Clip 的名称，fixedTransitionDuration 是过渡的固定时间，等同于过渡连线设置中的参数，一般建议默认填写 0.25。如此一来，就可以在脚本文件中决定当前应该播放什么状态了。

这两种方案没有哪种更优，我们可以根据项目的情况来选择，编者更倾向于使用脚本文件的方案，但初学者使用此方案不一定可以很好地管理动画的状态切换。

6.4 人形动画

目前我们学习的是动画系统的通用知识，这意味着无论是游戏对象，还是人物、动物、建筑物，还是 UI 都适用，但游戏中较为复杂的一般是人形动画，也被称为动作，本节我们针对人形动画的特殊性进行讲解。

不同的游戏对象可以使用同一个 Animator Controller 作为动画逻辑，其中包含的 Animation Clip 当然也可以使用。但 Animation Clip 记录子物体的路径和动画修改的数据，这就要求不同游戏对象的子物体路径相同。但人形动作一般有较深的层级，如身体到手指末端的层级关系为身体→上半身→左肩→左大臂→左小臂→左手→大拇指第一节→大拇指第二节。基于这一现象，如果希望不同的角色使用同一动画，就要求所有路径都与 Animation Clip 中的完全一致。即使在不同的项目中，人体的骨骼结构也大体相同，Avatar 建立一种映射关系，告诉 Animator 这个游戏对象是胳膊，另外一个游戏对象是脚，而不是通过路径去查找部位。

简单来说，播放 Animation Clip 先根据其中记录的路径去查找游戏对象，再修改游戏对象的坐标等信息。人形动画则先确定需要修改的身体部位，再通过 Avatar 找到这个身体部位对应的游戏对象。

接下来需要导入一个人形角色来查看 Avatar 的相关内容，请先下载本章配套素材“人形动画模型 .unitypackage”，再将文件直接拖动到 Project 窗口中即可，弹窗会提示需要导入哪些资源，这里保持默认的全选状态后单击 Import 按钮即可，如图 6-43 所示。

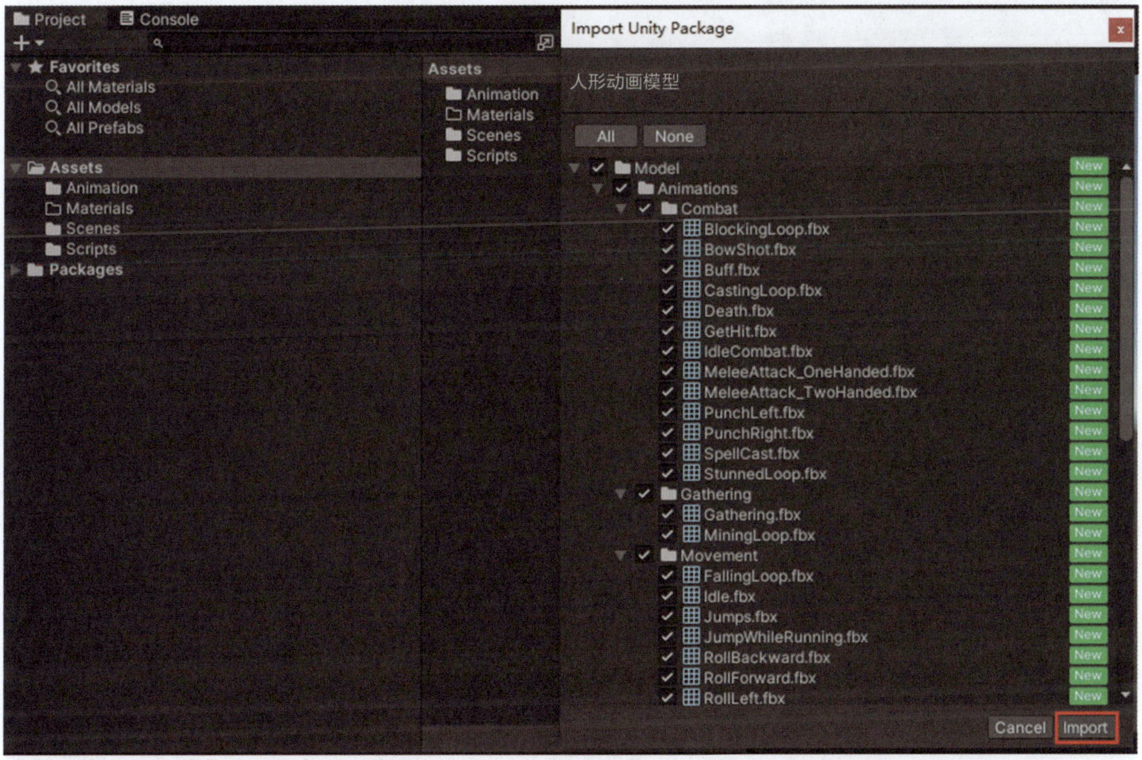

图 6-43

导入成功后，会在 Assets 文件夹下出现 Model 文件夹，选择 Model → HumanLowPoly → Meshes_Humans 选项，这个文件实际上是一个模型文件，在 Inspector 窗口中有模型的相关设置，这里选择 Rig 选项后，可以看到一个 Animation Type 属性，其 4 个选项如下。

（1）None：无动画

（2）Legacy：旧版动画

（3）Generic：通用动画

（4）Humanoid：人形动画

在资源商店中下载的人形模型一般默认使用的就是人形动画的设置，如图 6-44 所示。

Avatar Definition 属性的默认选项是 Create From This Model，表示使用自己生成一个 Avatar，另一个选项表示使用其他模型生成 Avatar。

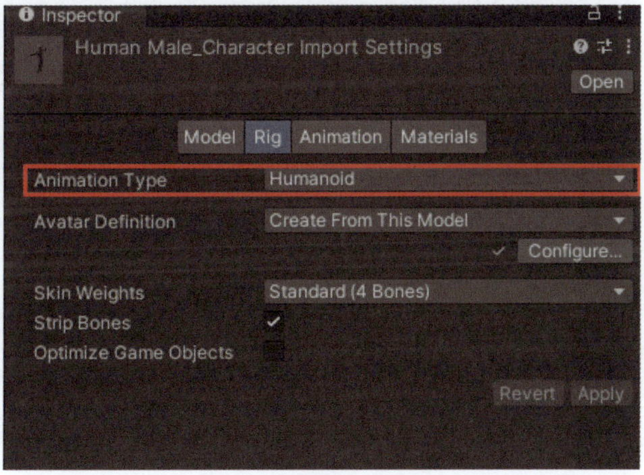

图 6-44

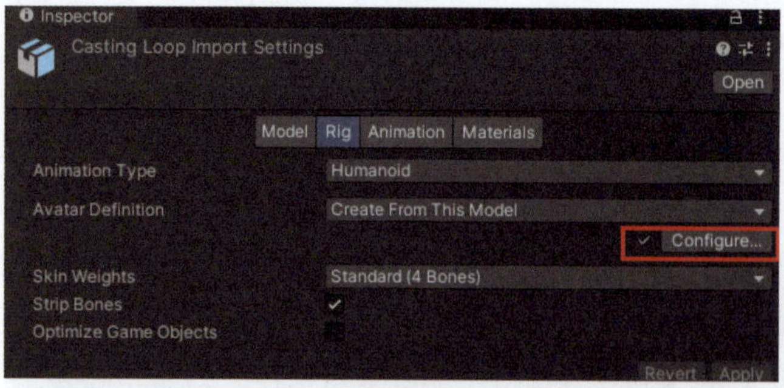

图 6-45

单击 Configure 按钮后会进入 Avatar 配置界面，此按钮左侧的√表示系统认为该Avatar没有错误。进入 Avatar 配置界面后，Hierarchy、Inspector 和 Scene 窗口都会自动切换到便于修改、预览 Avatar 的模式，如图 6-45 和图 6-46 所示。

如果需要进行配置或变更，操作方式也非常简单。选择一个部位后可以观察其对应的游戏对象，如果需要，则可以指定或变更它，如图 6-47 所示。

图 6-46

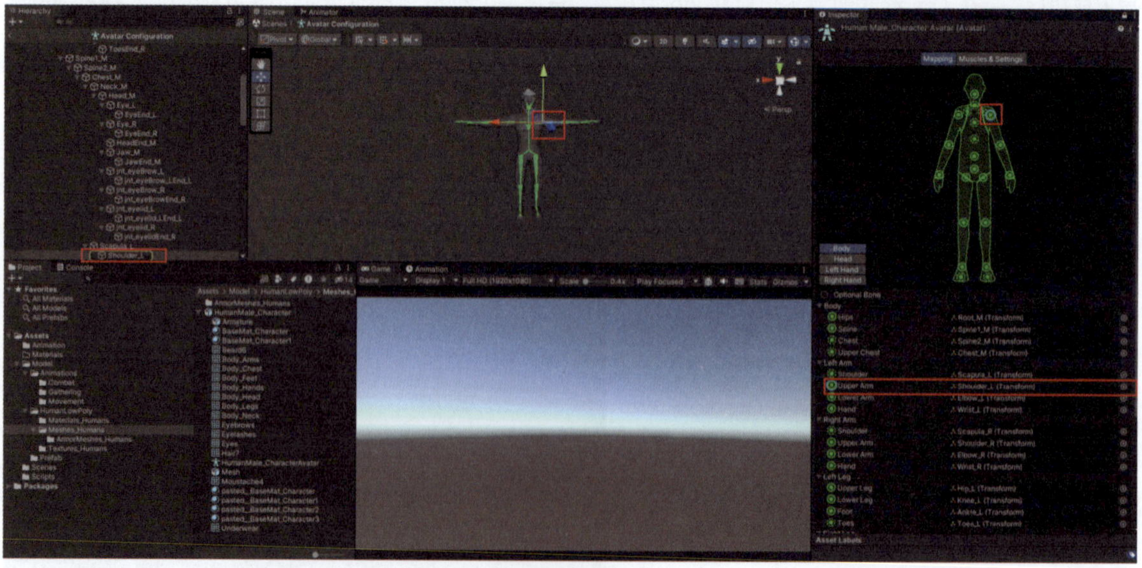

图 6-47

退出此模式，单击 Hierarchy 窗口中的返回按钮即可，如图 6-48 所示。

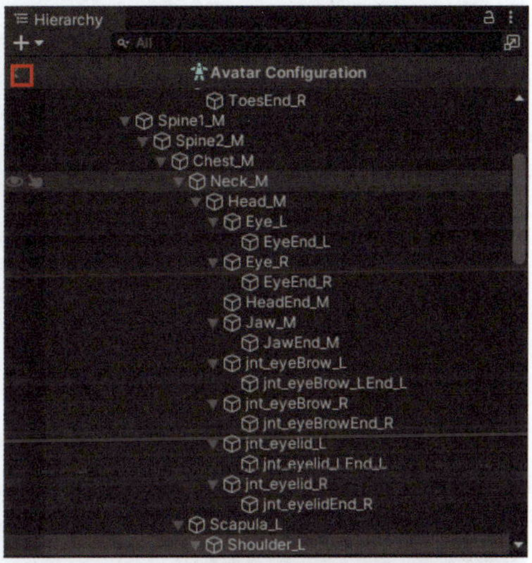

图 6-48

目前选择的是一个模型文件，将其拖动到 Hierarchy 窗口中可以成为一个游戏对象。资源已经提供了一个预制体，我们可以直接使用它，该预制体的路径为 Model → Prefab → HumanMale，将其拖动到 Hierarchy 窗口中，如图 6-49 所示。

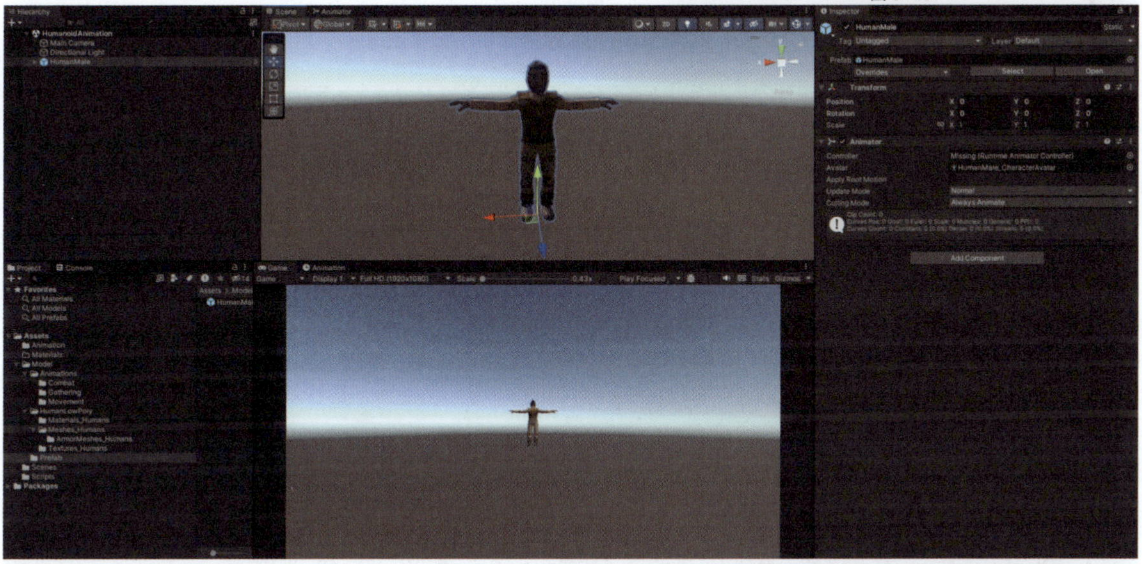
图 6-49

为其创建一个 Animator Controller 文件并赋值，如图 6-50 所示。

大家可以将自己喜欢的动画添加到这个 Animator Controller 中来播放，以查看动画效果，动画的路径为 Model → Animations。较为不同的是，大多下载的动画资源其本身也是一个模型，Animation Clip 是作为子资源存在的，可以将其拖动到 Animator Controller 中，如图 6-51 所示。如果要修改动画，则需要选择该模型，在 Animation 窗口中进行设置。

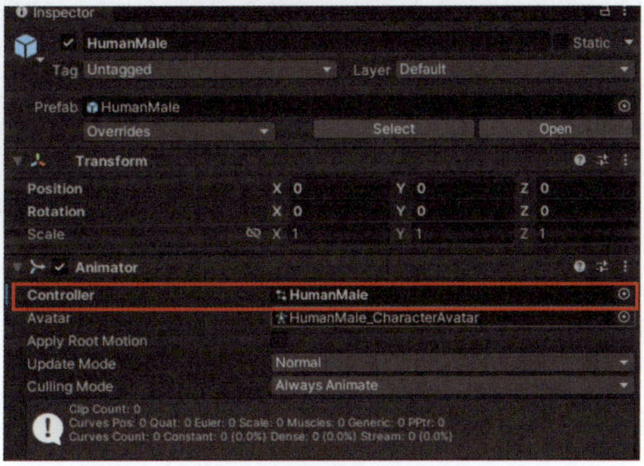

图 6-50

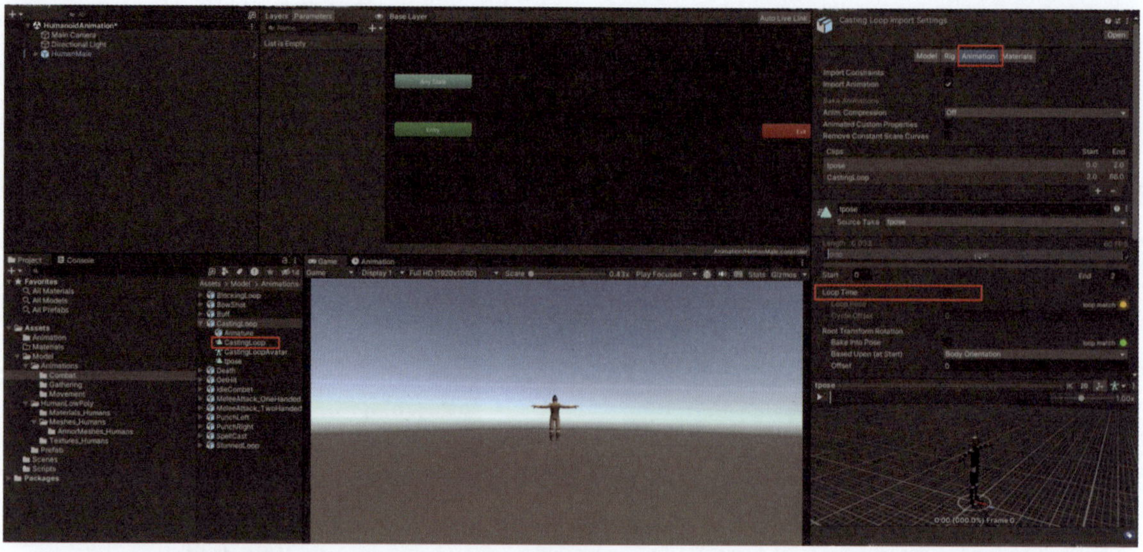

图 6-51

其余部分与本章前几节讲解的内容并无区别。我们可以在 Unity 编辑器中直接预览人形动画，如图 6-52 所示。

图 6-52

6.5 案例：史莱姆动画

这个案例中，我们将制作一个史莱姆角色，并且分别制作“待机”“跳跃”的动画，玩家可以通过单击切换动画。

6.5.1　史莱姆的制作

我们主要使用 Unity 内置的球体模型来制作史莱姆。我们使用一个球体模型来表示史莱姆的身体，再使用两个较小的球体模型来表示史莱姆的眼睛，详细的制作步骤如下。

创建一个默认场景，将 Main Camera 的 Position 属性值设置为（0，0.5，2），Scale 属性值设置为（0，180，0），如图 6-53 所示。

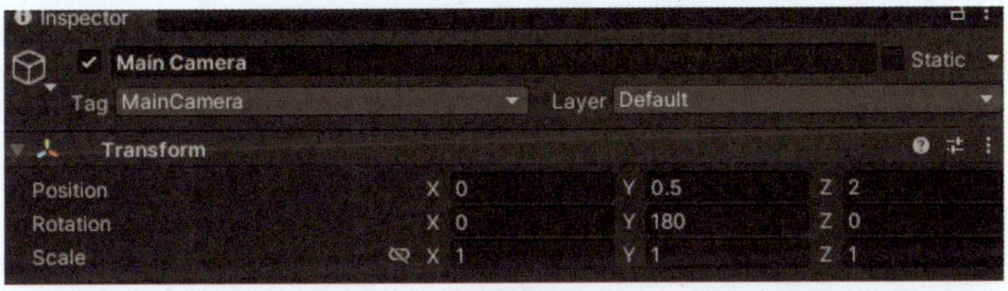

图 6-53

新建一个球体模型并将其命名为 Body，将其 Position 属性值设置为（0，0，0），效果如图 6-54 所示。

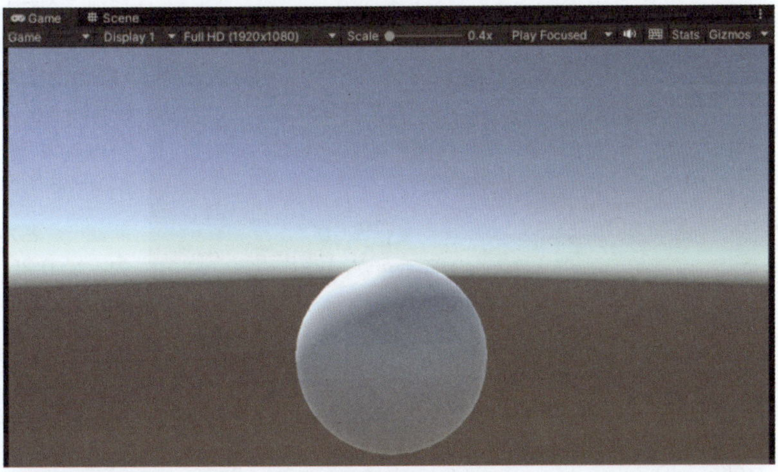

图 6-54

在 Project 窗口中，新建一个名为 BodyMaterial 的材质球，如图 6-55 所示。将其颜色设置为（0，0.9，1，1），效果如图 6-56 所示。

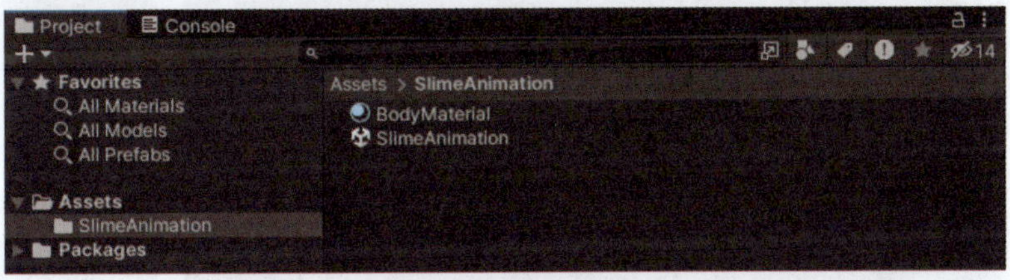

图 6-55

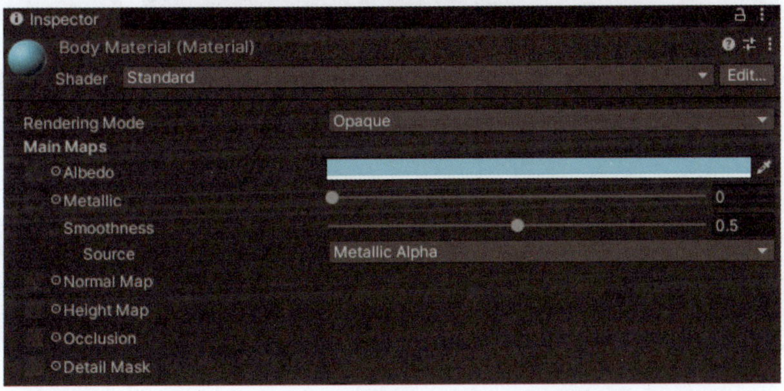

图 6-56

图 6-57

将 BodyMaterial 材质球拖动到 Body 球体模型上，完成材质的添加，如图 6-57 所示。

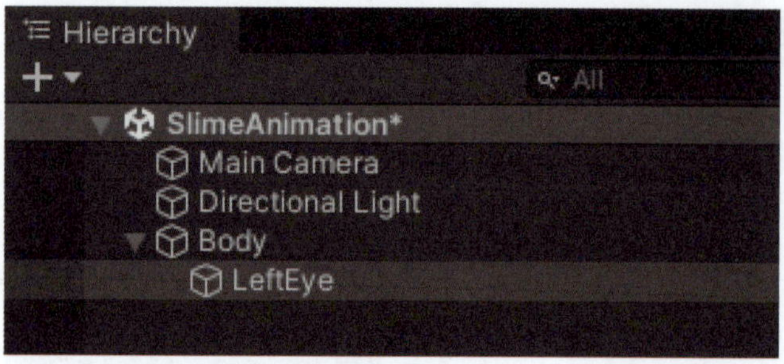

图 6-58

新建一个名为 LeftEye 的球体模型，代表史莱姆的左眼。将 LeftEye 球体模型的父物体设置为 Body 球体模型，如图 6-58 所示。将 LeftEye 球体模型的 Position 属性值设置为（0.2，0.15，0.5），Scale 属性值设置为（0.2，0.2，0.2），如图 6-59 所示。

新建一个名为 EyeMaterial 的材质球，将颜色修改为（1，0.25，0，1）并将它拖动到 LeftEye 球体模型上，如图 6-60 所示。

复制 LeftEye 球体模型，将复制后的球体模型重命名为 RightEye。将 RightEye 球体模型的 Position 属性值设置为（-0.2，0.15，0.5），此时会得到一个史莱姆模型，如图 6-61 所示。

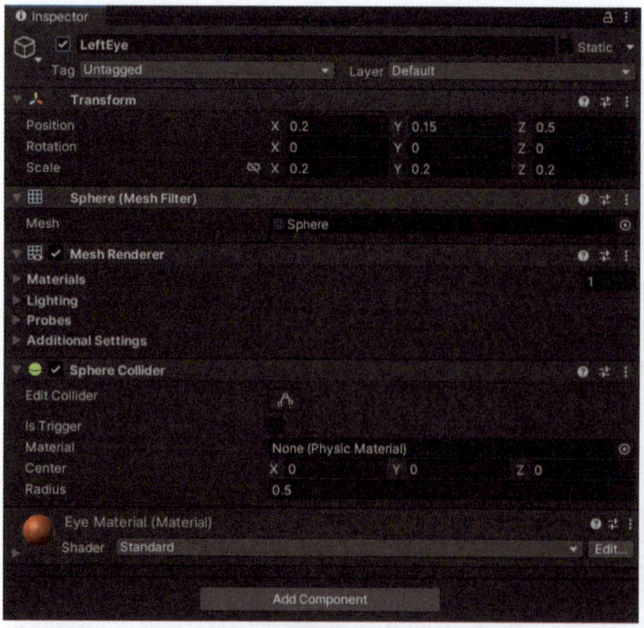

图 6-59

图 6-60

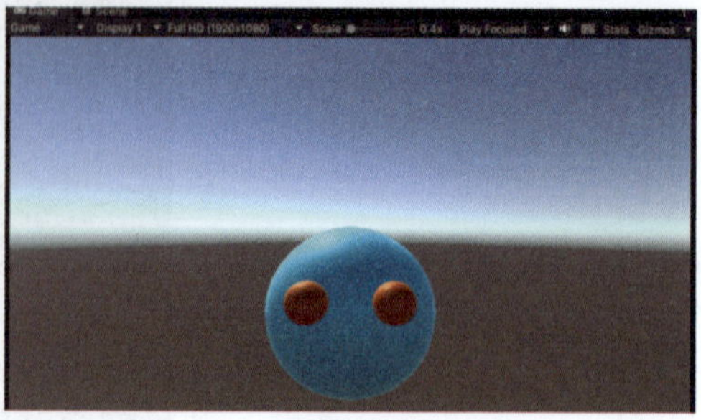

图 6-61

6.5.2　制作待机动画

在 Project 窗口中新建一个名为 Slime 的 Animator Controller 文件，如图 6-62 所示。在 Body 球体模型上添加 Animator 组件，再将 Slime 文件拖动到 Animator 组件上，如图 6-63 所示。

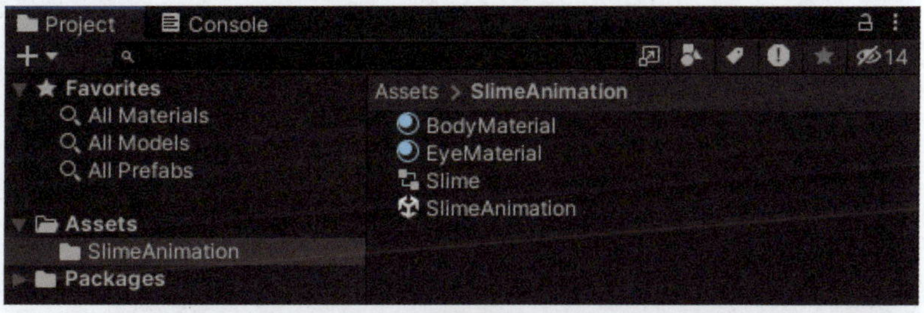

图 6-62

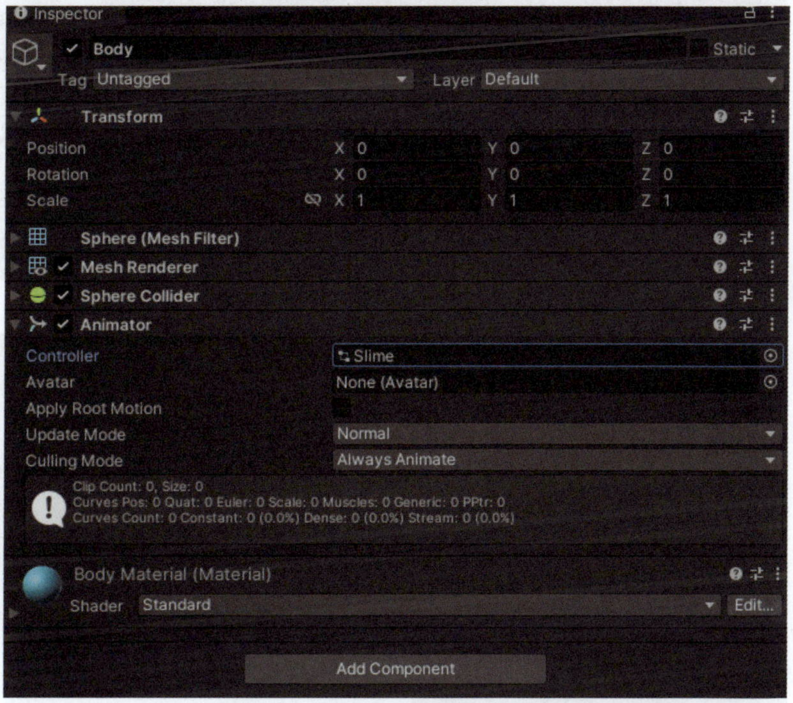

图 6-63

在 Project 窗口中，新建一个名为 Idle 的 Animation Clip 文件，如图 6-64 所示。

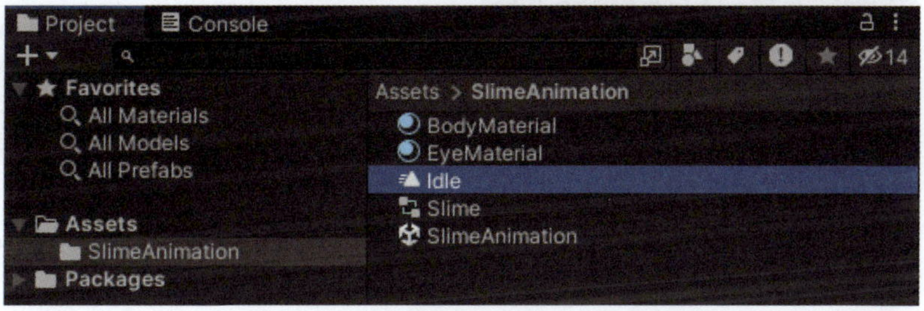

图 6-64

双击 Slime 文件，打开 Animator 窗口，将 Idle 文件拖动到 Animator 窗口中，如图 6-65 所示。

为了更好地制作动画，我们需要调整 Unity 编辑器的显示窗口。这样既可以进行 Animation 窗口的操作，又可以在 Scene 和 Game 窗口中预览动画模型，如图 6-66 所示。

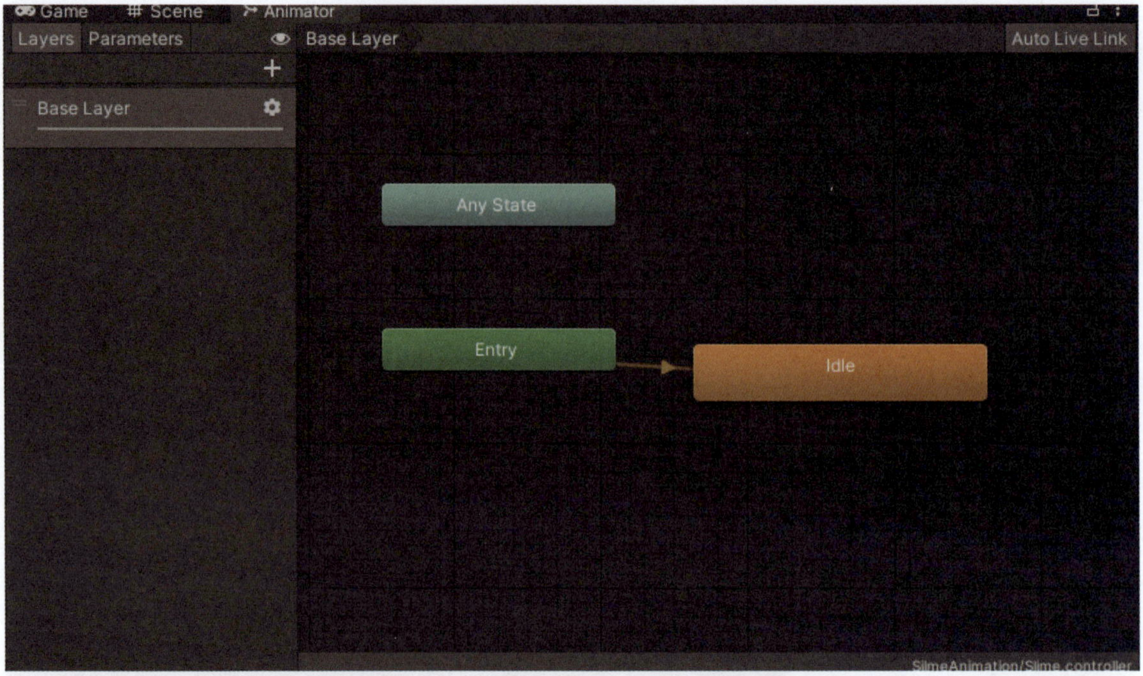

图 6-65

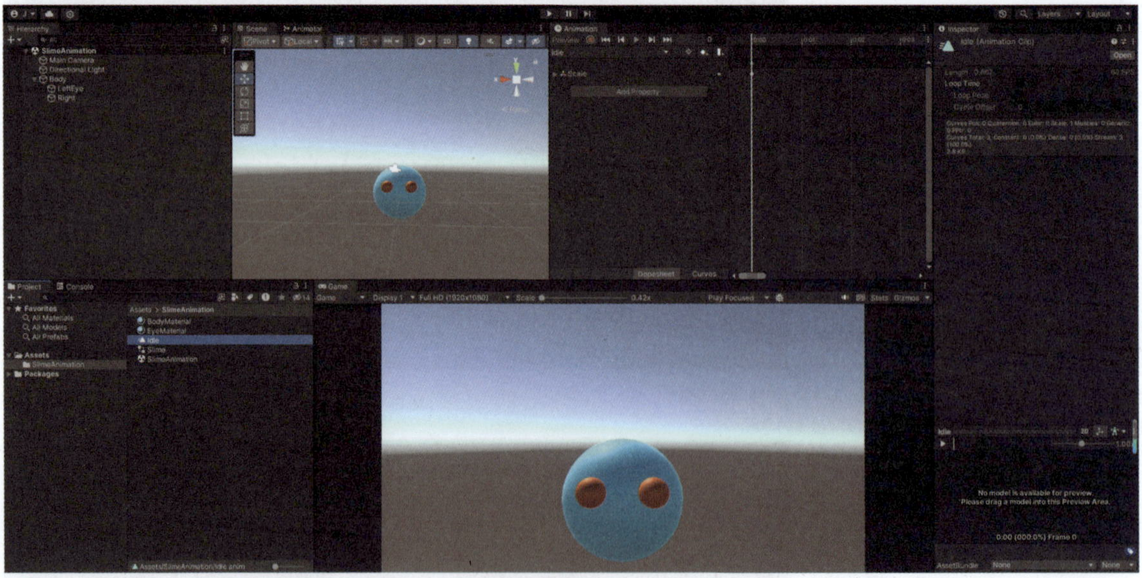

图 6-66

小提示

这里我们需要稍微说明一下接下来要做的事情，我们希望通过对史莱姆进行上下缩放来体现呼吸感。

单击按钮，进入录制状态，先在时间上任意选择一点，再直接修改游戏对象的属性，动画会记录我们的操作，如图 6-67 所示。

图 6-67

在时间为 0:20 的位置上添加关键帧，将 Body 球体模型的 Scale 属性值设置为（1，1，1）。在时间为 0:40 的位置上添加关键帧，将 Body 球体模型的 Scale 属性值设置为（1，0.95，1），如图 6-68 所示。

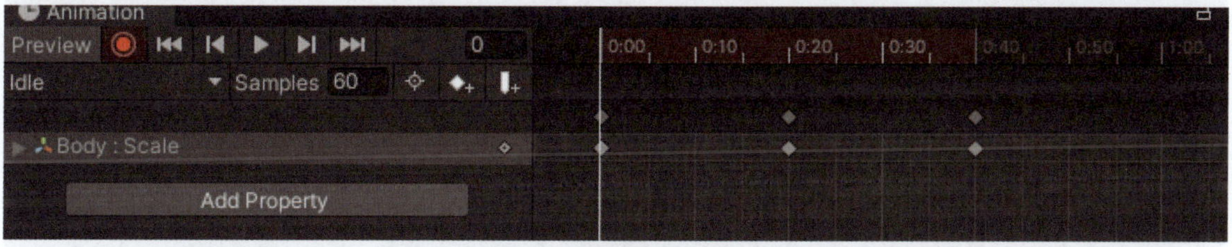

图 6-68

6.5.3　制作跳跃动画

跳跃动画的制作方式与待机动作类似，但是动作会复杂一些。

在 Project 窗口中创建一个名为 Jump 的 Animation Clip 文件，如图 6-69 所示。

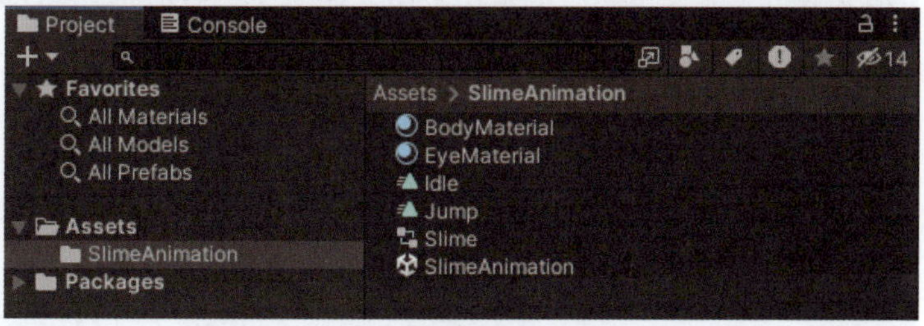

图 6-69

在 Hierarchy 窗口中选中 Body 球体模型，将 Jump 文件拖动到 Animator 窗口中。在 Animation 窗口中切换为 Jump 动画，如图 6-70 所示。如此，准备工作就完成了。

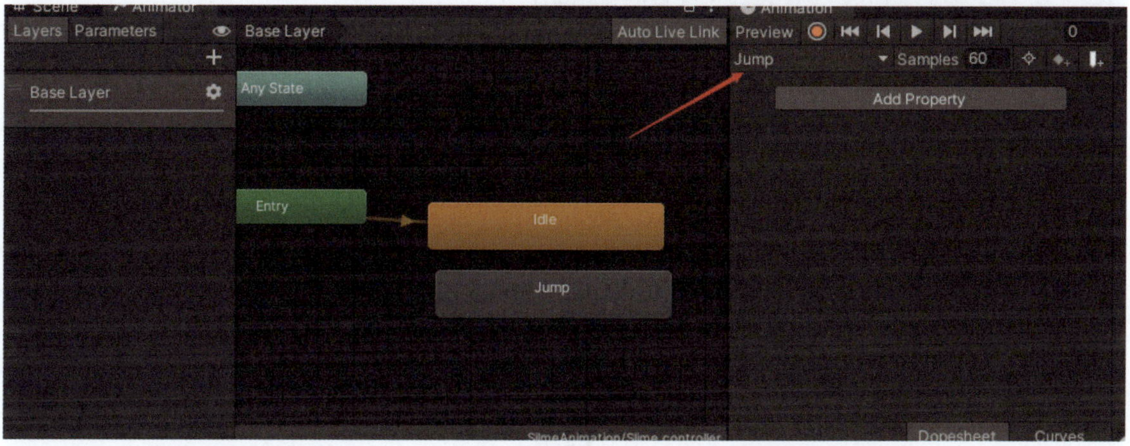

图 6-70

跳跃一般分为“下蹲蓄力”“向上跳跃”“下降回归”3 个阶段。首先，制作“下蹲蓄力”的动作。

在时间为 0:00 的位置上添加关键帧，并且先稍微修改一下 Body 球体模型的 Position 属性值和 Scale 属性值，再修改回默认值。如图 6-71 所示。这样做的目的是快速、简便地添加录制动画需要的参数。

图 6-71

在时间为 0:10 的位置上添加关键帧，并且将 Body 球体模型的 Position 属性值设置为（0，-0.2，0），Scale 属性值设置为（1，0.5，1），如图 6-72 所示。这样做能模拟出“下蹲蓄力”的感觉，效果如图 6-73 所示。

图 6-72

图 6-73

接下来制作“向上跳跃”的动作，在时间为 0:30 和 0:33 的位置上分别添加一个关键帧，并且在这两个关键帧上将Body球体模型的Position属性值设置为(0,1.82,0)，Scale 属性值设置为（0.8，1.2，0.8），如图 6-74 所示。

小提示

在两个时间点设置相同的属性值，可以使史莱姆模型在空中稍微滞留一定的时间，以突显跳跃动作的真实性。

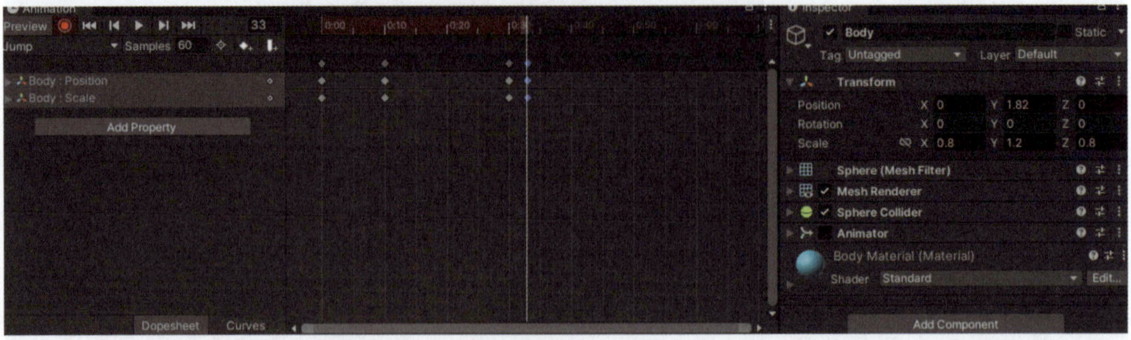

图 6-74

此时，单击▶按钮就可以预览“下蹲蓄力”和“向上跳跃”的动作，但距离完整的跳跃动作还缺少一个“下降回归”的阶段性动作。制作“下降回归”动作除了需要修改史莱姆身体的坐标，还需要将史莱姆的身体压扁来体现重力。

在时间为 0:55 的位置上添加关键帧，将 Body 球体模型的 Position 属性值设置为（0，-0.2，0），Scale 属性值设置为（1，0.5，1），如图 6-75 所示。

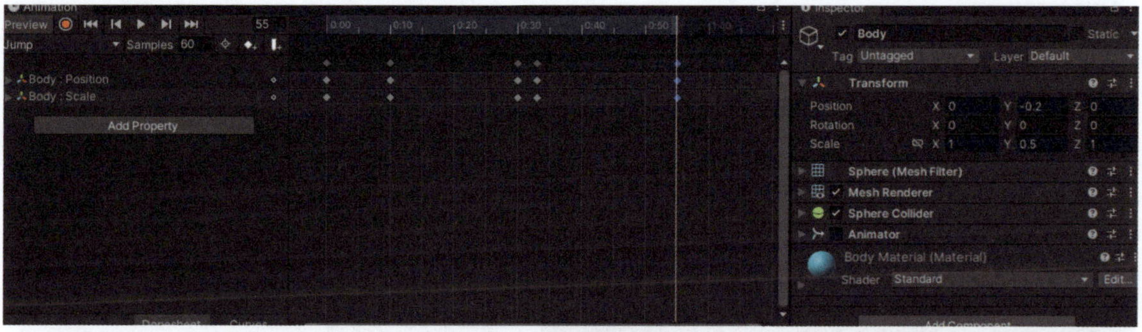

图 6-75

此时还需要增加一个回弹效果，只有这样跳跃动画在循环播放时才会好看。在时间为 0:60 的位置上复制时间为 0:00 位置上的属性值，也就是使所有属性值回归到默认值，即 Position 属性值为（0，0，0），Scale 属性值为（1，1，1）。完成以上的操作后，单击▶按钮，预览史莱姆的跳跃动画。

6.5.4 使用代码控制角色的动画播放

事实上，使用代码控制动画播放非常简单。将史莱姆的默认状态设置为“待机”，以空格键触发“跳跃”机制，每按一次空格键，史莱姆进行一次跳跃，跳跃动作完成后，史莱姆会回到“待机”状态。

简单分析了史莱姆的跳跃动画的需求后，可以得知：想要史莱姆跳跃，需要配置一个动画触发器，当史莱姆的“跳跃”机制被代码触发时，系统能自动切换到史莱姆的跳跃动画。当“跳跃”动画播放完成后，自动切换到“待机”状态。

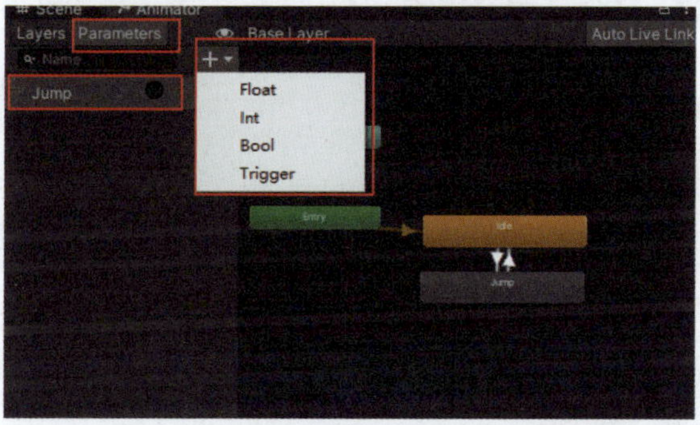

图 6-76

首先，需要设置一个触发器参数，我们使用代码触发这个动画触发器后，选择 Animator 窗口中的 Parameters 选项，单击 + 下拉按钮，在弹出的下拉列表中选择 Trigger 选项，然后输入 Jump，这样就完成了一个动画参数的创建，如图 6-76 所示。

现在需要创建一个过渡条件，右击 Idle，在弹出的快捷菜单中选择 Make Transition 命令来创建一个状态，如图 6-77 所示。单击 Jump 状态，使其与 Idle 状态连接，这时 Idle 状态与 Jump 状态之间就会出现一个箭头，如图 6-78 所示。

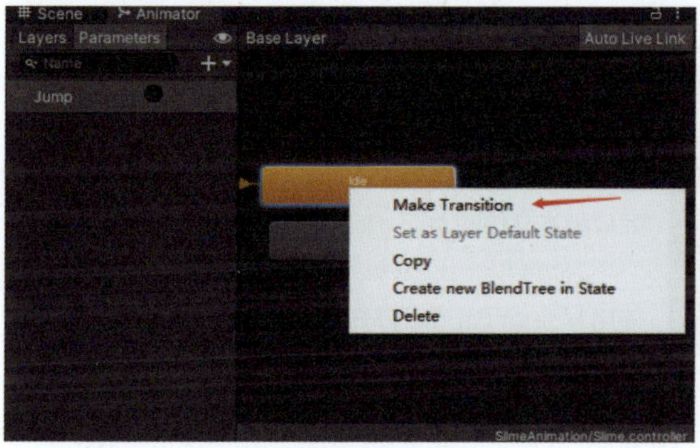

图 6-77

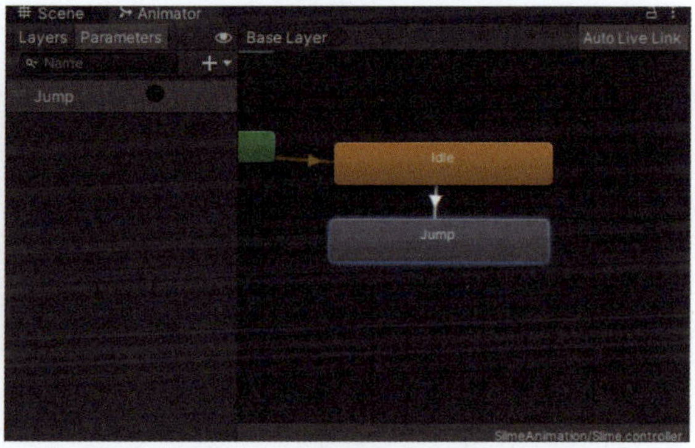

图 6-78

单击 Idle 状态和 Jump 状态之间的过渡箭头，Inspector 窗口中会出现相关配置。如果希望史莱姆在任何时候都可以进入“跳跃”状态，则可以取消勾选 Has Exit Time 复选框，如图 6-79 所示。

小提示

勾选 Inspector 窗口中的 Has Exit Time 复选框表示动画必须播放完成后才可以进行切换。

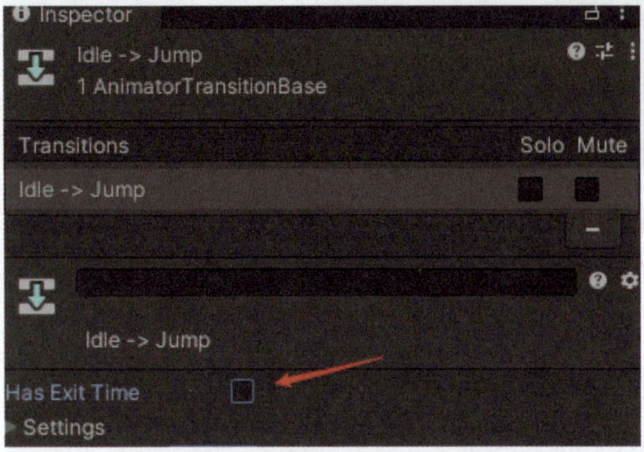

图 6-79

配置 Conditions 属性就是设置进行切换的条件。在这个案例中，只需要使 Jump 参数被代码触发就可以使史莱姆进入“待机”状态。单击 Conditions 选区中的 + 按钮即可。因为这里只有一个动画参数，所以系统默认设置了 Jump 参数，如图 6-80 所示。

图 6-80

配置从 Jump 状态回到 Idle 状态的条件的方法和上一个步骤类似，但在这个案例中，我们不需要再次添加 Conditions 属性，只要保证勾选 Has Exit Time 复选框即可。完成以上操作就可以保证在 Jump 状态结束后，史莱姆会自动回到 Idle 状态，如图 6-81 和图 6-82 所示。

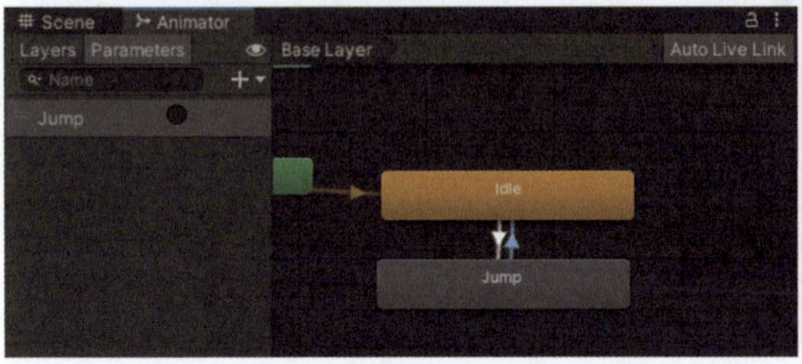

图 6-81

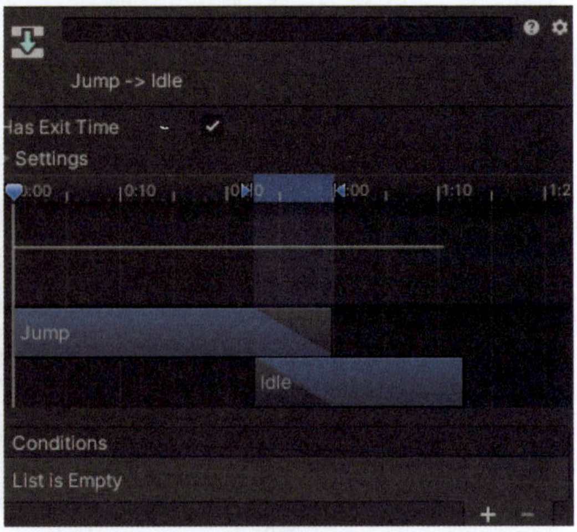

图 6-82

图 6-83

至此，动画的配置工作已全部完成，接下来添加一个名为 SlimeController 的脚本，如图 6-83 所示。

选择 Body 球体模型，将其拖动到 Inspector 窗口中，完成脚本文件的添加，如图 6-84 所示。

使用 Visual Studio 打开 SilmeController 脚本文件，编写以下内容，代码如图 6-85 所示。

这里我们首先在 Start 函数中获取了 Animator 组件，然后在 Update 函数中检测玩家是否按下空格键，如果玩家按下空格键，则调用 Animator 组件的 SetTrigger 函数来触发 Jump。

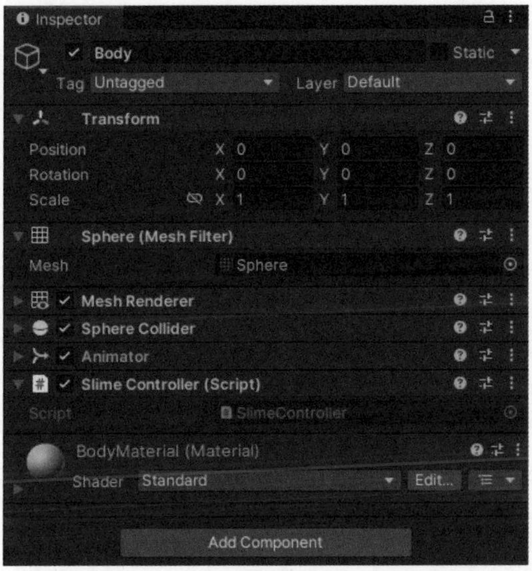

图 6-84

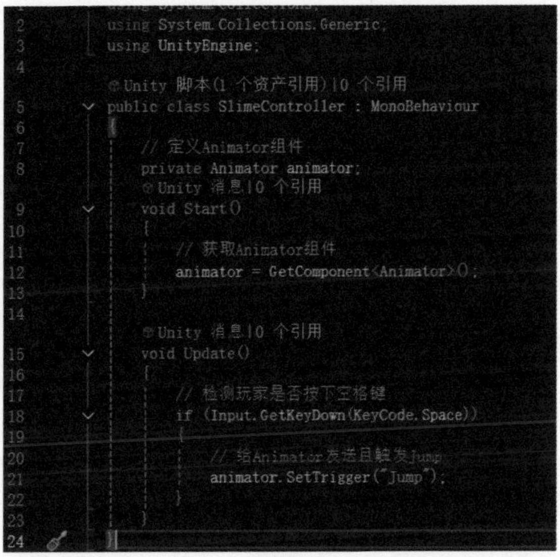

图 6-85

确认代码无误后，回到 Unity 编辑器中启动游戏，然后按下空格键试试吧！

第 7 章 Unity 的导航系统

导航系统解决的是游戏中单位如何移动到指定位置的问题，如“右击地面后单位会自动移动到指定位置”“游戏中的 AI 自动追击玩家”等表现，并且在大多数游戏中都需要绕开障碍物来进行寻路。

本章学习要点

- 安装导航系统
- 导航烘焙
- 相关组件

7.1 安装导航系统

与之前所学的系统不同，导航系统并没有内置在 Unity 引擎中，需要手动安装。Unity 的很多功能拓展包都在 Package Manager（包管理器）中。选择 Window → Package Manager 命令，打开包管理器，如图 7-1 所示。

在包管理器中，将 Package 的类型设置为 Unity Registry，因为这里需要安装的是 Unity 官方的导航系统，如图 7-2 所示。

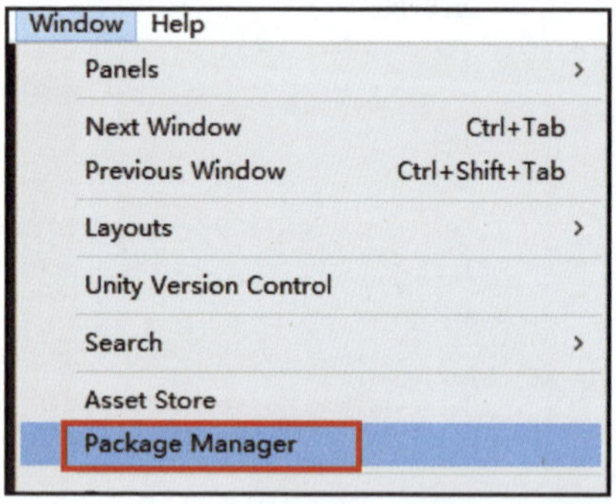

图 7-1

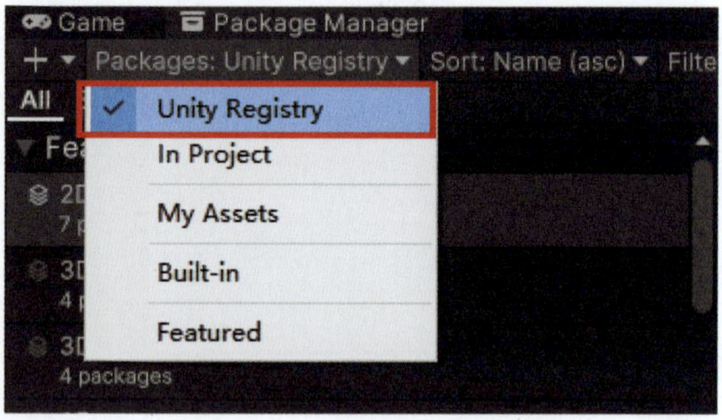

图 7-2

使用鼠标滚轮向下滚动列表，找到 AI Navigation 选项后，选择该选项并单击右侧的 Install 按钮进行安装，如图 7-3 所示。

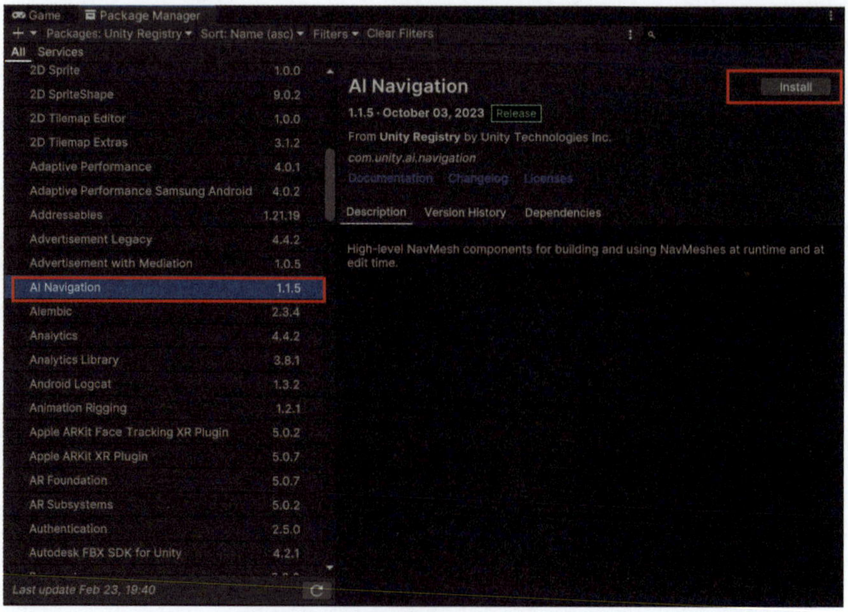

图 7-3

7.2 导航烘焙

导航需要基于一份导航数据，导航数据决定了区域是否可以行走及行走的代价，如在游戏中单位可能倾向于走水泥地而不是沼泽地。导航数据的生成一般被称为 Bake（烘焙），由 NavMesh Surface 来管理。

在 Hierarchy 窗口中右击，在弹出的快捷菜单中选择 AI→NavMesh Surface 命令，即可创建 NavMesh Surface，如图 7-4 所示。

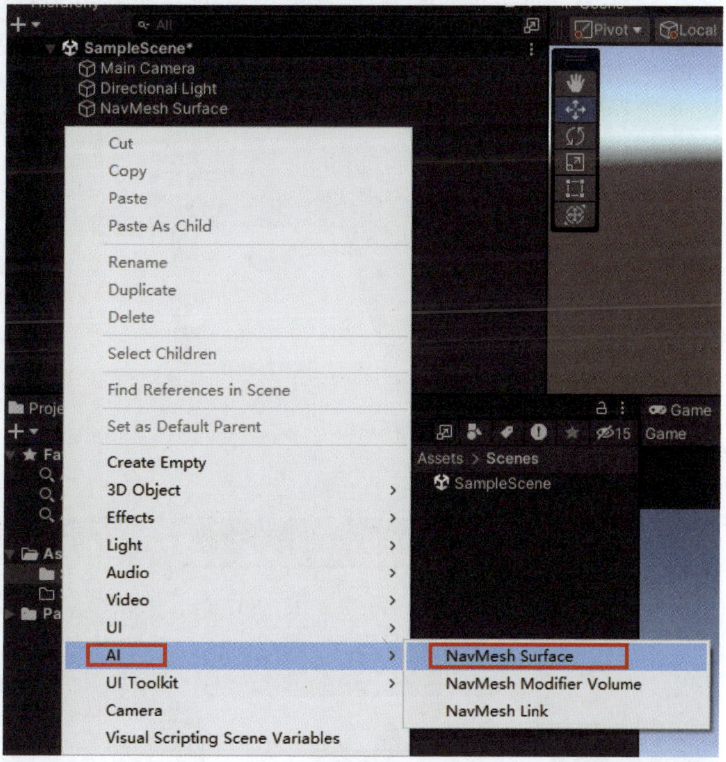

图 7-4

创建 NavMesh Surface 后，Inspector 窗口中会显示 NavMeshSurface 组件，设置这个组件中的属性可以生成导航数据，如图 7-5 所示。

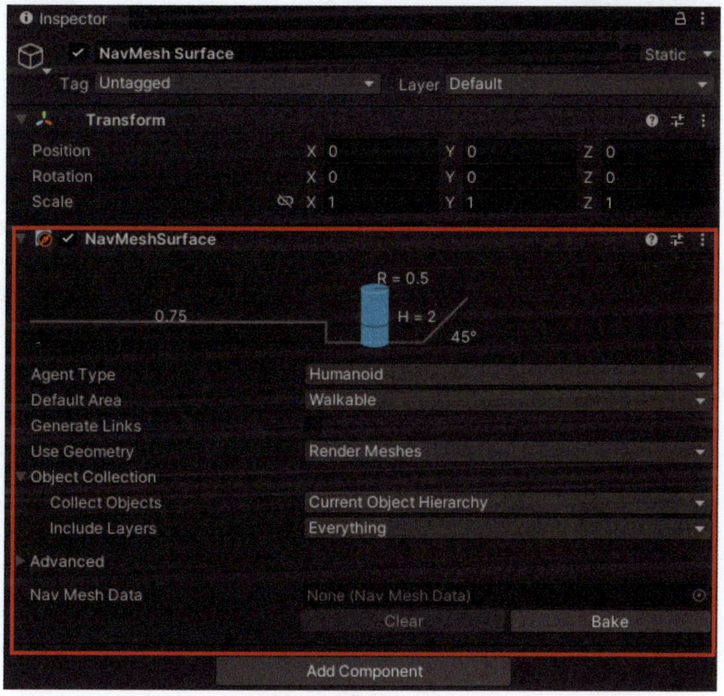

图 7-5

为了测试导航的烘焙情况，需要搭建一个用于测试的场景，读者可以搭建类似于图 7-6 的场景并将摄像机调整到合适的位置。

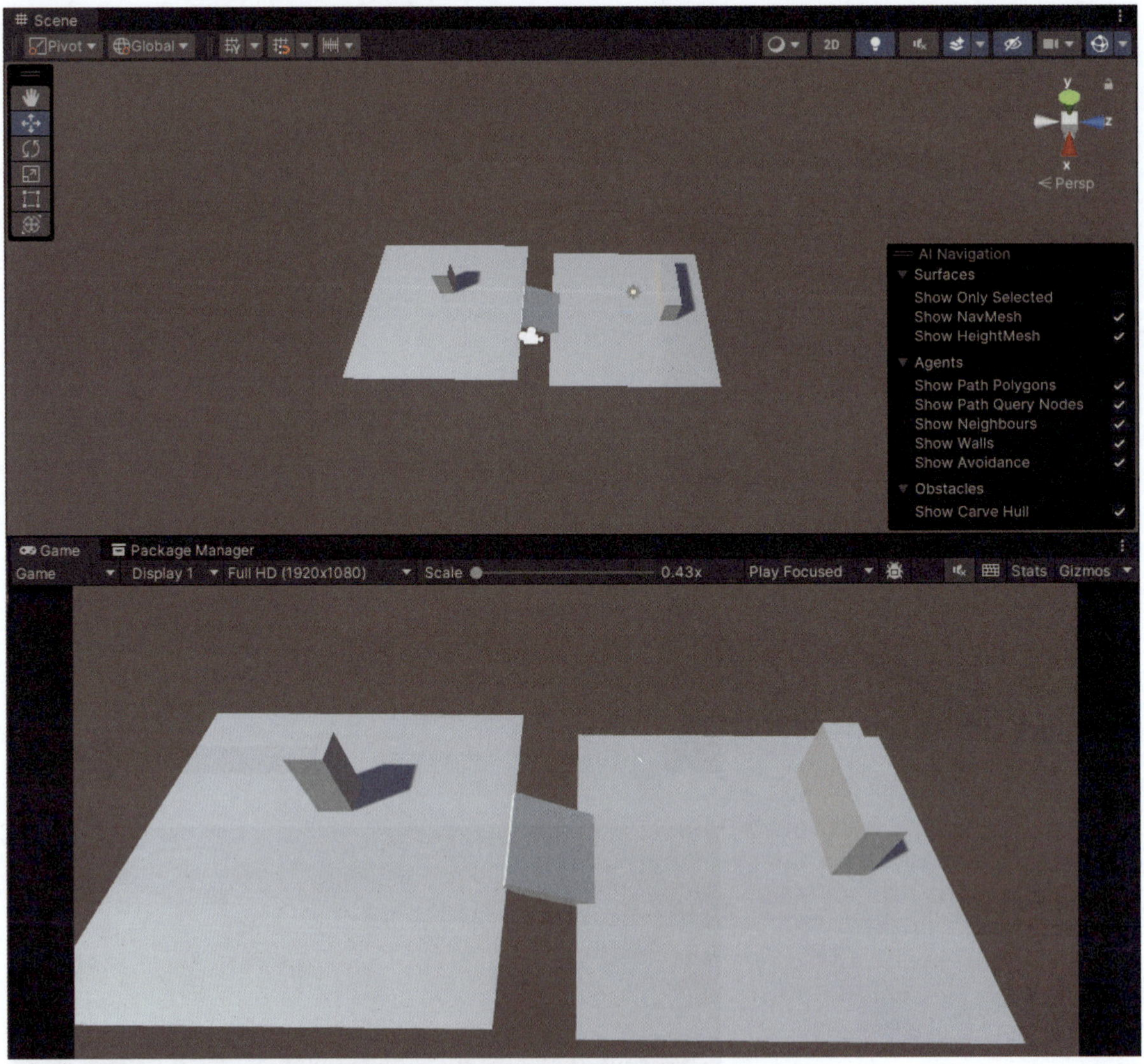

图 7-6

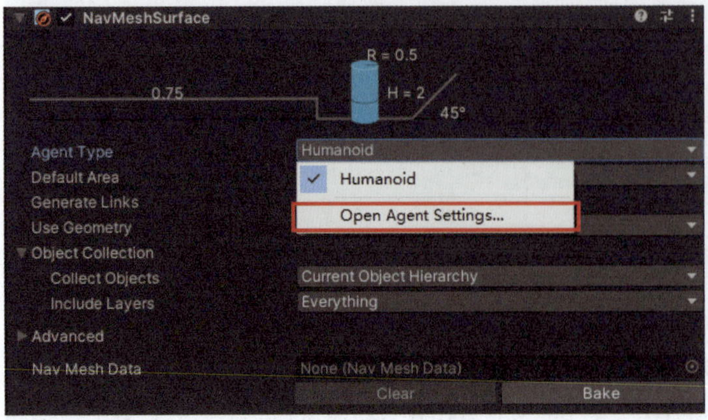

图 7-7

接下来先了解一下 NavMeshSurface 组件的主要属性。

1. Agent Type 属性

Agent Type 属性也就是代理类型，一般是基于对单位体型的分类，有些狭窄的区域小个子能去，但大个子无法前往。NavMeshSurface 只能烘焙一种代理类型的导航数据，默认情况下有一个 Humanoid 代理类型，选择 Open Agent Settings... 选项进行设置，如图 7-7 所示。

打开 Navigation 窗口，可以添加或修改代理类型的尺寸、爬坡角度等，如图 7-8 所示。目前不用设置代理类型，默认设置可以满足大多数情况下的需求。

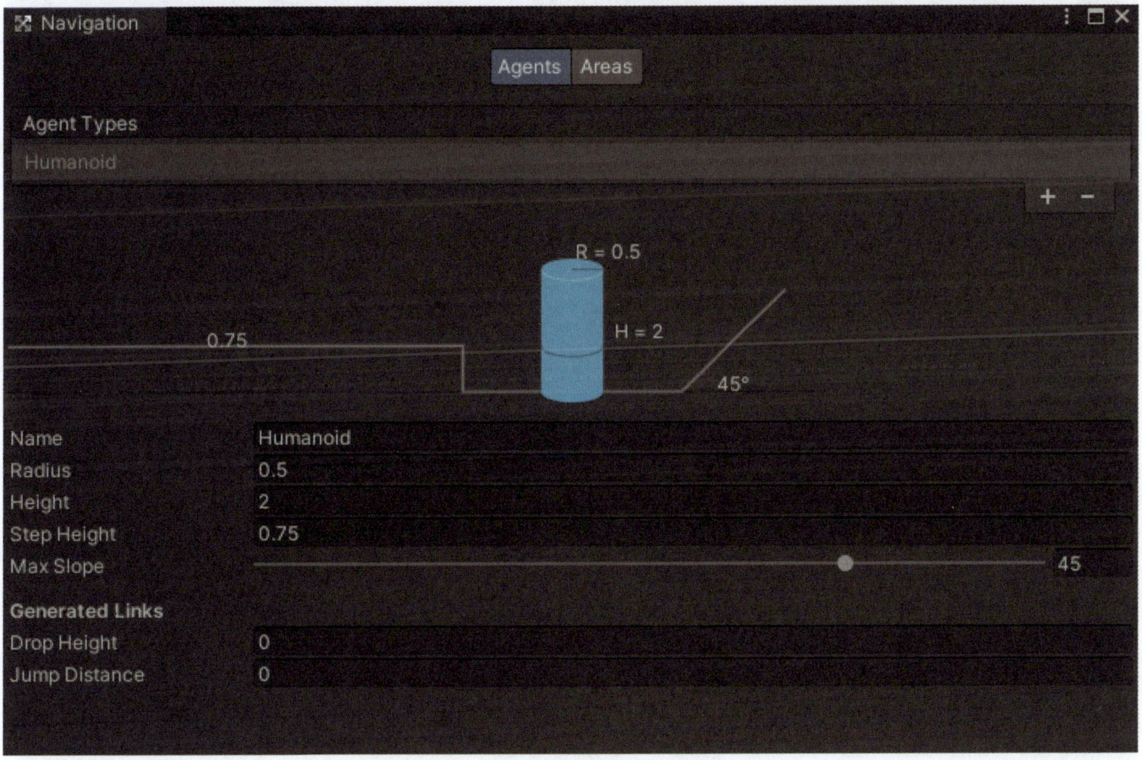

图 7-8

2. Default Area 属性

Default Area 属性是烘焙后的导航数据的默认区域类型。不同区域可以设置不同的导航代价，使用导航的单位会尽可能选择代价较小的区域进行导航。选择 Open Area Settings... 选项可以设置区域类型，如图 7-9 所示。

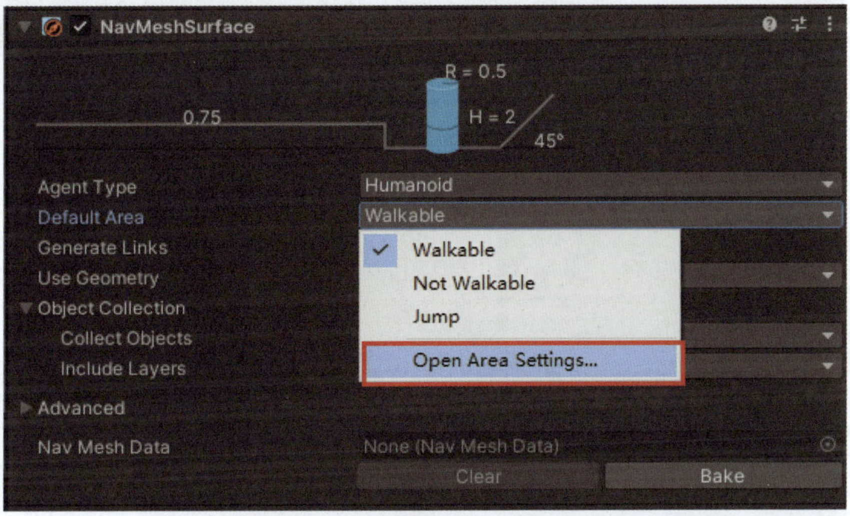

图 7-9

默认有 Walkable（可行走）、Not Walkable（不可行走）、Jump（跳跃）等区域类型，其中，Not Walkable 是特殊的区域类型，表示不可以达到的区域，右侧的 Cost 表示前往这个区域的代价，如图 7-10 所示。

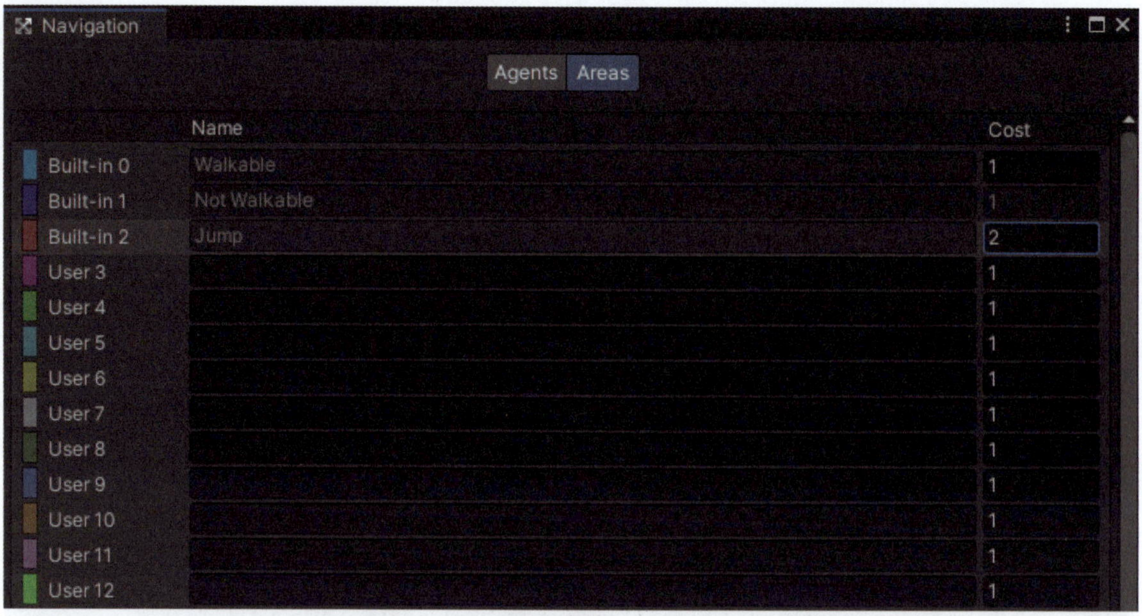

图 7-10

Default Area 属性设置的实际上是“如果一个区域是可以行走的，除非指定了其他类型的区域，否则它将被归类为 Default Area 所定义的类型”。如果需要对区域进行划分，则还需要其他组件的参与，此项我们将在本节末尾进行讲解。

3. Generate Links 属性

如果 Generate Links 属性处于勾选状态，则 Unity 会根据代理类型的设置生成跳跃、下降的相关数据，这意味着单位在导航过程中可能会跳跃、下落，相关的属性如图 7-11 所示，Drop Height 和 Jump Distance 属性的默认值都是 0。

图 7-11

4. Use Geometry 属性

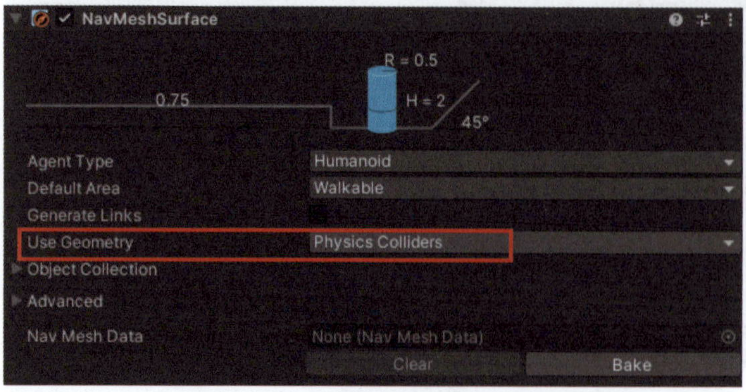

图 7-12

Use Geometry 属性决定导航基于渲染还是物理相关组件进行烘焙。我们一般会基于物理相关组件进行烘焙，因为部分游戏对象仅作为可见而不可交互的存在。渲染组件一般是 Mesh Renderer，而物理组件是 Box Collider 这类碰撞体组件。将 Use Geometry 属性值修改为 Physics Colliders，如图 7-12 所示。

5. Object Collection 属性

Object Collection 属性包括 Collect Objects 属性和 Include Layers 属性。

Collect Object 属性决定了哪些游戏对象参与烘焙，较为常用的选项如下。

（1）All Game Objects：全部游戏对象。

（2）Current Object Hierarchy：当前游戏对象的子游戏对象。

如果选择 All Game Objects 选项，则意味着这个导航是全局的，如图 7-13 所示。

Include Layers 属性决定了哪些层的游戏对象参与烘焙，默认为全部图层，保持默认设置即可。

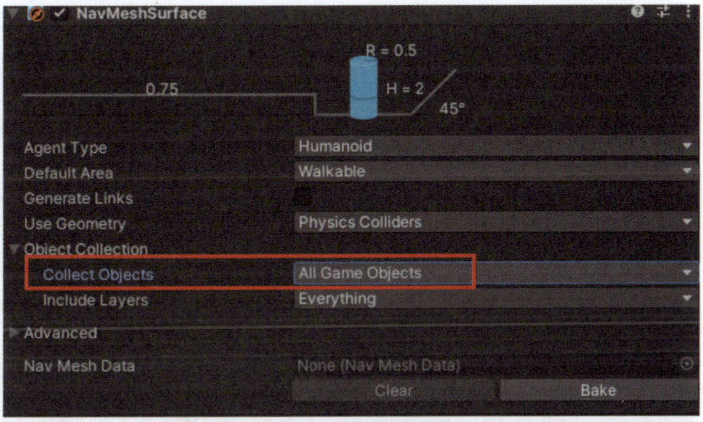

图 7-13

单击 Bake 按钮后则会根据当前设置生成导航数据，也就是 Nav Mesh Data。通过观察可见当前的导航数据，此处默认为 None，如图 7-14 所示。如果单击 Clear 按钮则会删除该数据。

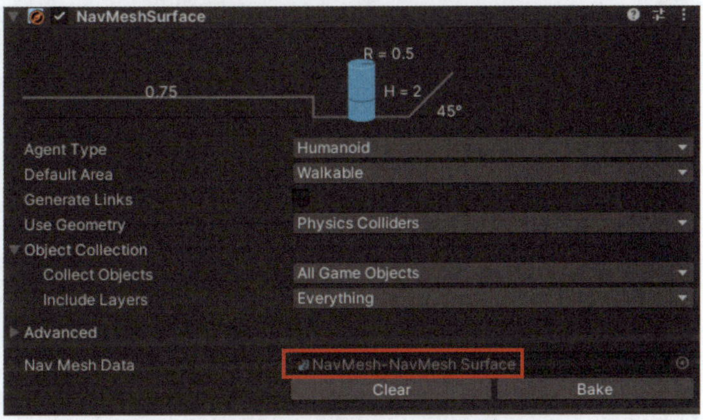

图 7-14

烘焙完成后，Scene 窗口中会发生如图 7-15 所示的变化，可行走的区域呈蓝色，并且有显示相关信息的控制台，其中较为常用的选项是 Show Only Selected，如果勾选此复选框，则只有选择 NavMesh Surface 游戏对象时才会显示导航数据的相关信息。

在图 7-15 中，左侧 Cube 周围有一圈无法到达的区域，这是因为代理类型有一定的半径，如果单位出现在这个区域，则会穿模。

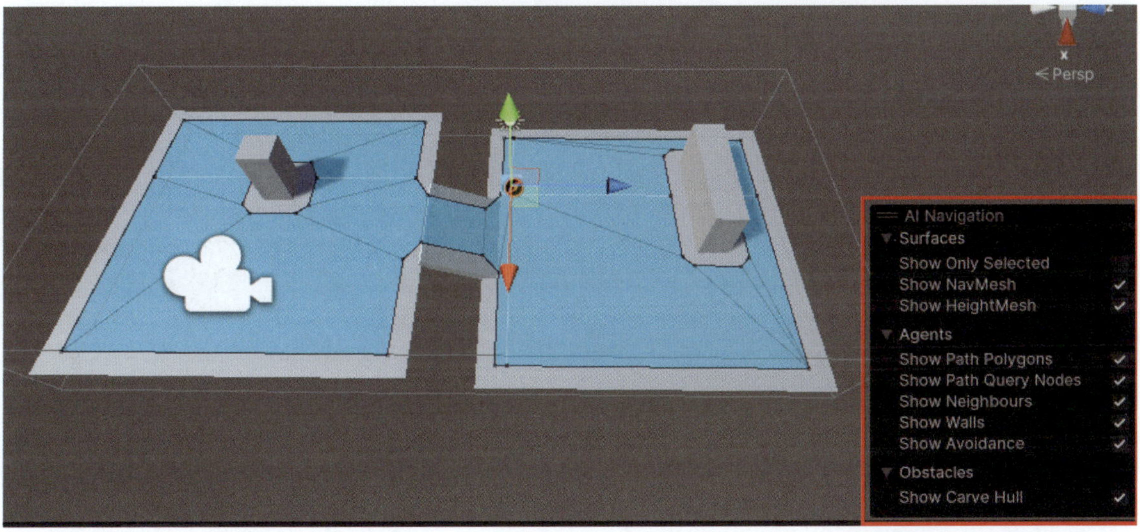

图 7-15

6. NavMeshModifier 属性

目前大多区域是蓝色的，这是因为在 Navigation 窗口中设置了 Walkable 为蓝色，如图 7-16 所示。

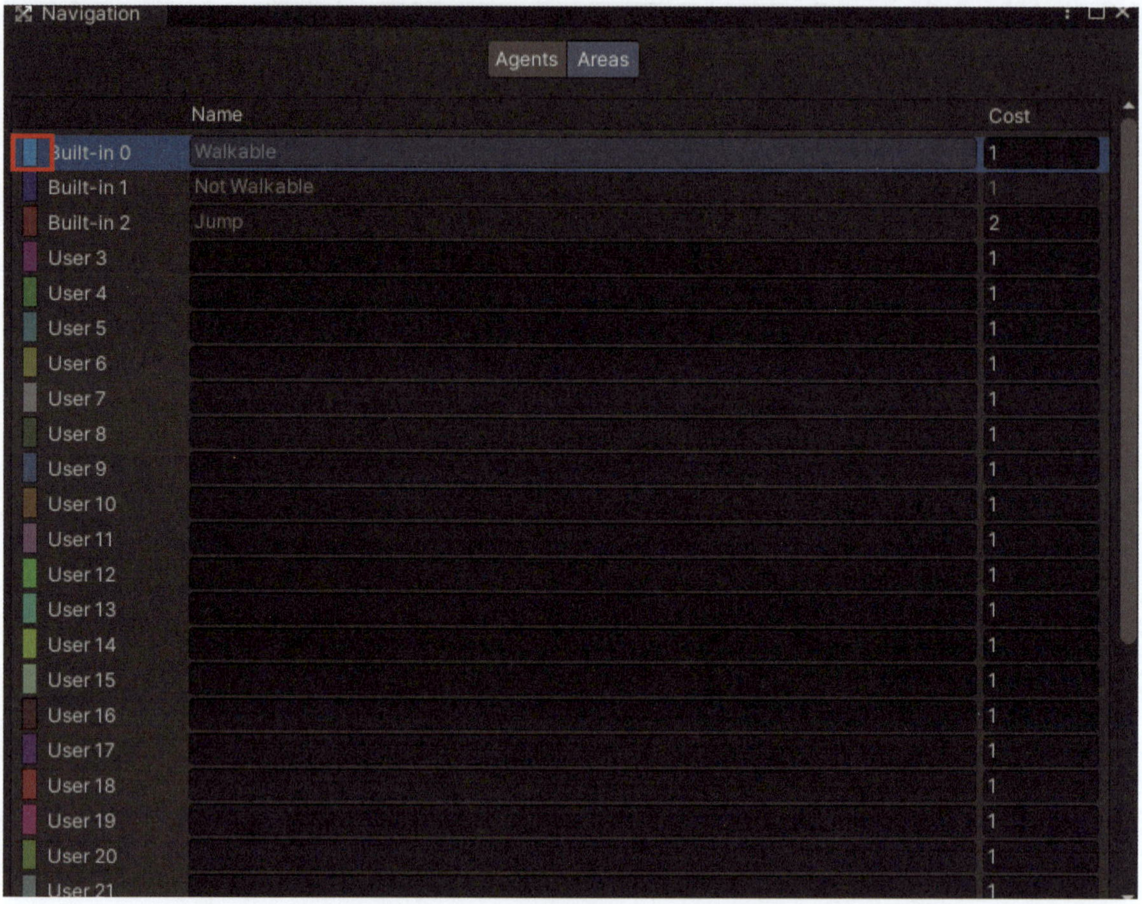

图 7-16

接下来将左侧的地面设置为另一个自定义的区域，假设为 Ground，其导航代价为 3。首先，在 Navigation 窗口中进行区域设置，如图 7-17 所示。

图 7-17

接下来，找到 Plane 游戏对象，为其添加 NavMeshModifier 组件。NavMeshModifier 组件的作用是修改导航烘焙的结果，如图 7-18 所示。

NavMeshModifier 组件的主要属性如下。

（1）Mode：可选项有 Add Or Modify object（添加或修改游戏对象）、Rmove Object（让游戏对象不参与导航烘焙）等。

（2）Affected Agents：对哪些代理类型产生影响。

（3）Apply To Children：是否将 NavMeshModifier 组件对导航数据的修改应用到子游戏对象上。

（4）Override Area：覆盖默认区域设置。

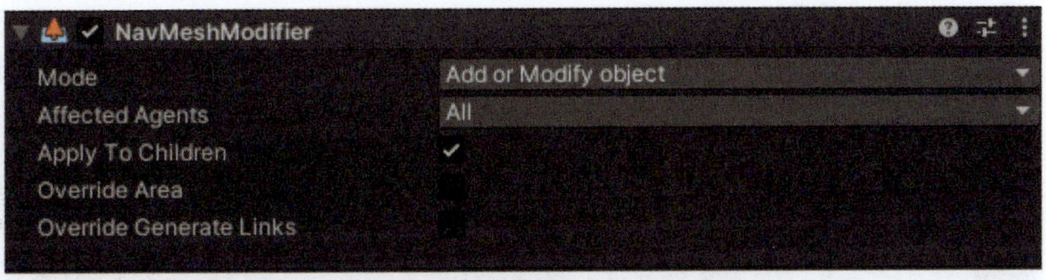

图 7-18

这里我们需要将 Area Type 属性值设置为 Ground，这样在导航烘焙时，这个游戏对象就是 Ground 区域而不是默认的区域，如图 7-19 所示。

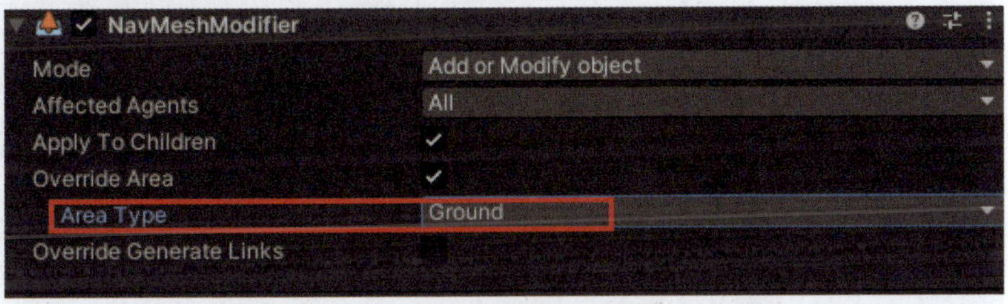

图 7-19

设置完成后，再次单击 NavMeshSurface 组件的 Bake 按钮，会发生如图 7-20 所示的变化，这意味着成功地修改了左侧区域的区域类型。

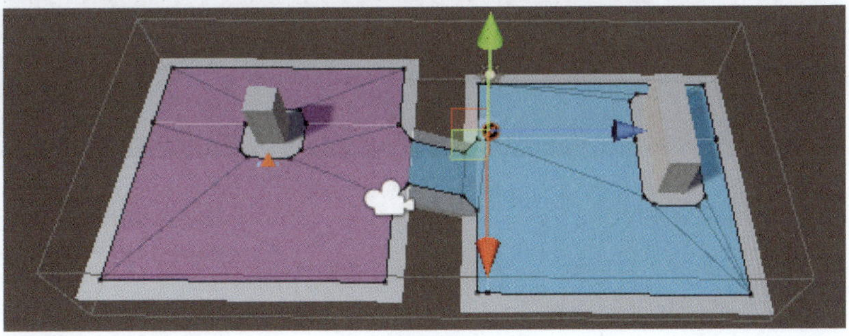

图 7-20

7.3 导航代理组件

导航代理组件（Nav Mesh Agent）会基于导航烘焙的数据进行寻路导航，我们只需要做好基础设置，给导航代理组件一个目的地，单位就会自动移动到正确的位置。

创建一个胶囊体作为角色，一个球体作为目标位置，如图 7-21 所示。

基于导航系统的单位，其物理相关组件可以移除。将胶囊体与球体的默认碰撞体组件全部移除。

为胶囊体添加 Nav Mesh Agent 组件，添加后会发现角色外侧也有类似于碰撞体的线框，这个线框实际上是由 Agent Type 属性所选择的代理类型的属性设置决定的，如图 7-22 所示。

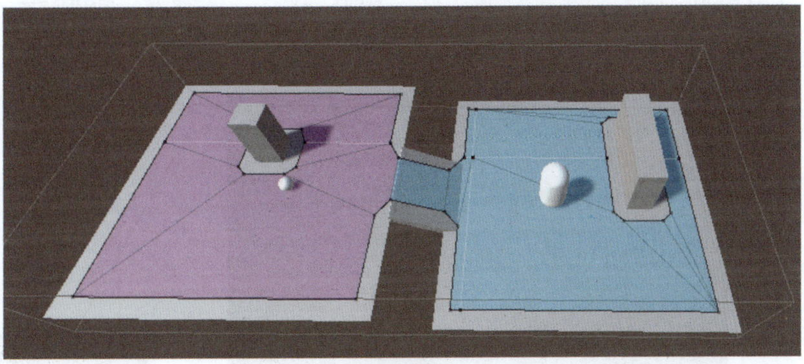

图 7-21

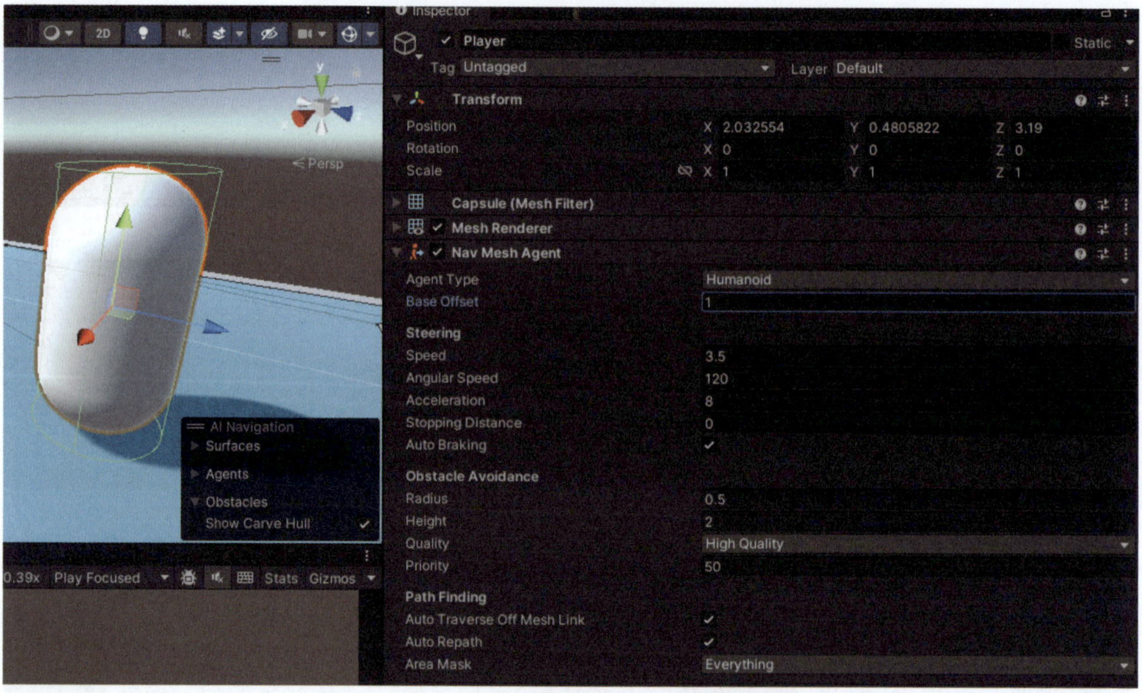

图 7-22

导航代理组件的关键属性如下。

（1）Base Offset：上下偏移，一般用来对准单位的底部位置。

（2）Speed：导航时的速度。

（3）Angular Speed：导航时发生转向的旋转速度。

（4）Stopping Distance：距离目的地多远时会停止导航。

（5）Auto Braking：到达目的地时将减速。

（6）Radius：避让其他导航组件的半径。

（7）Height：高度，用于进入隧道、进门等判断。

（8）Quality：避让质量，选择 None 选项表示不避让，其他选项用于均衡性能和避让效果。

（9）Priority：优先级代理在互相避让时的优先级，低优先级的代理会避开高优先级的代理。

以上属性一般会按照需要进行设置，这里保持默认即可。导航组件还需要指定一个目标，此项需要通过代码来控制。编写如图 7-23 所示代码，胶囊体会在游戏运行后，自动寻路到球体附近，并且自动跟随球体进行移动。

导航代理组件最常用的函数是 SetDestination，它用于设置导航目标，其余窗口中的属性也可以通过代码动态地进行修改，如根据状态使用不同的移动速度。其他较常用的成员如图 7-24 所示。

```
using UnityEngine;
using UnityEngine.AI; // 导航相关命名空间

Unity 脚本|0 references
public class NavmeshAgentFollow : MonoBehaviour
{
    public Transform target; // 在Inspector上赋值
    private NavMeshAgent navMeshAgent;
    Unity 消息|0 references
    private void Start()
    {
        // 获取导航代理组件
        navMeshAgent = GetComponent<NavMeshAgent>();
    }
    Unity 消息|0 references
    void Update()
    {
        // 每一帧都让角色寻路至target
        navMeshAgent.SetDestination(target.position);
    }
}
```

图 7-23

```
// 剩余距离
float dis = navMeshAgent.remainingDistance;
// 是否停止导航
navMeshAgent.isStopped = true;
// 移动速度
navMeshAgent.speed = 3;
```

图 7-24

7.4 导航障碍组件

NavMeshSurface 组件烘焙的是不会变化的静态游戏对象，但是类似于门这样的游戏对象属于动态障碍物，也就是对于某一个区域需要进行“可行走”或“不可行走”的变化。导航障碍组件（Nav Mesh Obstacle）就是用于处理这类静态或动态的障碍物的。

Nav Mesh Obstacle 组件本身不依赖碰撞体、渲染等相关组件，在游戏中新建一个空游戏对象后添加该组件，调整到合适的位置以挡住桥梁使 AI 无法通过，如图 7-25 所示。

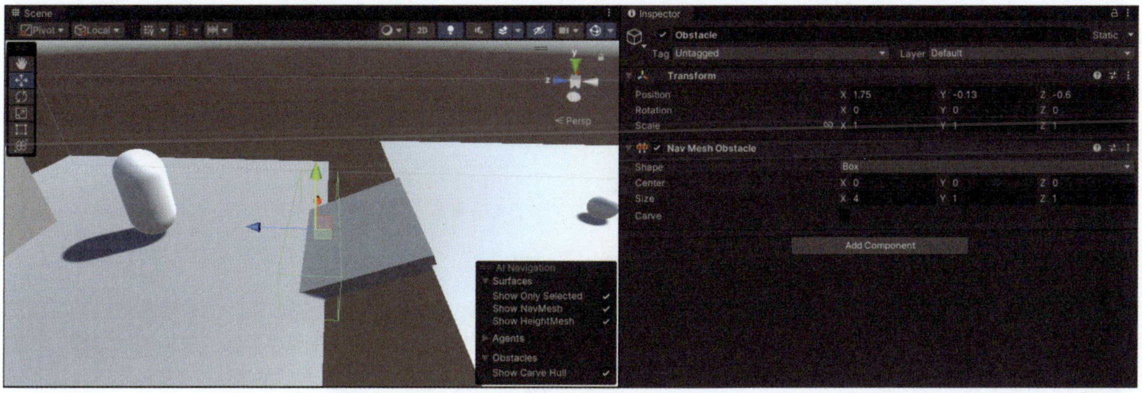

图 7-25

运行游戏后，AI 将无法通过桥梁。如果动态移动障碍物的位置，则 AI 可以通过桥梁，这种动态的位置变化可以通过任意修改 Transform 组件的方式来达到效果。

Nav Mash Obstacle 组件的属性如下。

（1）Shape：形状，仅支持盒体和胶囊体。

（2）Center：中心点偏移。

（3）Size：尺寸。

（4）Carve：雕刻到导航网格，勾选此复选框后会对导航网格产生影响，如图 7-26 所示。其意义在于让 AI 知道如何绕开这个障碍物。

- Move Threshold：移动阈值，只有当动态障碍物的位移超过这个阈值时，才会引起导航网格的变化。
- Time To Stationary：静止时间，不产生移动多久后障碍物为静态障碍物。
- Carve Only Stationary：只有障碍物处于静止状态才生效，也就是在移动过程中不具备阻挡效果。

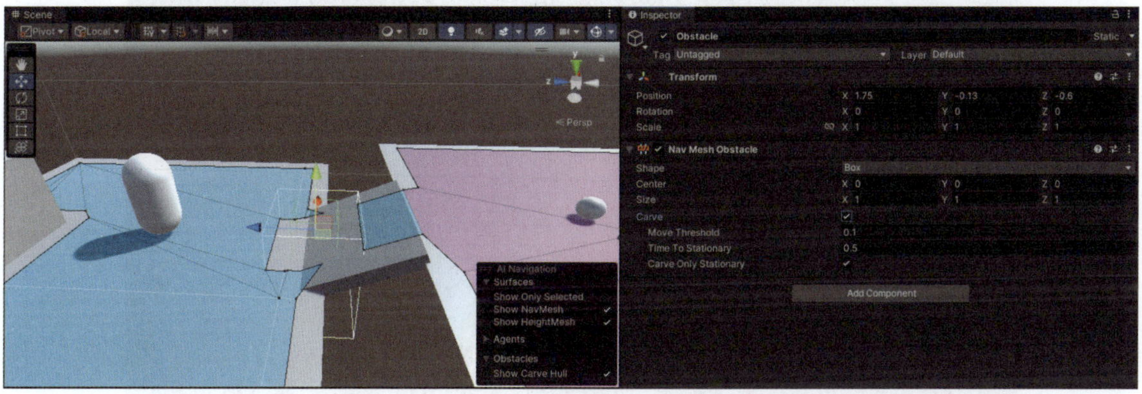

图 7-26

第 8 章　Unity 的场景系统

在 2.1 节中我们已经介绍了场景的相关概念，以及在 Unity 编辑器中如何创建和管理场景。本章主要讲解如何使用代码进行场景的切换。

本章学习要点

- 场景构建设置
- 场景切换
- 游戏打包

8.1　场景构建设置

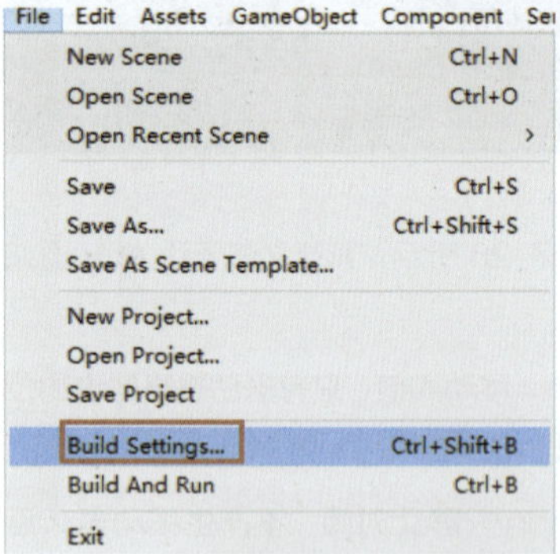

图 8-1

我们首先需要了解的是，在 Unity 编辑器中进行播放实际上意味着对当前场景的测试和预览。这并不意味着玩家安装游戏后打开游戏看到的是相同的场景，我们需要管理哪些场景可以供玩家游玩，哪个场景是游戏的第一个场景。

选择 File → Build Settings... 命令，打开 Build Settings 窗口，如图 8-1 和图 8-2 所示。

Build Settings 窗口的功能都是用于游戏打包的。打包指的是生成最终玩家游玩的应用程序，也被称为构建（Build）。在该窗口的头部部分中，Scenes in Build 指的是哪些场景需要打包到游戏中，其中的第一个场景就是玩家打开游戏后的第一个场景。在图 8-3 中，玩家打开游戏后的第一个场景是编号为 0 的场景。场景的编号也是有意义的，我们可以在代码中直接通过编号加载场景。

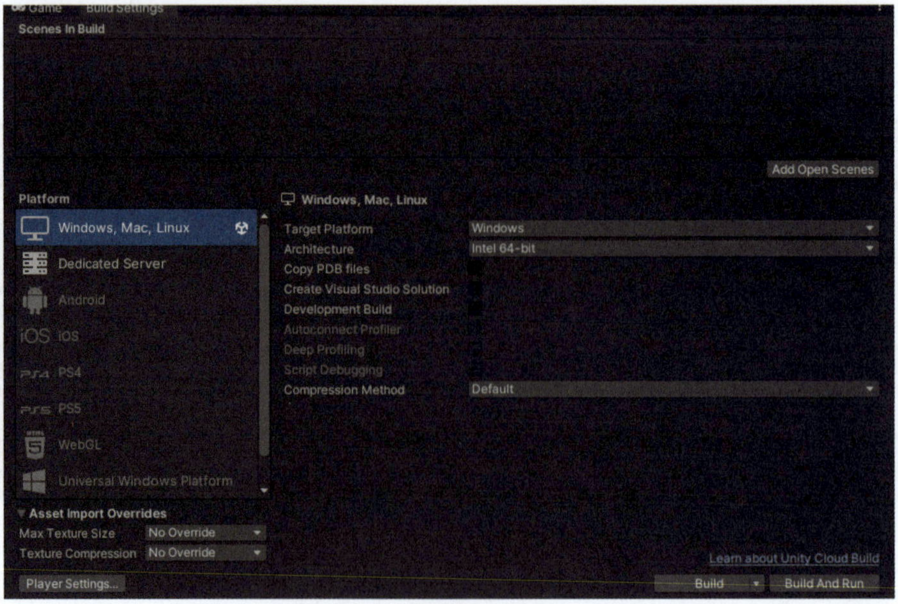

图 8-2

图 8-3

8.2 场景切换

首先，创建两个场景，分别命名为 AScene 和 BScene，并且在 AScene 中放置一个 Cube，BScene 中放置一个 Sphere 用于区分两个场景。在 Build Settings 窗口中进行设置，保证 AScene 在第一位，如图 8-4 所示。

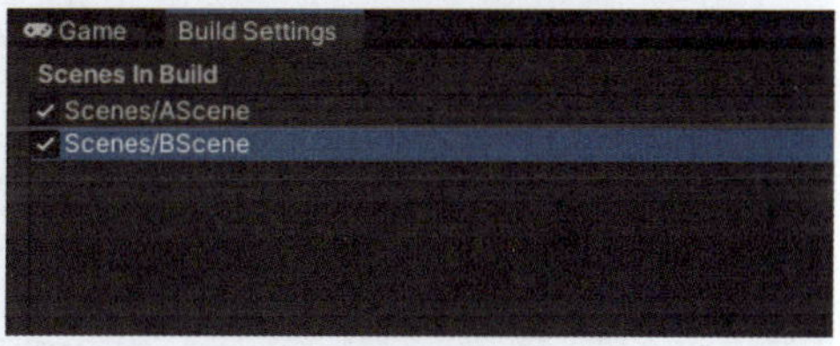

图 8-4

接下来，在 AScene 中新建一个空游戏对象，取名为 JumpScene。新建一个同名的脚本文件并挂载到新建的游戏对象上，如图 8-5 所示。

编写如图 8-6 所示的代码。当按下 E 键时，场景会从 AScene 切换到 BScene。我们既可以通过场景名称进行加载，也可以通过场景在 Build Settings 窗口中的编号进行加载。但是对人类来说，编号的可读性较差。需要注意的是，切换场景或加载场景相关的 API 需要在脚本文件头部添加 using UnityEngine.SceneManagement。

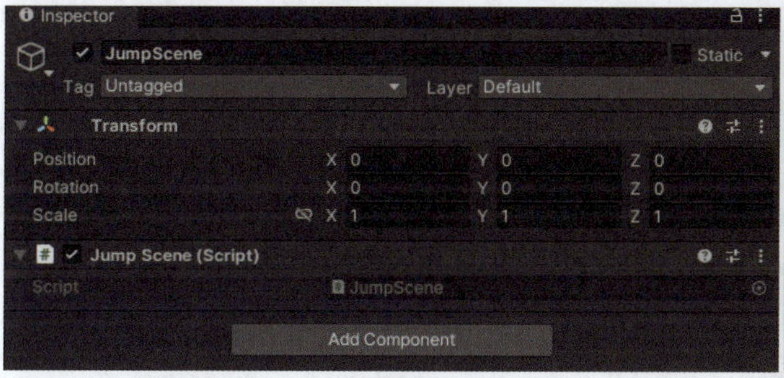

图 8-5

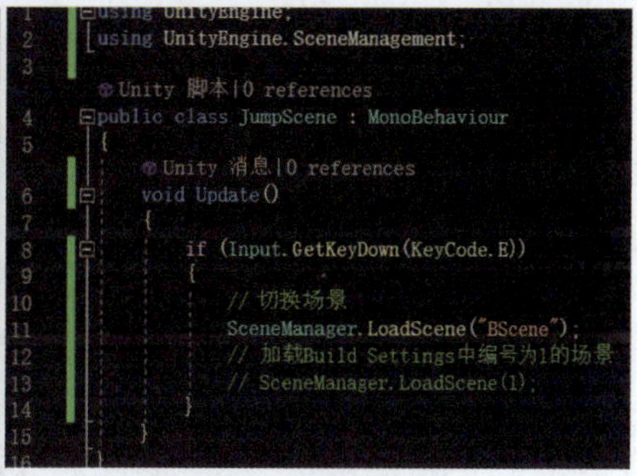

图 8-6

读者可以自行测试，在 Unity 编辑器中打开 AScene 并运行，按下 E 键即可进行场景的切换。

需要特别注意的是，场景切换意味着卸载旧的场景后加载新的场景，这意味着旧场景中的游戏对象都会被销毁，但是有时我们不希望销毁旧场景中的游戏对象，这时可以使用 DontDestroyOnLoad(gameObject) 来实现“在切换场景时不销毁某个特定的游戏对象”。

8.3 游戏构建

游戏构建就是游戏打包，也就是生成应用程序供玩家游玩。

Unity 是一个跨平台游戏开发引擎，但是针对不同的游戏平台进行构建会有一些不同，本节主要演示针对 Windows 平台进行构建的流程。

在 Build Settings 窗口中有一个 Player Settings... 按钮，如图 8-7 所示。

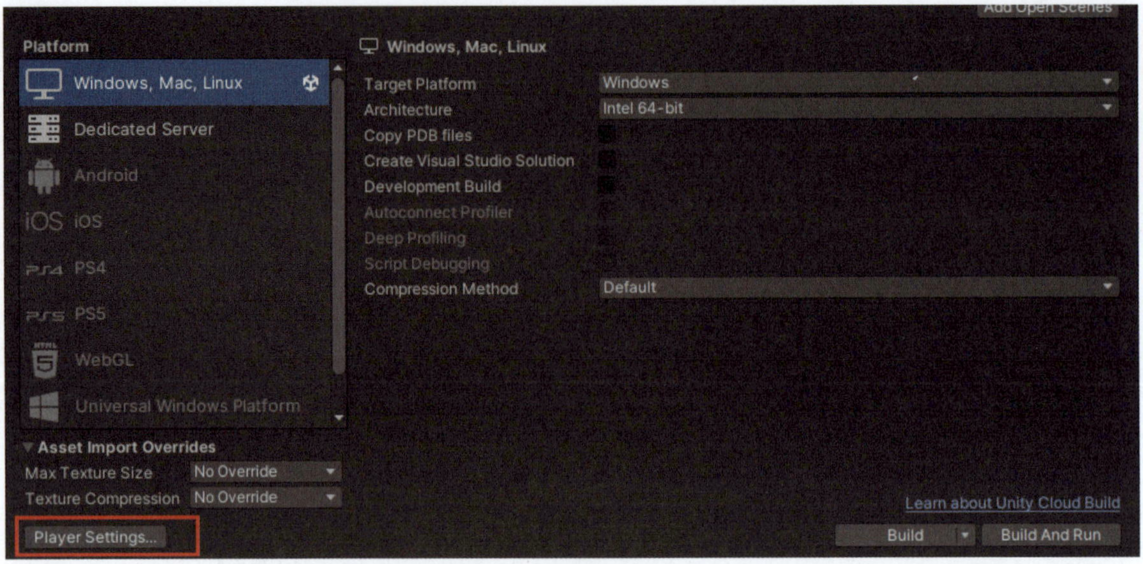

图 8-7

单击 Player Settings 按钮，进行 Player 的相关设置，这些设置实际上在 Project Settings 窗口中，如图 8-8 所示。

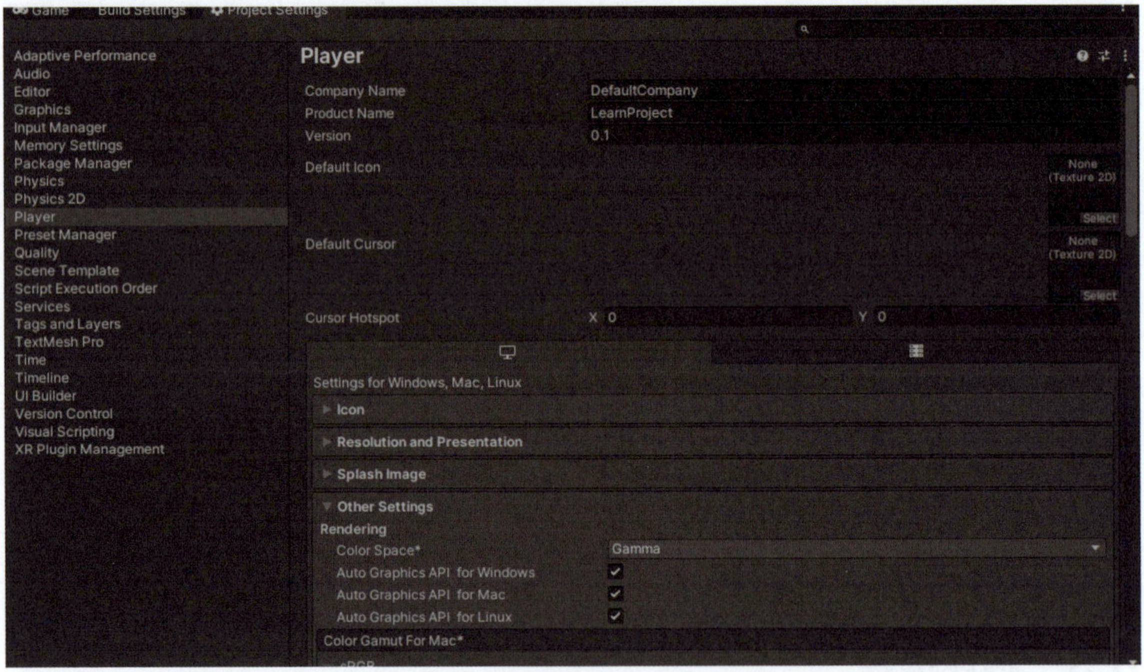

图 8-8

Player 的相关属性非常多，包括游戏名称、分辨率、游戏图标等，本节不进行详细说明，大多数属性可以通过字面意思了解含义，读者可以查看 Unity 官方手册。

回到 Build Settings 窗口后，单击 Build 按钮，弹出 Build Windows 对话框，如图 8-9 所示。选择合适的路径即可进行打包，等待打包进度的完成即可。

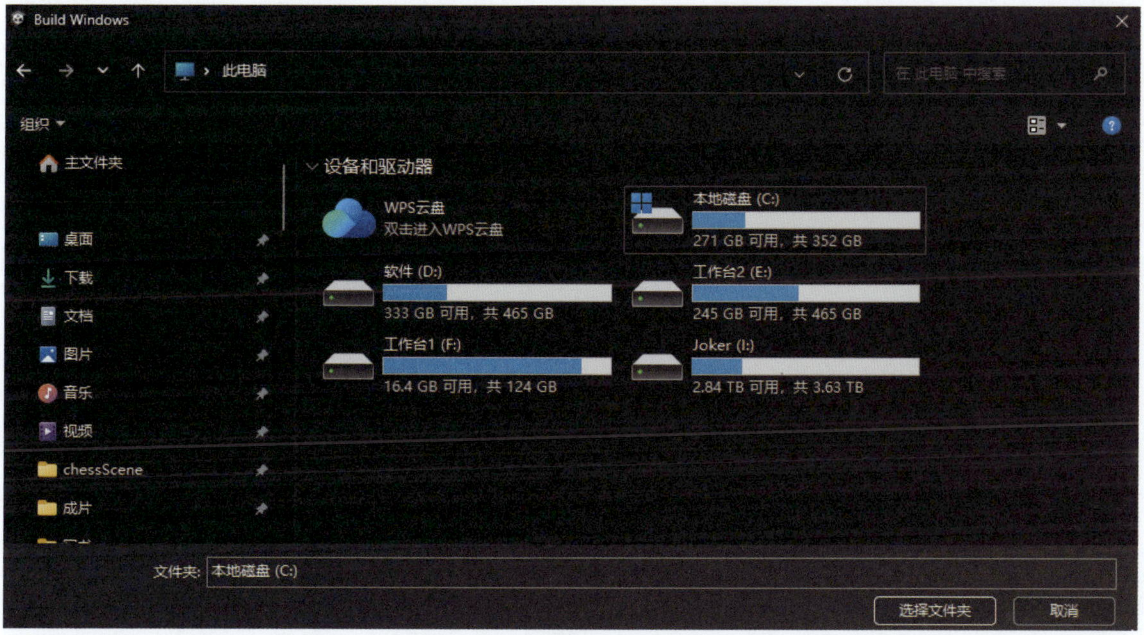

图 8-9

打包完成后，在文件夹中显示如图 8-10 所示的内容，启动应用程序即可进行游戏。

这里的应用程序名称是由 Player Settings 窗口中的 Product Name 属性决定的，其默认值是创建项目时填写的名称。

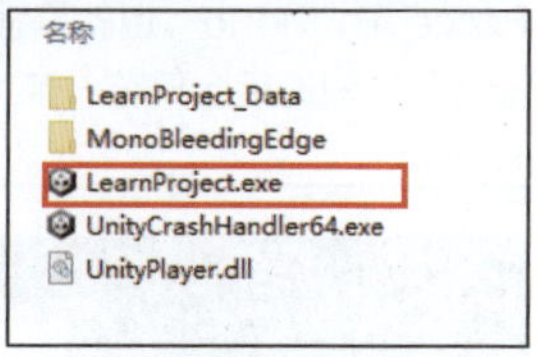

图 8-10

第 9 章　Unity 的音频系统

游戏中一般将背景音乐这类音频称为音乐，将单击或双击 UI 时播放的音频和技能释放时播放的音频称为音效。无论是音乐还是音效，都是游戏的重要组成部分。

本章学习要点

- 音频文件
- 相关组件

9.1　音频文件

Unity 支持 MP3、OGG、WAV 等常见格式。与图片、模型等资源相同，只要将音频文件拖动到 Assets 窗口中即可。读者可以选择下载本节配套资源“音频演示资源”或自行寻找音频资源。

选择一个音频资源，在 Inspector 窗口中可以进行设置并预览音频的效果，如图 9-1 所示，其中一个重要的属性是 Force To Mono，也就是强制单声道。游戏中的大多数音频的左右声道是一致的，在这种情况下勾选此复选项有助于性能优化，勾选后会只有一条声轨，如图 9-2 所示。

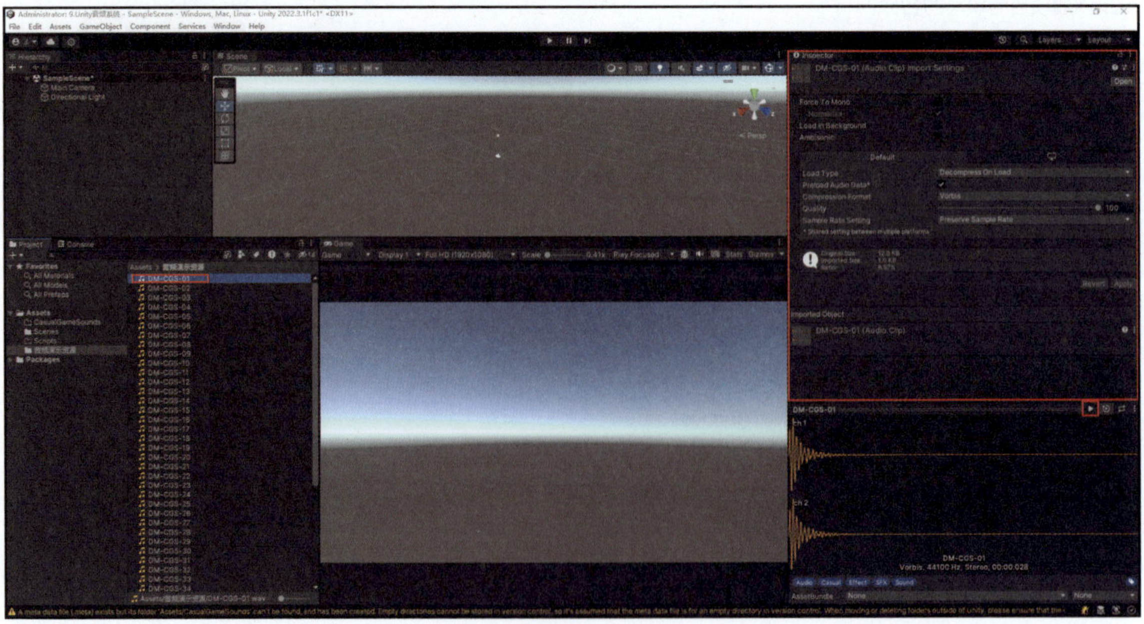

图 9-1

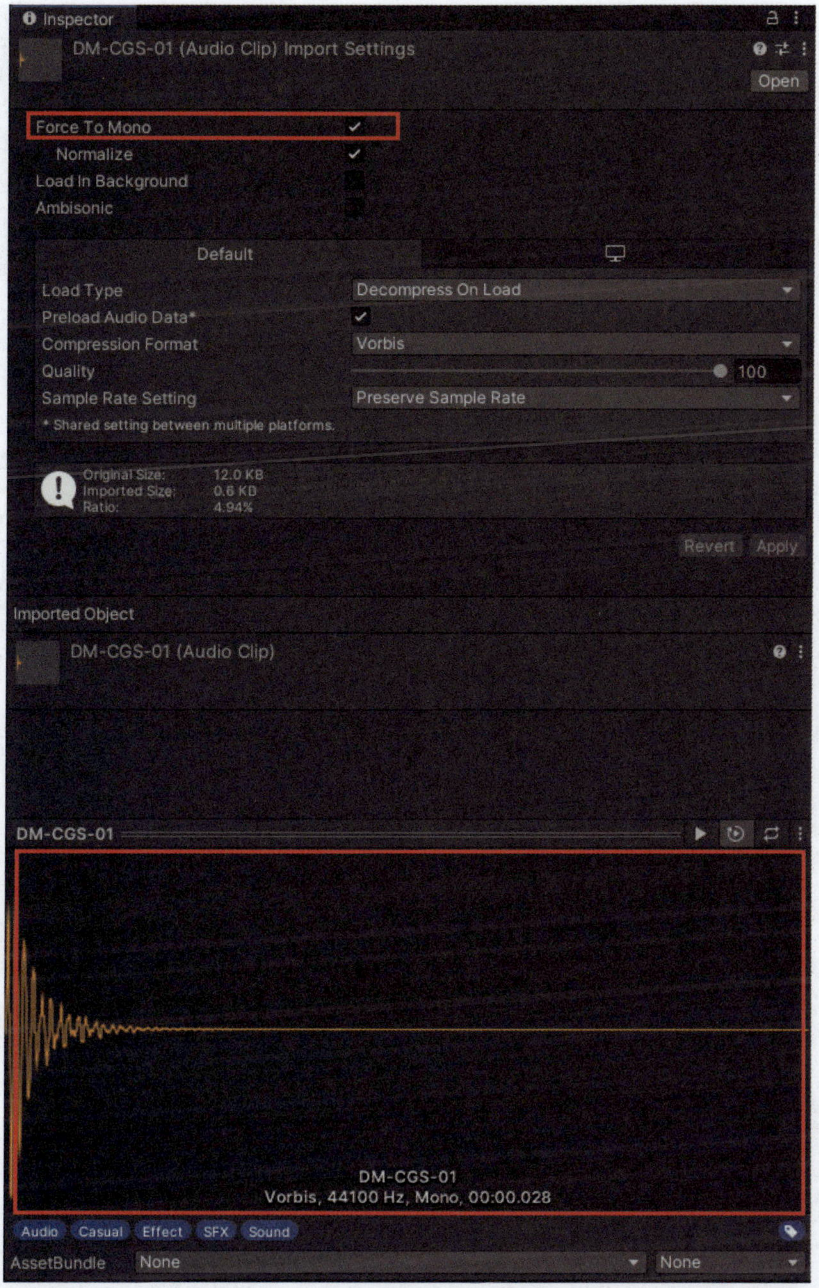

图 9-2

无论是什么格式的音频文件，在 Unity 中都会被处理为 Audio Clip，也就是音频片段，所以如果在脚本文件中引用了音频资源，则可以定义 Audio Clip 类型的变量。

9.2　Audio Source 组件

在3D游戏中，声音存在空间感，也就是在音量上近大远小，因此我们需要一个Audio Listener组件来确定距离。如图9-3所示，这个组件会默认添加在摄像机上，同时游戏中只允许存在一个 Audio Listener 组件，否则控制台会一直发出提示信息。

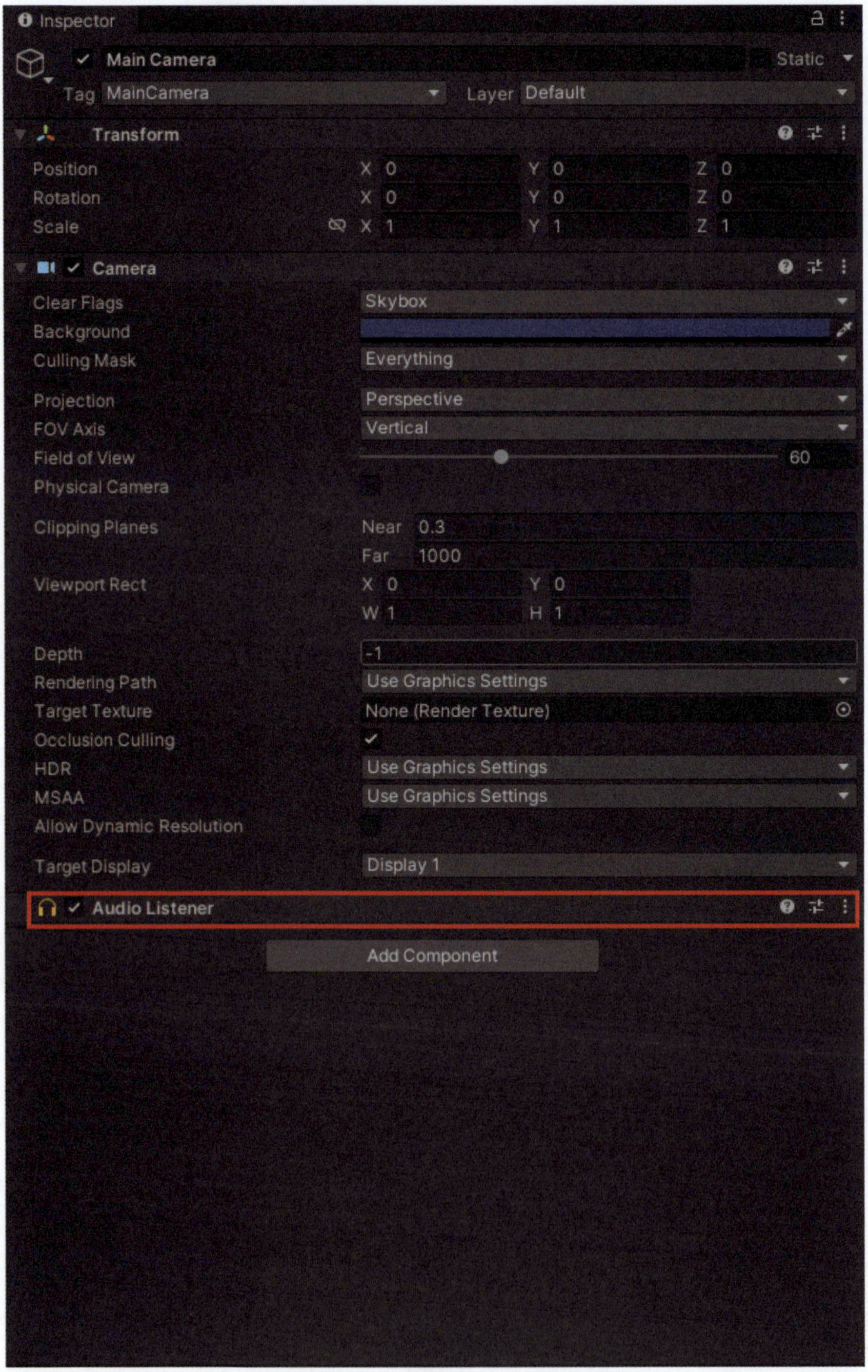

图 9-3

Audio Source 是音频的来源，也就是声音的来源。在游戏中可能同时发生多个声音， 因此可以存在多个 Audio Source，实际的播放效果由 Audio Source 组件所在游戏对象和 Audio Listener 组件所在的游戏对象的空间关系决定。在 Hierarchy 窗口中右击，在弹出的快捷菜单中选择 Audio → Audio Source 命令即可创建 Audio Source，如图 9-4 所示。

创建完成后，效果如图 9-5 所示。

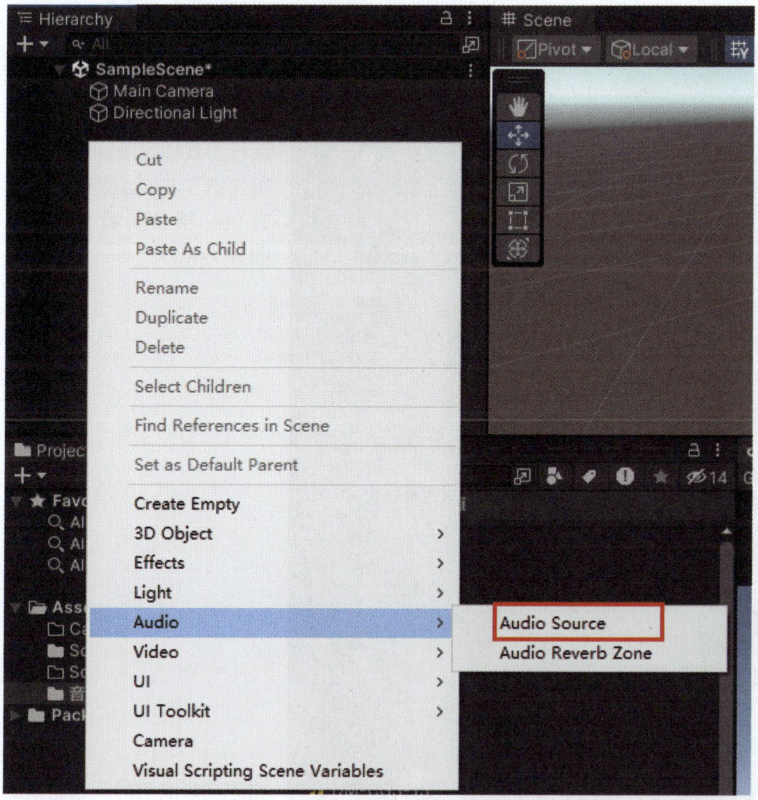

图 9-4

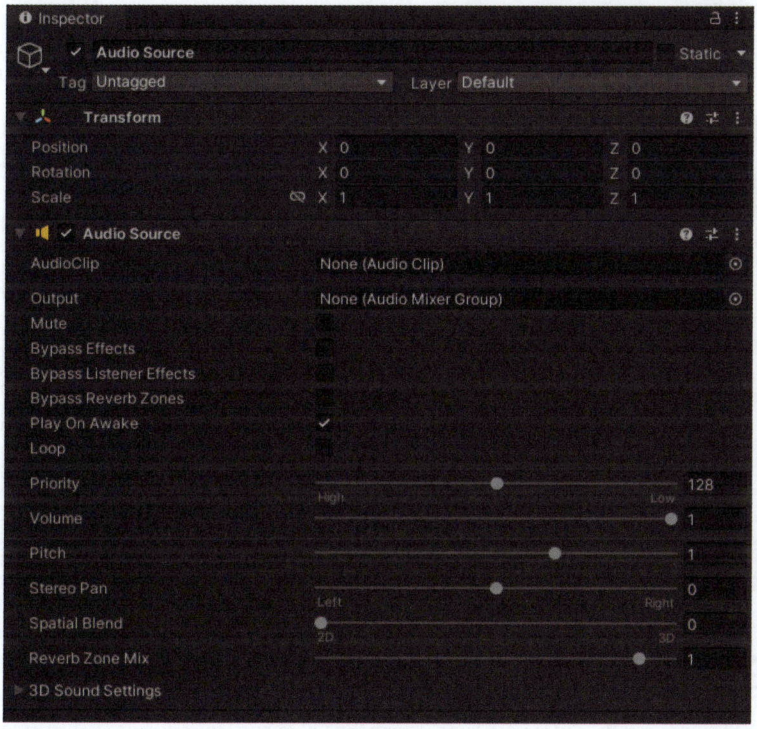

图 9-5

Audio Source 组件的重要属性如下。

（1）AudioClip：要播放的音频文件。

（2）Mute：是否静音。

（3）Play On Awake：在启动时是否立刻播放，如果取消勾选此复选框，则可以在脚本文件中使用 Play 函数进行播放。

（4）Loop：是否循环播放。

（5）Volume：音量。

（6）Spatial Blend：3D 引擎对声音的影响。如果为 0，则完全是 2D 音效；如果为 1，则是 3D 音效。

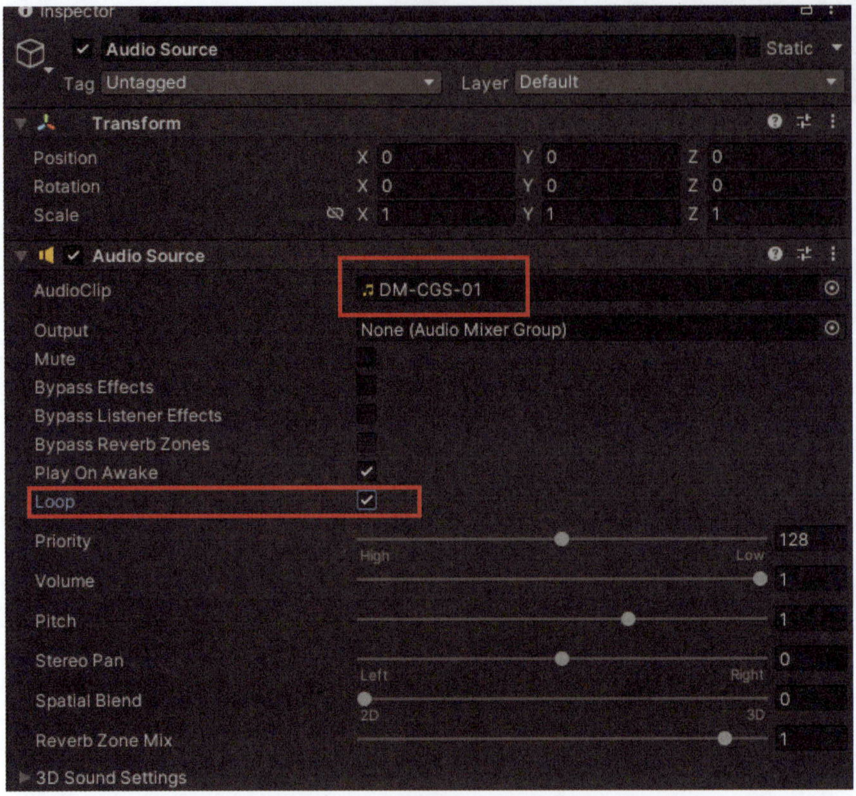

图 9-6

将任意一个音频文件拖动到 Audio Source 组件的 AudioClip 属性框中，然后运行游戏即可听到声音，这里勾选了 Loop 复选框，声音会循环播放，如图 9-6 所示。

如果在开发阶段不希望听到声音，则可以在 Game 窗口中禁用声音，如图 9-7 所示。

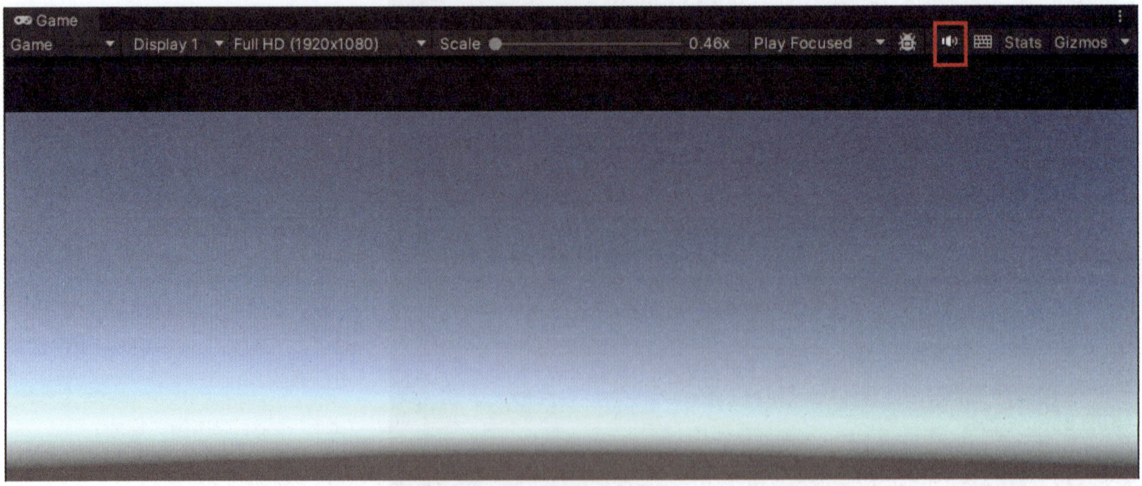

图 9-7

9.3 音频系统主要的 API

接下来学习音频系统主要的 API。首先对 Audio Source 组件进行控制，编写如图 9-8 所示的脚本文件。然后设置 Audio Source 组件并添加脚本文件，以及将 New Audio Clip 属性值设置为任意一个音频文件，如图 9-9 所示。

```
using UnityEngine;
public class TestAudio : MonoBehaviour
{
    private AudioSource audioSource;
    public AudioClip newAudioClip; // 面板拖拽赋值一个音频文件
    void Start()
    {
        audioSource = GetComponent<AudioSource>();
        audioSource.clip = newAudioClip; // 使用新的音频文件
        audioSource.Play(); // 进行播放
    }
    private void Update()
    {
        TestAudioSource();
    }

    private void TestAudioSource()
    {
        // 如果玩家按下Q键则暂停/继续播放音效
        if (Input.GetKeyDown(KeyCode.Q))
        {
            if (audioSource.isPlaying) // 是否为播放状态
            {
                audioSource.Pause(); // 暂停播放
            }
            else
            {
                audioSource.UnPause(); // 继续播放
            }
        }
        // 如果玩家按下W键，则停止播放音效
        else if (Input.GetKeyDown(KeyCode.W))
        {
            audioSource.Stop();
        }
        // 如果玩家按下A键，则减小音量
        else if (Input.GetKeyDown(KeyCode.A))
        {
            audioSource.volume -= 0.1f;
        }
        // 如果玩家按下D键，则增大音量
        else if (Input.GetKeyDown(KeyCode.S))
        {
            audioSource.volume += 0.1f;
        }
    }
}
```

图 9-8

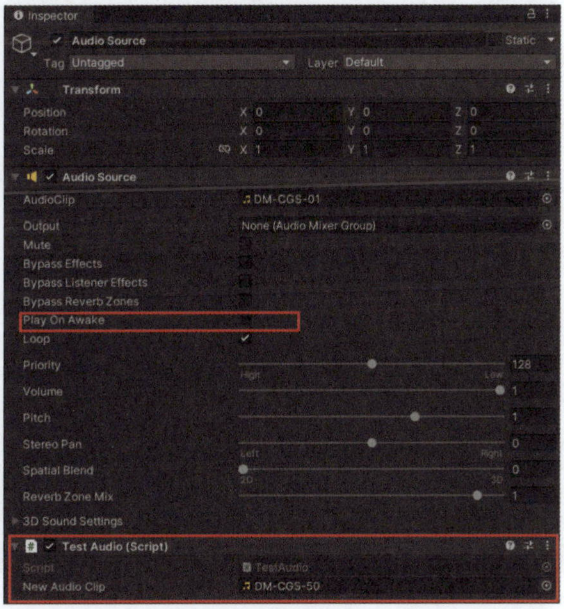

图 9-9

完成以上步骤后运行游戏，按照脚本文件中的说明进行按键测试，可以观察到 Audio Source 组件中各项属性值的变化。

游戏中可能会有非常多的音效，在大多数情况下，背景音乐会使用 Audio Source 组件及其 AudioClip 属性进行播放，因为背景音乐不需要具备空间感，所以其 Spatial Blend 属性值一般为 0。

不同于背景音乐，音效可能同时存在多个，因此可能需要多个 Audio Source 组件来完成，并且可能为了实现 3D 音效，需要设置 Audio Source 组件所在的游戏对象的坐标。达到此目的的方式也比较简单，先将 Audio Source 组件的 Spatial Blend 属性值设置为 1，再修改 Transform 组件的 Position 属性值，使游戏对象移动到指定的播放位置即可，这样声音就会呈现出空间感。

Unity 也为我们提供了另外两种更节省资源的方式。第一种就是在 Audio Source 组件的基础上不设置其 AudioClip 属性，直接播放一个音效，如图 9-10 所示，设置如图 9-11 所示，主要就是添加了一个 Sound Effect Clip 的引用。

```
using UnityEngine;
public class TestAudio : MonoBehaviour
{
    private AudioSource audioSource;
    public AudioClip newAudioClip; // 拖动赋值一个音频文件
    public AudioClip soundEffectClip; // 用于模拟音效
    void Start()
    {
        audioSource = GetComponent<AudioSource>();
        audioSource.clip = newAudioClip; // 使用新的音频文件
        audioSource.Play(); // 进行播放
    }
    private void Update()
    {
        // TestAudioSource();
        TestAudioSource2();
    }

    private void TestAudioSource()...
    private void TestAudioSource2()
    {
        // 按一次空格键播放一次音效
        if (Input.GetKeyDown(KeyCode.Space))
        {
            // 音量倍数
            float volumeScale = 1;
            // 直接播放一个音频，该声音会和audioSource.clip的声音同时存在
            // 但是不会循环，不受Pause等函数的影响
            audioSource.PlayOneShot(soundEffectClip, volumeScale);
        }
    }
}
```

图 9-10

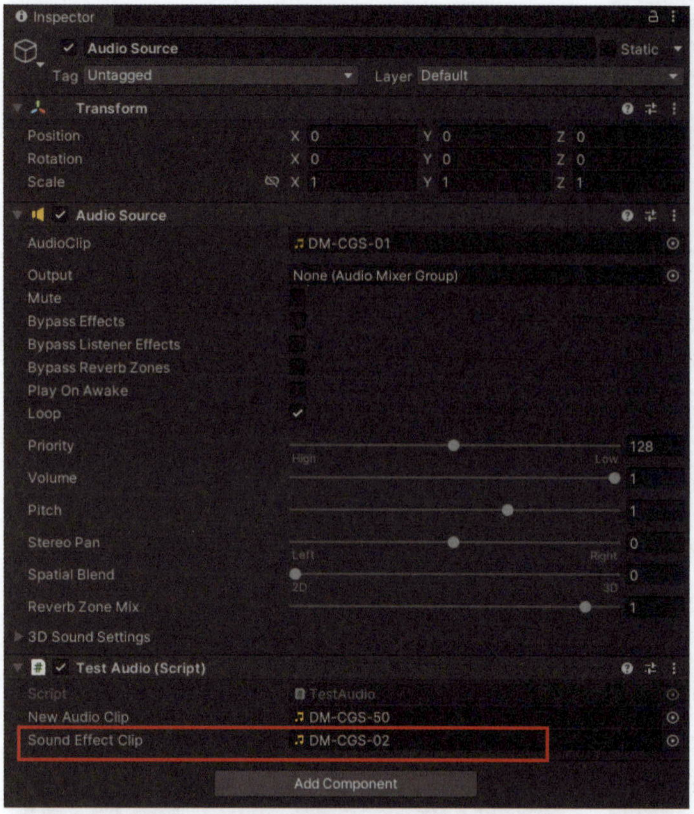

图 9-11

此时运行游戏后，按下空格键会发现在背景音乐的基础上播放了一个额外设定的音效，并且如果按得足够快，可以达到多个音效的重叠播放的效果。这种方式可以避免有多个不同的游戏对象和 Audio Source 组件，但是这种方式存在一个缺点，就是所有音效相当于在同一个位置播放，也就是没有空间感。使用这种方式是否有问题取决于游戏设计，在很多游戏中使用的其实都是 2D 音效。

```
using UnityEngine;
Unity 脚本(1 个资产引用)|0 references
public class TestAudio : MonoBehaviour
{
    private AudioSource audioSource;
    public AudioClip newAudioClip; // 拖动赋值一个音频文件
    public AudioClip soundEffectClip; // 用于模拟音效
    Unity 消息|0 references
    void Start()
    {
        audioSource = GetComponent<AudioSource>();
        audioSource.clip = newAudioClip; // 使用新的音频文件
        audioSource.Play(); // 进行播放
    }
    Unity 消息|0 references
    private void Update()
    {
        // TestAudioSource();
        // TestAudioSource2();
        TestAudioSource3();
    }

    0 references
    private void TestAudioSource()[...]
    0 references
    private void TestAudioSource2()[...]
    1 reference
    private void TestAudioSource3()
    {
        // 按一次空格键播放一次音效
        if (Input.GetKeyDown(KeyCode.Space))
        {
            // 播放的坐标为一个随机点
            Vector3 position = Random.insideUnitSphere * 5;
            // 音量
            float volume = 1;
            // 这里使用的AudioSource并不是组件，而是AudioSource的静态函数PlayClipAtPoint
            AudioSource.PlayClipAtPoint(soundEffectClip, position, volume);
        }
    }
}
```

图 9-12

另一种方式可以解决空间感的问题，就是使用静态函数 PlayClipAtPoint，如图 9-12 所示。

完成代码的编写后运行游戏，按下空格键会发现声音是随机在四面八方产生的，并且我们在这个过程中没有依赖任何 Audio Source 组件。但是其实这并不神秘，如果观察 Hierarchy 窗口就会发现，其实 Unity 依然创建了一个游戏对象并设置了坐标、音量等信息，只是这是由系统自动完成的，如图 9-13 和图 9-14 所示。

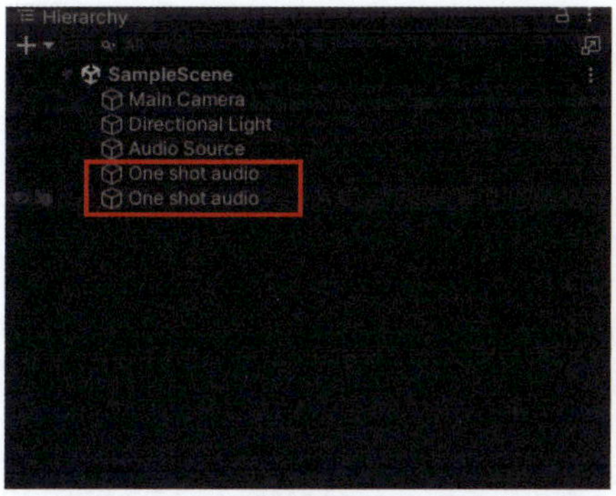

图 9-13

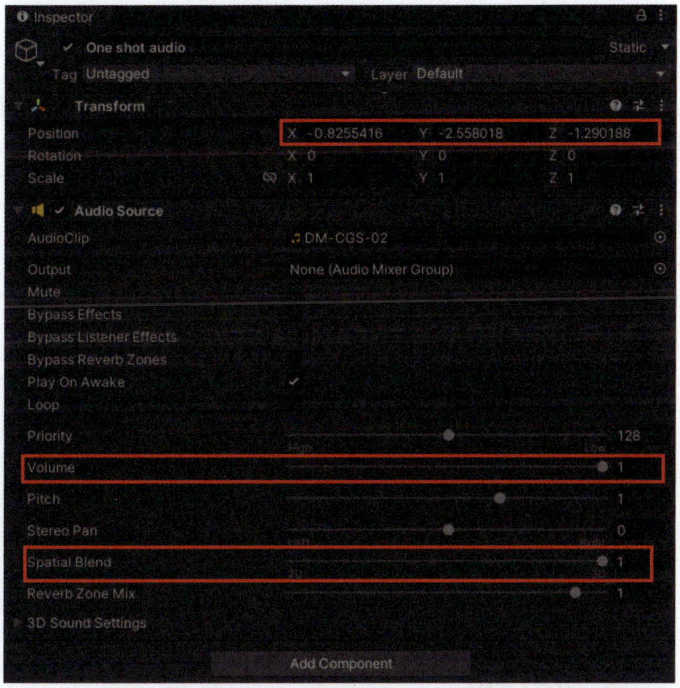

图 9-14

大多数开发者在学习过程中都会遇到一个问题，那就是在切换游戏场景时，所有旧场景中的游戏对象都会被销毁，Audio Source 组件所在的游戏对象也不例外，这会导致背景音乐的丢失。如果在新场景中使用新的 Audio Source 组件来播放背景音乐，则会导致背景音乐中断然后重新播放。如果希望背景音乐在切换游戏场景时不被销毁，则可以在初始化时编写代码“DontDestroyOnLoad(gameObject);”，如图 9-15 所示。

```
void Start()
{
    DontDestroyOnLoad(gameObject);
    audioSource = GetComponent<AudioSource>();
    audioSource.clip = newAudioClip; // 使用新的音频文件
    audioSource.Play(); // 进行播放
}
```

图 9-15

第 10 章　Unity 的资源管理系统

我们可以认为，音频、模型、图片，以及 Unity 中的预制体都是资源。随着游戏规模的扩大，游戏资源的组织和管理会越发重要。

本章学习要点

- ScriptableObject
- 基于引用的资源管理方式
- Resources 资源管理方式
- AssetBundle 资源管理方式

10.1 .meta 文件

将资源导入 Unity 时，我们会对资源进行一些设置，如将音频资源设置为单声道，但是要注意我们没有时机修改这个 .wav 文件，而是将信息记录在了同目录下的 .meta 文件中，如图 10-1 所示。

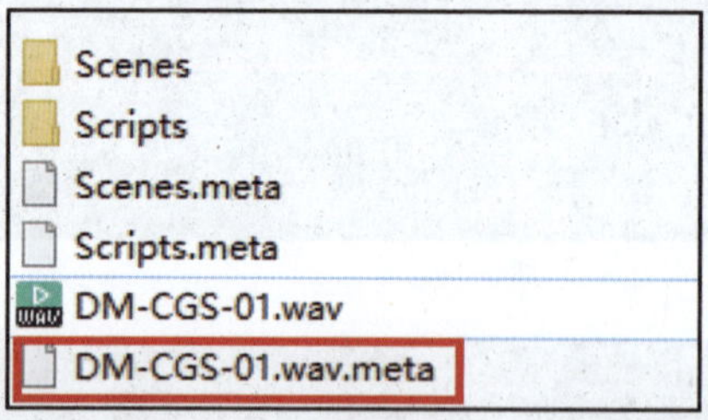

图 10-1

```
fileFormatVersion: 2
guid: 7fa15eb007961fe4e8e385b3e0256fe6
AudioImporter:
  externalObjects: {}
  serializedVersion: 7
  defaultSettings:
    serializedVersion: 2
    loadType: 0
    sampleRateSetting: 0
    sampleRateOverride: 44100
    compressionFormat: 1
    quality: 1
    conversionMode: 0
    preloadAudioData: 0
  platformSettingOverrides: {}
  forceToMono: 1
  normalize: 1
  loadInBackground: 0
  ambisonic: 0
  3D: 1
  userData:
  assetBundleName:
  assetBundleVariant:
```

图 10-2

如果打开此文件，则可以看到 forceToMono：1 的信息，如图 10-2 所示。在计算机中一般将 false 认为是 0，true 认为是 1。

如果删除某个资源的 .meta 文件，则 Unity 会自动生成一个新的 .meta 文件，但是这意味着之前的设置都会丢失，新的 .meta 文件中是默认的设置。

当移动某个资源时，Unity 会自动移动 .meta 文件，相关设置并不会丢失，但前提是我们通过 Assets 窗口对资源进行操作。在复制资源时同理。

如果删除某个资源，则 Unity 也会自动删除对应的 .meta 文件，所以一般情况下可以忽视 .meta 文件，但是不能认为 .meta 文件是无用的而将其删除。

10.2 ScriptableObject

游戏开发中经常会遇到配置问题。例如，有大量士兵，他们的攻击力、防御力、生命值等都不同，一种简单的方式是在其预制体的相关组件上进行设置，为不同的预制体设置不同的数值，但是策划人员一般希望使用 Excel 来进行数值的配置工作，除了因为 Excel 本身的优势，在大量游戏对象中设置数值也不利于保持全局观。本节我们要讨论的并不是如何使用 Excel 来配置游戏数值，在很多时候我们希望将数值和游戏预制体分离，除了使用 Excel 这种工具进行分离，在 Unity 中也可以进行分离，这就需要学习 ScriptableObject（SO）。

1. 定义 ScriptableObject

新建一个脚本文件后，将其继承关系从 MonoBehaviour 修改为 ScriptableObject。添加 CreateAssetMenu，用于在 Assets 窗口中基于当前类型新建一个 SO 的资源文件，如图 10-3 所示。

```
using UnityEngine;
[CreateAssetMenu(menuName = "SO/TestSO")]
public class TestSO : ScriptableObject
{
    public int intValue1;
    public float floatValue;
    public string stringValue;
    public GameObject prefabValue;
    public AudioClip audioClipValue;
}
```

图 10-3

[CreateAssetMenu(menuName = "SO/TestSO")] 中的 menuName 意味着在 Assets 窗口中右击，在弹出的快捷菜单中选择 Create → SO → TestSO 命令，如图 10-4 所示。

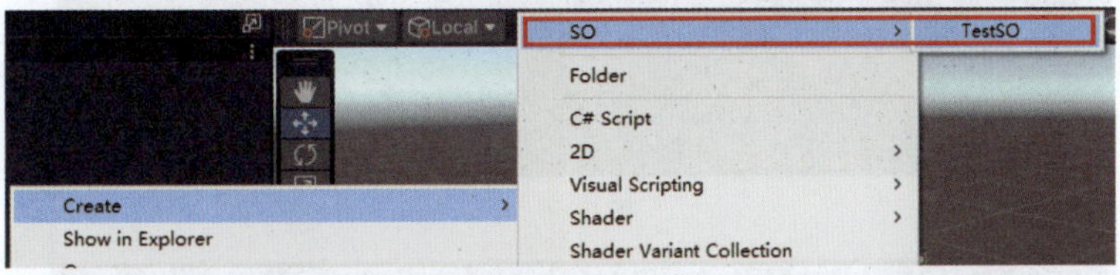

图 10-4

创建后会得到一个资源文件，这个资源文件的扩展名是 .asset，如图 10-5 所示。

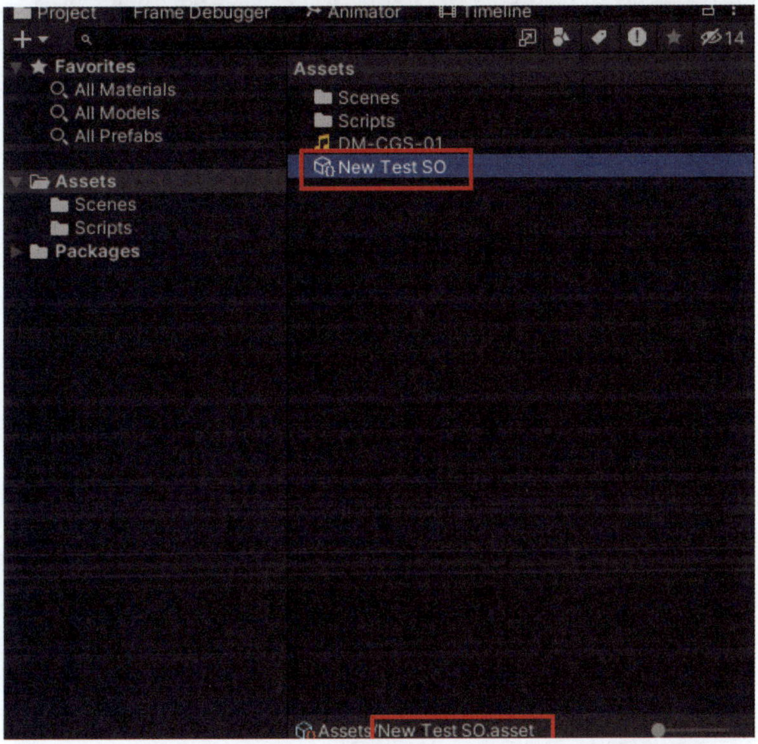

图 10-5

图 10-6

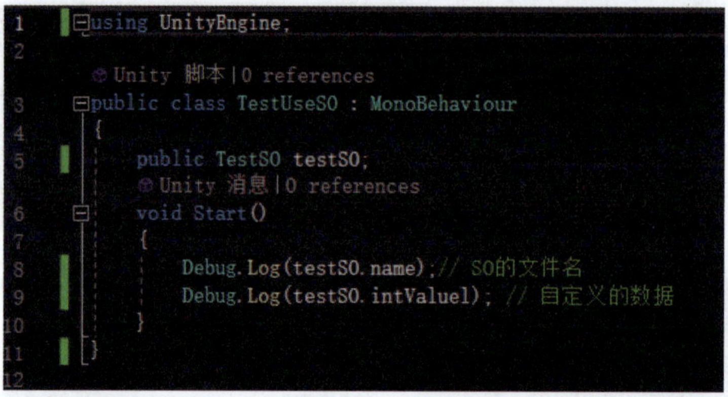

图 10-7

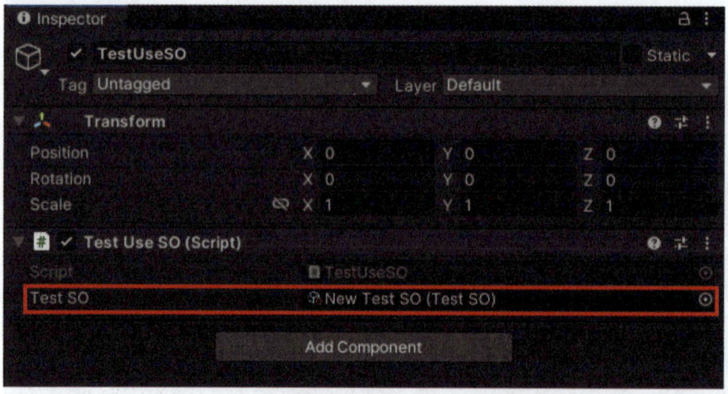

图 10-8

选中该资源文件后，在 Inspector 窗口中可以看到，有类似组件的属性设置，可以直接在 Inspector 窗口中设置相关属性值。变量的类型可以是大多数常用类型，包括 Int、String、Float 等基础类型，以及 List、数组等数据结构，如图 10-6 所示。

2. 使用 ScriptableObject

与预制体、音效等资源类似，可以通过组件应用的方式使用 SO。新建一个脚本文件，添加一个刚刚创建的 SO 类型的变量后即可在 Inspector 窗口中引用资源，如图 10-7 和图 10-8 所示。

根据脚本文件，运行后可以获取和使用 SO 中定义的变量，也可以使用定义的函数。SO 和常规的类一样支持继承、多态、封装。我们可以基于一个 SO 创建多个对象。例如，多个士兵的配置方式相同，但是数据不同，我们只需要在 Assets 窗口中重复创建步骤即可。

和常规对象一样，我们可以在运行时修改 SO 中定义的变量，但是建议在一般情况下不进行此类操作。SO 一般承担配置工作，从意义上来说，配置数据在运行时往往是静态的；从技术上来说，我们在运行时可以修改 SO 中定义的变量，但是这种修改不具备持久性，也就是在下一次运行游戏时这些变量会恢复为初始值。

SO 是一种较为方便的自定义资源，在使用 Unity 进行开发的过程中我们会经常看到它，Unity 官方插件及第三方插件也时常会使用 SO。

10.3 基于引用的资源管理方式

在之前的内容中，无论是游戏预制体、音频还是 SO，我们都是将资源放在 Assets 目录下，通过 Inspector 窗口将资源拖动到某个游戏对象的某个组件的属性框中，这里我们需要了解一些内容。

Assets 目录下的文件并不会被全部打包到最终的游戏应用中，Unity 会尽可能只打包那些用到的资源，因此了解 Unity 是如何做到这一点的就很关键。

最终打包的是场景，而场景中存在多个 GameObject，每个 GameObject 具有多个组件，而组件可能引用了一些 Assets 目录下的资源文件，这是一种树状结构，通过这个树状结构，Unity 可以知道一个场景需要使用哪些资源。这种树状结构还有更复杂的情况。例如，在场景中引用了一个预制体，这个预制体下还会引用多个其他资源，甚至有的预制体下有其他预制体，但是请放心，这些情况 Unity 都能处理好。

一种简单的资源管理方式就是基于资源引用，这种资源管理方式仅适合小型游戏，因为当资源量过大时，计算机或移动设备无法加载或承载巨量的资源，或者其代价过高，这种代价最直观的表现就是需要很长的加载时间。从意义上来说，假设一个游戏有 100 个关卡，那么我们在游玩第 1 个关卡时并不需要后续 99 个关卡的资源。

不过在学习初期制作小型游戏时，依然建议采用基于引用的资源管理方式，因为这种资源管理方式虽然存在上限，但是是最简单的方式，并且在很多情况下其下限并不低。

10.4 Resources

如果需要按需加载，并不是通过资源引用来关联全部资源，则需要让 Unity 知道哪些资源需要打包，而 Resources 可以完成此工作。

在 Unity 中，Resources 是一个特殊命名的文件夹，Assets 目录下的所有名为 Resources 的文件夹中的文件都会被打包进最终的游戏应用，这意味着 Assets 目录下可能存在多个名为 Resources 的文件，如“A/Resources”“B/Resources”，这两个 Resources 文件夹在不同的位置，但是最终都会被打包到游戏应用中。

需要注意的是，Resources 文件夹中的资源无论是否有实际用途都会被打包，因为业务意义上的按需加载意味着 Unity 无法提前知道你究竟会使用哪些资源，因此 Unity 认为只要是放在 Resources 文件夹中的资源就有可能被使用。

Unity 在打包时考虑了 Resources 文件夹中的预制体或 SO 等资源可能会引用 Resources 文件夹以外的文件夹中的资源，这种情况下那些被引用的资源也会被打包到游戏应用中。基于这点可以在 Resources 文件夹中只存放预制体，通过预制体引用其他资源，这样会方便管理，并且在大多实践中使用一个游戏对象时，一般不会使用脚本文件来贴图或 Animation Clip 等具体资源。但这不是绝对的，如播放音效有可能会直接读取音频资源，然后将其设置到 Audio Source 组件的 Audio Clip 属性上，甚至可以主要以 SO 为关键资源，基于 SO 引用预制体、音频等资源，具体的使用方式读者可以根据自己的设计和项目的情况来操作。

虽然 Unity 支持多个 Resources 文件夹，但是在 Assets 目录下仅有一个 Resources 文件夹更方便管理，存在多个 Resources 文件夹容易导致资源管理混乱，如图 10-9 所示。

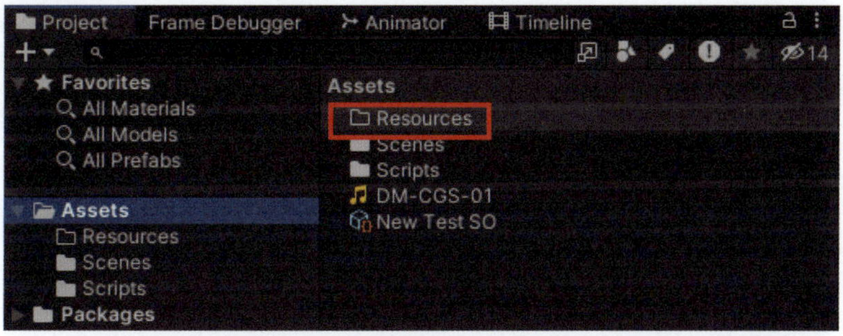

图 10-9

1. 加载资源

新建一个预制体并放到 Resources 文件夹的 Prefab 文件夹中，形成一个路径 Resources/Prefab/TestGameObject，如图 10-10 所示。

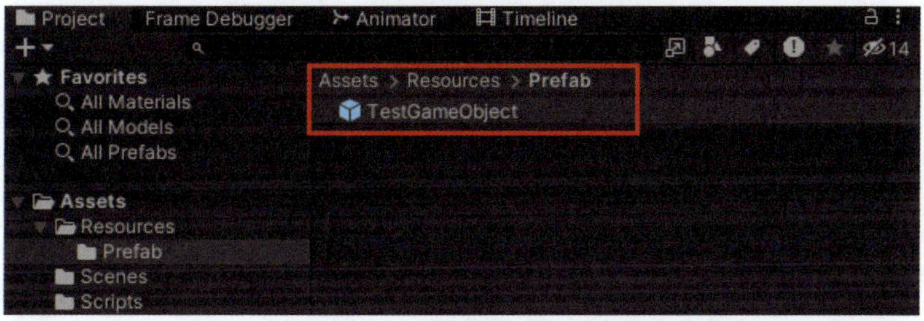

图 10-10

到目前为止，这是第一次真正主动将资源加载到场景中，所以需要了解一下使用脚本文件加载游戏对象的方式。首先我们需要加载预制体，预制体的类型虽然是 GameObject，但是其并不在 Hierarchy 窗口中，因此我们需要一个实例化的过程将其变成一个真正在场景中运行的游戏对象。

```
using UnityEngine;

Unity 脚本(1 个资产引用)|0 references
public class TestResources : MonoBehaviour
{
    Unity 消息|0 references
    void Start()
    {
        // 加载预制体资源
        // <GameObject>:我们加载的类型
        // "Prefab/TestGameObject": 资源在Resources下的路径
        GameObject prefab = Resources.Load<GameObject>("Prefab/TestGameObject");
        // 将预制体实例化
        GameObject instance = GameObject.Instantiate(prefab);
        instance.transform.position = new Vector3(0, 0.5f, 0);
    }
}
```

图 10-11

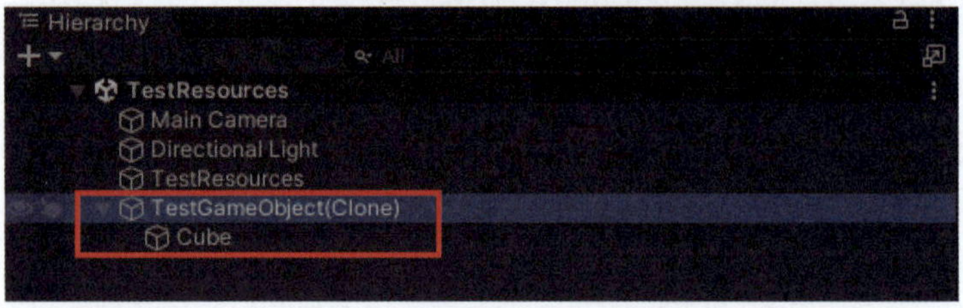

图 10-12

使用 Resources.Load 函数加载预制体，然后将其实例化。我们修改了实例化后的游戏对象的坐标，如果需要加载的是 Audio Clip 这样的非预制体资源，则可以忽略实例化步骤，如图 10-11 所示。

将脚本文件挂载到任意游戏对象上，运行游戏后，Hierarchy 窗口中会出现如图 10-12 所示的游戏对象，其名称后会自动添加“(Clone)”，这是 Unity 的默认机制，通过 GameObject.Instantiate 函数加载的游戏对象会默认有此特性。

GameObject.Instantiate 函数有非常多的重载，有设置默认坐标、旋转、父游戏对象的相关参数，理论上这些参数并不是必需的，因为我们可以在实例化并获取组件后自行修改。大家可以在后续的实际开发中自行探索。

当重复使用 Resources.Load 函数加载同一个资源时并不会导致项目中存档重复资源，Unity 内部会进行缓存，所以多次加载得到的都是同一份资源，但是查询过程会伴随着性能的消耗。

2. 卸载资源

加载资源后，当不需要使用资源时应该将资源卸载，API 为 Resources.UnloadAsset(clip)，传入指定的资源即可。但是要注意，不能将 GameObject 类型的资源作为参数传入，否则会报错，此函数可以用于卸载音频、材质、图片等资源。

另外一个较为方便的 API 是 Resources.UnloadUnusedAssets()，它用于卸载全部未使用的资源，一般在场景切换时使用。

```
AudioClip clip = Resources.Load<AudioClip>("XXAudioClip");
Resources.UnloadAsset(clip);      // 卸载某个资源
Resources.UnloadUnusedAssets(); // 卸载全部未使用的资源
```

图 10-13

图 10-13 演示了以上 API 的使用。

3. 缺点

Resources 的优点较为明显，管理方式非常简单直接，其原理相当于将 Resources 文件夹中的资源，不管是否会被使用，都打包进一个压缩包，而在使用时会从压缩包中解压缩得到资源。

但是这个压缩包在游戏启动后会立刻被加载并解压缩，加载和解压缩的速度受 Resources 文件夹中文件数量和文件大小的影响，当资源较多、较大时，这一过程会变得较慢从而影响游戏启动时间。如果要解决这个问题，则可以拆分这个压缩包，在下一节中我们将讨论这个问题。

对手机平台的游戏来说，Resources 文件夹还有一个缺点：由于在使用 Resources 文件夹时，Unity 是一次性将游戏需要的全部内容打包的，因此游戏运营商无法在玩家安装游戏后进行游戏内容的动态更新（热更新）。大多数手机游戏都存在启动游戏后按照版本更新资源的需求。

10.5 AssetBundle

AssetBundle 是 Unity 提供的资源管理技术，也被称为 AB 包，可以将其理解为资源压缩包，它可以包含多个资源，这些资源可以是模型、图片、预制体、音频、场景文件、ScriptableObject 等 Unity 可以识别的文件格式，AssetBundle 本身在磁盘中也有具体的文件。

上一节提到的 Resources 技术实际上是将 Resources 文件夹中的所有文件都打包进一个 AssetBundle 中并包含在打包后的游戏应用中，所以我们并不需要管理这个 AssetBundle。

当游戏体量较大时我们一般会选择自行管理资源，也就是编写自己的资源管理系统逻辑。不同的公司、项目、个人可能对资源管理系统的理解并不相同，但是在大多数情况下，我们会采用“当一个资源需要时，才去加载它所在的 AB 包和关联的其他 AB 包”的方式。将哪些资源放在一起打成一个 AB 包会比较重要，初学者通常偏好按照类型打包，就是将图片打成一个包、声音打成一个包等，很明显这并不可取。我们应该按照类似关卡的策略来打包，在实际加载第一关时加载第一关的资源，进入第二关时则卸载第一关的资源并且加载第二关的资源。但是并不是所有游戏都有关卡的概念，或者不同关卡之间可能会有较多可重复利用的资源，因此针对不同项目会有不同的资源管理策略。

从技术上，无论如何需要实现的是将不同的资源打进一个 AB 包，然后去加载它和它所依赖的包。“依赖”的意思是某个 AB 包中的资源可能会引用其他 AB 包中的资源，如 A 包中某个 ScriptableObject 中配置的音频实际上在 B 包中，那么需要先加载 B 包再加载 A 包，因为 A 包依赖 B 包。

1. 下载 AssetBundles-Browser 插件

Project 窗口中可能会有很多资源，需要使用一种方式去观察哪些资源在一个分组中。Unity 提供了一个 AssetBundles-Browser 插件，这个插件并没有内置在 Unity 中，在 Package Manager 窗口中也无法直接搜索得到。

AssetBundles-Browser 有两种下载方式，第一种是登录 GitHub 来下载，读者也可以直接下载本节配套资源 AssetBundles-Browser.zip，将该文件解压缩后直接复制并粘贴到 Packages 目录下，在该目录下可以存放此类下载的插件，如图 10-14 所示。如果选择将插件直接放到 Assets 目录下依然可用。

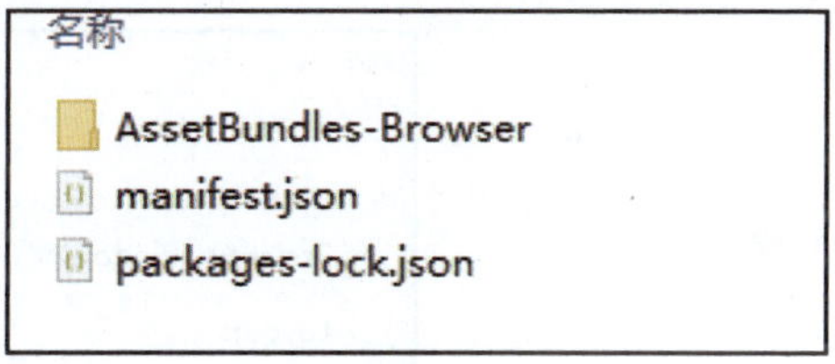

图 10-14

展开 Project 窗口中的 Packages 目录后，可以观察到 Asset Bundles Browser，说明导入成功，如图 10-15 所示。

另外一种方式更简单一些，在 Package Manger 中单击 + 下拉按钮，在弹出的下拉列表中选择 Add package by name... 选项，弹出 Add package by name 对话框，输入“com.unity.assetbundlebrowser-”，单击 Add 按钮，之后该插件会出现在列表中并自动安装，如图 10-16 和图 10-17 所示。

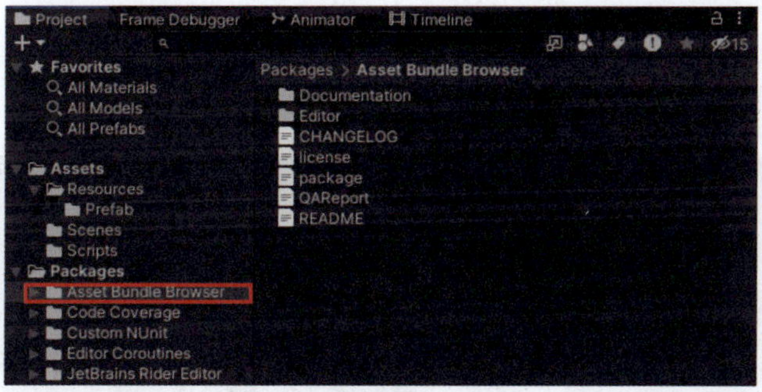

图 10-15

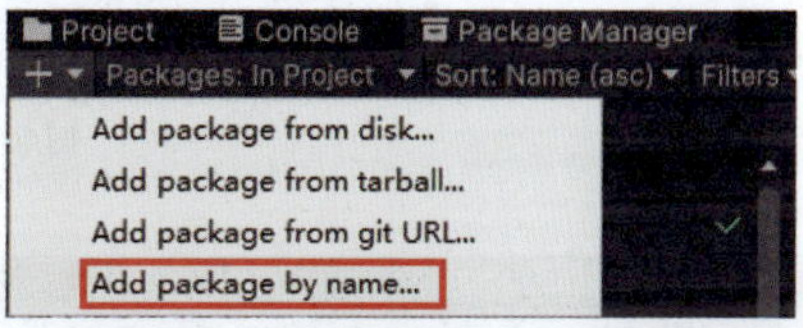

图 10-16

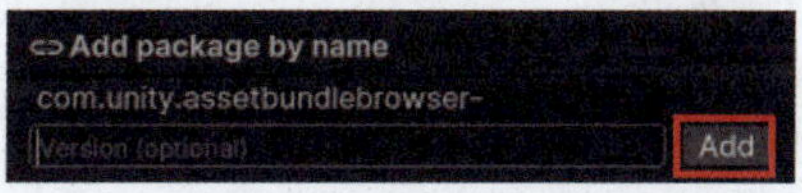

图 10-17

除了查看项目内的 AB 包分组情况，使用 AssetBundles-Browser 还可以构建 AB 包、查看构建后的具体 AB 包文件。

2. 资源规划

规划哪些资源需要打进一个 AB 包，需要创建一个 Cube 的预制体，在 Project 窗口选中它，然后观察 Inspector 窗口底部可以看到图 10-18 所示的内容。

图 10-18

在左侧的下拉列表中可以选择 AB 包分组，在右侧的下拉列表中可以选择后缀。AB 包的后缀并不是必需的，也就是是否设置都可以。

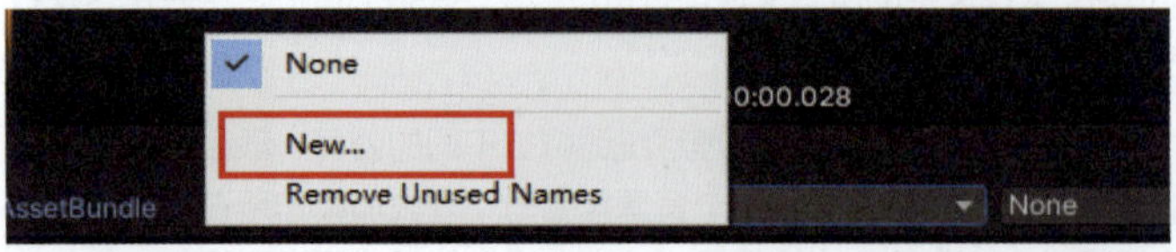

图 10-19

单击左侧的下拉按钮，在弹出的下拉列表中选择 New... 选项，新建一个分组，然后输入分组名称，无论输入大写字母还是小写字母，Unity 都会将字母自动转换为小写，这里创建一个名为 a 的 AB 包，如图 10-19 和图 10-20 所示。

图 10-20

按照这种方法，再创建一个名为 b 的 AB 包，并且将当前的资源设置为 a 组，如图 10-21 所示。

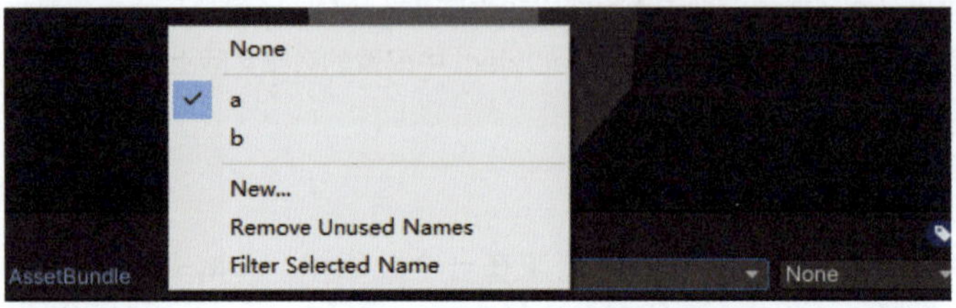

图 10-21

设置完成后，通过 Window → AssetBundle Browser 命令打开插件，如图 10-22 所示。

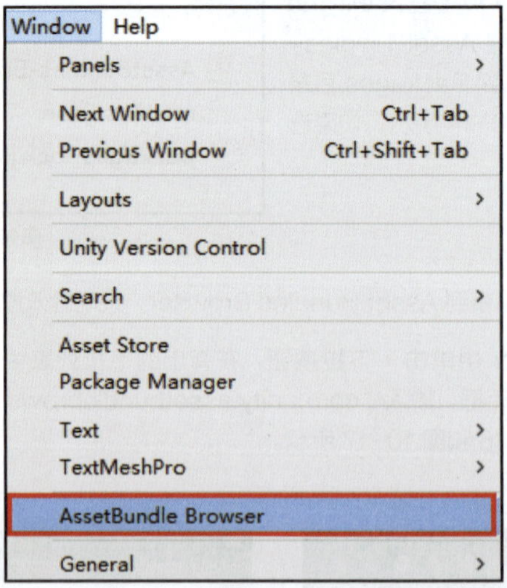

图 10-22

可以观察到分组及分组内的资源情况，十分方便，如图 10-23 所示。

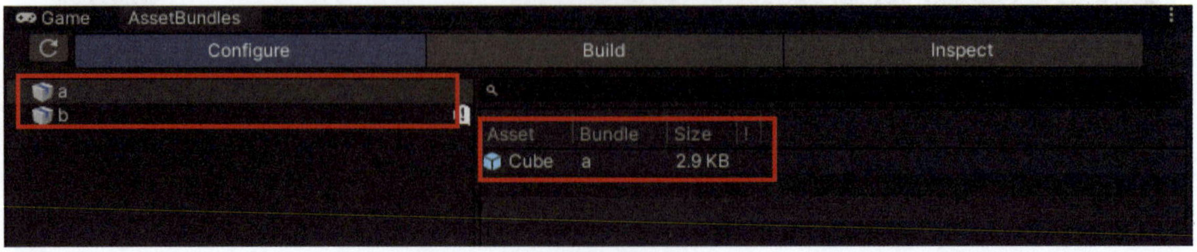

图 10-23

接下来创建一种依赖。新建一个材质球，将其设置为红色，并且将其AB包分组设置为b，如图10-24所示。

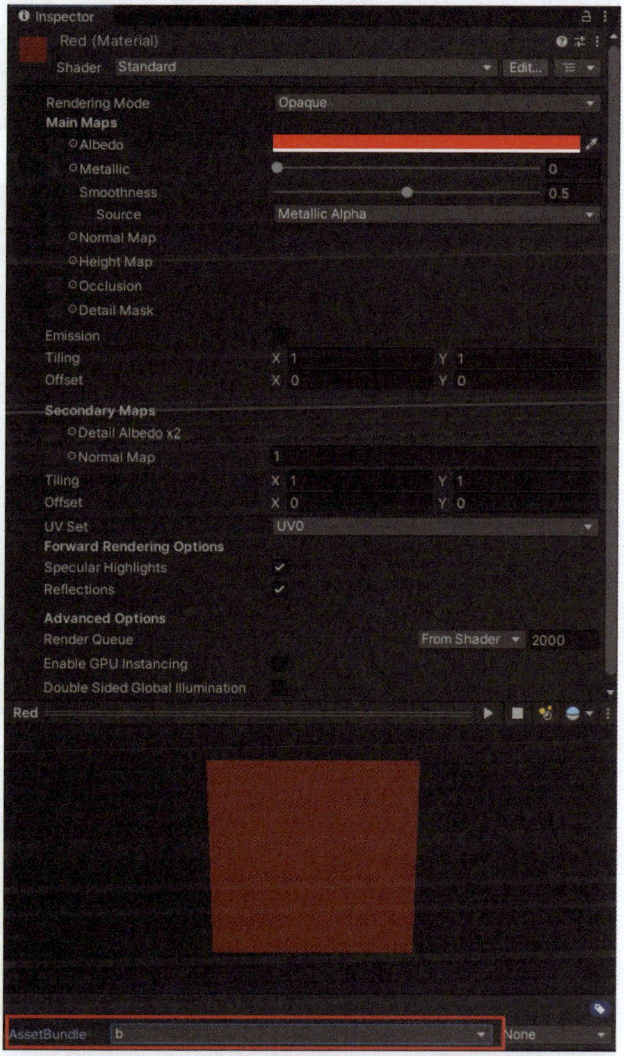

图 10-24

将这个材质球赋值给 Cube 的 Mesh Renderer 组件的 Materials 属性，需要特别注意的是，此项设置要同步到预制体上，如图 10-25 所示。

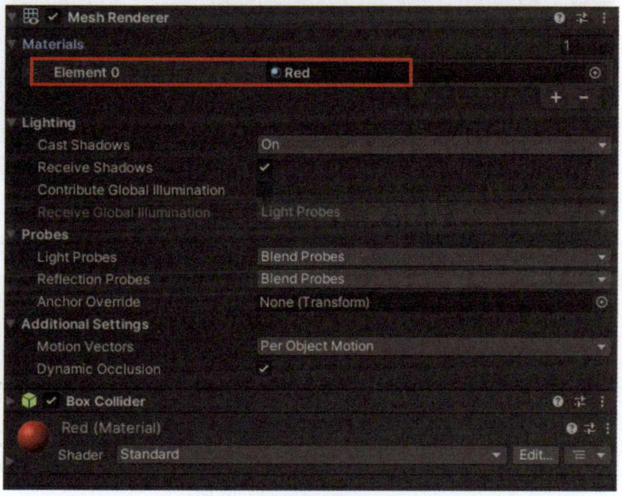

图 10-25

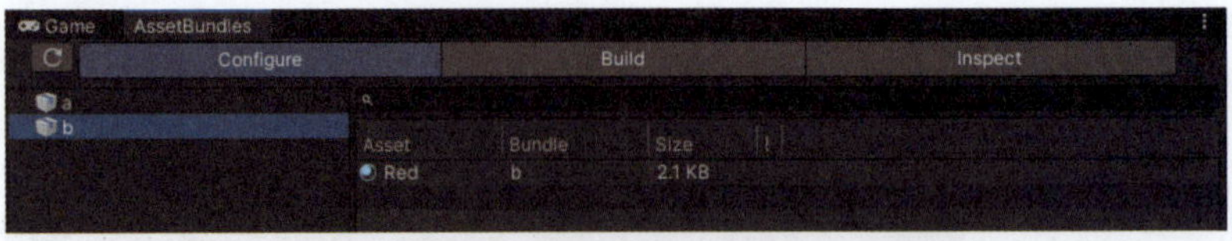

图 10-26

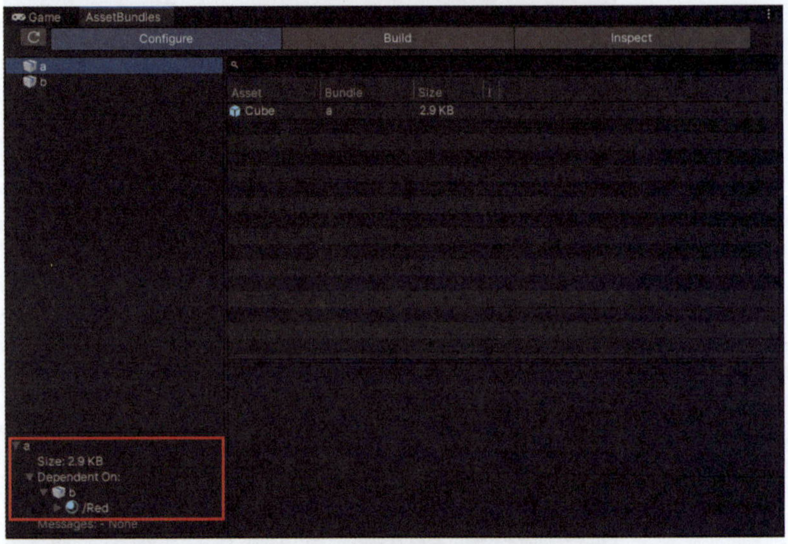

图 10-27

单击 AssetBundles 窗口中的按钮，此时在 b 组中存在一个 Red 材质资源，并且可以查看到依赖信息，此信息表明 a 组依赖 b 组中的某个资源，如图 10-26 和图 10-27 所示。

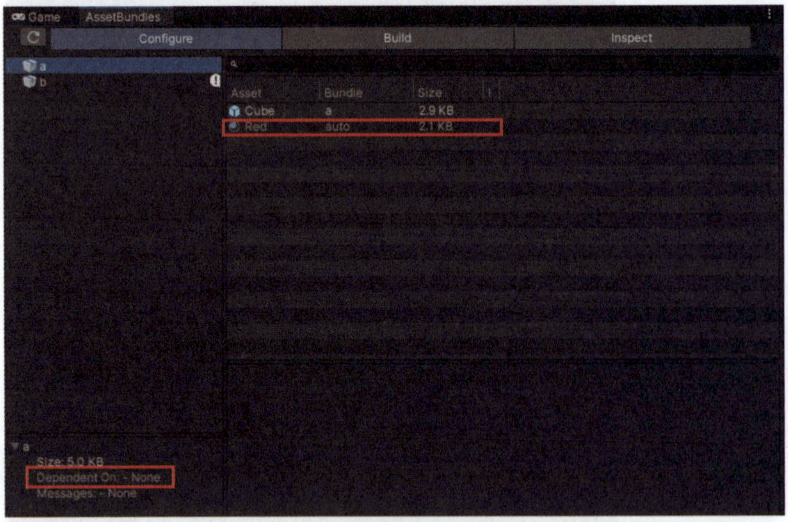

图 10-28

如果将材质球的分组移除，也就是设置为 None，刷新 AssetBundles 窗口后可以看到 a 组不再依赖 b 组，并且 a 组中会增加 Red 资源，但是背景色更暗，如图 10-28 所示。

以上信息说明，AB 包中的资源如果依赖非本 AB 包的资源，如果被依赖的资源在其他 AB 包中，则对其进行依赖，如果被依赖的资源不在其他 AB 包中，则将其包含进此 AB 包。

为了方便后续的讲解，我们将 Red 材质球重新设置为 b 组，还原 a 组对 b 组的依赖。

3. 构建 AssetBundle

AB 包的具体文件需要通过构建得到，可以通过 AssetBundles 窗口来完成，切换到 Build 选项卡，如图 10-29 所示。

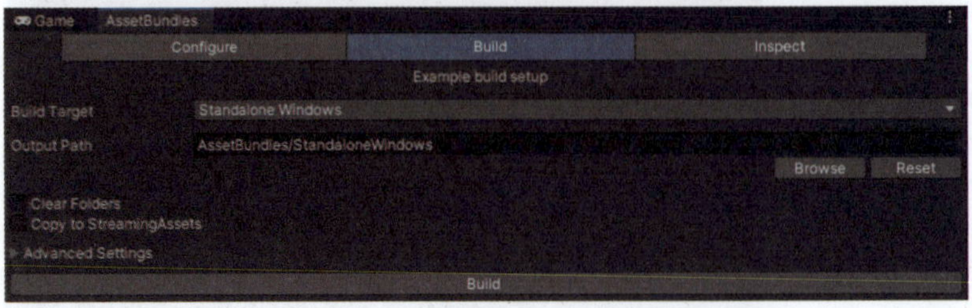

图 10-29

Build 选项卡中的主要设置如下。

（1）Build Target：目标平台，AB 包需要为特定平台构建。

（2）OutputPath：生成的 AB 包的路径，此路径为相对路径（基于项目根目录，也就是与 Assets 目录同级）。

（3）Browse：选择 OutputPath 路径。

（4）Reset：重置为默认设置。

（5）Clear Folders：构建时删除已有文件，避免文件残留。

（6）Copy to StreamingAssets：复制到 StreamingAssets 文件夹下，这是一个特殊的文件夹，稍后在“加载 AssetBundle”部分会有相关介绍。

保持默认设置直接单击 Build 按钮，然后根据 OutputPath 属性指向的路径可以看到如图 10-30 所示的文件。

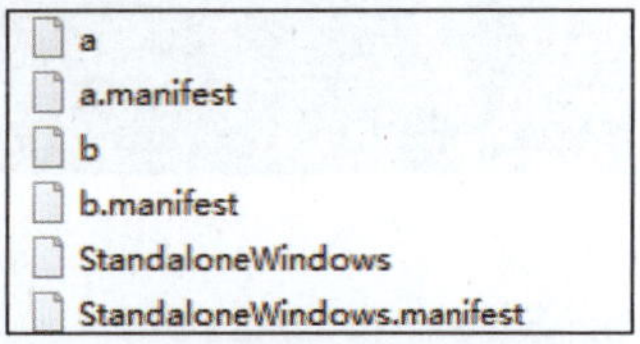

图 10-30

由于没有为 AB 包设置扩展名，因此没有扩展名的文件就是 AB 包资源文件。.manifest 文件是 AB 包的信息文件，包含了资源列表、依赖等信息，需要和 AB 包资源文件同时使用，打开后可以看到信息，如图 10-31 所示。

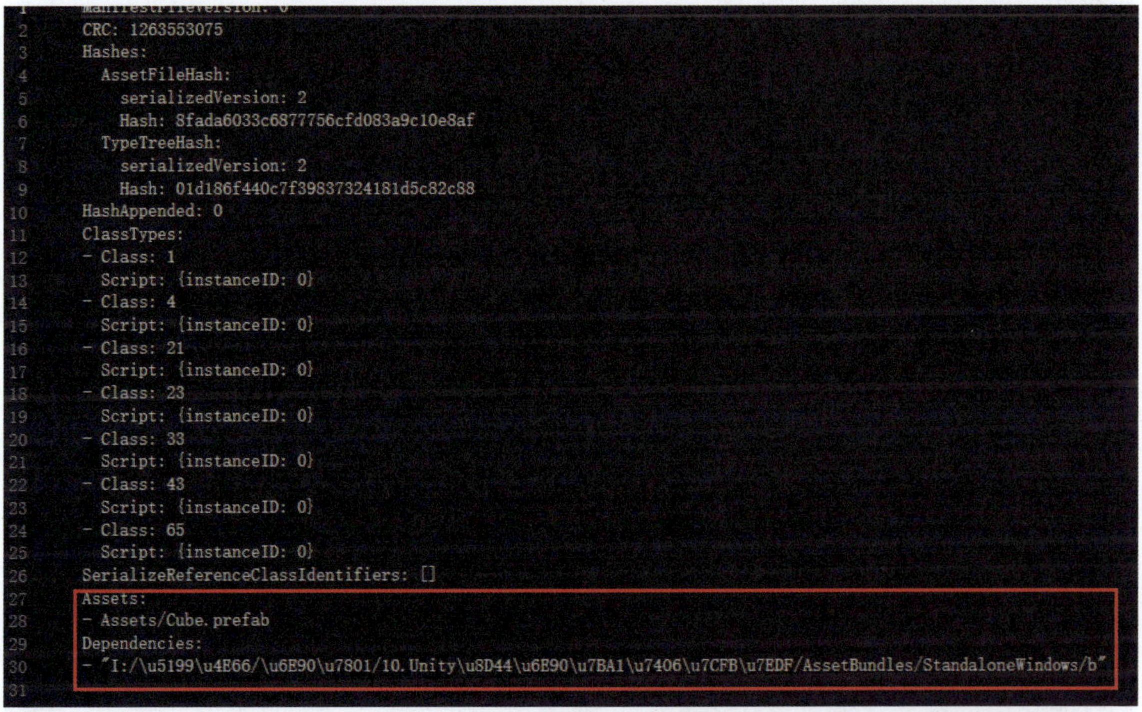

```
ManifestFileVersion: 0
CRC: 1263553075
Hashes:
  AssetFileHash:
    serializedVersion: 2
    Hash: 8fada6033c6877756cfd083a9c10e8af
  TypeTreeHash:
    serializedVersion: 2
    Hash: 01d186f440c7f39837324181d5c82c88
HashAppended: 0
ClassTypes:
- Class: 1
  Script: {instanceID: 0}
- Class: 4
  Script: {instanceID: 0}
- Class: 21
  Script: {instanceID: 0}
- Class: 23
  Script: {instanceID: 0}
- Class: 33
  Script: {instanceID: 0}
- Class: 43
  Script: {instanceID: 0}
- Class: 65
  Script: {instanceID: 0}
SerializeReferenceClassIdentifiers: []
Assets:
- Assets/Cube.prefab
Dependencies:
- "I:/\u5199\u4E66/\u6E90\u7801/10.Unity\u8D44\u6E90\u7BA1\u7406\u7CFB\u7EDF/AssetBundles/StandaloneWindows/b"
```

图 10-31

我们并没有设置名为 StandaloneWindows 的 AB 包分组，并且很明显这是一个平台名称。实际上它是 OutputPath 路径中目标文件夹的名称，其中存放的是其他 AB 包之间的依赖关系，一般被称为主包。

4. 查看 AssetBundle

AssetBundles-Browser 可以用来查看 AB 包中的信息，切换到 Inspector 窗口后，可以看到目前项目中已有的 AB 包。如果要查看的 AB 包不在项目中，则可以通过 Add File 按钮或 Add Folder 按钮来添加。选择一个 AB 包后，在右侧可以看到这个 AB 包包含哪些资源，以及其对其他 AB 包的依赖，如图 10-32 所示。

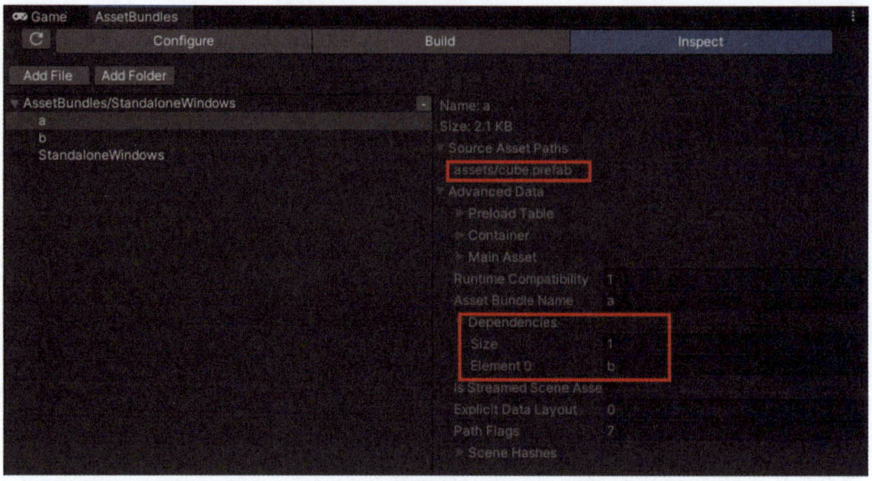

图 10-32

5. StreamingAssets

游戏运行后，AB 包可以来自本机，也可以通过网络下载。无论 AB 包来自哪里，只要最终能获取到 AB 包文件即可加载。如果我们制作的是单机游戏，则会希望 AB 包跟随游戏安装包一起被安装到玩家的计算机中，但是我们需要一个保存方式和读取方式。

与 Resources 文件夹类似，Unity 中有另外一个特殊的名为 StreamingAssets 的文件夹，该文件夹的特点是，StreamingAssets 文件夹下的任何资源都会以原样的方式进行打包，也就是 Unity 不会对其做任何更改。Unity 在打包时会对音频、图片、视频等资源文件进行更改，这可能是由于目标平台对格式有要求或开发者有相关设置，如设置音频文件为单声道、限制图片最大尺寸等。

StreamingAssets 文件夹中的脚本文件不会被编译，也就是相当于其不存在，但不建议在该文件中存放脚本文件。

StreamingAssets 文件夹在游戏运行时是只读的，也就是不能将新文件写入到该文件夹中，所以 StreamingAssets 文件夹不适用于游戏存档这类功能。

单机游戏普遍会将 AB 包放在 StreamingAssets 文件夹中，所以 AssetBundles 窗口中会具备 Copy to StreamingAssets 属性。选中该复选框后再次打包即可观察到效果。StreamingAssets 自动创建了 StreamingAssets 文件夹并将 AB 包文件复制到其中，这里的名称一致是因为在 Project 窗口中隐藏了文件扩展名，如图 10-33 所示。

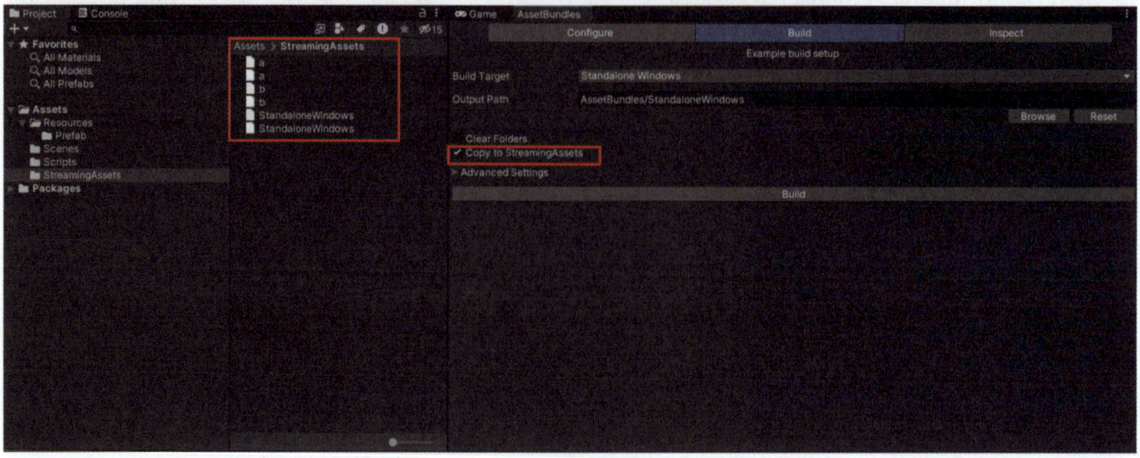

图 10-33

6. 加载 AssetBundle

编写代码，将脚本文件挂载到任意场景中的游戏对象，如图 10-34 所示。

```
using UnityEngine;

Unity 脚本(1 个资产引用)|0 references
public class LoadAssetBundle : MonoBehaviour
{
    // 两个AB包的分别路径
    public string aABFilePath = "a";
    public string bABFilePath = "b";
    public string prefabName = "Cube";
    Unity 消息|0 references
    void Start()
    {
        // 加载两个AB包
        AssetBundle aAB = AssetBundle.LoadFromFile($"{Application.streamingAssetsPath}/{aABFilePath}");
        AssetBundle bAB = AssetBundle.LoadFromFile($"{Application.streamingAssetsPath}/{bABFilePath}");
        // 加载A包中的Cube 预制体
        GameObject prefab = aAB.LoadAsset<GameObject>(prefabName);
        // 实例化这个预制体
        GameObject.Instantiate(prefab);
    }
}
```

图 10-34

如果没有加载 B 包，则会出现材质丢失的效果，如图 10-35 所示。这是因为预制体依赖 B 包中的材质资源，但是 B 包并没有被加载到游戏中，所以材质丢失。可以先加载 A 包，再加载 B 包，只要在加载预制体时所依赖的 B 包已经被加载即可，没有前后顺序的强制要求，但是出于习惯，一般还是会先加载依赖的资源。

图 10-35

AB 包的卸载逻辑如图 10-36 所示。这里我们如果按下 W 键，则 Cube 会被销毁，并且 Unity 会认为加载的 A 包和 B 包都无效了，所以将其一起卸载。

```
using UnityEngine;
Unity 脚本(1 个资产引用)|0 references
public class LoadAssetBundle : MonoBehaviour
{
    // 两个AB包的分别路径
    public string aABFilePath = "a";
    public string bABFilePath = "b";
    public string prefabName = "Cube";
    private AssetBundle aAB;
    private AssetBundle bAB;
    private GameObject cubeInstance;
    Unity 消息|0 references
    void Start()
    {
        // 加载两个AB包
        aAB = AssetBundle.LoadFromFile($"{Application.streamingAssetsPath}/{aABFilePath}");
        bAB = AssetBundle.LoadFromFile($"{Application.streamingAssetsPath}/{bABFilePath}");
        // 加载A包中的Cube 预制体
        GameObject prefab = aAB.LoadAsset<GameObject>(prefabName);
        // 实例化这个预制体
        cubeInstance = GameObject.Instantiate(prefab);
    }
    Unity 消息|0 references
    private void Update()
    {
        if (Input.GetKeyDown(KeyCode.W))
        {
            Destroy(cubeInstance);
            // 是否卸载已经加载的对象
            //  True:也就是不只是卸载AB包，通过AB包加载的资源对象也会全部被卸载
            //  Flase:只是是卸载AB包，通过AB包加载的资源对象不会被卸载
            bool unloadAllLoadedObjects = true;

            // 卸载某个包
            aAB.Unload(unloadAllLoadedObjects);
            bAB.Unload(unloadAllLoadedObjects);

            // 卸载全部AB包
            AssetBundle.UnloadAllAssetBundles(unloadAllLoadedObjects);
        }
    }
}
```

图 10-36

目前的依赖关系是人为处理的，也就是我们知道 A 依赖 B，所以我们加载了 A 和 B 两个 AB 包，但是在实际开发中，包与包之间的依赖关系非常复杂，我们需要一种“自动”的机制，这就需要用到主包。由于在构建时 Output Path 属性值被设置为 AssetBundles/StandaloneWindows，所以主包名称为 StandaloneWindows，可以加载这个包来获取其中的关键信息 AssetBundleManifest，如图 10-37 所示。

```
using UnityEngine;
Unity 脚本(1 个资产引用)|0 references
public class LoadAssetBundle : MonoBehaviour
{
    // 两个AB包的分别路径
    public string aABFileName = "a";
    public string bABFileName = "b";
    public string mainABFileName = "StandaloneWindows";
    public string prefabName = "Cube";
    private AssetBundle aAB;
    private AssetBundle bAB;
    private GameObject cubeInstance;
    Unity 消息|0 references
    void Start()
    {
        Load2();
    }
    0 references
    private void Load1()[...]
    1 reference
    private void Load2()
    {
        // 加载主包
        AssetBundle mainAB = AssetBundle.LoadFromFile($"{Application.streamingAssetsPath}/{mainABFileName}");
        // 加载AssetBundleManifest
        AssetBundleManifest manifest = mainAB.LoadAsset<AssetBundleManifest>("AssetBundleManifest");
        // 通过AssetBundleManifest可以获取某一个AB包所依赖的其他包,参数填写AB包名称而不是路径
        string[] dependencies = manifest.GetAllDependencies(aABFileName);
        // 遍历需要的依赖包，也做加载
        foreach (string abName in dependencies)
        {
            Debug.Log($"加载的依赖包的名称为:{abName}");
            AssetBundle.LoadFromFile($"{Application.streamingAssetsPath}/{abName}");
        }
        // 依赖包已经全部加载完成，现在加载A包
        aAB = AssetBundle.LoadFromFile($"{Application.streamingAssetsPath}/{aABFileName}");
        // 加载A包中的Cube 预制体
        GameObject prefab = aAB.LoadAsset<GameObject>(prefabName);
        // 实例化这个预制体
        cubeInstance = GameObject.Instantiate(prefab);
    }
```

图 10-37

第 11 章　Unity 的 UI 系统

绝大多数的游戏都具备 UI 元素，如分数、血条、背包、商店，以及手机游戏上的虚拟摇杆等。在游戏开发领域，UI 的一个典型表现就是它一般是被锁定在屏幕上的，如将 UI 锁定在屏幕的左上角以显示玩家的当前得分。但是这并不是绝对的，部分游戏基于创意存在具有 3D 空间感的 UI，如 3D 游戏中的开门功能，在门锁附近可能有一个固定的“F 键开门”提示，这个提示元素并不是锁定在屏幕上的，而是具有 3D 物体的表现。

在大多数情况下 UI 使用的是 2D 素材，其主要由文本和图片组成。但是游戏开发者的创意不会仅限于此，他们完全可以编制由 3D 模型组成的 UI。本章主要讨论常见的 2D UI 形式。

本章学习要点

- Text 组件
- Image 组件
- Button 组件
- Canvas 相关组件
- UI 布局
- UI 事件

11.1　Text 组件

UI 也是以游戏对象加组件的形式出现的，不同的是，UI 需要一个名为 Canvas 的特殊根游戏对象。Canvas 的详细内容将在 11.4 节中进行讲解。

创建 Canvas 游戏对象的方式为，在 Hierarchy 窗口中右击，在弹出的快捷菜单中选择 UI→Canvas 命令，如图 11-1 所示。同时被创建的还有一个 EventSystem，EventSystem 是用于处理 UI 的各种交互事件的，详细内容将在 11.6 节中进行讲解。

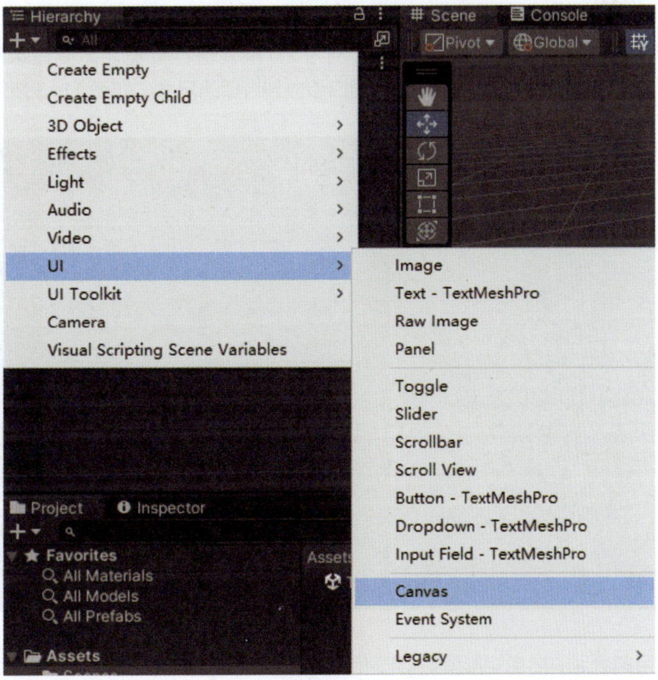

图 11-1

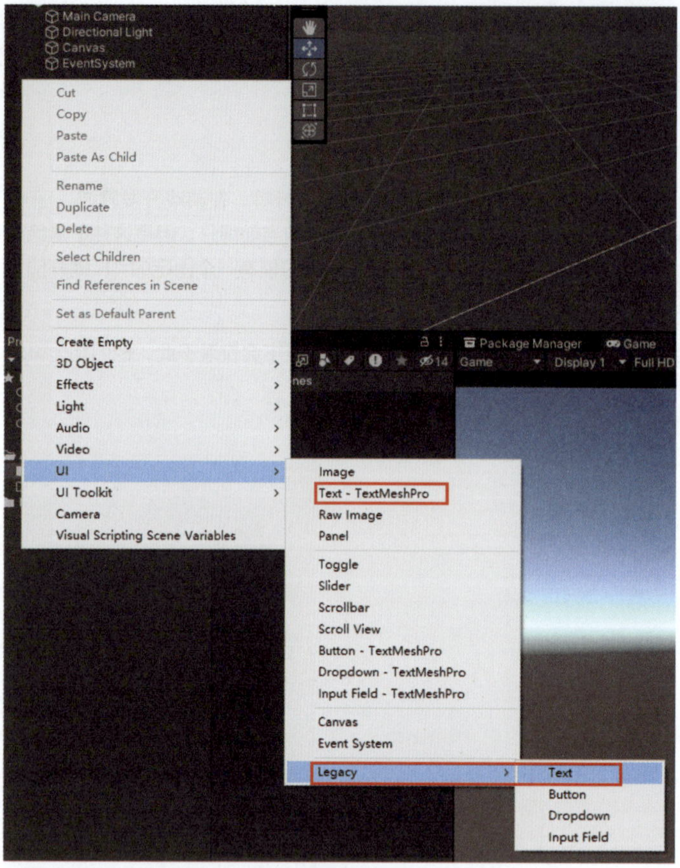

图 11-2

Canvas 是 UI 的根游戏对象，也就是其他 UI 游戏对象的容器，其他的 UI 组件需要设置为 Canvas 游戏对象的子游戏对象，也可以是其子游戏对象的子游戏对象。选中 Canvas 游戏对象后右击，在弹出的快捷菜单中选择 UI 命令，在三级菜单中选择具体的 UI 对象类型即可创建 UI 对象。如果没有选中 Canvas 游戏对象而直接创建 UI 游戏对象，则 Unity 会默认将 UI 游戏对象的父游戏对象设置为当前场景中的 Canvas 游戏对象。由于同一个场景中允许存在多个 Canvas 游戏对象，所以选中某个 Canvas 游戏对象再添加 UI 游戏对象，有指定 Canvas 游戏对象的作用。

在 UI 菜单中有两个 Text 类型，Text-TextMeshPro 是新版的文本解决方案，在使用思路上两者差异并不大，建议初学者学习 Legacy 子菜单中的 Text。编者在大多数项目中依然使用的是 Text 而不是 Text-TextMeshPro，如图 11-2 所示。

UI 是 2D 的，将 Scene 窗口调整为 2D 模式进行预览。需要注意的是，UI 的比例与 3D 游戏对象的比例不同，在 Scene 窗口中使用鼠标滚轮将窗口缩放到合适的尺寸，如图 11-3 所示。

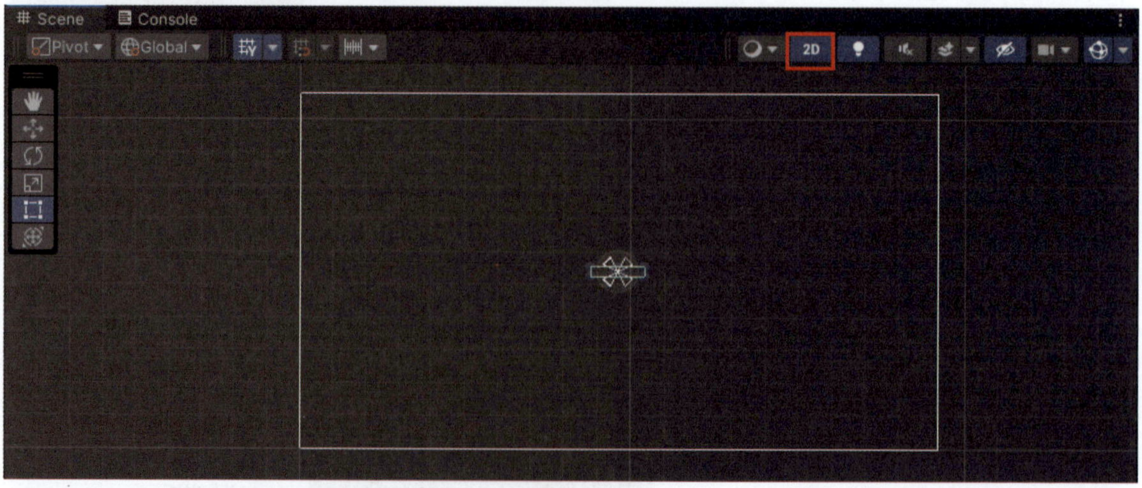

图 11-3

目前看到的白色矩形就是 UI 的范围，该尺寸与 Game 窗口的尺寸设置有关，设置 Game 窗口中的尺寸会影响 UI 的比例和尺寸，这个白色矩形实际上就是 Canvas，如图 11-4 所示。

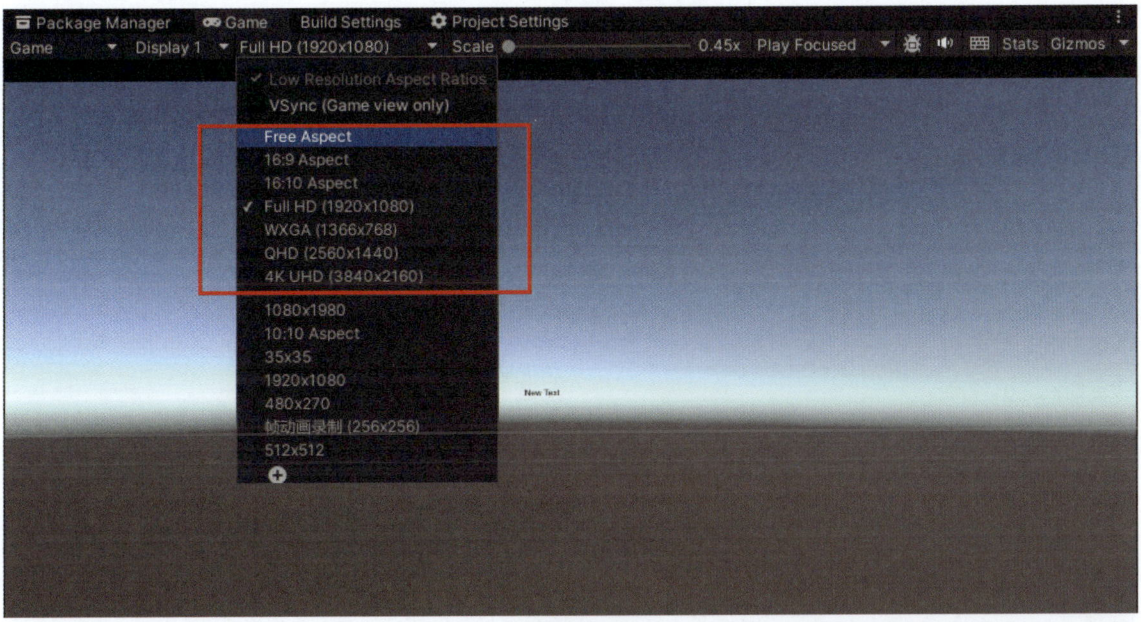

图 11-4

游戏中往往存在大量的文本信息，这些文本信息都可以使用 Text 来显示。

选择 Text 后会发现，它的 Inspector 窗口与常规的游戏对象不同，它具备一个名为 Rect Transform 的组件。Rect Transform 是 Transform 的派生类（子类），是 UI 特有的组件。关于 Rect Transform 组件的详细内容将在 11.5 节中展开讲解。目前可以观察到的是 Text 具备 Pos X、Pos Y、Pos Z 三个类似 Position 属性的属性，以及特有的 Width 属性和 Height 属性，如图 11-5 所示。

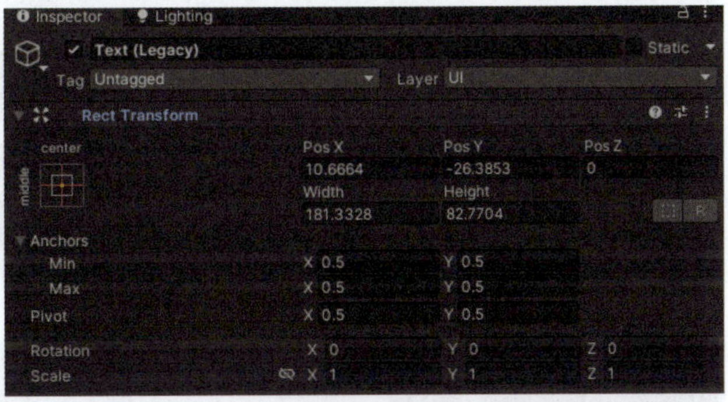

图 11-5

选择 UI 游戏对象后，在 Scene 窗口中，矩形工具被默认选中，通过矩形工具可以修改 UI 游戏对象的 Rect Transform 组件的坐标和尺寸。但是对 Text 来说，Rect Transform 组件的尺寸并不会影响文本的字号，文本要通过 Text 组件来设置，如图 11-6 所示。

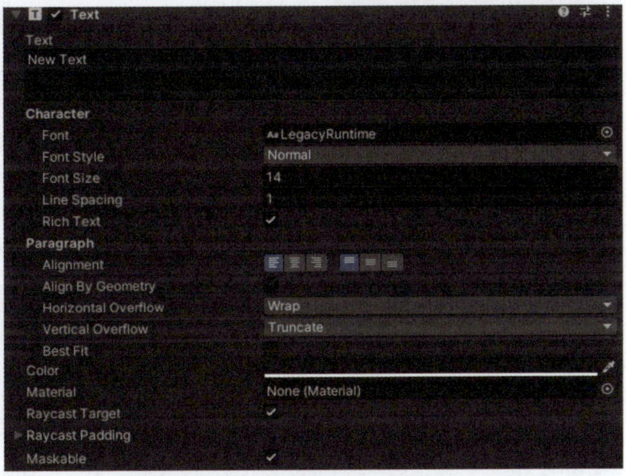

图 11-6

Text 组件的主要属性如下。

1. Character

Text：显示的文本，支持使用回车键进行换行，在默认情况下文本超出限定范围也会换行。

Font：字体，在将具体的字体文件导入 Project 窗口后才能进行选择。

Font Style：加粗、倾斜等。

Font Size：字号。

Line Spacing：行距。

Rich Text：富文本，如 <color=#FF0000>Hello</color><color=#00FF00>World</color>，Hello 为红色，World 为绿色。

2. Paragraph

Alignment：水平方向与垂直方向的对齐方式。

Horizontal Overflow：水平方向下当文本超出限定范围时，Wrap 表示不显示超出的部分，Overflow 表示显示超出的部分。设置为 Wrap 后会导致文本在显示上不进行默认换行，仅能通过在 Text 组件中的指定位置按回车键换行。

Vertical Overflow：垂直方向下当文本超出限定范围时，Truncate 表示不显示超出的部分，Overflow 表示显示超出的部分。

如果需要通过代码修改 Text 组件的文本内容或样式，则和其他组件一样，在获取组件的引用后直接修改其属性即可。

11.2 Image 组件

另外一个非常常用的组件就是 Image，它用于显示 UI 中的图片，其创建方式和 Text 组件一样，选择 Canvas 游戏对象并右击，在弹出的快捷菜单中选择 UI → Image 命令，Image 组件如图 11-7 所示。

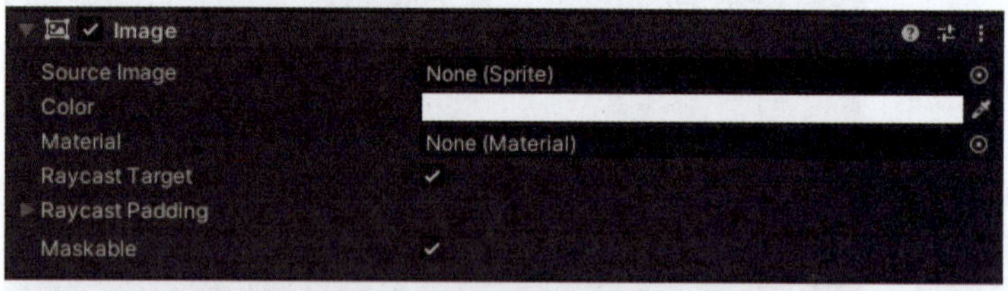

图 11-7

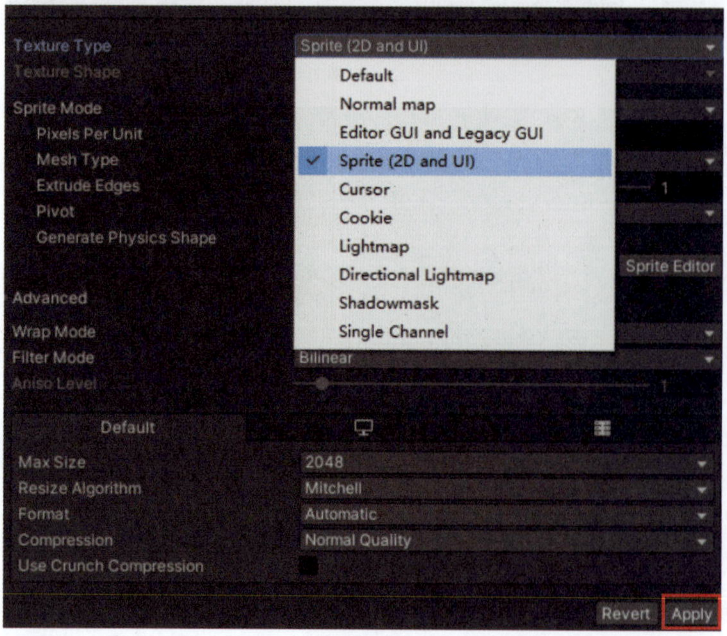

图 11-8

Image 组件的尺寸受 Rect Transform 组件中 Width 属性和 Height 属性的影响，所以其中并没有与尺寸设置相关的属性。Image 组件的主要属性如下。

（1）Source Image：要显示的图片，格式为 Sprite（精灵）。

（2）Color：图片的颜色，在原本图片的颜色的基础上以叠加的形式生效，如果设置为白色，则不影响图片。

Image 组件的 Source Image 属性仅仅是一个在 Unity 编辑器中显示的名称，在脚本中其实际的名称为 Sprite，所以在脚本中访问或修改时要使用 image.sprite 而不是 image.SourceImage。这里较为特殊的是其格式为 Sprite，这个名称和游戏行业的发展有一定的关系，当下可以认为 UI 中的所有图片都是 Sprite。那么如何获得一个 Sprite 呢？随意导入一张图片到 Project 窗口中，选中该图片然后观察 Inspector 窗口，将其 Texture 属性值设置为 Sprite（2D and UI）。如果要使图片的设置生效，则需要单击右下角的 Apply 按钮，如图 11-8 所示。

将图片设置为 Sprite 格式后，下方还有一些常用的 Sprite Model 属性可以设置，其中最常用的是 Single 选项和 Multiple 选项，Single 表示一张图片就是一个 Sprite，Multiple 表示一张图片可以拆分为多个 Sprite。

在 Single 模式下，Sprite 的中心点设置如图 11-9 所示。除了默认的方向，如果选择 Custom 选项，则可以输入自定义的中心点坐标，如水平和垂直方向都居中需要输入（0.5，0.5）。

在 Single 模式下，图片的比例受 Image 组件所在 Rect Transform 组件中 Width 属性和 Height 属性的影响。单击 Image 组件中的 Set Native Size 按钮，将 Rect Transform 组件的 Width 属性和 Height 属性分别设置为图片的宽度和高度，此举可以避免人工计算比例关系，如图 11-10 所示。

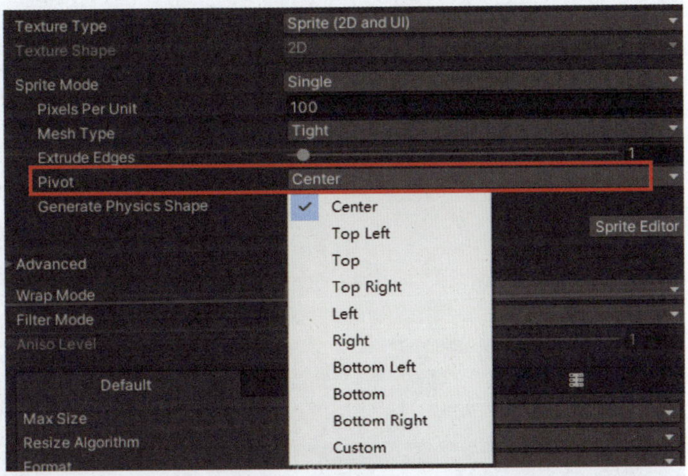

图 11-9

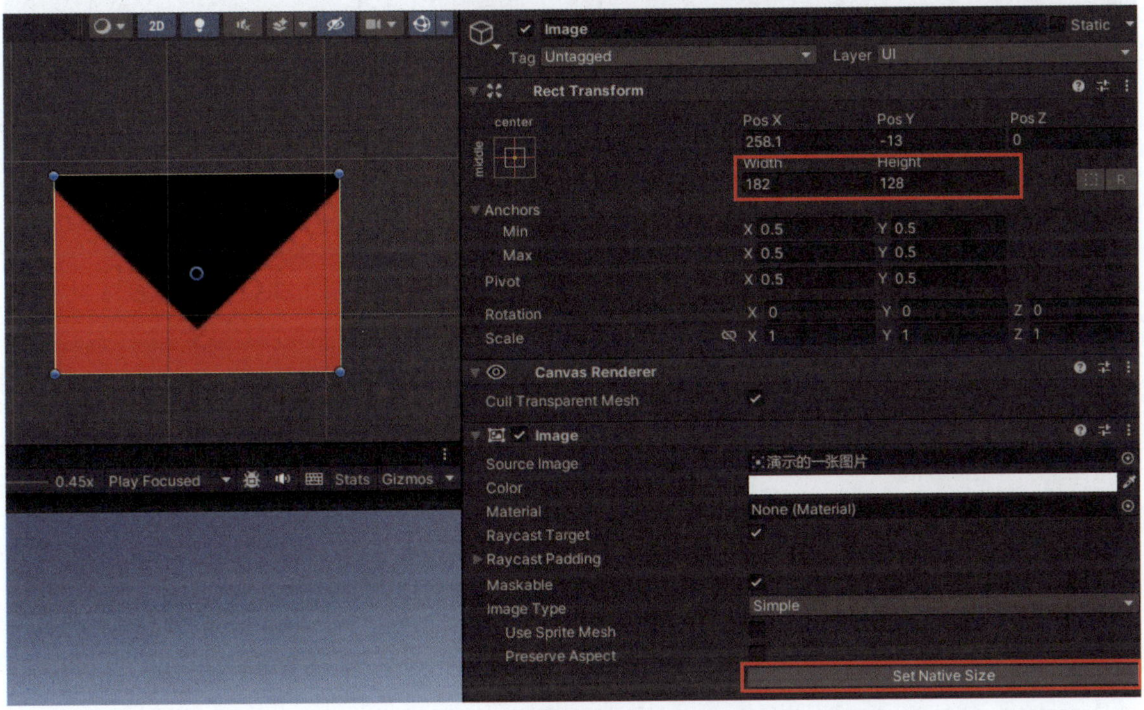

图 11-10

Multiple 模式比较特别，素材的制作者出于性能及资源管理的考虑，可能会将多个 UI 图片元素设计在一个图片上，在这种情况下我们就需要使用 Multiple 模式并拆分图片。

将图片拆分为多个 Sprite 需要安装相关的包，在 Package Manager 窗口中选择 Unity Registry 选项后找到 2D Sprite 选项并安装即可，如图 11-11 所示。

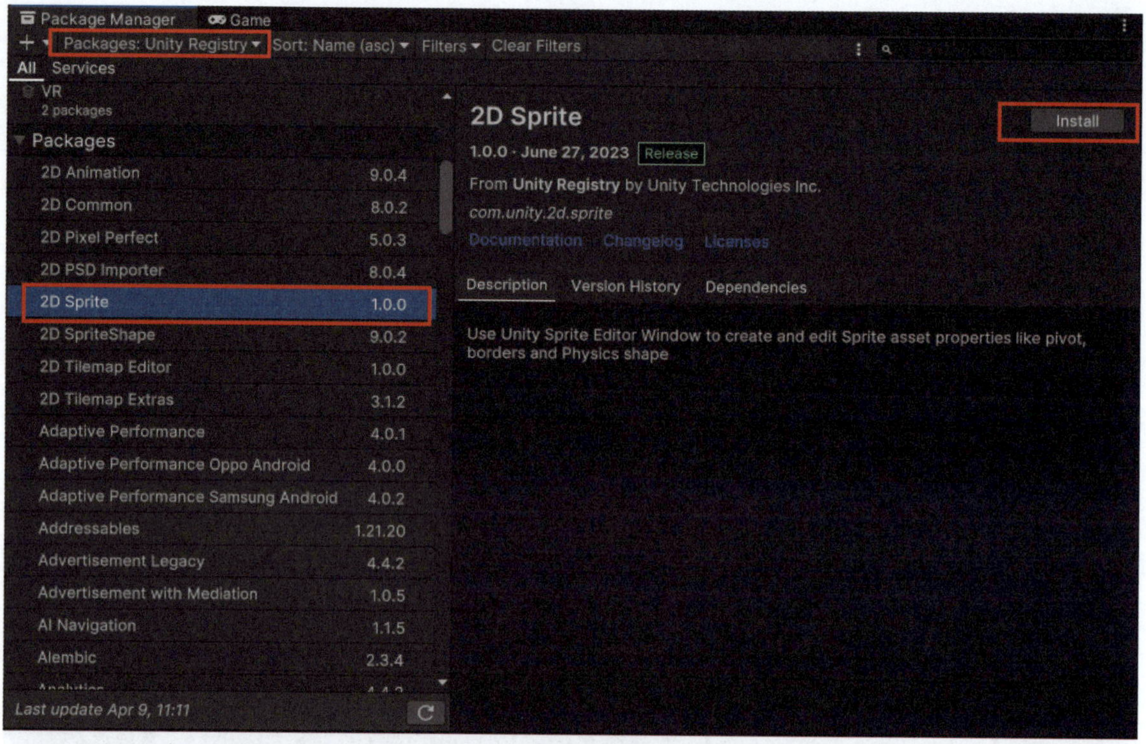

图 11-11

安装完成后，在 Project 窗口中选择一个图片资源，在 Inspector 窗口中将其 Sprite Model 属性值设置为 Multiple，单击 Sprite Editor 按钮，如图 11-12 所示。

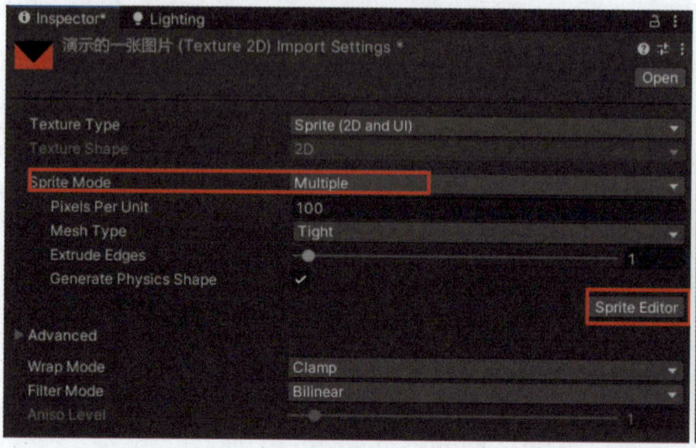

图 11-12

此时打开 Sprite Editor 窗口来对 Sprite 进行编辑，这里主要会使用该窗口中的 Slice 功能。单击 Slice 按钮后会出现下拉列表，如图 11-13 所示。

图 11-13

Slice 下拉列表中的 Type 属性决定了切割 Sprite 的方式。

（1）Automatic：自动切割，要求图片中各 Sprite 之间是透明且不粘连的，也就是说，如果图片某一个元素四周都是透明的，则这个元素会被单独切割为一个 Sprite。如果选择此选项，则图片中各 Sprite 的位置可以不规则，尺寸也可以不相同。

（2）Grid By Cell Size：通过尺寸切割，就是设置每一个 Sprite 的固定尺寸。如果选择此选项，则图片中各 Sprite 的位置规则，尺寸也需要相同。

（3）Grid By Cell Count：通过数量切割，将图片按照行列切割成尺寸相同的多个 Sprite，尺寸是根据图片总尺寸和行列数量推测而来的。

不同的 Type 选项对应不同的设置。Grid By Cell Size 选项需要设置 Sprite 的尺寸，Grid By Cell Count 选项需要设置行列数量。这里选择 Grid By Cell Count 选项，将 Column & Row 属性值设置为（2，2），即两行两列，将 Pivot 属性值设置为 Center，也就是 Sprite 的中心点位于 Center，设置完成后单击 Slice 按钮即可完成切割，如图 11-14 所示。

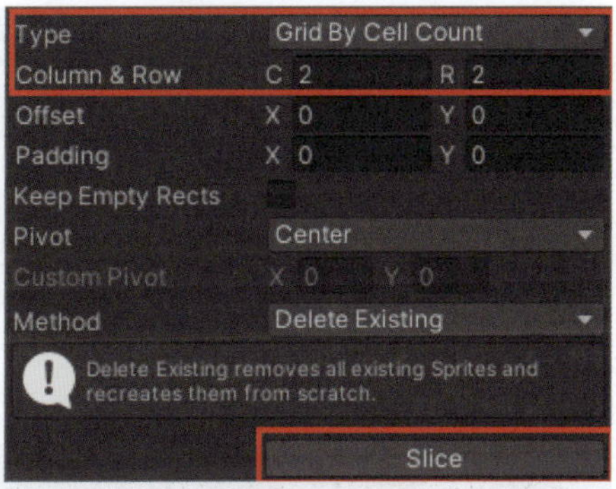

图 11-14

成功切割后，在 Sprite Editor 窗口中可以选择切割后的 Sprite 并查看其属性，可以发现 Sprite 实际上是定义了一个矩形及其在图片中的位置，中心点也可以在此处重新设置，如图 11-15 所示。

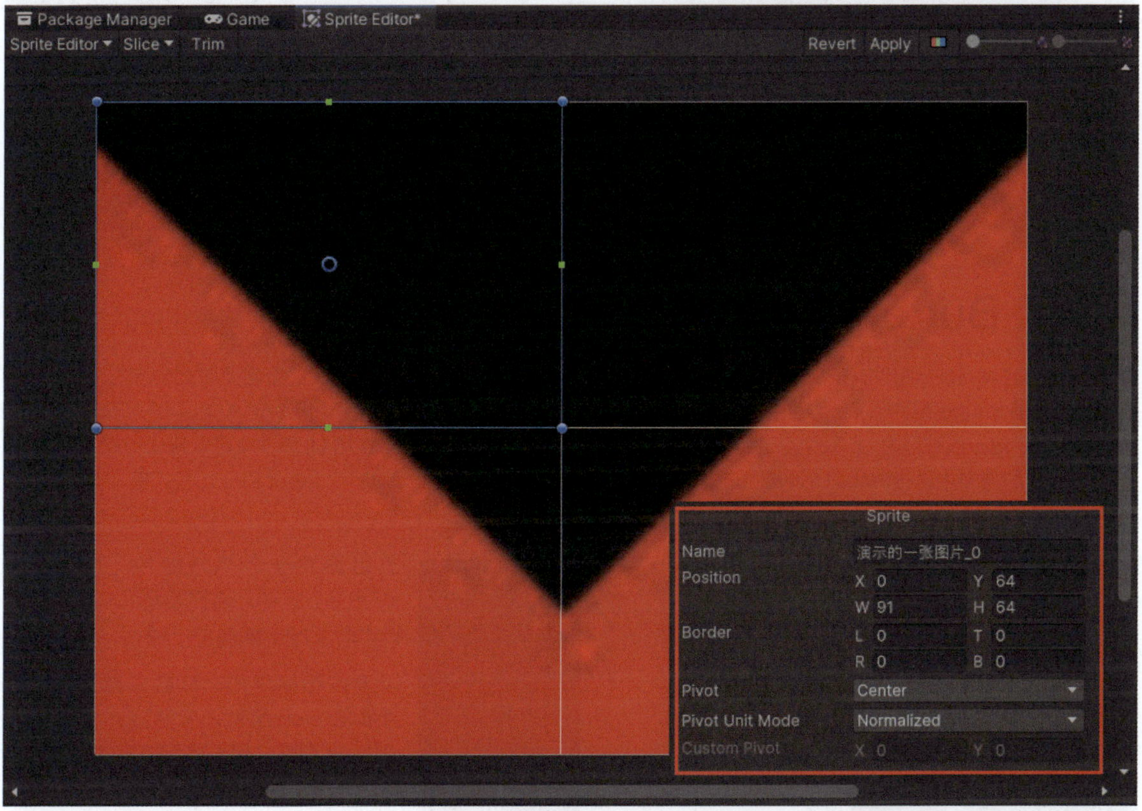

图 11-15

此时对于 Sprite 的切割并没有保存，单击右上角的 Apply 按钮即可应用当前的设置，如图 11-16 所示。

图 11-16

如果之后对当前 Sprite 的切割并不满意，则可以通过上述方法重新进入 Sprite Editor 窗口中进行设置。

在 Project 窗口中可以看到图片有多个 Sprite，如图 11-17 所示。

图 11-17

可以将某一个具体的 Sprite 拖动到 Image 组件中的 Source Image 属性框中，会发现此时仅显示了切割后的这一个 Sprite，如图 11-18 所示。

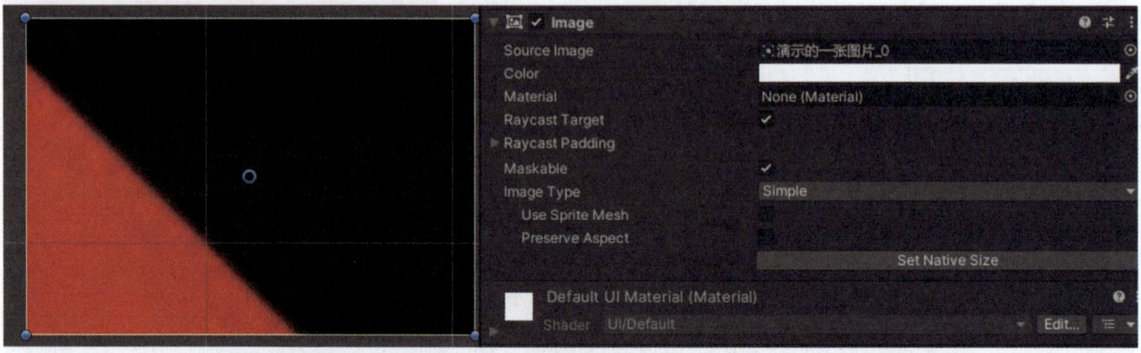

图 11-18

11.3 Button 组件

Button 组件也就是按钮组件，按钮是非常常见的交互工具。按钮一般以一个图片为背景，上面使用文字标注这个按钮的作用，也就是 Image 组件和 Text 组件的组合。单击按钮后会发生一些事情，或者鼠标指针进入或退出按钮范围时会发生一些事情，这一般被称为 UI 事件。在 UI 中其实仅需要 Image 组件、Text 组件和 UI 事件就可以完成所有 UI 功能，UI 事件将在 11.6 节中进行讲解。Unity 为我们提供了一些较为常用的功能，如 Button、Input Field（输入框）、Slider（滑块）等。

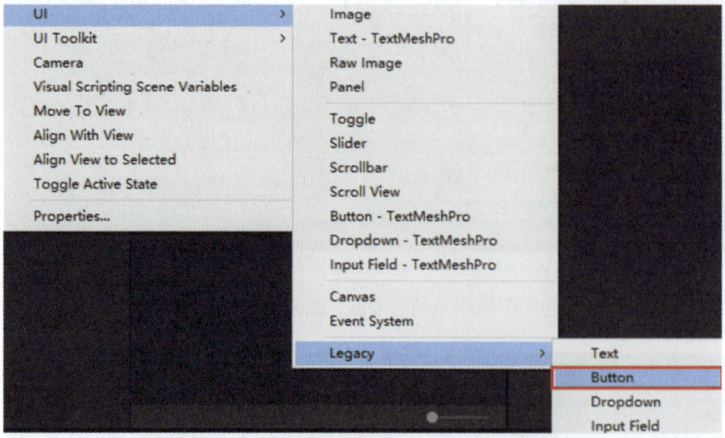

图 11-19

图 11-20

按钮需要一个 Text 组件，而 Text 组件有两个版本。选择 Legacy 菜单中的 Button 命令，如图 11-9 所示。

观察按钮的组成，其自身有 Image 组件和 Button 组件，子游戏对象包含一个 Text 组件，用于显示按钮的文本，如图 11-20 所示。

如果要修改按钮文本的内容、样式，则可以直接修改其子游戏对象的 Text 组件。如果要修改按钮的图片，则可以修改其自身的 Image 组件。而 Button 组件的作用在于设定与玩家交互时应该做什么。这里有两个方向：一个是修改自身样式以增强交互感，如单击时 Image 组件会有颜色变化；另一个是单击后可能会触发游戏逻辑，如单击“开始游戏”按钮进入游戏。

我们可以在 Inspector 窗口中通过 Transition 属性设置 Button 组件与用户交互时的变换方式，其默认值为 Color Tint。

（1）None：不变化。

（2）Color Tint：图片颜色变化。

（3）Sprite Swap：切换图片的 Sprite，也就是换一张背景图片。

（4）Animation：触发 Animator 组件的 Trigger。

Transition 类型决定了按钮以什么方式进行状态变化，按钮有以下状态。

（1）Normal：默认的状态。

（2）Highlighted：突出（高亮）时的状态。

（3）Pressed：按下时的状态。

（4）Selected：选中时的状态。

（5）Disable：禁用时的状态，其触发条件是取消勾选 Interactable 复选框。

建议读者修改目前 Button 组件上的颜色来测试每种状态对应的颜色。Interactable 属性用于设置按钮是否生效。

按钮的核心意义是检测单击行为，Button 组件提供了两种方式，一种是在 Inspector 窗口中直接设置，另外一种是通过脚本文件。首先尝试通过 Inspector 窗口设置，Button 组件中有一个 On Click 区域，这里决定了当按钮被单击时会触发哪些行为，单击 + 按钮后会新建一个要触发的行为，如图 11-21 所示。

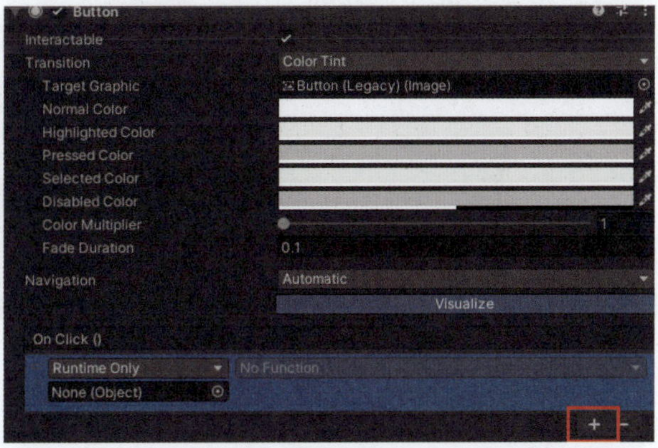

图 11-21

这里的配置思路是“调用一个游戏对象上的一个组件的一个行为”，这个行为可能是运行某函数，也可能是修改组件的某项属性，这里调用了 Text（Legacy）游戏对象上 Text 组件的 text 属性，将其修改为“你被修改了”。这里的配置方法就是先将 Text（Legacy）游戏对象拖入属性框，再选择其 Text 组件中的 text 属性，最终填入属性值，如图 11-22 所示。

图 11-22

运行游戏后，如果单击按钮，则会修改指定的 Text 文本，理论上仅依赖此机制也可以完成全部的按钮逻辑，但有时开发者希望自己决定什么时机绑定什么按钮事件，或者结合使用两种事件设置方式。

在按下 A 键时监听了一个 OnButtonClick 事件，在按下 B 键时取消了对这个事件的监听，在按下 C 键时取消对全部事件的监听，但是注意这里的取消监听不影响在 Button 组件 Inspector 窗口中的设置，如图 11-23 所示。

```
using UnityEngine;
using UnityEngine.UI;

Unity 脚本|0 references
public class TestButton : MonoBehaviour
{
    private Button button;
    Unity 消息|0 references
    void Start()
    {
        button = GetComponent<Button>();
    }

    Unity 消息|0 references
    void Update()
    {
        if (Input.GetKeyDown(KeyCode.A))
        {
            button.onClick.AddListener(OnButtonClick);
        }
        if (Input.GetKeyDown(KeyCode.B))
        {
            button.onClick.RemoveListener(OnButtonClick);
        }
        if (Input.GetKeyDown(KeyCode.C))
        {
            button.onClick.RemoveAllListeners(); // 取消全部监听
        }
    }
    2 references
    private void OnButtonClick()
    {
        Debug.Log("按钮被单击了!");
    }
```

图 11-23

11.4 Canvas 相关组件

UI 不同于一般的游戏对象，我们可以认为一般游戏对象处于一个 3D 世界中，而 UI 处于一个 2D 空间中，这个 2D 空间往往就是我们的屏幕。Canvas 就是用来表示这个 2D 空间的，UI 需要在 Canvas 中才能被正确地渲染和工作。

Canvas 游戏对象上默认存在 3 个组件，分别是 Canvas、Canvas Scaler 和 Graphic Raycaster，如图 11-24 所示。

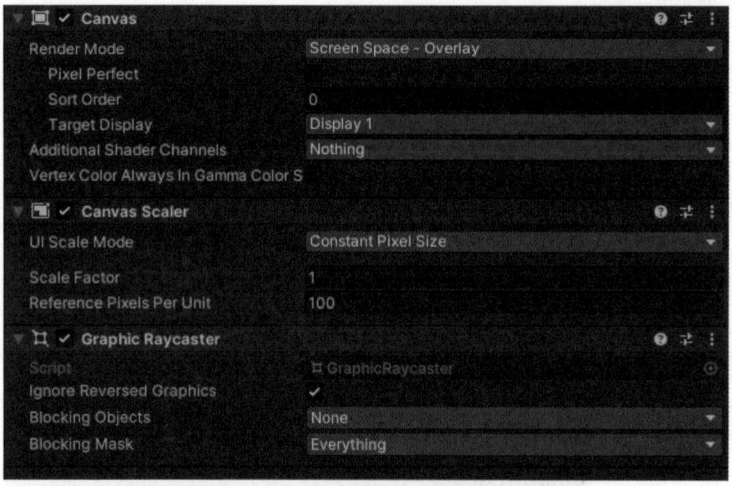

图 11-24

1. Canvas 组件

Canvas 组件的主要的属性是 Render Mode，也就是 UI 的渲染模式，它有以下 3 个选项。

（1）Screen Space - Overlay：覆盖到屏幕上，默认模式。

（2）Screen Space - Camera：基于摄像机，具备近大远小的透视关系特点。

（3）World Space：世界空间，也就是相当于 3D 世界中的一个 2D 面片。

2. Canvas Scaler 组件

Canvas Scaler 组件用于控制 UI 的比例和像素密度，会影响 Canvas 游戏对象下的全部 UI。

（1）UI Scale Mode：缩放模式。

（2）Constant Pixel Size：恒定像素尺寸，只考虑 UI 的尺寸，而不考虑屏幕的尺寸。

（3）Scale With Screen Size：随屏幕缩放，屏幕的尺寸越大，UI 的尺寸越大，此模式更常用。

（4）Constant Physical Size：恒定的物理尺寸，只考虑 UI 的物理尺寸，而不考虑屏幕的尺寸和分辨率。

为了更好地适配屏幕尺寸，使用较多的是 Scale With Screen Size 模式，这种模式有一些关键属性。

（1）Reference Resolution：参考的分辨率，一般设置为一个目标分辨率，如（1920，1080）。

（2）Screen Match Mode：匹配模式，一般选择 Match Width Or Height 选项。

- Match Width Or Height：根据宽度或高度匹配，实际设备比例与 Reference Resolution 不同时画面会出现一些问题。
- Expand：拓展画布，画布会永远大于 Reference Resolution。
- Shrink：剪裁画布，画布会永远小于 Reference Resolution。

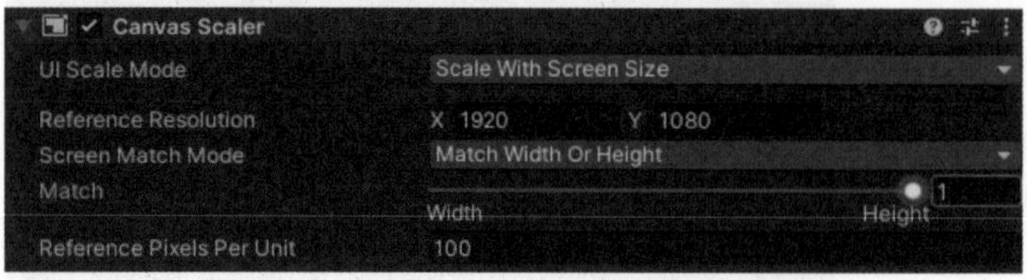

图 11-25

Canvas Scaler 组件主要用于适配工作，但是一般不会只依赖此组件进行适配，编者在大多数情况下会进行如图 11-25 所示设置，因为 PC 端大多数游戏的分辨率都是 1920 像素 ×1080 像素。

3. Graphic Raycaster 组件

Graphic Raycaster 组件是 UI 可以交互的重要前提，其主要属性如下。

（1）Ignore Reversed Graphics：是否忽略 UI 的背面，在大多数情况下我们不会和 UI 的另一面交互，所以默认值为 True。

（2）Blocking Objects：哪些类型的对象会阻挡射线，具有 None、2D、3D、All 等选项，默认值为 None。

（3）Blocking Mask：哪些层的对象会阻挡射线，默认值为 Everything。

阻挡可以理解为玩家原本要单击一个按钮，但是按钮被其他元素遮挡而无法被单击。在大多数情况下这是合理的，因为要单击的元素被挡住了，如很多游戏在打开设置面板后会遮挡住整个游戏，这时单击设置面板后的元素一般是无效的。

11.5 UI 布局

大多数 PC 端游戏的布局比较简单，并且提供多种不同的分辨率，但一般都在可控范围内，如 16:9 的游戏屏幕比例。游戏可以只支持那些合适的分辨率。但在手机上则较为复杂，因为手机游戏以全屏游戏为主，不同厂家、型号的手机可能存在分辨率差异，或者采用非标准屏幕设计，所以 UI 的适配在手机游戏上更具挑战性。

游戏中有一些有迹可循的规则，如角色的头像一直位于左上角、某个图片永远和屏幕保持相同的位置关系和相同的宽度，如图 11-26 和图 11-27 所示。

由于 Canvas Scaler 组件的设置，UI 在相同宽度比下可以正确缩放，保持一致的效果。但是如果宽度比发生变化，则 UI 的适配可能会失效，如图 11-27 所示。

适配其实就是在相同的分辨率下保持一致的效果，对不同的分辨率尽可能保持原本的设计。例如，在图 11-27 中，会希望左上角的图片依然贴在边缘，而下方的图片依然保持与屏幕相同的比例且贴合在边缘。

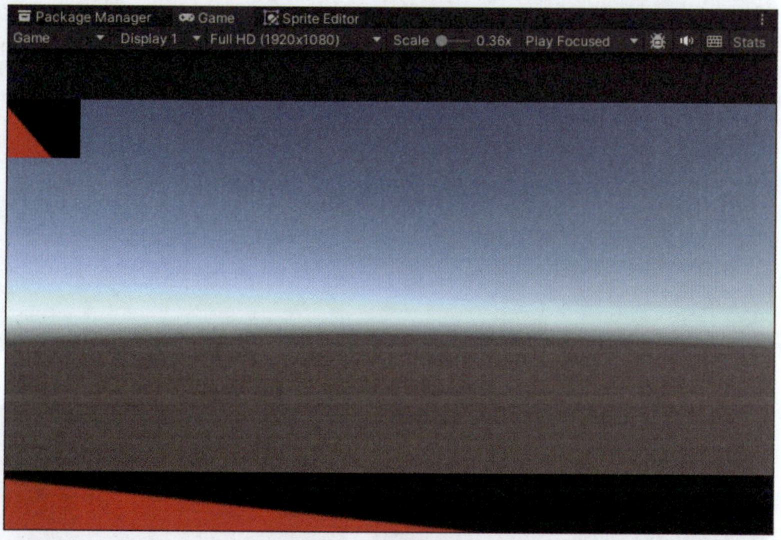

图 11-26

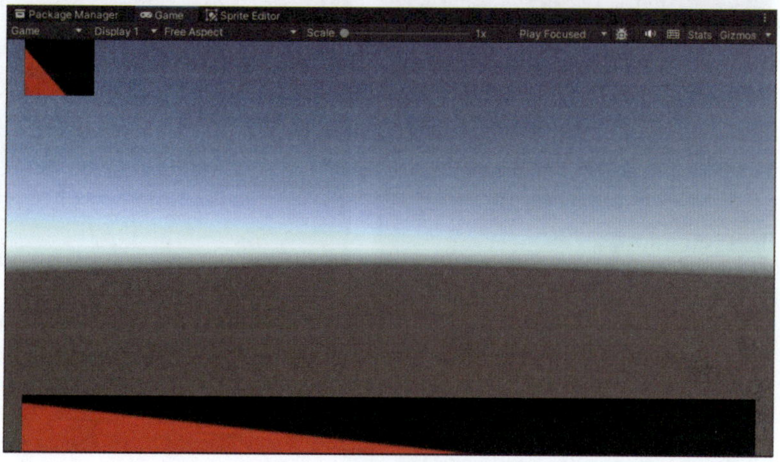

图 11-27

1. 轴点

与 3D 角色类似，UI 也有一个中心点，这个中心点根据需求可以不是视觉元素的中心，如图 11-28 所示。修改 Rect Transform 组件的 Pivot 属性值可以修改 UI 的轴点，这里的取值范围为 0 ~ 1，(0.5，0.5) 为中心。Scene 窗口中也会标注 UI 的轴点，如果先将 UI 的轴点的坐标设置为 (0，1)，再将游戏对象的坐标设置为 (0，0，0)，则会发现从视觉上图片已经不在中心，而是在左上角，因此整个图片在世界上会偏到右下角。

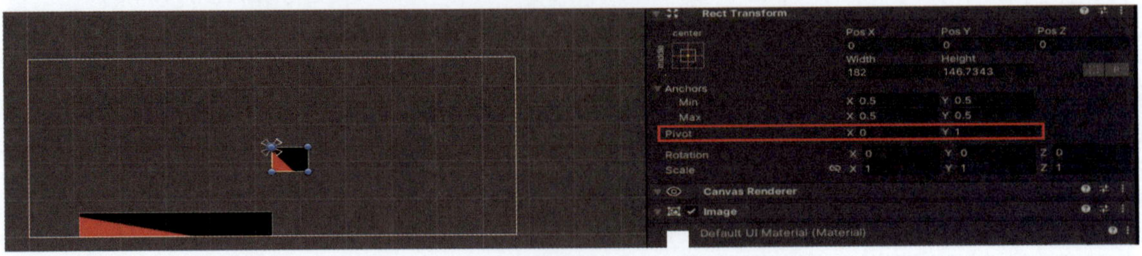

图 11-28

2. 锚点

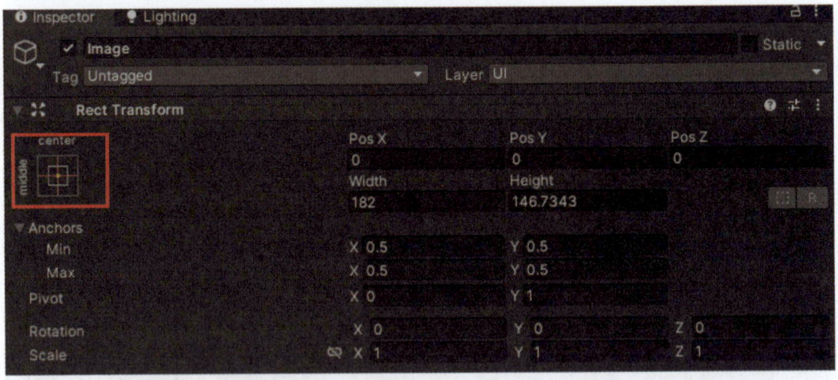

图 11-29

锚点用于设置 UI 是如何根据父物进行变化的。对锚点进行设置需要单击图 11-29 所示的区域，单击后会看到如图 11-30 所示的浮窗。

锚点有两种类型。第一种是相对位置，默认锚点就是相对父游戏对象的中心位置的。将图片的坐标全部设置为 0 时，图片是出现在屏幕中心的，但是头像应该位于屏幕的左上角，因此我们只需要设置图片的锚点，如图 11-31 所示。

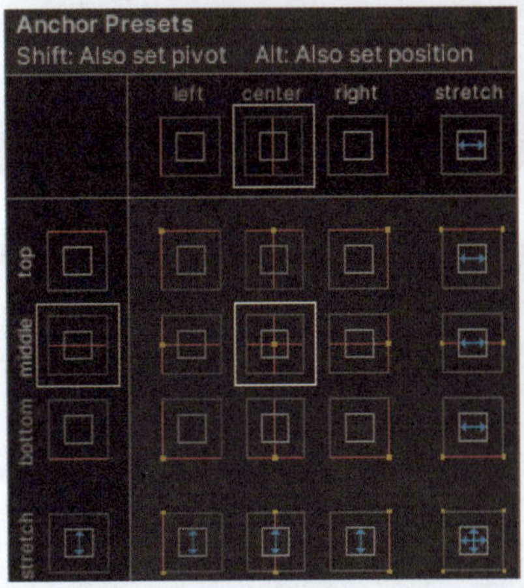

图 11-30

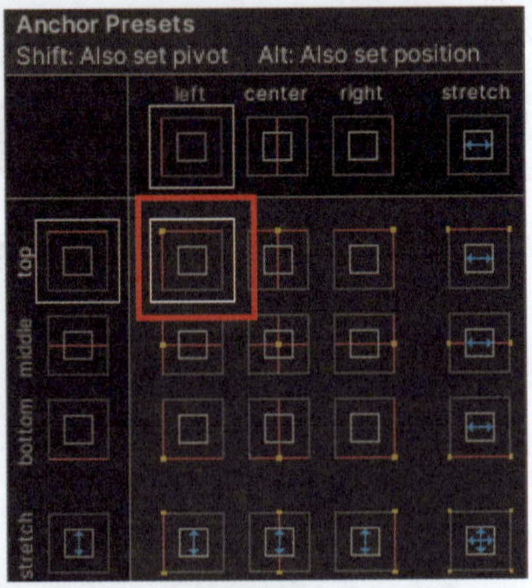

图 11-31

设置完成后在视觉上会发现毫无变化，但是如果观察 Image 游戏对象会发现其坐标值已经不是 (0，0，0) 了，如果将其坐标值设置为 (0，0，0)，则图片会位于左上角，并且分辨率的变化并不会影响图片的效果，如图 11-32 所示。

左上角图片设置完成，使用同样的方法将底部图片的锚点设置为左下角并将其轴点设置为 (0，0)，也就是左下角。我们可以将底部图片固定在左下角，但是目前依然无法使图片的宽度与屏幕相同，如图 11-33 所示。

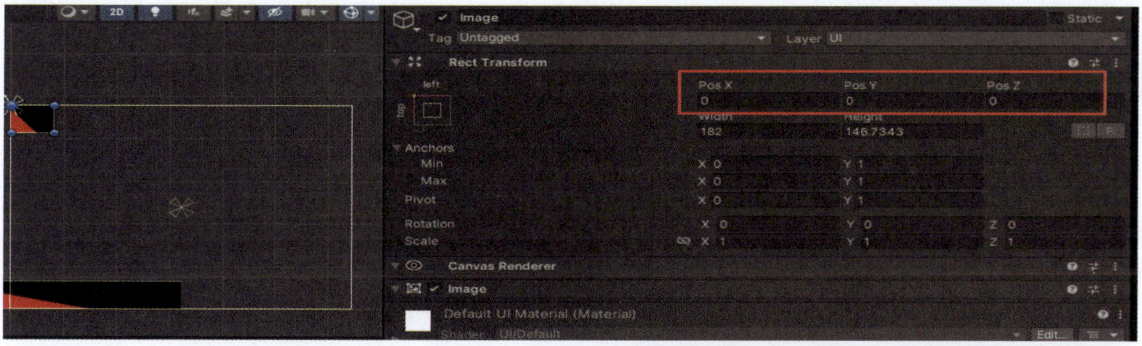

图 11-32

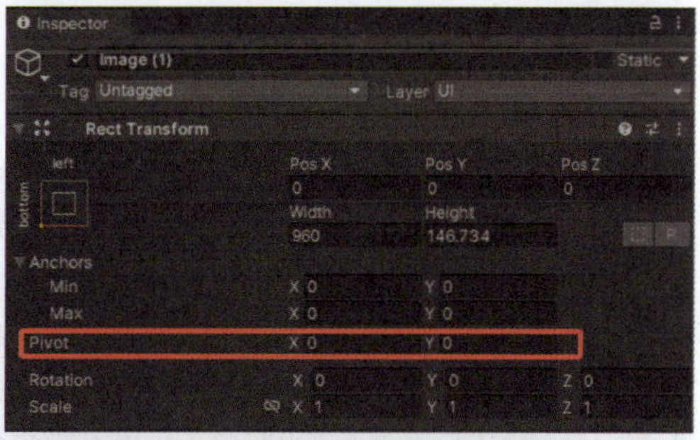

图 11-33

锚点的第二种类型是在相对位置的基础上加上相对尺寸，即相对于父游戏对象的底部，同时相对于父游戏对象的宽度进行定位，如图 11-34 所示。

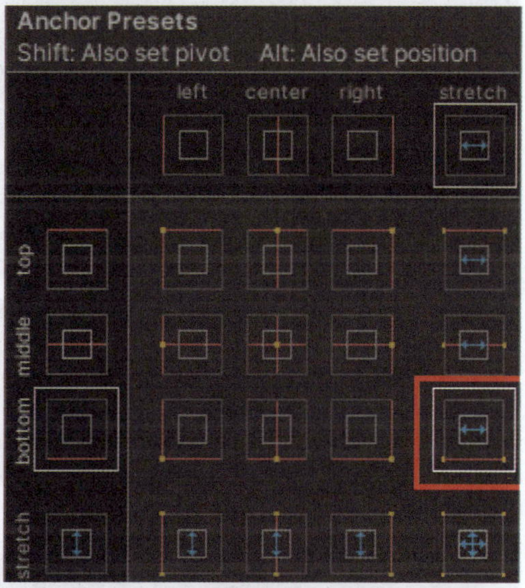

图 11-34

锚点设置成功后，观察 Rect Transform 组件会发现原本的 Pos X 属性变成了 Left 属性，原本的 Width 属性变成了 Right 属性，这里的意思是游戏对象相对父游戏对象从左侧什么位置开始到右侧什么位置结束。如果将 Left 属性值和 Right 属性值都设为 0，则从距离左侧 0 的位置到距离右侧 0 的位置结束，也就是刚好和父游戏对象一样宽，由于目前父游戏对象是 Canvas 游戏对象，因此与游戏屏幕尺寸一致，如图 11-35 所示。值得注意的是，在这种锚点设置下，UI 的轴点设置不再重要。

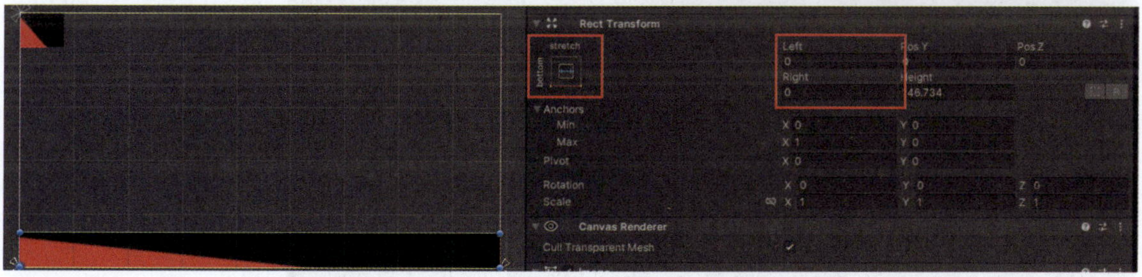

图 11-35

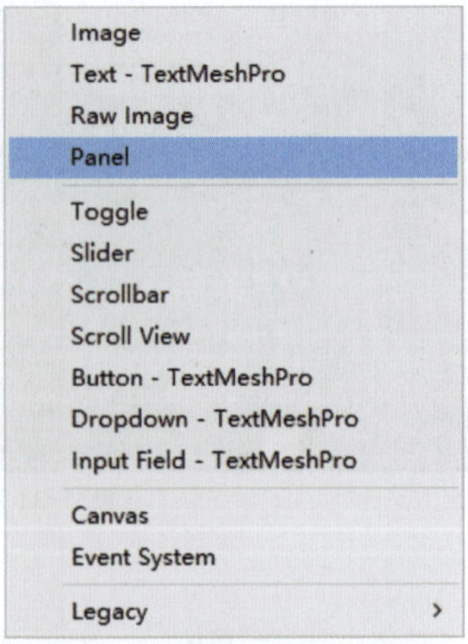

图 11-36

有一种特殊的情况是游戏对象相对于整个屏幕，也就是 UI 保持和屏幕一样大。在创建 UI 时，Plane 类型就是这样的游戏对象，如图 11-36 所示。

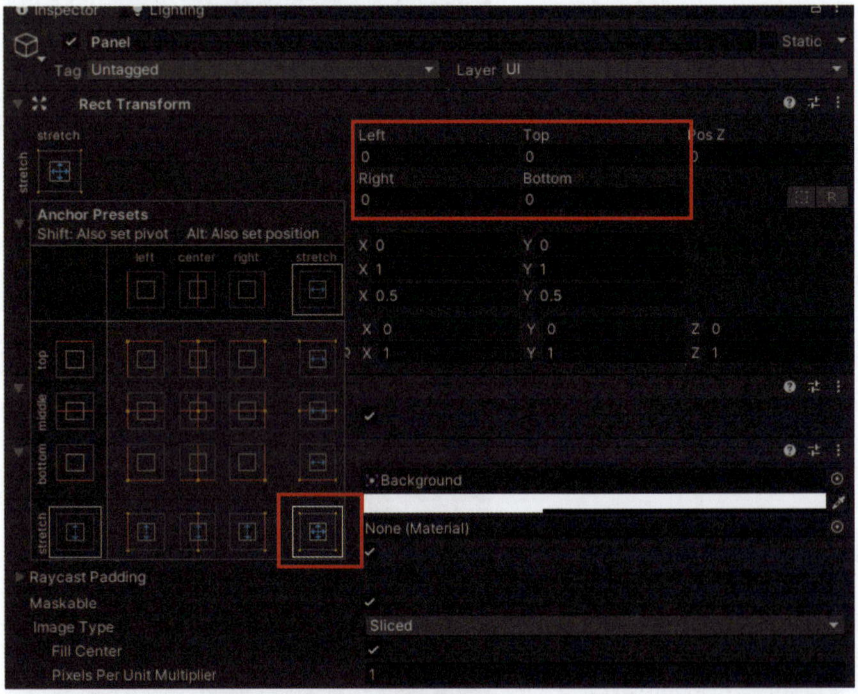

图 11-37

这种游戏对象具有一个 Image 组件，先将其 Source Image 属性值设置为一个引擎内置的 Sprite，并且设置好半透明效果，再设置其锚点属性，如图 11-37 所示。在这种模式下，如果保持 Rect Transform 组件的位置相关属性值都为 0，则游戏对象会全覆盖屏幕。

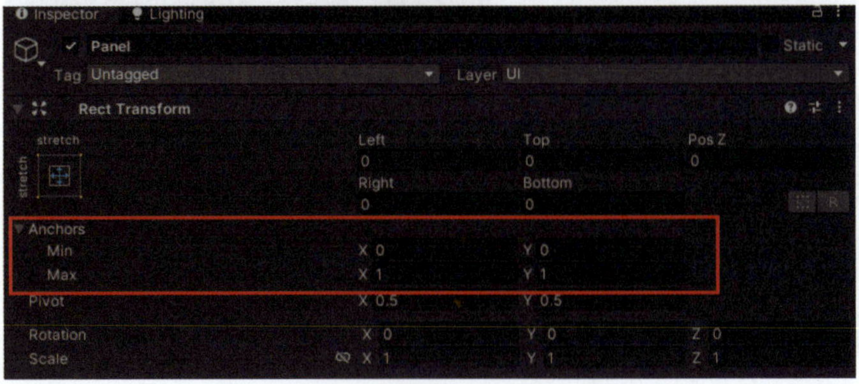

图 11-38

锚点的设置最终也体现在具体的属性设置上，锚点的最终数值如图 11-38 所示。

3. GridLayoutGroup 组件

GridLayoutGroup 是一个比较方便布局的组件，可以用于实现类似背包网格的效果，它会自动管理所有子游戏对象的位置和尺寸，效果如图 11-39 所示。

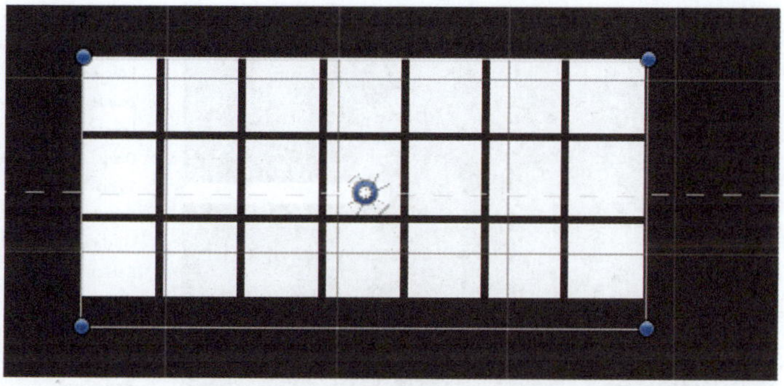

图 11-39

首先在 Canvas 游戏对象下创建一个空游戏对象，并且为其添加 GridLayoutGroup 组件。然后在其下方创建大量的 Image 游戏对象。最后设置组件的相关属性。GridLayoutGroup 组件的关键属性如下。

（1）Cell Size：一个元素的尺寸。

（2）Space：元素之间水平方向和垂直方向的间距。

（3）Start Corner：起始格子所在的位置。

（4）Start Axis：往哪个方向放置元素，Horizontal 表示在填充整行后才开始填充新行，Vertical 表示在填充整列后才开始填充新列。

（5）Child Alignment：如果元素没有填充满空间，元素的排列方式。

- Upper Center：子游戏对象将在网格单元格的上部中心对齐。
- Middle Center：子游戏对象将在网格单元格的中部中心对齐（这是默认设置）。
- Lower Center：子游戏对象将在网格单元格的底部中心对齐。
- Upper Left、Upper Right、Lower Left、Lower Right：分别对应于在网格单元格中对齐 4 个角的对齐方式。
- Middle Left、Middle Right：子游戏对象将在网格单元格的左侧或右侧中间对齐。

（6）Constraint：将网格约束为固定数量的行或列。

另外还有 VerticalLayoutGroup 组件和 HorizontalLayoutGroup 组件，它们与 GridLayoutGroup 组件的功能特点十分接近，只是它们是单一方向的，可以用来制作游戏中水平或垂直方向的菜单栏等。

11.6 UI 事件

目前我们仅接触过 Button 组件的单击事件，但是任何 UI 都可以触发鼠标进入、鼠标退出、鼠标单击、鼠标拖曳等事件，只是按钮比较常用，所以是一个独立的组件，所以对此我们不必拘泥于 Unity 提供的已有组件或功能。

UI 事件依赖于场景中存在的 EventSystem 组件，该组件及其游戏对象一般会在首次创建 Canvas 游戏对象时自动创建，一般不需要对该组件进行额外的操作，不禁用或删除这个组件即可。

UI 事件一般都是交互类事件，解发 UI 事件的前提是存在一个可用于交互的 UI 元素，Text 组件、Image 组件中都有 Raycast Target 属性，这个属性可以控制 UI 元素是否可以交互。值得注意的是，因为勾选 Raycast Target 复选框会阻挡与当前游戏对象背后的游戏对象的交互，所以如果不想使当前游戏对象具有遮挡作用且用户与其本身不会进行交互，则最好取消勾选 Raycast Target 复选框，因为交互的检测是有性能成本的，如图 11-40 所示。

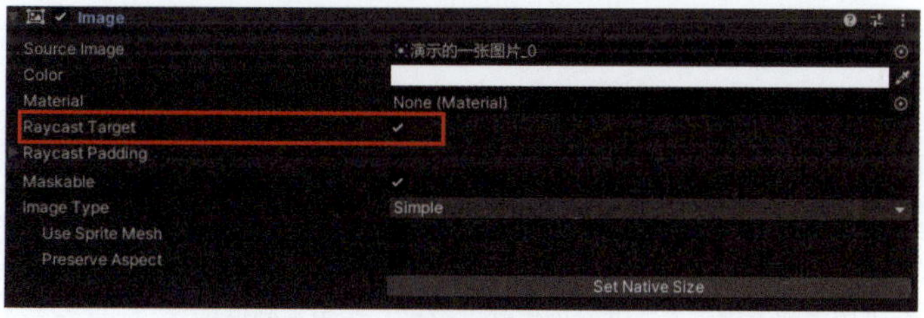

图 11-40

1. Event Trigger 组件

Unity 内置了一个名为 Event Trigger 的组件，使用这个组件可以可视化地管理 UI 的交互事件。单击 Add New Event Type 按钮后可以选择事件，可以重复添加多个不同的事件，并且每一个事件可以触发多个不同的行为，所以不需要添加多个 Event Trigger 组件，如图 11-41 所示。

为组件选择不同的事件类型决定了什么情况下事件被触发，这里选择的 Pointer Click（BaseEventData）选项表示在单击时触发一个事件。这里的配置方法和 Button 组件的单击事件配置方法相同，都是先选择一个游戏对象，再选择它拥有的组件，最终确定具体的函数或属性，如图 11-42 所示。

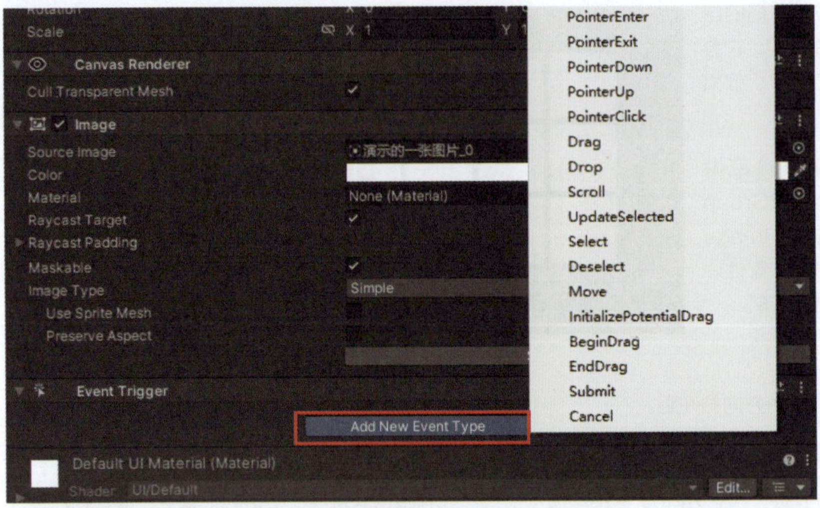

图 11-41

图 11-42

要使用 Event Trigger 组件，需要当前游戏对象具备一个可交互的 UI 元素，如 Image 组件、Text 组件。

另外一种添加事件的方法是在自定义组件中添加相应的 API，这与 Event Trigger 组件相同，当前游戏对象必须具备可交互的其他 UI 元素，如图 11-43 所示。常用的 API 如下。

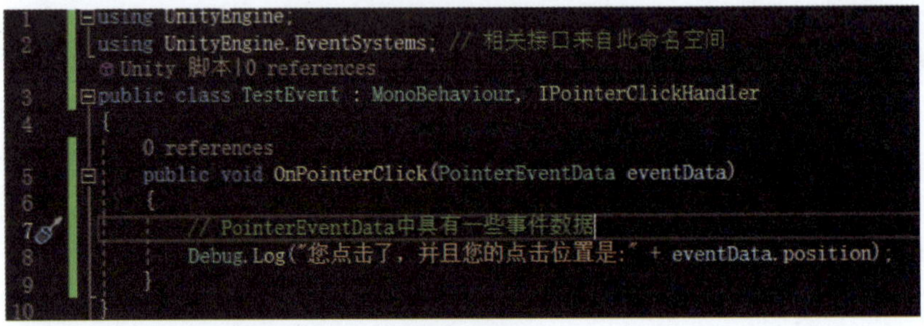

图 11-43

（1）IPointerClickHandler：单击。

（2）IPointerEnterHandler：鼠标指针进入。

（3）IPointerExitHandler：鼠标指针退出。

（4）IDragHandler：拖曳中。

（5）IBeginDragHandler：开始拖曳。

（6）IEndDragHandler：结束拖曳。

编者更喜欢使用脚本文件管理事件，这种方法更方便维护。

第 12 章　Bug 的定位和调试

从广义上来说，一切与开发者预期不符的都可以认为是Bug。每一位程序员都会面临Bug，本章我们学习如何与它们相处。

本章学习要点

- Bug 的定位
- Bug 的调试

12.1　Bug 的定位

编者认为 Bug 有两种主要形式，第一种是与预期效果不符但是程序能正常运行，如角色跳得太高了、执行一次攻击却发射了两颗子弹等。很多时候我们结合使用内置组件和自定义组件，内置组件的设置对最终结果的影响较大。初学者一般对内置组件缺乏了解，所以比较容易产生难以预期的最终结果，这类 Bug 需要通过经验和实验来处理。

另一种 Bug 是本章重点考虑的，它会导致程序运行异常，这种异常表现在程序无法执行下去，如在数学上 0 不能作为除数。对于这类 Bug，一般在开发阶段 Unity 编辑器就会提示我们，如图 12-1 所示。

图 12-1

但总有一些情况 Unity 编辑器无法提前预知，如除数来自玩家的输入或开发者的配置文件等，开发者可以在 Inspector 窗口中将除数设置为任意数值，如图 12-2 所示。

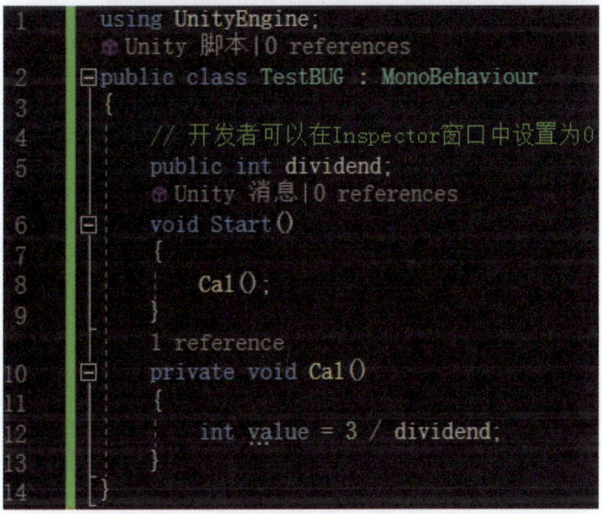

图 12-2

将上述脚本文件挂载到任意游戏对象上后，如果保持除数为 0 然后运行游戏，则会发现 Console 窗口中有报错信息。选中一条输出日志，在下方会显示报错原因和调用链，也就是这条日志是因为哪些函数一层一层调用而来的，我们一般称其为堆栈跟踪信息。借助这些堆栈跟踪信息，我们可以比较方便地定位错误的来源，单击蓝色字体部分会快速定位到发生错误的位置，目前应为 TestBUG 脚本的第 12 行，如图 12-3 所示。

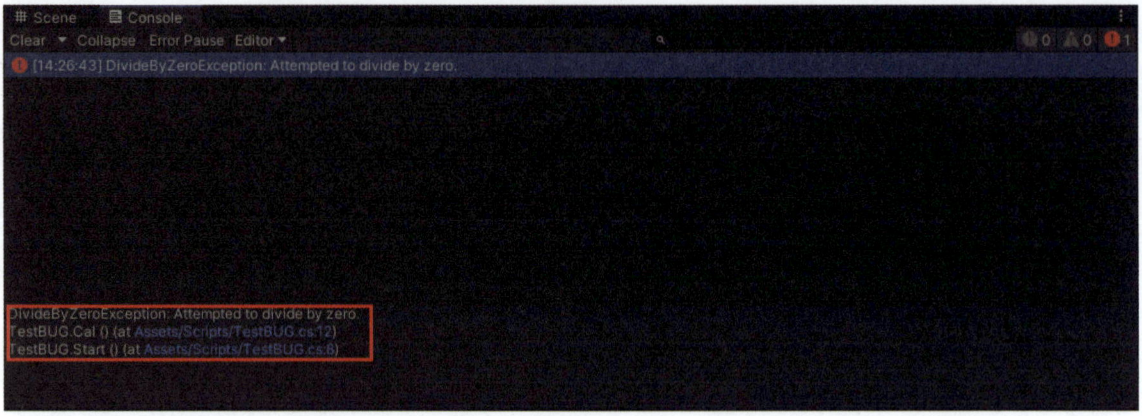
Scene
Console
Clear Collapse Error Pause Editor
0 0 1
[14:26:43] DivideByZeroException: Attempted to divide by zero.
DivideByZeroException: Attempted to divide by zero.
TestBUG.Cal () (at Assets/Scripts/TestBUG.cs:12)
TestBUG.Start () (at Assets/Scripts/TestBUG.cs:6)

图 12-3

大多数开发过程中的报错可以通过这个方法解决，这是因为我们已经知道了错误在哪里、因为什么报错。

12.2 Bug 的调试

有一些 Bug，我们知道错误在哪里、因为什么报错，但依然无法解决。例如，虽然我们确定 Bug 的位置，但是并不确定数值为多少时报错，报错是因为 dividend 变量在某一次计算时（dividend+i）刚好为 0，如图 12-4 所示。

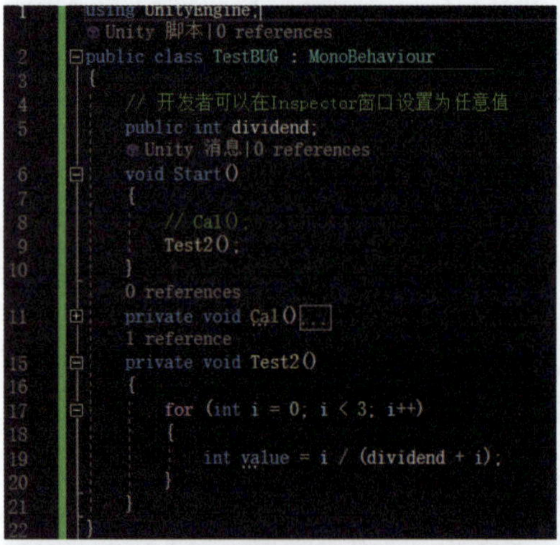
using UnityEngine;
Unity 脚本|0 references
public class TestBUG : MonoBehaviour
{
// 开发者可以在Inspector窗口设置为任意值
public int dividend;
Unity 消息|0 references
void Start()
{
// Cal();
Test2();
}
0 references
private void Cal()
1 reference
private void Test2()
{
for (int i = 0; i < 3; i++)
{
int value = i / (dividend + i);
}
}
}

图 12-4

针对这种情况，我们可以采用断点调试的方法查看 3 次遍历的情况。首先在 Visual Studio 中单击“附加到 Unity”按钮，进入调试模式，如图 12-5 所示。

项目(P) 生成(B) 调试(D) 测试(S) 分析(N) 工具(T)
Debug
Any CPU
附加到 Unity

图 12-5

断点调试实际上就是当程序运行到指定位置时，暂停程序的运行，让开发者查看当前具体的信息。进入调试模式后单击如图 12-6 所示的区域可以确定断点，在指定函数前单击即可，断点处会出现红色圆形图标，在一次调试中可以标记多个断点，即使在不同的脚本文件中同时存在多个断点也可以正确调试。

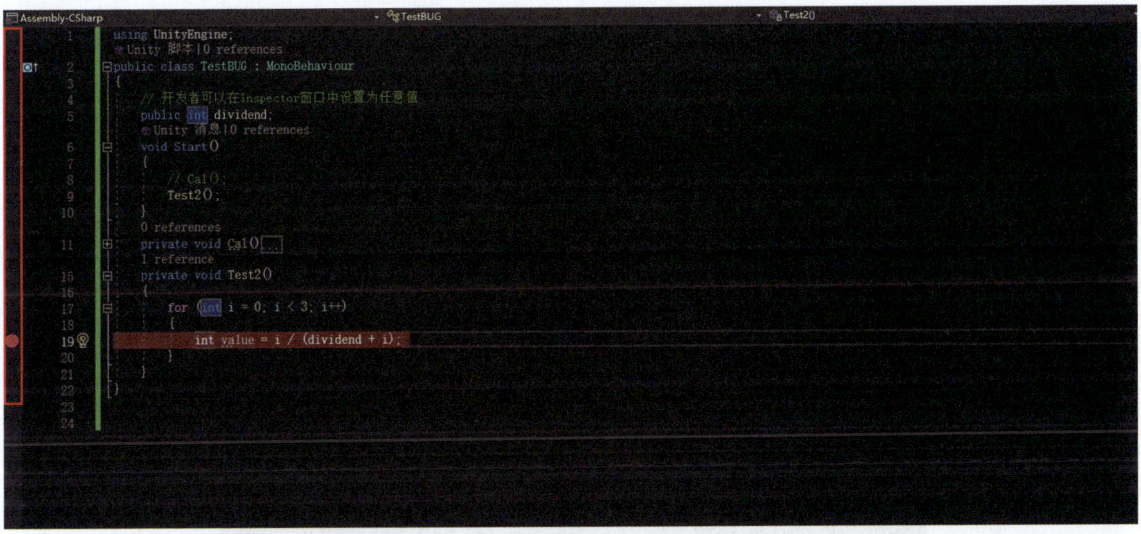
Assembly-CSharp
TestBUG
Test2()
using UnityEngine;
Unity 脚本|0 references
public class TestBUG : MonoBehaviour
{
// 开发者可以在Inspector窗口中设置为任意值
public int dividend;
Unity 消息|0 references
void Start()
{
// Cal();
Test2();
}
0 references
private void Cal()
1 reference
private void Test2()
{
for (int i = 0; i < 3; i++)
{
int value = i / (dividend + i);
}
}
}

图 12-6

现在运行游戏，当运行到断点位置时，会出现提示，这说明程序已经运行到这一行，此时整个程序暂停运行，如图12-7所示。

将鼠标指针悬停在运算符和变量上都会显示提示信息，也就是可以查看各类运算结果、变量的当前值等，如图 12-8 所示。

接下来可以让程序一步一步运行，仅需要按下 F11 键即可，按一次运行一行代码，如果运行会报错，则会出现提示，此时依然可以观察计算过程，确定报错的原因，如图 12-9 所示。

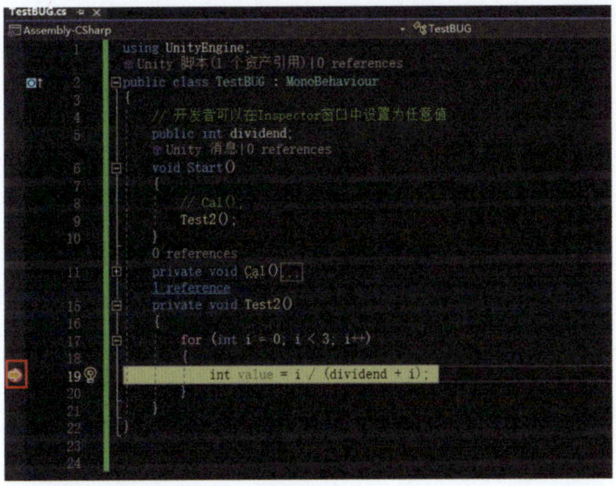
TestBUG.cs
Assembly-CSharp
TestBUG
using UnityEngine;
Unity 脚本(1 个资产引用)|0 references
public class TestBUG : MonoBehaviour
// 开发者可以在Inspector窗口中设置为任意值
public int dividend;
Unity 消息|0 references
void Start()
// Cal();
Test2();
0 references
private void Cal()
1 reference
private void Test2()
for (int i = 0; i < 3; i++)
int value = i / (dividend + i);

图 12-7

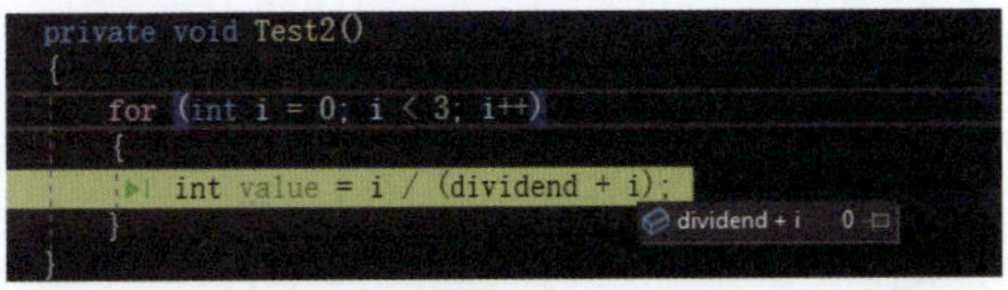
private void Test2()
for (int i = 0; i < 3; i++)
int value = i / (dividend + i);
dividend + i　0

图 12-8

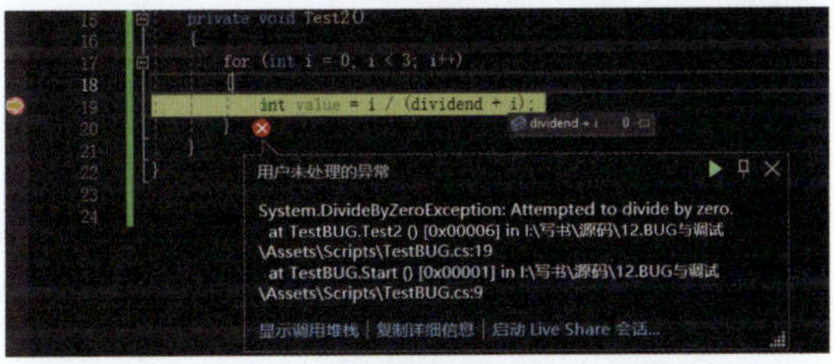
private void Test2()
for (int i = 0; i < 3; i++)
int value = i / (dividend + i);
用户未处理的异常
System.DivideByZeroException: Attempted to divide by zero.
at TestBUG.Test2 () [0x00006] in I:\写书\源码\12.BUG与调试\Assets\Scripts\TestBUG.cs:19
at TestBUG.Start () [0x00001] in I:\写书\源码\12.BUG与调试\Assets\Scripts\TestBUG.cs:9
显示调用堆栈 | 复制详细信息 | 启动 Live Share 会话...

图 12-9

如果想让程序继续运行，则可以单击“继续”按钮，也就是跳过当前断点，下一次执行到当前断点时，程序依然会暂停运行以供调试，如图 12-10 所示。

如果希望退出调试模式，则可以单击“停止”按钮，如图 12-11 所示。

继续(C)

图 12-10

继续(C)

图 12-11

除了断点调试，还可以通过 Debug.Log 来辅助排查错误。但即使如此，如果 for 循环会循环上万次甚至更多，我们依然难以通过人力进行排查，因为我们不可能查看上万条日志或断点调试上万次循环。

可以结合使用断点调试和 C# 的 try…catch 语句，try 语句块内如果发生错误，则会触发 catch 语句块内的逻辑，将断点标记在 catch 语句块内，如图 12-12 所示。这样只有当程序出现错误时，才进入断点调试模式，这样会排除掉那些无须检查的循环。

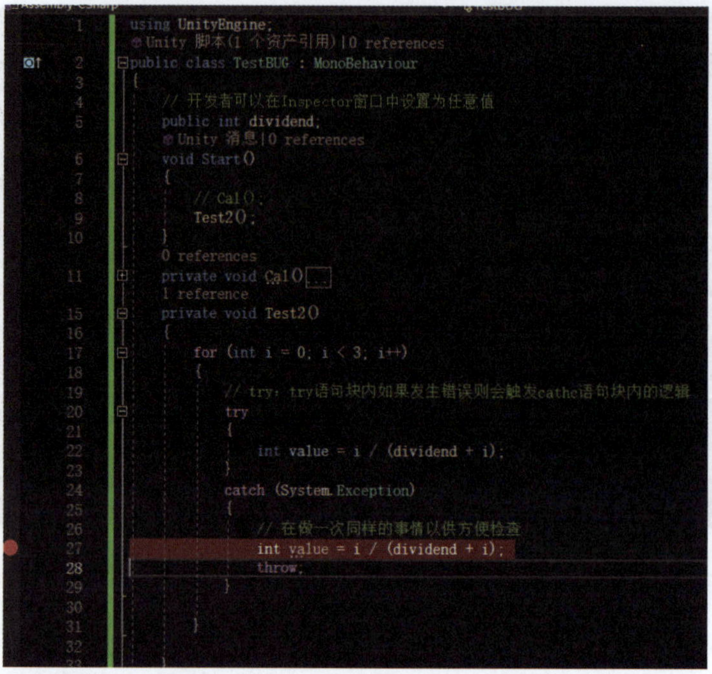
using UnityEngine;
Unity 脚本(1 个资产引用)|0 references
public class TestBUG : MonoBehaviour
{
// 开发者可以在Inspector窗口中设置为任意值
public int dividend;
Unity 消息|0 references
void Start()
{
// Cal();
Test2();
}
0 references
private void Cal()
1 reference
private void Test2()
{
for (int i = 0; i < 3; i++)
{
// try: try语句块内如果发生错误则会触发cathc语句块内的逻辑
try
{
int value = i / (dividend + i);
}
catch (System.Exception)
{
// 在做一次同样的事情以供方便检查
int value = i / (dividend + i);
throw;
}
}

图 12-12

第 13 章　游戏功能的扩展性

游戏在开发和运营过程中都可能会出现功能的增加与改动，因此在设计之初就应该尽可能考虑好系统的扩展性，为未来的变化做准备，从而降低未来的工作量和工作难度。

本章学习要点

- 关于扩展性
- 案例：制作背包系统

13.1　关于扩展性

面向对象中有一个基本原则为开闭原则。开闭原则是指应当对扩展开放，对修改关闭，也就是在增加一个新功能时，不去修改原本的内容即可完成。

对一个局部功能来说，利用面向对象三大特征（封装、继承、多态）实现扩展性并不困难，并且 Unity 也是基于面向对象这一编程思想进行工作的，但是 Unity 中并不只有代码，还有游戏对象这一重要元素，很多功能的实现涉及较多的游戏对象和组件，因此在考虑扩展性时要同时考虑脚本文件和游戏对象。

接下来基于两个例子来理解如何保持扩展性。

13.1.1　士兵例子

很多游戏都有士兵元素，假设士兵有近战士兵、远程士兵、魔法士兵的分类，而它们的特点如下。

近战士兵：独特的模型、动画，攻击行为基于一个近战动画驱动武器碰撞体去触碰攻击敌人。

远程士兵：独特的模型、动画，攻击行为是发射子弹，子弹利用自身的碰撞体去触碰攻击敌人。

魔法士兵：独特的模型、动画，攻击行为是在敌人头顶召唤落下魔法阵，利用魔法阵的碰撞体去触碰攻击敌人。

它们看起来不同，但这种不同是具体的表现层面的不同，在逻辑层面上的不同仅仅在攻击上。虽然它们有不同的模型和动画，但是什么时候播放什么动画是相近的，如它们都会在移动时播放走路动画。那么什么时候移动的逻辑也许是相同的，如在 RTS（即时战略游戏）中都是玩家右击地面时发出移动指令使士兵进行移动，选中敌人发出攻击指令，这类上层逻辑是相同的。

攻击逻辑不同，可能会带来数据上的不同，如近战士兵只有攻击速度属性，而远程士兵却存在子弹飞行速度这一特殊属性。

基于这样的需求，首先创建一个士兵基类，也就是所有士兵共同的父类脚本文件，在其中完成所有士兵共有的逻辑，如接收上层指令进行移动。然后创建各类士兵的脚本文件，在其中实现基类需要实现的逻辑，如一些抽象函数或虚函数。这里最大的不同在于攻击逻辑，远程士兵需要额外引用一个子弹游戏对象预制体，子弹游戏对象上还会有子弹自身的控制组件，远程士兵脚本会与其互动，如在攻击时初始化位置和传递子弹移动速度等，魔法士兵的逻辑类似。

每一个士兵有不同的游戏预制体和 Animator Controller，并且其中的动画变量名称尽可能相同，这样在士兵基类中就可以编写通用的动画逻辑。

13.1.2　皮肤例子

在 MOBA 游戏中，一个英雄角色可能会拥有多个皮肤，皮肤一般并不会影响角色的核心逻辑，但皮肤自身依然存在特殊逻辑，如播放的音效不同、特效不同等。

在游戏对象上，我们可以让角色自身没有任何渲染组件，也就是将皮肤独立出去成为一个个单独的游戏对象，在角色生成时根据玩家的选择渲染指定的皮肤游戏对象。

在逻辑上，我们可以使用一个角色脚本和皮肤脚本来进行区分。对某一个角色来说，它的角色脚本只有一个，不同的皮肤可能会使用不同的皮肤脚本，但是它们一般会有共同的基类或接口。角色脚本用来处理核心逻辑，如接收玩家的输入进行移动和实际位移变化，当需要播放走路动画时通知皮肤脚本即可，至于这一款皮肤在走路时具体播放什么音效或特效，角色脚本并不在意，因为这是皮肤脚本的内部逻辑。

13.1.3 总结

抽象：如上述例子中的士兵基类、皮肤基类，但是要注意在游戏开发中游戏对象有时也需要抽象，我们可以使用游戏对象变体的技术来实现。抽象和 C# 的继承和多态十分相近，但只有当游戏对象之间的相似度很高时才会使用。

分层：将功能相似、抽象相近的实现归为一层，如逻辑层和显示层，以及上述例子中的角色层、皮肤层等。

模块化：理论上我们可以将整个游戏对象的全部功能写进一个脚本文件中，但是这样的话，这个脚本文件会越来越庞杂而难以维护。我们可以按功能进行模块化，如将背包功能、商店功能分为两个独立的模块，分开维护，也可以由不同的开发者开发不同的模块。

组合：如 Unity 的 Button 组件实际上由 Image 组件和 Text 组件组成，其主要特征就是复用已有功能而不是重新设计一个新功能，但是从 Button 组件的实现上可知，这种设计要求原本的 Image 组件和 Text 组件是足够独立的。

13.2 案例：制作背包系统

无论是单机游戏还是网络游戏，背包系统都是常见的功能。背包系统一般用于显示玩家在游戏中获取到的各种物品。背包系统一般主要由格子组成，格子中如果没有物品则为空格子，如果有物品则会显示对应物品的图标或其他信息，本节要完成的背包外观如图 13-1 所示。

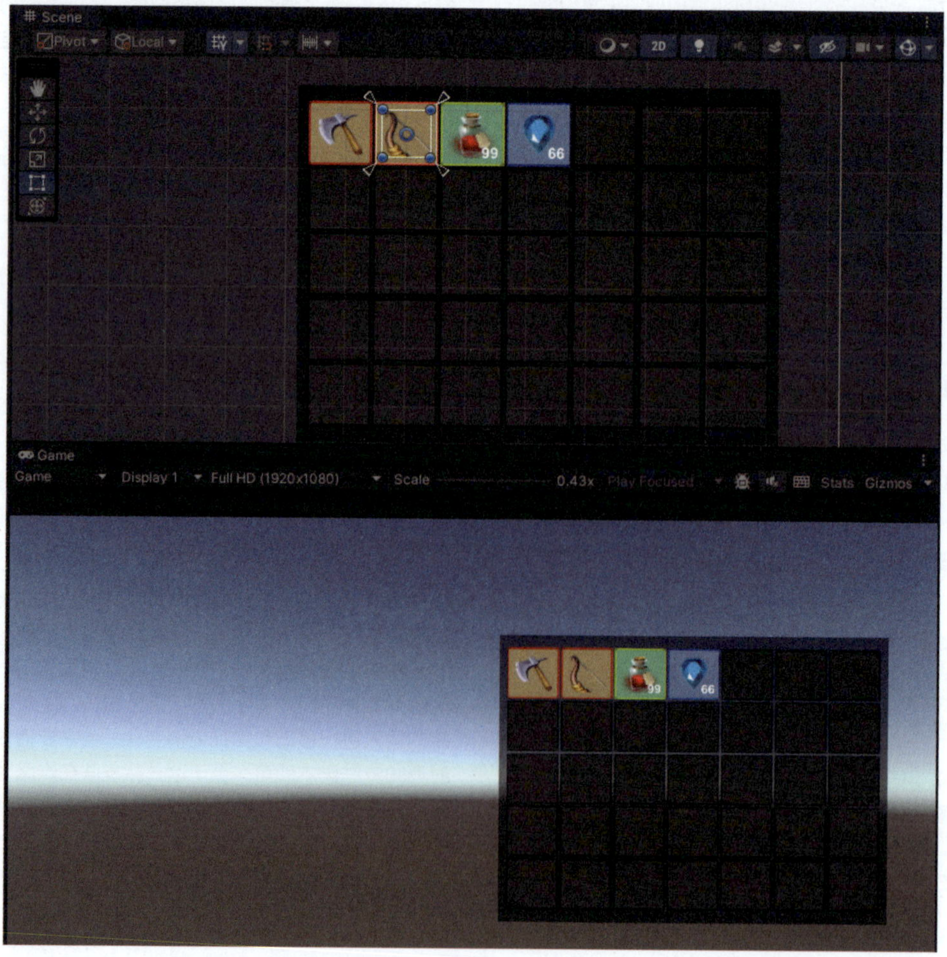

图 13-1

背包的设定如下。

（1）背包中格子的数量是固定的。

（2）武器格子、消耗品格子、材料格子都显示图标。

（3）武器格子不显示物品数量，消耗品、材料格子显示物品数量。

（4）消耗品格子和武器格子可以右击使用，而材料格子不可以右击使用。

（5）每一种格子的外观有区别。

（6）未来可能会有其他类型的格子。

13.2.1　需求拆解

通过这些设定可以发现背包系统的扩展性主要体现在格子上。从数据上来说，格子中的物品图标信息来自静态的配置，物品数量来自动态的数据，这意味着未来如果新建一个格子类型，其实也会新建一个配置类型和一个动态数据类型，我们无法提前预知未来新建的格子会使用什么数据，但是一个格子中的数据无非是静态的配置或动态的数据。因此我们可以编写配置基类、动态数据基类来实现一些通用的逻辑，然后所有的物品配置、物品动态数据都继承基类即可。

不同格子的逻辑也是有差异的。武器格子不需要显示物品数量，所以不存在设置数量这一逻辑；材料格子不可以右击使用，所以不存在相关逻辑。针对不同的格子类型编写不同的格子脚本文件，并且都继承格子基类。

最后，不同格子在显示上也是有差异的，武器格子不需要显示物品数量，可想而知它会缺少一个用来显示物品数量的 Text 组件。不过我们不需要使用预制体变体来模拟脚本文件的继承关系，因为格子之间的共性可能仅仅是一个图标游戏对象，甚至我们不能保证未来的格子也会采用通用的图标来显示，我们可以为每一格子类型制作单独的预制体。

通过上面的拆解，我们会发现不同格子主要有数据层、逻辑层和显示层 3 个维度的差异，但是显示层仅是一个预制体，并没有计划使用单独的脚本文件进行控制，而是会让格子逻辑脚本文件引用相关的组件来完成。这是因为背包格子的显示逻辑一般非常简单，如果是较复杂的情况，我们可以单独抽象出来显示层的脚本文件来控制格子的显示。

最终我们的基础结构如下。

（1）逻辑层基类。

- 武器格子逻辑类。
- 消耗品格子逻辑类。
- 材料格子逻辑类。

（2）配置基类。

- 武器配置类。
- 消耗品配置类。
- 材料配置类。

（3）动态数据基类。

- 武器动态数据类。
- 消耗品动态数据类。
- 材料动态数据类。

武器格子预制体、消耗品格子预制体、材料格子预制体相互独立，不存在一个原始预制体或预制体变体的关系。

13.2.2　制作背包窗口

新建一个 Canvas 游戏对象，将其 Canvas Scaler 组件的 UI Scale Mode 属性值设置为 Scale With Screen Size，并且将 Reference Resolution 属性值设置为（1920，1080），如图 13-2 所示。

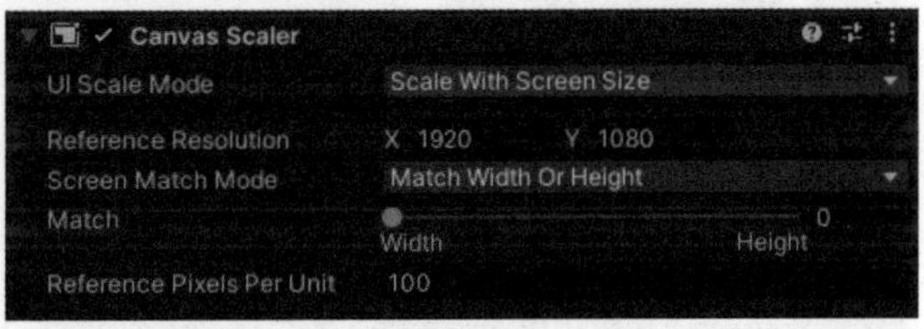

图 13-2

在 Canvas 游戏对象下方创建一个 Image 游戏对象并取名为 BagWindow，将其作为背包的顶级游戏对象，也作为背包的背景，设置其锚点和尺寸，将其固定在屏幕右侧的中间位置，如图 13-3 所示。

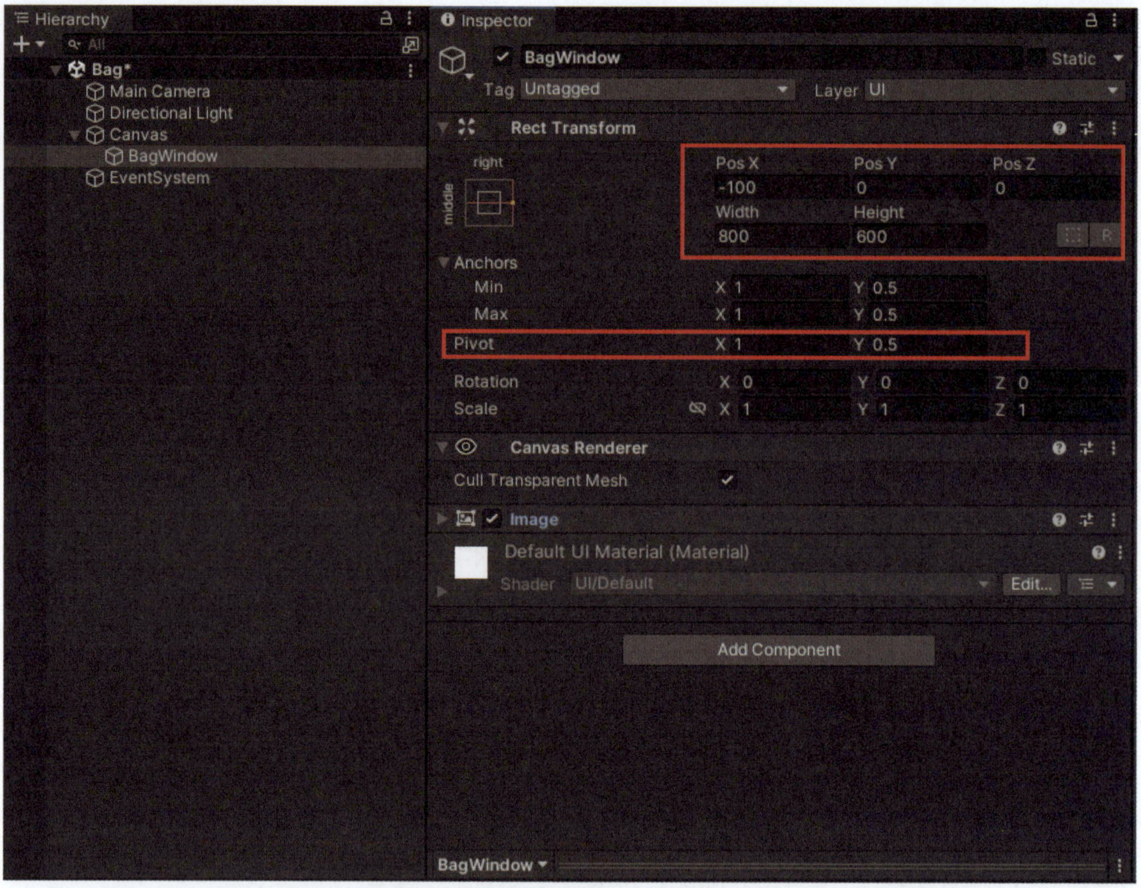

图 13-3

将 BagWindow 游戏对象 Image 组件的颜色设置为黑色半透明，如图 13-4 所示。

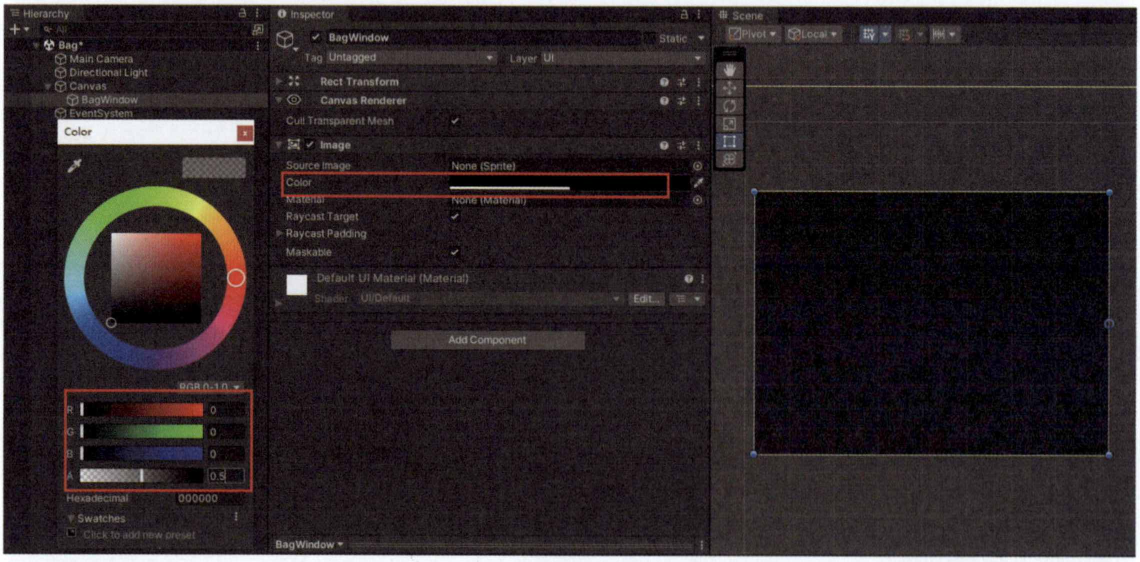

图 13-4

为 BagWindow 游戏对象添加 Grid Layout Group 组件，将 Cell Size 属性值设置为（100，100），Spacing 属性值设置为（10，10），Child Alignment 属性值设置为 Middle Center，如图 13-5 所示。

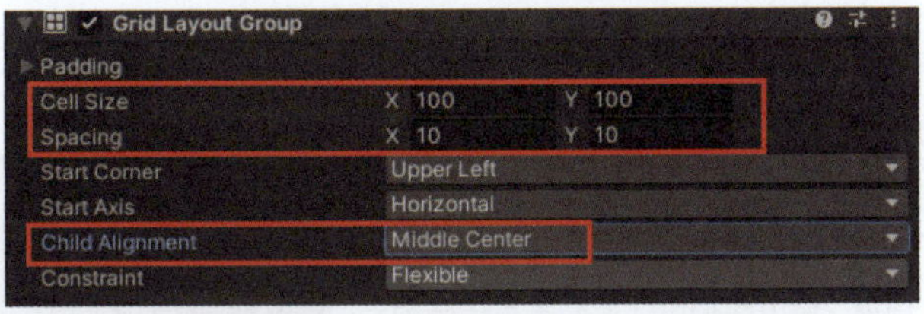

图 13-5

在 BagWindow 游戏对象下新建大量的 Image 游戏对象，观察布局效果，可见背包可以容纳 35 个格子，也就是 35 个物品，如图 13-6 所示。测试完成后将刚刚创建的 35 个 Image 游戏对象全部删除。

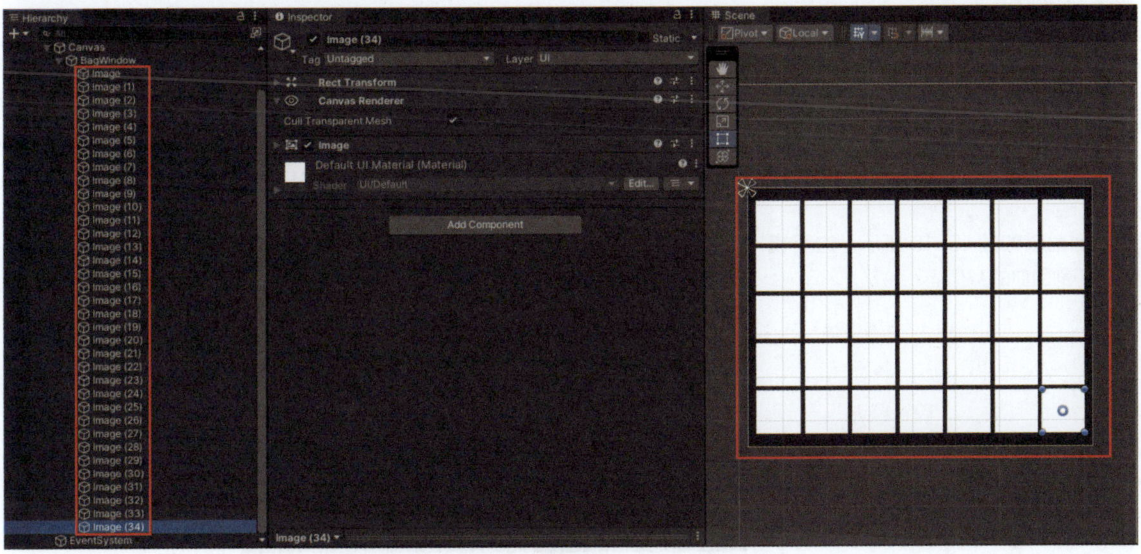

图 13-6

13.2.3　物品动态数据与静态配置

1. 动态数据

基于目前的案例需求，背包窗口中需要放置的格子是无法提前放置在 BagWindow 游戏对象下的，因为我们无法提前预知有哪些物品和物品的类型，这个过程是通过脚本文件按照实际物品动态数据决定的，所以我们首先来编写物品的动态数据脚本文件。

物品的动态数据在本案例中较为简单，新建一个名为 ItemData 的脚本文件，编写如图 13-7 所示的代码。

武器实际上没有任何数据，但是依然要保持这个结构，因为在实际项目中，也许未来武器会存在强化等级、镶嵌宝石等需求，此时就需要在 WeaponData 中添加相关的数据。

```
public abstract class ItemData { }
// 武器动态数据
0 references
public class WeaponData : ItemData { }

// 消耗品动态数据
0 references
public class ConsumableData : ItemData
{
    // 物品数量
    public int count;
}

// 材料动态数据
0 references
public class MaterialData : ItemData
{
    // 物品数量
    public int count;
}
```

图 13-7

2. 静态配置

静态配置就是不会改变的部分，如物品的图标、名称、描述等信息。

基于 ScriptableObject 实现配置管理，Unity 要求 ScriptableObject 一个脚本一个文件，不能多个 ScriptableObject 类在一个脚本文件中，所以首先建立物品配置的基类 ItemConfig。图 13-8 为一个抽象类，因为并不准备直接使用基类，所以我们默认所有物品应该都有一个 icon，如果有特殊物品类型没有 icon，则不适用，不同的格子对应不同的格子预制体。

```
using UnityEngine;
Unity 脚本|4 references
public abstract class ItemConfig : ScriptableObject
{
    // Icon图片
    public Sprite iconSprite;
    // 格子预制体
    public GameObject bagWindowSlotPrefab;
}
```

图 13-8

武器配置如图 13-9 所示。这里模拟了武器攻击力的数值。

```
using UnityEngine;
[CreateAssetMenu(menuName = "Config/WeaponConfig")]
Unity 脚本|0 references
public class WeaponConfig : ItemConfig
{
    // 攻击力
    public int attackValue;
}
```

图 13-9

消耗品配置如图 13-10 所示。这里模拟了药剂回血的数值。

```
using UnityEngine;
[CreateAssetMenu(menuName = "Config/ConsumableConfig")]
Unity 脚本|0 references
public class ConsumableConfig : ItemConfig
{
    // 回血量
    public float HPRegeneration;
}
```

图 13-10

材料配置如图 13-11 所示。这里并没有模拟任何实际数据，但实际游戏中可能存在物品最大堆叠数量等数值配置需求。

```
using UnityEngine;
[CreateAssetMenu(menuName = "Config/MaterialConfig")]
Unity 脚本|0 references
public class MaterialConfig : ItemConfig
{
}
```

图 13-11

建立好所有的配置类后，可以导入本节配套资源“背包系统 Icon 资源”，如图 13-12 所示。

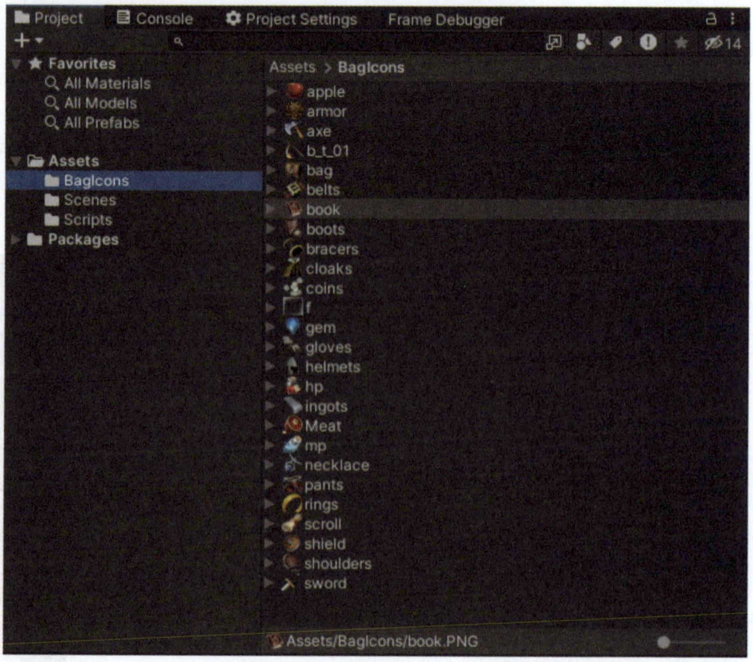

图 13-12

在 Project 窗口中可以新建相关物品配置并设置它们的图标，这里具体使用什么图标和设置哪些物品都可以，只是作为本案例的一个测试资源，如图 13-13 所示。将它们都放在 Resources 目录下以便后续加载，由于配置中的格子预制体还未创建，因此暂时不进行设置。

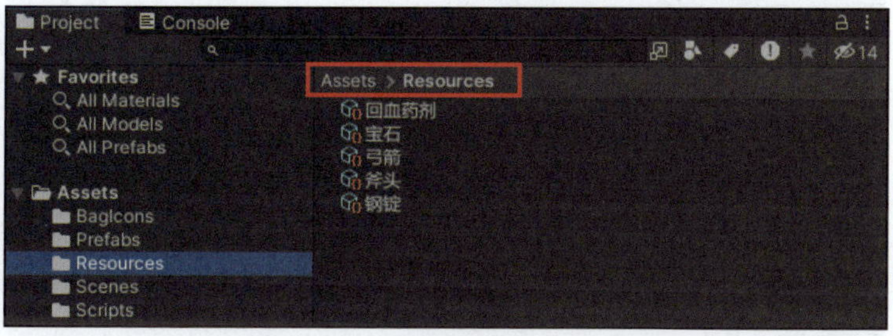

图 13-13

3. 数据关联

在实际显示一个物品时，既需要动态的数据，也需要静态的配置。例如，在游戏中捡到一把斧头时，我们可以手动构建一个 WeaponData。但是我们好像没有找到配置文件的方法，如果游戏具备存档机制，则物品数据一般也需要保存，我们一般会保存 WeaponData 这样的动态数据。我们可以通过物品动态数据去引用物品静态配置的名字或 ID 等具备唯一性的特征来关联配置文件，在实际使用时可以通过 Resources 目录或其他资源管理方式加载它。

目前配置文件都位于 Resources 目录下，所以我们只需要在物品动态数据中持有一个配置文件的名称即可在后续完成加载。

ItemData 添加 configName 变量后如图 13-14 所示。

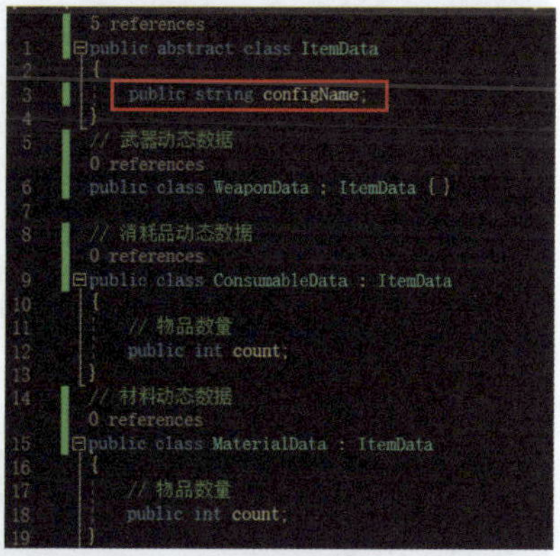

图 13-14

13.2.4 物品格子逻辑层

格子本身有一个脚本文件。首先创建物品格子基类，由于其本身不能直接使用，因此将其定义为抽象类。不同的格子对应不同的 ItemData 和 ItemConfig，因此将其设置为泛型类，并且进行对应的泛型约束。为格子定义虚函数 Init，在其中默认通过 Resources 加载物品的配置文件，并且设置图标的显示，如图 13-15 所示。

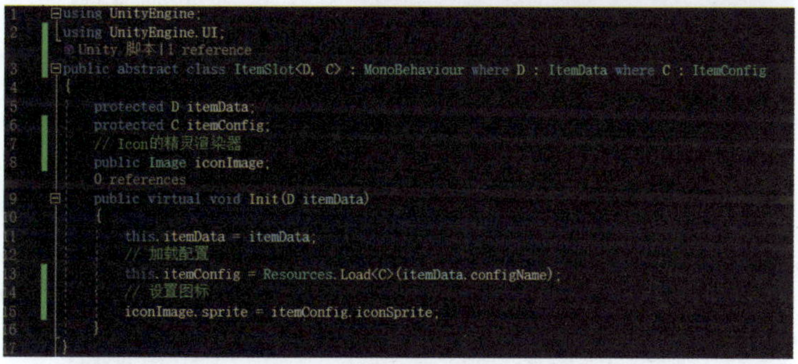

图 13-15

1. 武器格子

不同的格子可能有不同的外观，这里使用背景色的差异来表现，首先来制作一个武器格子。

（1）在 BagWindow 目录下创建一个名为 WeaponSlot 的 Image 游戏对象，将其颜色设置为喜欢的颜色，再添加一个 Outline 组件，Outline 组件可以为图标添加一层边框效果，将 Outline 组件中的颜色设置为红色，如图 13-16 所示。

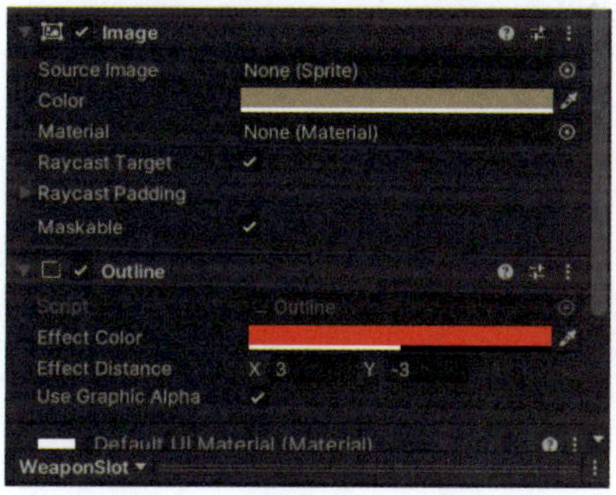

图 13-16

（2）在 WeaponSlot 游戏对象下创建一个名为 Icon 的 Image 游戏对象，设置其布局，可以临时设置一个 Sprite 作为图标预览效果，如图 13-17 所示。

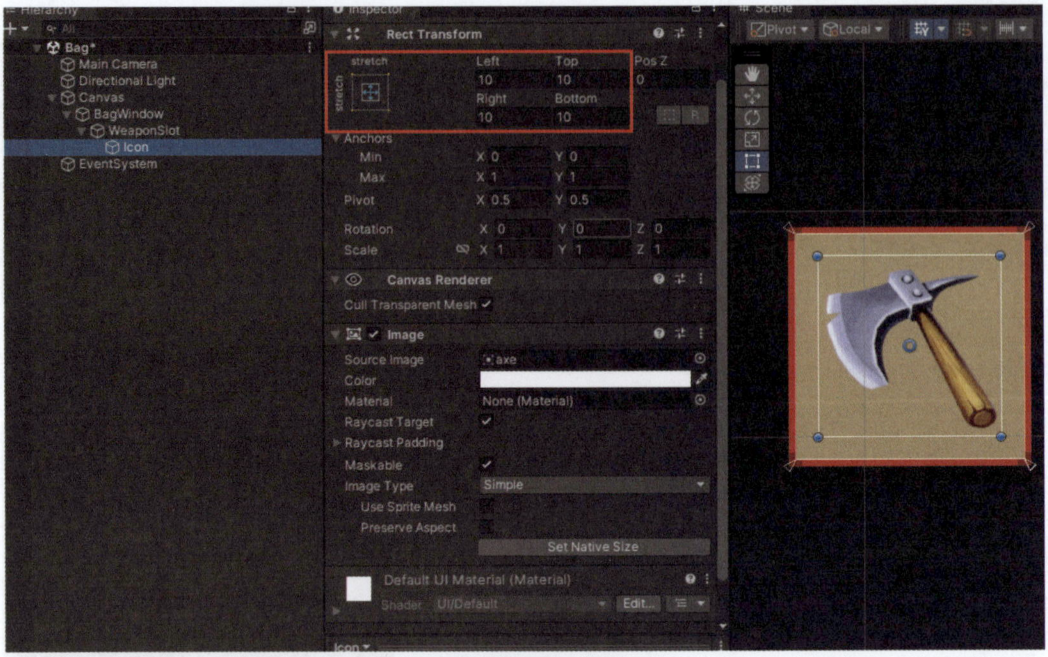

图 13-17

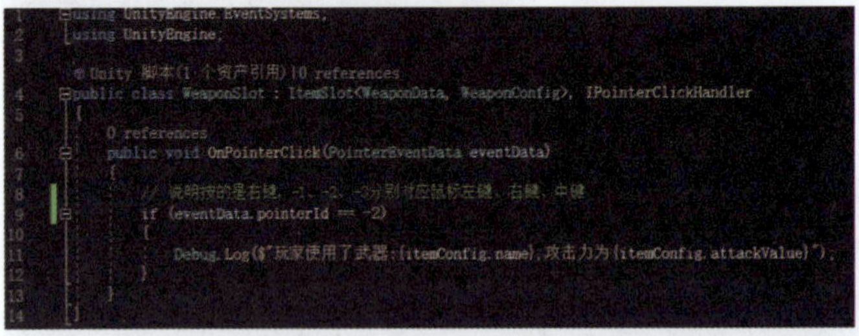

图 13-18

接下来创建武器格子的脚本文件，在继承基类后还需要继承 IPointerClickHandler 事件接口，在实现接口的函数中判断当前按键并输出了武器的相关信息，如图 13-18 所示。

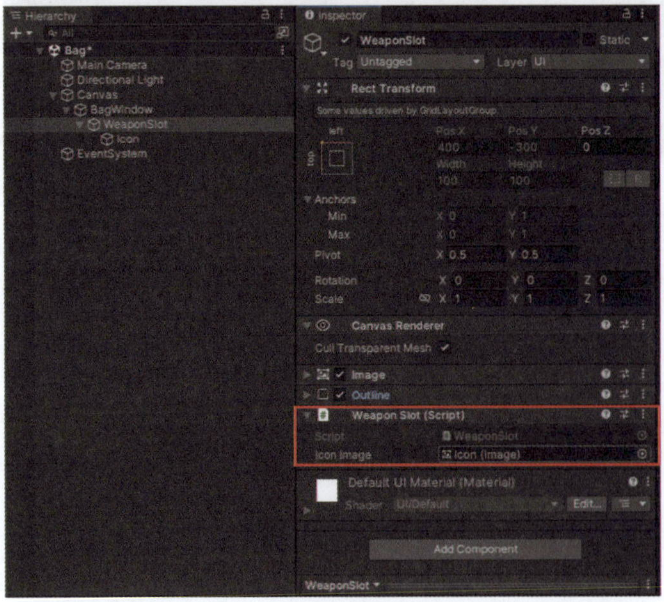

图 13-19

将武器脚本赋予 WeaponSlot 游戏对象，将 Icon Image 属性值正确设置为 Icon 的游戏对象的 Image 组件，如图 13-19 所示。

最终将 WeaponSlot 游戏对象拖动到 Project 窗口中作为预制体以便后续加载，但不必放在 Resources 目录下，后续 BagWindow 直接引用预制体会更加方便。

2. 消耗品格子

按照同样的方式创建一个消耗品格子 ConsumableSlot，但是在此基础上增加一个 Text 组件，创建一个名为 Count 的 Image 游戏对象用于显示数量，其 Text 组件的设置如图 13-20 所示。

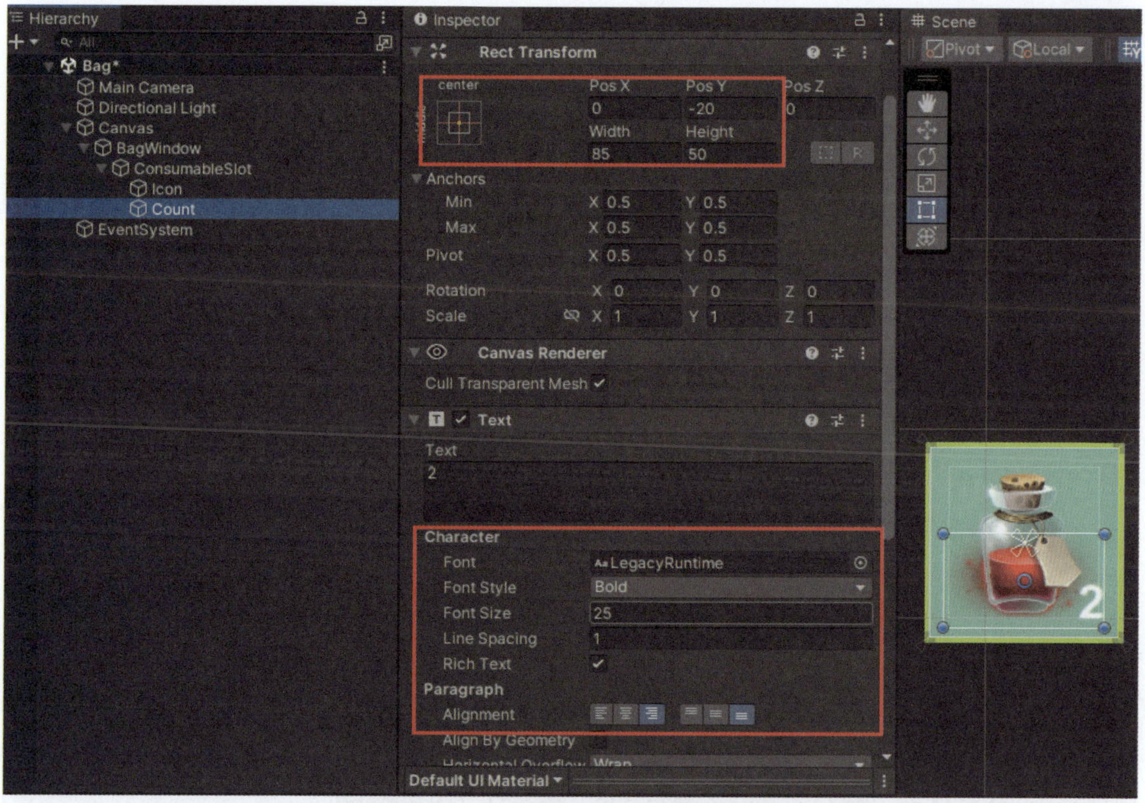

图 13-20

创建消耗品格子逻辑脚本文件，除了类似武器的右击使用逻辑，还有数量的显示逻辑，如图 13-21 所示。

```
using UnityEngine.EventSystems;
using UnityEngine;
using UnityEngine.UI;

Unity 脚本(1 个资产引用)|0 references
public class ConsumableSlot : ItemSlot<ConsumableData, ConsumableConfig>, IPointerClickHandler
{
    public Text countText;
    4 references
    public override void Init(ConsumableData itemData)
    {
        // 基类的行为依然执行
        base.Init(itemData);
        // 设置数量
        countText.text = itemData.count.ToString();
    }
    0 references
    public void OnPointerClick(PointerEventData eventData)
    {
        // 说明按的是右键，-1、-2、-3分别对应鼠标左键、右键、中键
        if (eventData.pointerId == -2)
        {
            Debug.Log($"玩家使用了消耗品:{itemConfig.name},回血量为{itemConfig.HPRegeneration}");
        }
    }
}
```

图 13-21

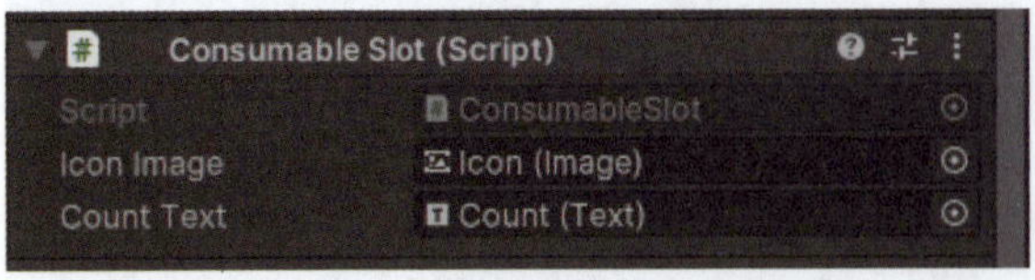

图 13-22

最终为 ConsumableSlot 游戏对象添加脚本文件，如图 13-22 所示，最终将 ConsumableSlot 游戏对象设置为预制体即可。

3. 材料格子

使用同样的方式创建 MaterialSlot 游戏对象，如图 13-23 所示。

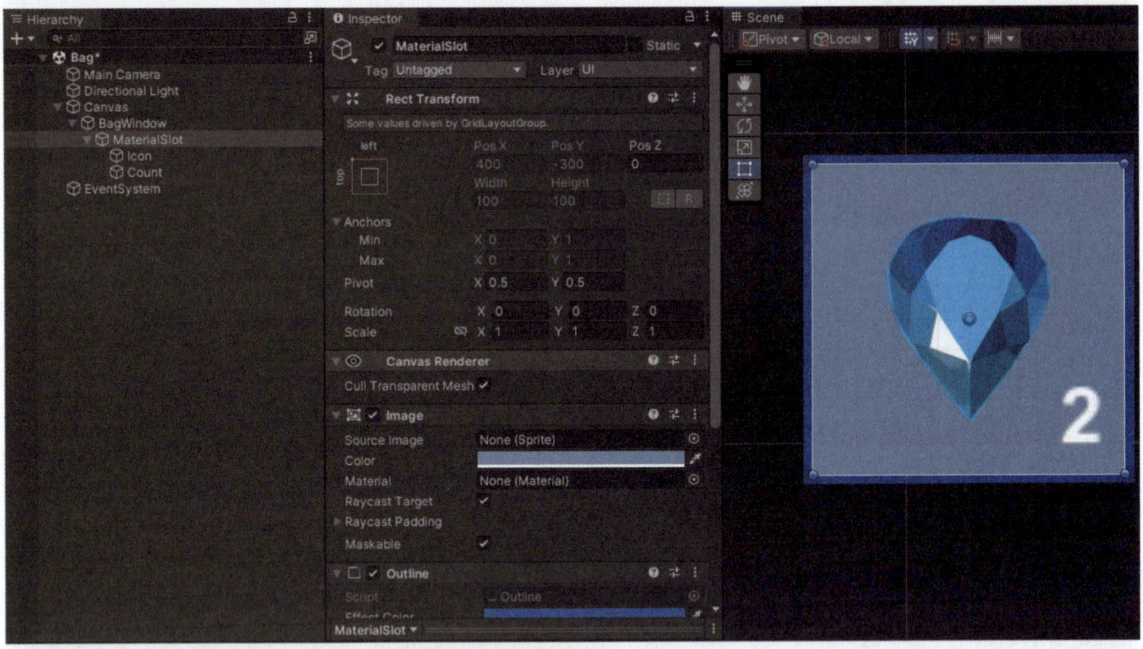

图 13-23

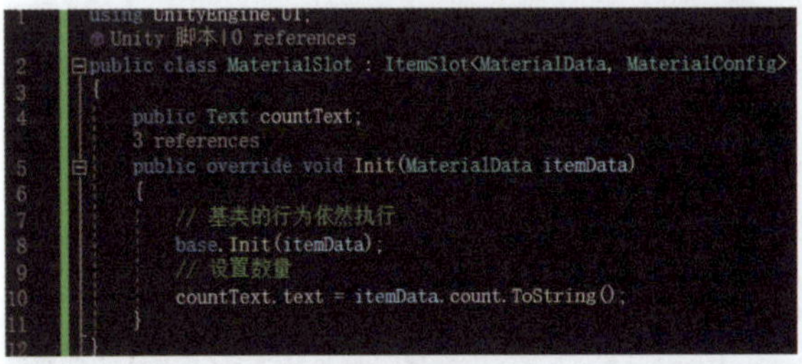

```
using UnityEngine.UI;
Unity 脚本|0 references
public class MaterialSlot : ItemSlot<MaterialData, MaterialConfig>
{
    public Text countText;
    3 references
    public override void Init(MaterialData itemData)
    {
        // 基类的行为依然执行
        base.Init(itemData);
        // 设置数量
        countText.text = itemData.count.ToString();
    }
}
```

图 13-24

创建材料格子的逻辑脚本文件，仅需要设置数量即可，如图 13-24 所示。

和消耗品格子一样，为 MaterialSlot 游戏对象添加脚本文件、设置引用，最终将 MaterialSlot 游戏对象设置为预制体即可。

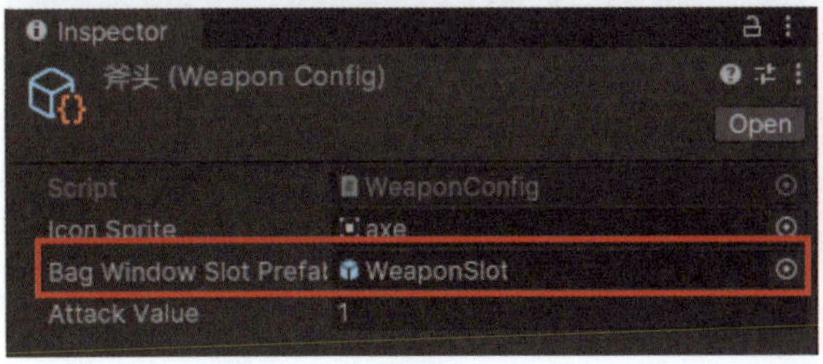

图 13-25

当前物品配置中还未引用格子预制体，可以对它们进行相关设置，如图 13-25 所示。由于物品对应的背包格子预制体是不同的，所以即使都是武器，也可以使用类似 WeaponSlot1、WeaponSlot2 这样不同的预制体来显示，这也表现了游戏的扩展性，如传说级武器的背包格子有更加绚丽的显示效果。

4. 空格子

当一个格子内没有任何物品时，也需要显示一个基本格子的外观，按照和其他格子同样的方式创建即可，其主要特点是不存在 Icon 游戏对象，如图 13-26 所示。

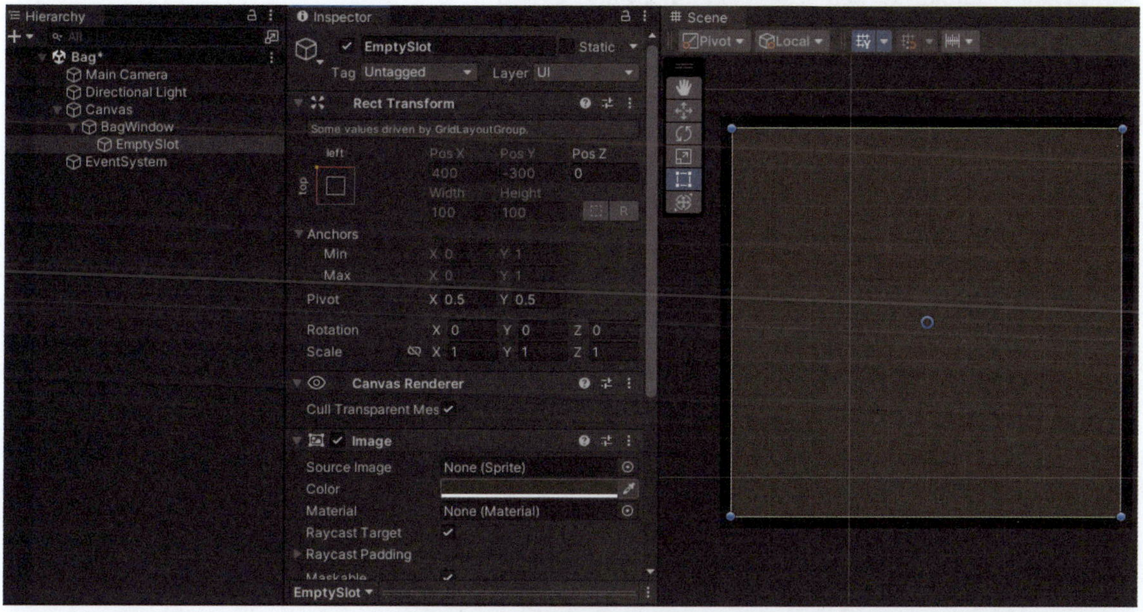

图 13-26

如果空格子依然存在一些交互逻辑而需要创建空格子脚本文件，则它继承 ItemSlot<D, C> 会不合适，因为空格子既没有配置也没有动态数据，所以我们创建一个更抽象的 IItemSlot 接口，也就是非泛型版本，如图 13-27 所示。

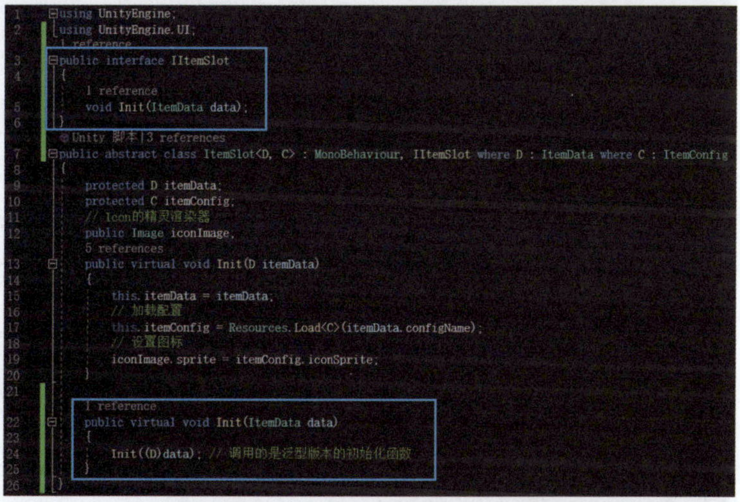

图 13-27

IItemSlot 接口中的 Init 函数作为一个格子的通用函数，方便后续背包逻辑中传递数据而忽视格子的具体类型。对背包来说，一切格子都是 IItemSlot，数据都是 ItemData，也就不关心后续的扩展问题，后续扩展时不需要修改背包逻辑，只需要新建格子相关的内容即可。

如果需要添加空格子的逻辑脚本文件，则可以在新建空格子的逻辑脚本文件后继承该接口，本案例中由于没有这方面的需求，所以不创建。

我们最终会得到 4 个预制体，如图 13-28 所示。如果未来增加新的物品类型，则可以使用同样的方式创建相关的动态数据脚本、静态配置脚本、格子预制体、格子逻辑脚本。

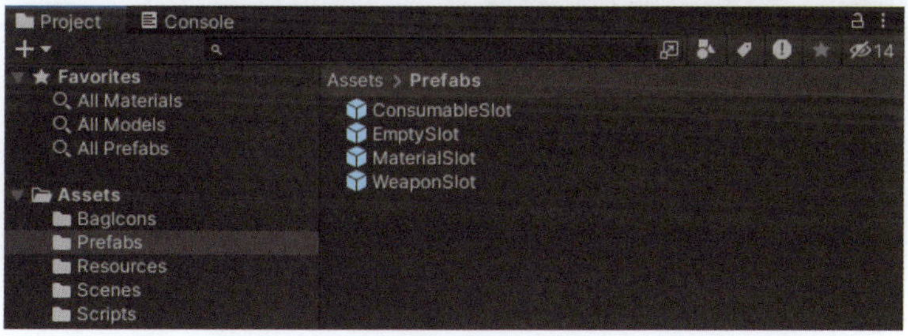

图 13-28

13.2.5 背包逻辑

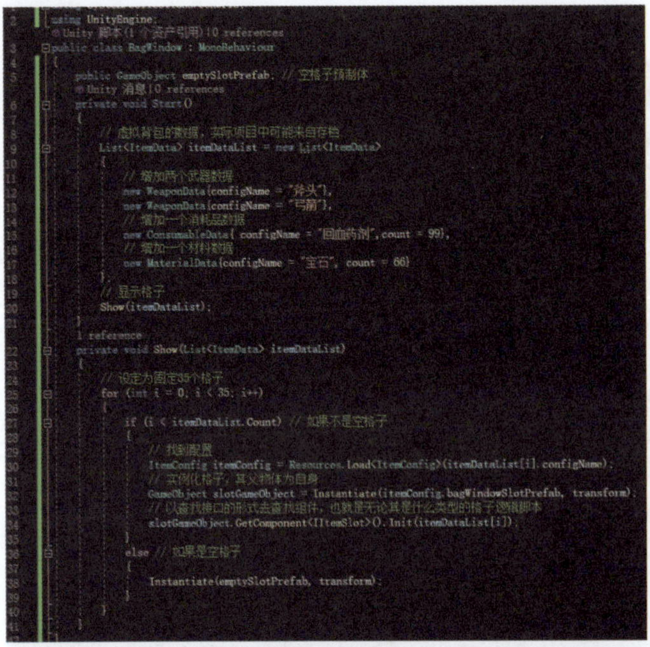
using UnityEngine;
Unity 脚本(1 个资产引用)|0 references
public class BagWindow : MonoBehaviour
{
public GameObject emptySlotPrefab; // 空格子预制体
Unity 消息|0 references
private void Start()
{
// 虚拟背包的数据，实际项目中可能来自存档
List<ItemData> itemDataList = new List<ItemData>
{
// 增加两个武器数据
new WeaponData{configName = "斧头"},
new WeaponData{configName = "弓箭"},
// 增加一个消耗品数据
new ConsumableData{ configName = "回血药剂",count = 99},
// 增加一个材料数据
new MaterialData{configName = "宝石", count = 66}
};
// 显示格子
Show(itemDataList);
}
1 reference
private void Show(List<ItemData> itemDataList)
{
// 设定为固定35个格子
for (int i = 0; i < 35; i++)
{
if (i < itemDataList.Count) // 如果不是空格子
{
// 找到配置
ItemConfig itemConfig = Resources.Load<ItemConfig>(itemDataList[i].configName);
// 实例化格子，其父物体为自身
GameObject slotGameObject = Instantiate(itemConfig.bagWindowSlotPrefab, transform);
// 以查找接口的形式去查找组件，也就是无论其是什么类型的格子逻辑脚本
slotGameObject.GetComponent<IItemSlot>().Init(itemDataList[i]);
}
else // 如果是空格子
{
Instantiate(emptySlotPrefab, transform);
}
}
}

图 13-29

背包的运行也需要逻辑。新建一个名为 BagWindow 的脚本文件，脚本文件的内容如图 13-29 所示。首先是虚拟背包的数据，其中包含两种武器、一种消耗品、一种材料。然后调用显示背包的逻辑，在其中主要判断了格子是否存在物品，如果存在物品，则找到该物品的配置文件，基于配置文件中的格子预制体进行实例化，以接口的形式查找格子游戏对象的逻辑脚本文件并调用其中的初始化方法。

可以观察到 BagWindow 中只会出现 ItemData、ItemConfig、ISlot 等抽象层的类型，这样可以在后续扩展时避免修改 BagWindow 脚本文件，而在实际开发中 itemDataList 一般来自外部，如存档系统。

运行游戏后，如果右击物品，则在 Console 窗口中也会进行相关提示，如图 13-30 所示。

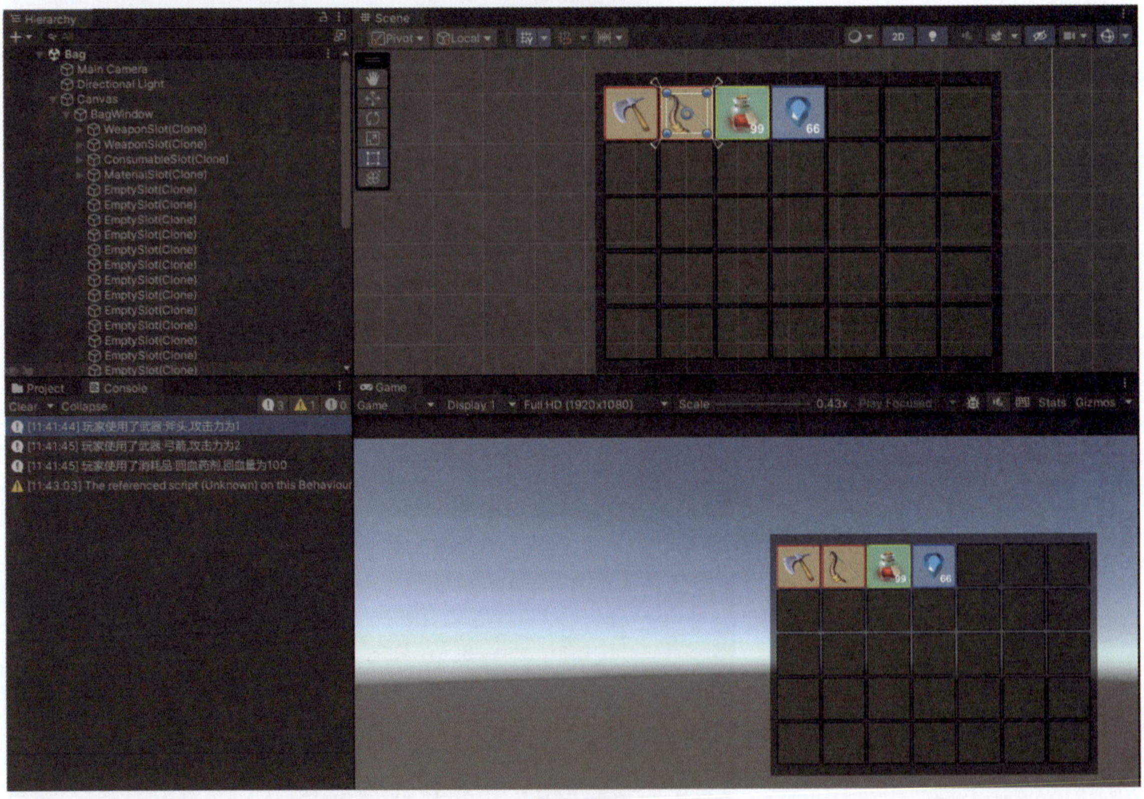
Hierarchy
Bag
Main Camera
Directional Light
Canvas
BagWindow
WeaponSlot(Clone)
WeaponSlot(Clone)
ConsumableSlot(Clone)
MaterialSlot(Clone)
EmptySlot(Clone)
Scene
Pivot
Local
2D
99
66
Project
Console
Clear
Collapse
[11:41:44] 玩家使用了武器:斧头,攻击力为1
[11:41:45] 玩家使用了武器:弓箭,攻击力为2
[11:41:45] 玩家使用了消耗品:回血药剂,回血量为100
[11:43:03] The referenced script (Unknown) on this Behaviour
Game
Display 1
Full HD (1920x1080)
Scale
0.43x
Play Focused
Stats
Gizmos

图 13-30

第 14 章 有限状态机

游戏中经常会去组织玩家角色、AI 等各种功能的逻辑，其中有一种较为通用的解决方案就是有限状态机。

本章学习要点

- 布尔类型和枚举类型
- 使用有限状态机组织逻辑

14.1 布尔类型和枚举类型

1. 布尔类型

在游戏开发中，我们经常会将需求抽象为各种状态。例如，登录状态可以分为“未登录”“已登录”，角色状态可以分为“待机”“移动”等。也就经常编写“如果……则……”这样的代码。例如，如果角色处于移动状态则执行移动逻辑，如果密码错误则不能登录等。这是一种简单的判断逻辑，可以通过布尔类型来完成，如图 14-1 所示。

这种方式有一个缺点，就是当需求抽象出的状态不仅仅是“是与否”的关系时，我们会需要大量的 Bool 类型，如我们可以认为角色有待机、移动、跳跃、攻击、死亡等状态。

2. 枚举类型

我们可以通过枚举类型来避免创建大量 Bool 类型的问题，并且更容易明确当前的状态。考虑到这种做法一般在需求较为简单时使用，在大多数情况下只需要“状态进入时”和“状态中”的逻辑，所以本案例中并未包含“状态退出”的逻辑，如果进行补充，也就是在状态切换时根据上一个状态执行逻辑，如图 14-2 所示。

```
using UnityEngine;

    Unity 脚本|0 references
public class TestBool : MonoBehaviour
{
    public bool idleState;
    public bool moveState;
    Unity 消息|0 references
    void Start()
    {
        // 初始处于移动状态
        idleState = true;
        moveState = false;
    }
    Unity 消息|0 references
    private void Update()
    {
        // 根据状态的不同执行不同的逻辑
        if (idleState)
        {
            Debug.Log("待机状态的逻辑");
        }
        else if (moveState)
        {
            Debug.Log("移动状态的逻辑");
        }
    }
}
```

图 14-1

```csharp
using UnityEngine;
// 定义一个玩家状态类型
10 references
public enum PlayerState
{
    Idle, Run, Attack
}
Unity 脚本|0 references
public class TestEnum : MonoBehaviour
{
    // 声明一个玩家状态变量
    private PlayerState playerState;
    Unity 消息|0 references
    void Start()
    {
        ChangeState(PlayerState.Run);
    }
    Unity 消息|0 references
    private void Update()
    {
        // 在Update函数中针对当前状态执行专门的逻辑，如驱动玩家移动
        switch (playerState)
        {
            case PlayerState.Idle:
                Debug.Log("待机状态中!");
                // 如按下W键角色切换到移动状态
                if (Input.GetKeyDown(KeyCode.W))
                {
                    ChangeState(PlayerState.Run);
                }
                break;
            case PlayerState.Run:
                Debug.Log("移动状态中!");
                break;
            case PlayerState.Attack:
                Debug.Log("攻击状态中!");
                break;
        }
    }

    // 修改状态的函数
    2 references
    public void ChangeState(PlayerState newState)
    {
        // 状态切换时的逻辑，如播放对应状态的动画等
        switch (newState)
        {
            case PlayerState.Idle:
                Debug.Log("进入待机状态!");
                break;
            case PlayerState.Run:
                Debug.Log("进入移动状态!");
                break;
            case PlayerState.Attack:
                Debug.Log("进入攻击状态!");
                break;
        }
        playerState = newState;
    }

}
```

图14-2

14.2 使用有限状态机组织逻辑

1. 关于有限状态机

有限状态机（Finite State Machine，FSM）并不是一种具体的编程方法，而是一种编程模型，14.1 节中的枚举方式也是一个有限状态机。

首先基于需求抽象出多个状态，状态是有限的，并且往往都是已知的，当前对象将时刻处于一个状态。状态之间会基于一定的条件进行切换，动画系统 Animator 其实就是一个有限状态机，但是不建议完全按照 Animator 的做法去构建一个有限状态机，编者会选择省略 Animator 中的动画变量、切换条件，一切都在状态内部进行判断，这样会使编写更加简单、灵活，如 14.1 节中直接在待机状态中判断玩家是否按键。

有时一个状态可能会包含较多的逻辑和状态的切换判断，而且状态会越来越多，这种情况下所有逻辑都在同一个脚本文件中将难以维护。我们可以为每个状态新建类来分离逻辑，这样在运行时就会存在一个实际的状态对象，只驱动当前所处状态的状态对象即可。

状态切换、当前状态等相关逻辑可以包装到一个状态机类中，这样我们在后续的开发过程中主要使用一个有限状态机对象，根据需求新建多个状态类，使用有限状态机切换状态，然后在 Update 函数中驱动有限状态机中的当前状态即可。

2. 状态基类

状态基类中需要定义状态可能存在的一些行为。OnEnter、OnUpdate、OnExit 等函数对应“状态进入”“状态中”“状态退出”等阶段的行为。OnCreate 函数用于首次创建状态对象时的逻辑，如图 14-3 所示。例如，获取初始化一些变量和获取一些组件的引用，这一过程可能需要宿主的引用，所以在初始化时需要传递宿主的引用，状态机类将在稍后创建，这里需要状态机的引用是为了方便切换状态。状态是否作为组件存在其实都可以，编者一般习惯于不作为组件存在。由于我们不会直接使用状态基类本身，所以状态基类是一个抽象类。

```
public abstract class StateBase
{
    // 状态机类
    protected StateMachine stateMachine;
    // 状态创建
    3 references
    public virtual void OnCreate(object owner, StateMachine stateMachine)
    {
        this.stateMachine = stateMachine;
    }
    // 状态进入
    1 reference
    public virtual void OnEnter() { }
    // 状态中
    3 references
    public virtual void OnUpdate() { }
    // 状态退出
    2 references
    public virtual void OnExit() { }
}
```

图 14-3

3. 状态机核心逻辑

接下来创建一个状态机类，状态机类主要用于切换状态，如图 14-4 所示。

需要特别声明的是，在当前代码中，每一次切换状态都会新建一个对象。频繁切换状态会导致频繁创建新对象，这里可能存在性能问题，因为状态对象可以重复使用而不必每次都创建新的，这个问题将会在第 15 章中进行讨论。

4. 有限状态机的案例

这里通过一个简单的案例来演示如何使用这个状态机。模拟一个角色一般处于待机状态，但如果玩家控制角色移动则进入移动状态，在移动状态下如果玩家停止输入则回到待机状态。

```
public class StateMachine
{
    // 状态机宿主，也就是使用状态机的对象
    public object owner;
    // 当前生效中的状态
    7 references
    public StateBase currentStateObject { get; private set; }
    1 reference
    public StateMachine(object owner)
    {
        this.owner = owner;
    }
    // 切换状态
    3 references
    public void ChangeState<T>() where T : StateBase, new()
    {
        // 如果有旧状态则调用旧状态的退出逻辑
        currentStateObject?.OnExit();
        // 创建新的状态对象
        currentStateObject = new T();
        currentStateObject.OnCreate(owner, this);
        // 调用状态的进入逻辑
        currentStateObject.OnEnter();
    }
    // 停止状态机
    0 references
    public void Stop()
    {
        owner = null;
        // 当前状态如果有效则调用其退出逻辑
        currentStateObject?.OnExit();
        currentStateObject = null;
    }
    // 驱动状态机
    1 reference
    public void Update()
    {
        currentStateObject?.OnUpdate();
    }
}
```

图 14-4

```
using UnityEngine;
2 references
public class IdleState : StateBase
{
    2 references
    public override void OnUpdate()
    {
        float horizontal = Input.GetAxisRaw("Horizontal");
        float vertical = Input.GetAxisRaw("Vertical");
        // 如果输入有效则进入移动状态
        if (horizontal != 0 || vertical != 0)
        {
            stateMachine.ChangeState<MoveState>();
        }
    }
}
```

图 14-5

先创建待机和移动状态类，继承 StateBase，再实现其逻辑，如图 14-5 和图 14-6 所示。

```
using UnityEngine;
1 reference
public class MoveState : StateBase
{
    public Transform playerTransform;
    public override void OnCreate(object owner, StateMachine stateMachine)
    {
        base.OnCreate(owner, stateMachine);
        // 获取玩家的Transform组件
        playerTransform = ((MonoBehaviour)owner).transform;
    }
    2 references
    public override void OnUpdate()
    {
        float horizontal = Input.GetAxisRaw("Horizontal");
        float vertical = Input.GetAxisRaw("Vertical");
        // 如果停止输入，则进入待机状态
        if (horizontal == 0 && vertical == 0)
        {
            stateMachine.ChangeState<IdleState>();
        }
        // 依然在输入中，则让玩家移动
        else
        {
            float moveSpeed = 1; // 每秒移动1米
            playerTransform.position += new Vector3(horizontal, 0, vertical) * Time.deltaTime * moveSpeed;
        }
    }
}
```

图 14-6

```
using UnityEngine;
Unity 脚本(1 个资产引用)|0 references
public class PlayerController : MonoBehaviour
{
    private StateMachine stateMachine;
    Unity 消息|0 references
    private void Start()
    {
        // 初始化状态机
        stateMachine = new StateMachine(this);
        // 默认进入待机状态
        stateMachine.ChangeState<IdleState>();
    }
    Unity 消息|0 references
    private void Update()
    {
        // 驱动状态机
        stateMachine.Update();
    }
}
```

图 14-7

编写一个玩家控制脚本文件，可以看到脚本文件非常简单，其主要逻辑都在单独的状态类中，使逻辑更加清晰，后续增加状态也比较方便，如图 14-7 所示。

有限状态机是一个较为通用的解决方案，但是它不一定是最优的解决方案，当状态非常多，状态的切换条件也比较多时也会变得难以维护，所以我们可以根据需求灵活选择解决方案。

第 15 章　对象池

游戏开发是比较在意项目性能的，大多数游戏会频繁创建与销毁子弹、小怪、特效等游戏对象，对象池用于解决这样的问题。

本章学习要点

- 关于对象池
- 案例：子弹对象池

15.1　关于对象池

Unity 中 C# 的垃圾回收机制会导致应用程序中断。也就是说，每一次创建与销毁游戏对象都将产生内存垃圾，当累积到一定程度后会触发垃圾回收行为，在垃圾回收时游戏会暂停，有时候这会产生重大问题，表现上就是帧率过低或不稳定。

解决这种问题的方式就是尽可能复用已有的游戏对象，而不是频繁地创建与销毁游戏对象。第 14 章的状态类不会像子弹一样同时运行多个，因此只需要使用字典这样的数据结构按照状态类型保存状态对象，在停止使用状态对象时清理内部的一些引用与数据，在需要状态对象时从字典中获取引用，就可以保证每一个状态对象只会创建一次。

而对象池更多考虑的是子弹这种同时有多个对象运行的情况。对象池是一个容器，用来存放目前不需要的对象，当使用时再取出。

无论是普通 C# 对象还是游戏对象都可以使用对象池，但游戏对象可能具备渲染相关的组件或物理相关的组件。这些组件可能会影响游戏，所以在回收时我们一般会使用 SetActive 函数来禁用游戏对象，从而使回收进对象池的游戏对象不被玩家看到或对游戏有任何干扰。

对象池也具备颗粒度的问题。例如，一颗子弹由子弹头、子弹体两个游戏对象组成，如果有不同的子弹头、子弹体类型，也就意味着一颗子弹有不同的外观，在这种情况下对象池需要管理子弹控制器、子弹头、子弹体三部分。当我们需要子弹时，首先从对象池中拿到子弹控制器，然后拿到需要的子弹头，最终拿到需要的子弹体，三者组合成一颗完整的子弹。其中，子弹控制器一般具备控制器脚本组件和一些必要的其他组件，而子弹头和子弹体可能是纯粹用于渲染的组件。如果并没有不同的子弹头、子弹体类型，则可以将子弹整体直接放入对象池，而不需要进行拆分。

15.2　案例：子弹对象池

接下来通过一个简单的子弹对象池案例来展示如何使用对象池。先搭建一个简单的场景，读者可以根据自己的喜好随意搭建，仅需要保证场景中的游戏对象具备碰撞体即可，如图 15-1 所示。

图 15-1

制作一颗子弹，将其 Scale 属性值设置为（0.5，0.5，0.5），并且添加一个红色材质。添加刚体组件，取消刚体组件的重力并设置约束，最后将子弹设置为预制体，如图 15-2 所示。

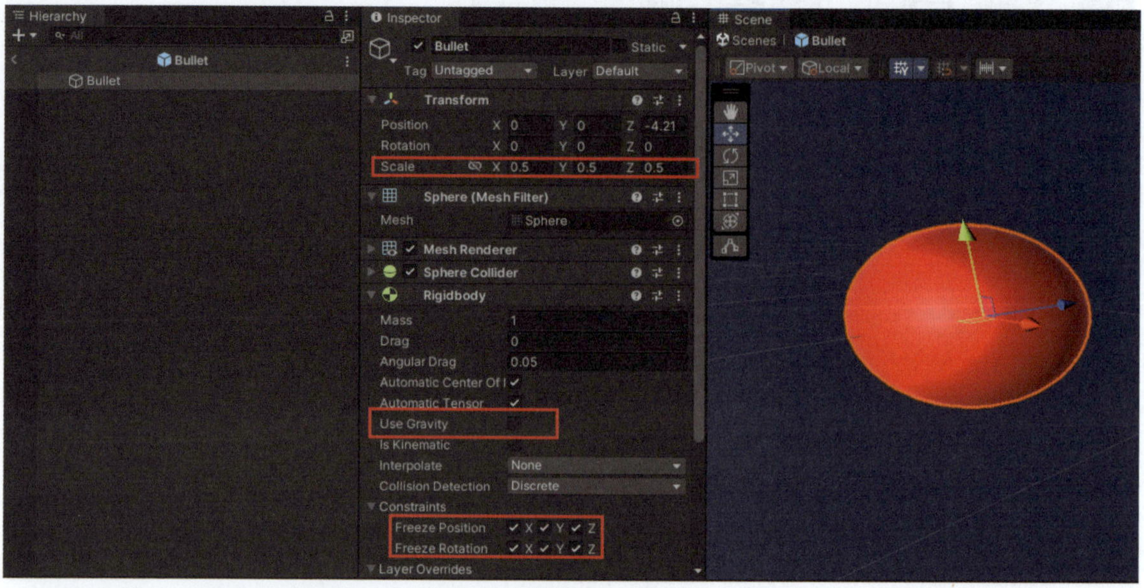

图 15-2

新建并编写 Bullet 脚本文件，用于控制子弹。这里子弹的机制非常简单，就是朝着自身前方飞行，子弹在碰撞到场景中的游戏对象后会进行回收，如果 5 秒内子弹没有与任何游戏对象发生碰撞，则也会进行回收。回收函数 Recycle 中调用的是稍后会创建的 PlayerController 脚本文件中的回收子弹函数，这个脚本文件需要挂载到 Bullet 预制体上，如图 15-3 所示。

```
using UnityEngine;
Unity 脚本(1 个资产引用)|2 references
public class Bullet : MonoBehaviour
{
    public float destroyTime = 5;     // 销毁的时间
    private float destroyTimer;       // 销毁计时
    public float moveSpeed = 20;      // 移动速度
    // 子弹的初始化，从对象中获取时候调用
    1 reference
    public void Init()
    {
        destroyTimer = destroyTime; // 重新计时
    }

    Unity 消息|0 references
    void Update()
    {
        destroyTimer -= Time.deltaTime;
        if (destroyTimer <= 0) // 倒计时结束，回收子弹
        {
            Recycle();
        }
        transform.Translate(Vector3.forward * Time.deltaTime * moveSpeed, Space.Self);
    }
    Unity 消息|0 references
    private void OnCollisionEnter(Collision collision)
    {
        // 只要发生碰撞就回收
        Recycle();
    }
    // 回收自己
    2 references
    private void Recycle()
    {
        // 调用玩家的单例，回收自己
        PlayerController.Instance.RecycleBullet(this);
    }
```

图 15-3

PlayerController 脚本文件如图 15-4 所示。如果单击，则会向前方发射一颗子弹，ObjectPool 就是 Unity 内置的对象池，其构造函数中最关键的就是第一个参数 createFunc，这个参数用于指定当对象池中没有子弹时如何创建子弹，这个参数的类型是一个委托，委托的返回值类型与 ObjectPool 本身的泛型有关，由于这里我们需要的是 GameObject，所以作为参数的 CreateBullet 函数的返回值也是 GameObject，在其中实例化了子弹预制体。ObjectPool 的关键函数是 Get，它用于从对象池中获取对象，Release 函数用于将对象放到对象池中。

将脚本文件挂载到 Main Camera 上后运行，尝试单击发射子弹并观察 Hierarchy 窗口中的表现，会发现对象池会尽可能复用备用的子弹而不是创建新的子弹，只有当发射子弹过快导致对象池中没有子弹时才会创建新的子弹。

```
using UnityEngine;
using UnityEngine.Pool;
Unity 脚本(1 个资产引用)|2 references
public class PlayerController : MonoBehaviour
{
    // 简单的单例模式
    2 references
    public static PlayerController Instance { get; private set; }
    // 子弹预制体
    public GameObject bulletPrefab;
    private ObjectPool<GameObject> bulletPool;
    Unity 消息|0 references
    private void Awake()
    {
        Instance = this;
        // 初始化子弹对象池
        bulletPool = new ObjectPool<GameObject>(CreateBullet);
    }
    Unity 消息|0 references
    private void Update()
    {
        // 发射子弹
        if (Input.GetMouseButtonDown(0))
        {
            // 从对象池中获取子弹，并将其坐标与旋转方向设置为当前一致
            GameObject bulletGameObject = bulletPool.Get();
            bulletGameObject.gameObject.SetActive(true); // 显示子弹
            bulletGameObject.transform.position = transform.position;
            bulletGameObject.transform.forward = transform.forward;
            bulletGameObject.GetComponent<Bullet>().Init(); // 初始化子弹
        }
    }
    // 创建子弹
    1 reference
    private GameObject CreateBullet()
    {
        return GameObject.Instantiate(bulletPrefab);
    }
    // 回收子弹
    1 reference
    public void RecycleBullet(Bullet bullet)
    {
        bullet.gameObject.SetActive(false); // 隐藏子弹
        bulletPool.Release(bullet.gameObject);
    }
}
```

图 15-4

第 16 章 事件系统

事件系统可以非常好地进行解耦，本章讨论的并不是 Unity 内置的 EventSystem，而是开发者自己编写的逻辑。

本章学习要点

- 系统之间的通信
- 案例：制作事件系统

16.1 系统之间的通信

系统是一个比较抽象的描述，一般可以认为系统是由多个相互关联的功能组成的，如游戏中常见的背包系统、好友系统、战斗系统等。

事件指的是某种行为，如玩家死亡、游戏胜利、怪物死亡等。

本节要讨论的是不同系统之间的通信，首先我们要清楚为什么会需要通信。例如，当玩家角色死亡后，我们认为玩家角色死亡是一个重要的事件，这可能会在 UI 上显示游戏失败的提示，以及怪物会停止追击等，在实践中一件事情发生后经常需要通知给其他系统。

系统之间通信最简单的方式就是获取另一个系统的引用。例如，我们需要通知成就系统的前提是，在玩家死亡判断的脚本文件中（一般是玩家脚本文件）获取到成就系统的引用，之后调用其中的某个函数来完成通知行为。但在实践中有可能多名开发者同时开发游戏，这意味着成就系统可能还没有开发完成，甚至在当前开发进度中根本不存在成就系统，那么使用这种方式只能暂时记录下来，在未来进行完善，很明显这不是一种很好的选择。

系统之间相互依赖，一个系统可能需要持有多个其他系统的引用，这种依赖关系也被称为耦合。另外还有一些更加棘手的情况。例如，如果游戏支持 Mod 或热更新，则意味着有一些逻辑现在不存在且计划中也可能不存在，也就是无从依赖。

C# 中的委托技术适合解决这类问题。声明委托本质上是声明函数的格式，格式主要是指函数的返回值与参数，然后委托对象将引用一个或多个对象的函数。委托对象作为一个变量，在哪里声明就变得尤为重要，如玩家角色死亡这个委托对象在玩家脚本文件中，则其他系统依然要获取到玩家脚本文件的引用，这样依然没有达到解耦的目的。

让所有系统都可以获取委托的同时互相不依赖，就需要一个“中间人”，也可以所有系统只依赖这个“中间人”，这个“中间人”就是事件系统，所以事件系统也被称为事件中心。当某个系统发生了一件认为有必要分发出去的事件时，就通过事件系统进行分发。

16.2 案例：制作事件系统

本节我们来实际编写一个事件系统，虽然我们知道事件系统的本质依然是委托，但是我们不可能提前确定游戏中有哪些事件然后一个一个列出来，这会导致开发团队中的各个成员频繁修改事件系统而失去了通用解耦工具的意义，我们希望尽可能不修改事件系统。

我们可以使用一个数据结构来管理多个事件，一般会选择使用字典，字典的 Key 可以作为事件的标识，而 Value 则是委托的引用。这个字典是事件系统的关键，有一些事件可能需要一个或多个参数，如触发游戏胜利事件时其他系统需要知道玩家的得分情况，但有一些事件可能不需要参数。

针对这点我们可以为每一个事件新建一个 C# 类或结构体作为一种约定，类存在垃圾回收的问题，所以编者会选择使用结构体。在结构体中可以声明一些需要用到的变量，所以委托在执行时的参数也就是该结构体。通过这一方法我们可以约束所有的事件都有一个参数，如果事件不需要参数，则该结构体没有任何成员变量；如果事件有多个参数，则声明多个变量。同时，这个结构体的名称也可以作为字典的 Key，用于分辨不同的事件。

我们需要做到在游戏运行过程中，事件可以动态地增加和删除，所以事件系统具备增加事件、删除事件的功能。

如果一个系统关心某个事件，则这一过程一般被称为注册事件、监听事件，所以事件系统具备添加监听、移除监听的功能。

综上所述，我们可以编写事件系统脚本文件，如图 16-1 所示。

```
using System;
using System.Collections.Generic;
5 references
public static class EventSystem
{
    // Key:事件名称 Value:事件委托,Delegate是委托的基类
    private static Dictionary<string, Delegate> actionDic = new Dictionary<string, Delegate>();
    /// <summary>
    /// 添加事件的监听
    /// </summary>
    /// <typeparam name="E">事件参数的类型</typeparam>
    /// <param name="action">函数</param>
    3 references
    public static void AddEventListener<E>(Action<E> action)
    {
        string eventName = typeof(E).FullName;
        if (actionDic.ContainsKey(eventName)) // 已经包含这个事件
        {
            Action<E> evt = (Action<E>)actionDic[eventName]; // 从字典中获取后转为实际委托类型
            evt += action; // 添加监听
            actionDic[eventName] = evt; // 委托在+=时可能会返回新的引用，所以重新赋值给字典
        }
        else // 未包含这个事件
        {
            actionDic.Add(eventName, action);
        }
    }

    /// <summary>
    /// 移除事件的监听
    /// </summary>
    /// <typeparam name="E">事件参数的类型</typeparam>
    /// <param name="action">函数</param>
    0 references
    public static void RemoveEventListener<E>(Action<E> action)
    {
        string eventName = typeof(E).FullName;
        if (actionDic.ContainsKey(eventName)) // 已经包含这个事件
        {
            Action<E> evt = (Action<E>)actionDic[eventName]; // 从字典中获取后转为实际委托类型
            evt -= action; // 移除监听
            actionDic[eventName] = evt; // 委托在-=时可能会返回新的引用，所以重新赋值给字典
        }
    }

    /// <summary>
    /// 触发事件
    /// </summary>
    /// <typeparam name="E">事件参数的类型</typeparam>
    /// <param name="eventArg">时间参数</param>
    2 references
    public static void TriggerEvent<E>(E eventArg)
    {
        string eventName = typeof(E).FullName;
        if (actionDic.ContainsKey(eventName)) // 已经包含这个事件
        {
            Action<E> evt = (Action<E>)actionDic[eventName]; // 从字典中获取后转为实际委托类型
            evt?.Invoke(eventArg); // 触发事件
        }
    }
}
```

图 16-1

```
using UnityEngine;

// 玩家胜利事件
6 references
public struct PlayerWinEvent
{
    public int socre;// 得分情况
}

Unity 脚本(1 个资产引用)|0 references
public class Player : MonoBehaviour
{
    Unity 消息|0 references
    private void Update()
    {
        if (Input.GetKeyDown(KeyCode.D))
        {
            // 虚拟胜利得分为100
            EventSystem.TriggerEvent(new PlayerWinEvent { socre = 100 });
        }
    }
}
```

图 16-2

接下来进行测试。编写玩家脚本文件，如图 16-2 所示。这里模拟玩家按下 D 键后触发玩家胜利事件，并且虚拟了一个分数为 100。

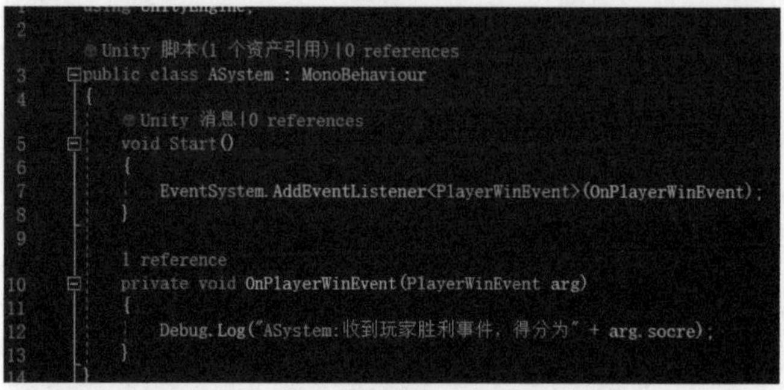

```
using UnityEngine;

Unity 脚本(1 个资产引用)|0 references
public class ASystem : MonoBehaviour
{
    Unity 消息|0 references
    void Start()
    {
        EventSystem.AddEventListener<PlayerWinEvent>(OnPlayerWinEvent);
    }

    1 reference
    private void OnPlayerWinEvent(PlayerWinEvent arg)
    {
        Debug.Log("ASystem:收到玩家胜利事件，得分为" + arg.socre);
    }
}
```

图 16-3

图 16-3 和图 16-4 是两个虚拟系统监听或取消监听玩家胜利事件。

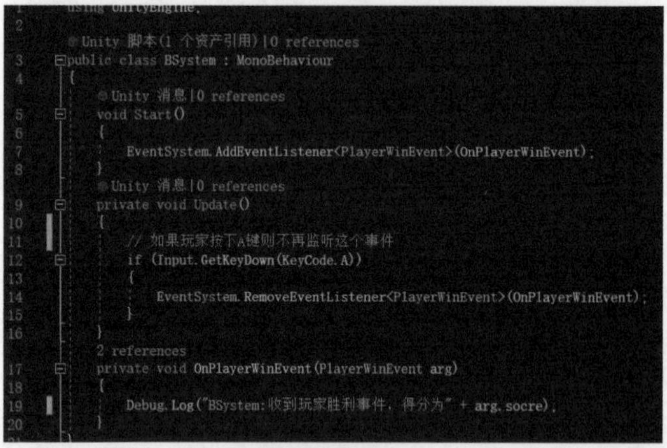

```
using UnityEngine;

Unity 脚本(1 个资产引用)|0 references
public class BSystem : MonoBehaviour
{
    Unity 消息|0 references
    void Start()
    {
        EventSystem.AddEventListener<PlayerWinEvent>(OnPlayerWinEvent);
    }
    Unity 消息|0 references
    private void Update()
    {
        // 如果玩家按下A键则不再监听这个事件
        if (Input.GetKeyDown(KeyCode.A))
        {
            EventSystem.RemoveEventListener<PlayerWinEvent>(OnPlayerWinEvent);
        }
    }
    2 references
    private void OnPlayerWinEvent(PlayerWinEvent arg)
    {
        Debug.Log("BSystem:收到玩家胜利事件，得分为" + arg.socre);
    }
}
```

图 16-4

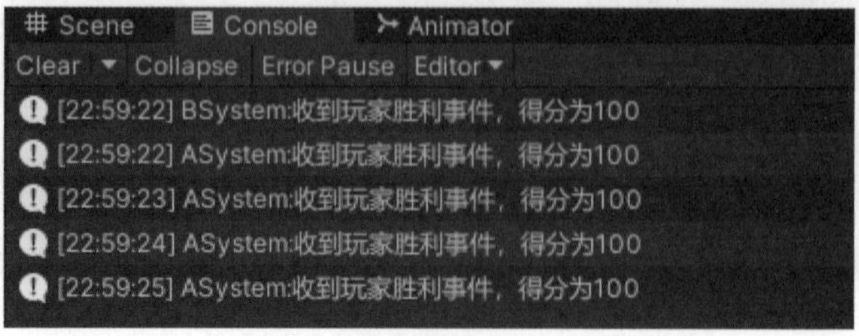

图 16-5

将这些测试脚本文件全部拖动到场景中的任意游戏对象上，运行游戏进行测试，可以尝试多次按下 D 键后观察 Console 窗口中的输出。如果按下 A 键，则不再监听玩家胜利事件，也就不会再进行输出，如图 16-5 所示。

第 17 章　游戏存档

存档也是至关重要的功能，玩家费尽心力达成的进度不能因为游戏的关闭而结束，如何将玩家的进度保存到本地设备且在游戏开始时恢复进度是本章要讨论的内容。

本章学习要点

- 序列化
- Application.persistentDataPath
- 案例：跳舞派对存档

17.1　关于存档

对玩家而言，存档是一种“游戏进度”，如经验值、物品、通关情况等。对开发者而言，存档就是存储与读取数据，不同的游戏需要保存的数据不同。例如，在角色扮演游戏中可能需要保存玩家当前的经验值、背包中的物品，而在消除类游戏中只需要保存当前的关卡数。存档的位置也可能不同，单机游戏一般存储在玩家的设备中，也就是游戏运行的设备中，而网络游戏一般会将经验值、装备等核心数据存储在服务端设备中，而将游戏分辨率、音量设置等非重要数据存储在玩家的设备中。

在保存数据时要尽可能少地保存数据。例如，在游戏中要保存一件装备，如果装备的数值是固定的，则我们只需要保存“我有一件 XX 装备”，而不是“我有一件攻击力为 XX，防御为 XX…的装备”，记录详细信息是没有意义的，所以我们只需要保存动态的数据即可。

从数据上来说，在游戏中保存一件装备，我们到底需要保存什么数据？一个件装备的组成元素可能是复杂的，如有攻击力、防御力等数值，以及强化等级等数据。

1．序列化

将对象转换为可存储或可传输格式的过程被称为序列化，序列化的目的是保存对象的状态，相反的过程被称为反序列化。例如，我们将某个对象保存到计算机磁盘上或通过网络发送给服务端，在读取或服务端接收时进行反序列化重新将对象转换为数据。

例如，我们新建并保存一个基于 C# 类创建的对象，将其以文件形式保存到磁盘后关闭游戏，第二天打开游戏时读取磁盘中的文件，基于文件中的数据生成一个对象，这个对象将与保存时一致。一个对象中可以有多个成员变量，我们可以决定哪些变量不参与序列化过程，所以对象是否完全一致是由我们自己控制的。

只要可以做到 C# 对象与文件的互相转换就可以完成存档，能做到这点的主流技术有 JSON、XML、二进制等。技术在选择上并没有严格的要求，JSON 与 XML 的高可读性在开发阶段的调试过程中非常有优势，但在游戏发布后也容易被篡改，并且它们的时间与空间效率都相对较低，也就是序列化与反序列化需要的时间更长，需要的内存与磁盘的空间更大，本章将以二进制序列化的存档方式展开讲解。

Unity 中的组件是无法通过 C# 序列化的，Unity 内置的 Vector3、Color 等类型也无法序列化，一般在制作存档时需要构建自己的数据类型来进行转换。例如，Vector3 的关键是记录了 x、y、z 三个数字，我们完全可以自己定义一个可以序列化的类型来完成。

2．Application.persistentDataPath

部分平台出于安全目的并不允许应用随意读写磁盘，如果将项目发布到多个平台，则可能需要考虑不同平台的权限、路径等的差异。Unity 为开发者解决了这个问题，我们可以在开发时使用 Application.persistentDataPath 来访问一个可读写的目录，并且将其作为存档的存储位置。

Application.persistentDataPath 在 Windows 操作系统中的文件路径为 C:\Users\{UseName}\AppData\LocalLow\{CompanyName}\{ProjectName}，其中，{ UseName } 是操作系统用户名，{ CompanyName } 和 { ProjectName } 是项目 Project Settings 窗口中 Player 的相关设置，如图 17-1 所示。

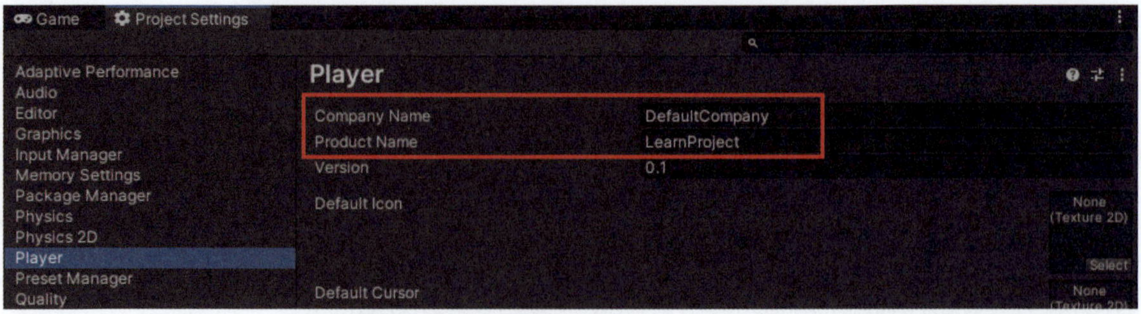

图 17-1

17.2 案例：跳舞派对存档

接下来我们通过一个案例来练习存档功能，这个案例的需求如下。

（1）当玩家按下鼠标左键时，就在场景中放置一个角色并进行跳舞，角色的位置在一个范围内随机，角色有男性和女性的区别，系统会随机选择性别。

（2）当玩家按下鼠标右键时，就保存全部角色的性别、所处的位置、舞蹈动作和舞蹈动作的进度。

（3）当开始游戏时，读取之前的存档进行游戏进度的恢复，如果之前没有存档，则场景中初始没有任何角色。

从需求中可以发现需要保存的数据：有哪些角色，分别是什么性别，在什么位置，播放什么动画，以及播放的时间。

17.2.1 搭建基础场景

将本节配套资源“存档案例资源”中的 Dance Animations 资源导入项目，如图 17-2 所示。

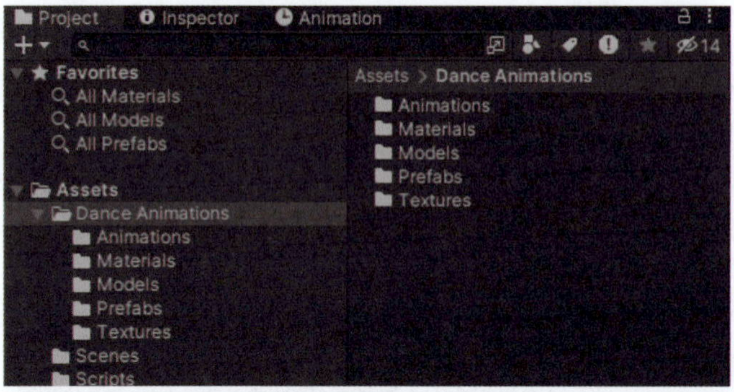

图 17-2

将 Prefabs 文件夹中的 Floor 预制体拖动到场景中作为地面，并且确保 Transform 组件的 Position 属性值为（0，0，0），Rotation 属性值为（0，0，0），Scale 属性值为（25，25，25），如图 17-3 所示。

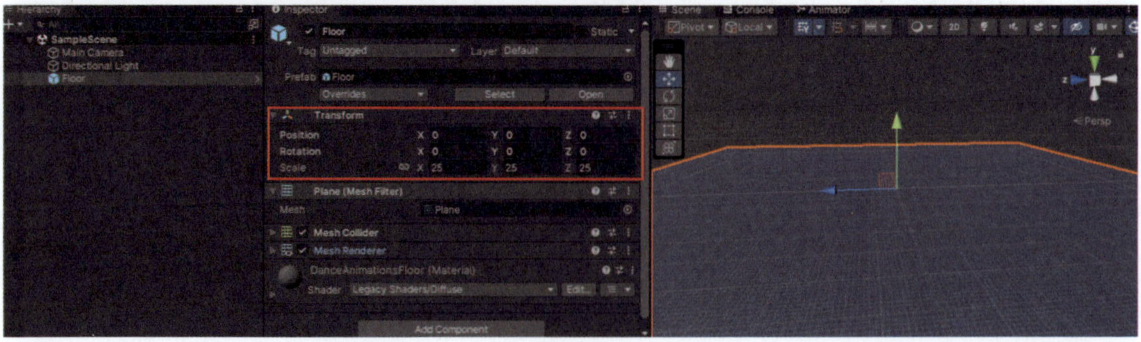

图 17-3

将摄像机 Transform 组件的 Position 属性值设置为（0，4，−10），效果如图 17−4 所示。

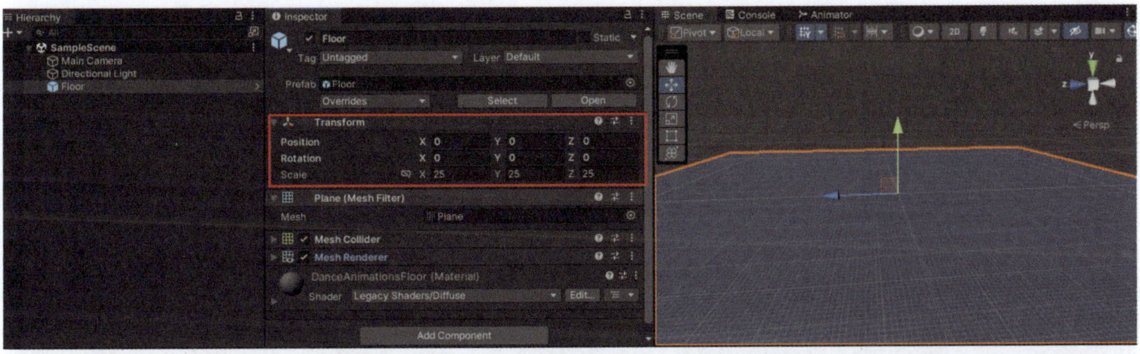

图 17−4

基于目前的场景，角色的生成坐标将限制在以下范围来确保其在摄像机视野范围内。

X 的范围为 −10 ~ 10，Y 为 0，Z 的范围为 0 ~ 10。

17.2.2 设置角色

Prefabs 文件夹中有 Female Dancer 女性舞者模型和 Male Dancer 男性舞者模型，虽然是两个不同的模型，但是它们的动画逻辑可以完全相同，所以仅需要创建一个 Animator Controller 即可。创建 Animator Controller 并命名为 Dancer，如图 17−5 所示。

动画的逻辑比较简单，将 Animations 文件夹中的所有动画选中后拖动到 Animator 窗口中，要注意状态的命名，如图 17−6 所示。这里我们不需要任何动画参数，我们可以通过脚本文件直接播放指定的状态。

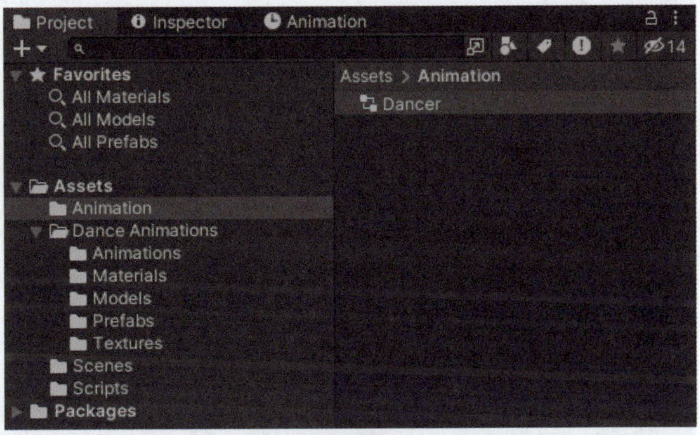

图 17−5

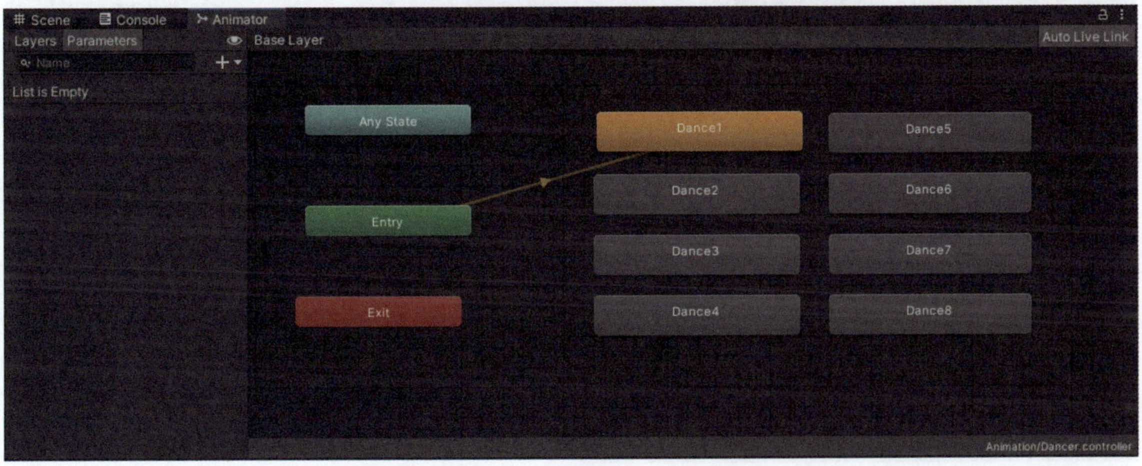

图 17−6

将 Animator Controller 拖动给两个角色预制体的 Animator 组件，如图 17-7 所示。

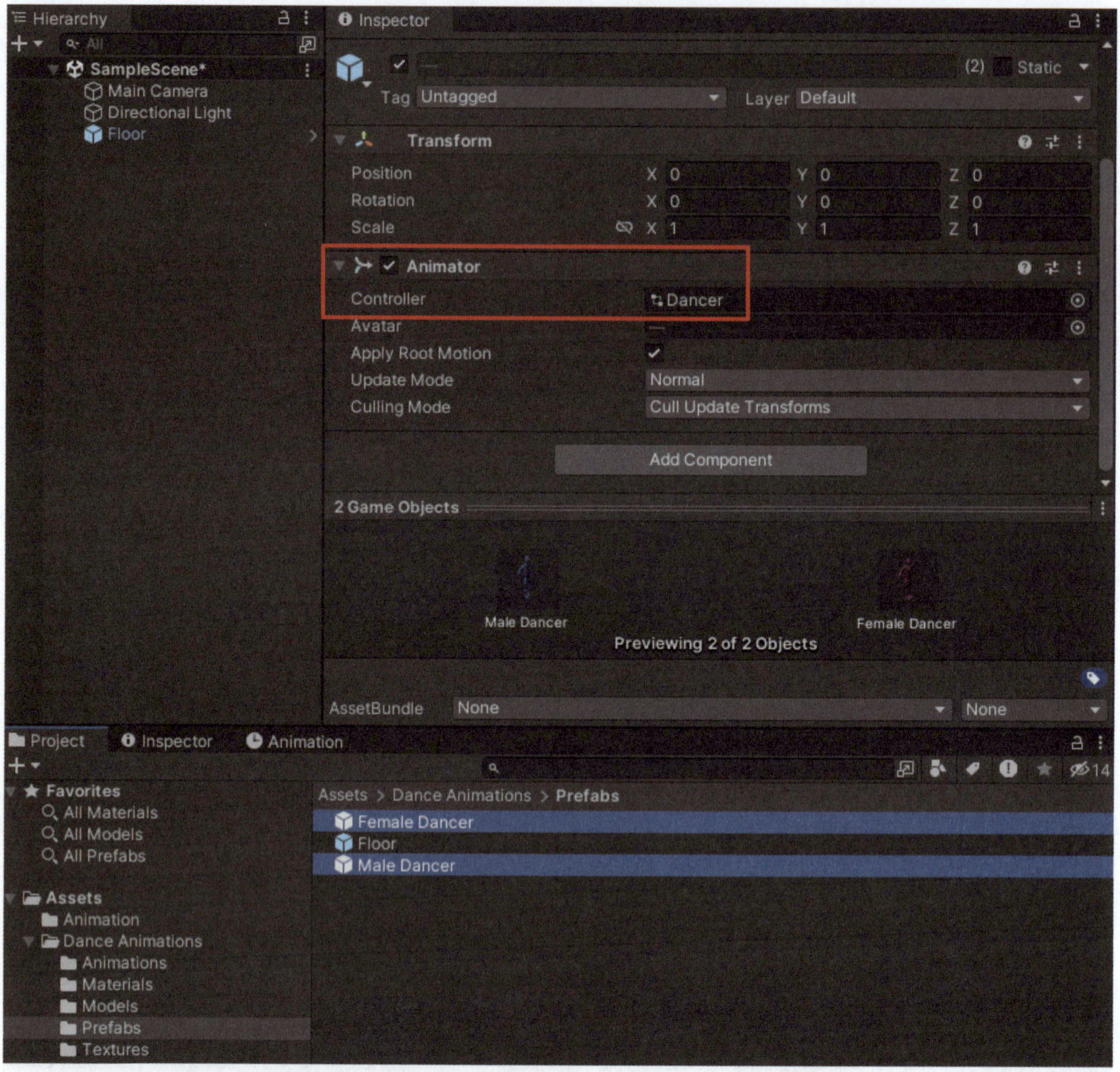

图 17-7

17.2.3 存档数据

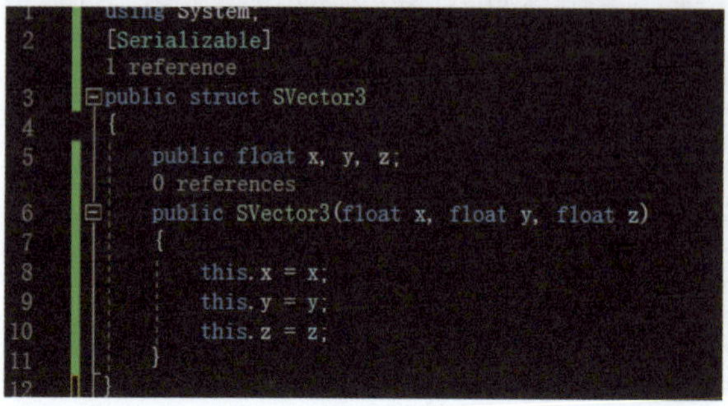

```
using System;
[Serializable]
1 reference
public struct SVector3
{
    public float x, y, z;
    0 references
    public SVector3(float x, float y, float z)
    {
        this.x = x;
        this.y = y;
        this.z = z;
    }
}
```

图 17-8

我们要确保位置信息可以保存，而 Unity 内置的 Vector3 并不支持 C# 的序列化，所以我们可以创建一个自己的类型来进行存档。创建 SVector3 类型，主要定义了 x、y、z 三个变量，其中，[Serializable] 用于标记该类型支持序列化，如图 17-8 所示。

单个角色的数据如图 17-9 所示。创建一个 DancerData 类，其中主要包含一些需要保存的数据。

```
using System;
[Serializable]
0 references
public class DancerData
{
    // 预制体索引，区分不同性别的预制体
    public int prefabIndex;
    // 坐标
    public SVector3 position;
    // 第几个舞蹈动作的索引
    public int animationIndex;
    // 动画的播放时间，也就是舞蹈动作的播放进度
    public float animationNormalizedTime;
}
```

图 17-9

所有角色的存档可以使用一个列表来保存。创建一个 GameData 类，在存档时只需要将 GameData 序列化为一个文件即可，如图 17-10 所示。

```
using System;
using System.Collections.Generic;

[Serializable]
0 references
public class GameData
{
    public List<DancerData> dancerDataList = new List<DancerData>();
}
```

图 17-10

17.2.4　核心逻辑

创建 GameManager 脚本文件，用于管理游戏的核心逻辑，编写代码，如图 17-11 所示。

```
using System.Collections.Generic;
using System.IO;
using System.Runtime.Serialization.Formatters.Binary;
using UnityEngine;
Unity 脚本(1 个资产引用)|0 references
public class GameManager : MonoBehaviour
{
    public GameObject[] rolePrefabs;// 预制体
    private Vector2 posXRange = new Vector2(-10, 10f); // 坐标x轴的范围
    private Vector2 poZXRange = new Vector2(0, 10f);   // 坐标z轴的范围
    private int animationCount = 8;                    // 动画的数量
    private GameData gameData;
    // 角色模型与数据的映射字典
    private Dictionary<GameObject, DancerData> dancerDic = new Dictionary<GameObject, DancerData>();
    Unity 消息|0 references
    private void Start()
    {
        ReadGameData(); // 读取存档
        // 基于GameData恢复存档
        foreach (DancerData item in gameData.dancerDataList)
        {
            SpawnDancer(item);
        }
    }
    Unity 消息|0 references
    void Update()
    {
        if (Input.GetMouseButtonDown(0))// 按下鼠标左键则随机生成角色
        {
            RandomSpawnDancer();
        }
        if (Input.GetMouseButtonDown(1)) // 按下鼠标右键则保存存档
        {
            SaveGameData();
        }
    }
    1 reference
    private void RandomSpawnDancer()
    {
        // 随机一个预制体索引，实际上相当于随机一个性别，如果有更多模型，则这样更具备扩展性
        int prefabIndex = Random.Range(0, rolePrefabs.Length);
        float posX = Random.Range(posXRange.x, posXRange.y); // 随机X轴坐标
        float posZ = Random.Range(poZXRange.x, poZXRange.y); // 随机Z轴坐标
        int animationIndex = Random.Range(1, animationCount + 1);       // 随机一个动画
        // 构建单个角色的数据
        DancerData dancerData = new DancerData
        {
            prefabIndex = prefabIndex,
            animationIndex = animationIndex,
            position = new SVector3(posX, 0, posZ)
        };
        gameData.dancerDataList.Add(dancerData);     // 放入存档数据
        // 基于随机出来的数据生成角色
        SpawnDancer(dancerData);
```

图 17-11

```
    }
    2 references
    private void SpawnDancer(DancerData dancerData)
    {
        GameObject prefab = rolePrefabs[dancerData.prefabIndex]; // 获取预制体
        GameObject dancer = GameObject.Instantiate(prefab);      // 实例化游戏对象
        dancer.transform.position = new Vector3(dancerData.position.x, 0, dancerData.position.z); // 设置坐标
        // 按照存档的播放进度开始播放动画
        dancer.GetComponent<Animator>().Play("Dance" + dancerData.animationIndex, 0, dancerData.animationNormalizedTime);
        dancerDic.Add(dancer, dancerData);              // 放入字典
    }
    1 reference
    private void ReadGameData()
    {
        string filePath = $"{Application.persistentDataPath}/{nameof(gameData)}";
        // 判断是否存在存档
        if (!File.Exists(filePath))
        {
            gameData = new GameData();
        }
        else
        {
            // 通过反序列化获取到GameData
            BinaryFormatter bf = new BinaryFormatter();
            FileStream fileStream = File.Open(filePath, FileMode.Open);
            gameData = (GameData)bf.Deserialize(fileStream);
            fileStream.Close();
        }
    }
    1 reference
    private void SaveGameData()
    {
        // 遍历全部角色，设置它们的动画进度数据
        foreach (KeyValuePair<GameObject, DancerData> item in dancerDic)
        {
            float normalizedTime = item.Key.GetComponent<Animator>().GetCurrentAnimatorStateInfo(0).normalizedTime;
            item.Value.animationNormalizedTime = normalizedTime;
        }
        // 通过序列化保存存档
        string filePath = $"{Application.persistentDataPath}/{nameof(gameData)}";
        BinaryFormatter bf = new BinaryFormatter();
        FileStream fileStream = File.Create(filePath);
        bf.Serialize(fileStream, gameData);
        fileStream.Close();
    }
}
```

图 17-11（续）

其主要逻辑为：在 Start 函数中尝试读取存档，如果存档不存在，则直接创建一个新的 GameData，如果存档存在，则反序列化文件以读取数据，然后按照数据恢复游戏。在 Update 函数中检测按键，如果按下鼠标左键，则生成一个随机的角色，如果按下鼠标右键，则保存存档，在保存存档之前会遍历全部的角色，获取并保存它们当前的动画播放进度。

编写完成后运行游戏进行测试，按下鼠标左键生成角色，按下鼠标右键保存存档，然后关闭游戏重新运行后可以看到存档会恢复，效果如图 17-12 所示。

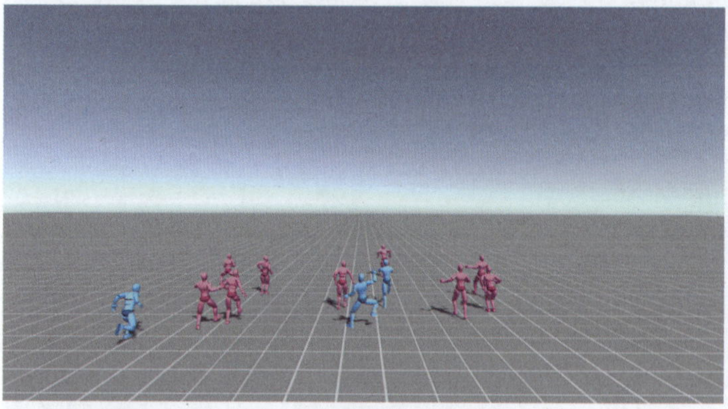

图 17-12

查看存档，可以删除 gameData 文件来达到删除存档的目的，该路径下的其他文件是 Unity 引擎创建的，如图 17-13 所示。

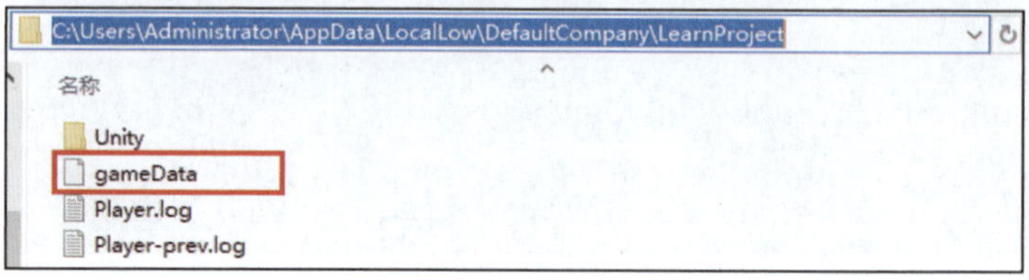

图 17-13

第 18 章　综合案例：《坦克大战》项目实战

本章将综合本书内容来完成一个案例，让我们开始吧！

本章学习要点

- 案例说明
- 案例实战

18.1　案例说明

18.1.1　资源说明

编者已经为大家提供了初始项目并摆放了初始场景，读者可以使用本章配套资源中的 Tank 项目，在 Unity Hub 中导入项目后选择 Tank 选项，等待项目打开即可。如果需要查看最终完成的结果，则可以打开“Tank（最终）”项目，如图 18-1 所示。

图 18-1

项目中有 StartScene 和 GameScene 两个场景，其中，StartScene 是游戏启动后的第一个场景，如图 18-2 所示，其主要功能如下。

（1）开始游戏：使用新存档进入 GameScene 场景。

（2）继续游戏：使用已有存档进入 GameScene 场景，如果存档不存在，则隐藏该按钮。

（3）退出游戏：关闭游戏。

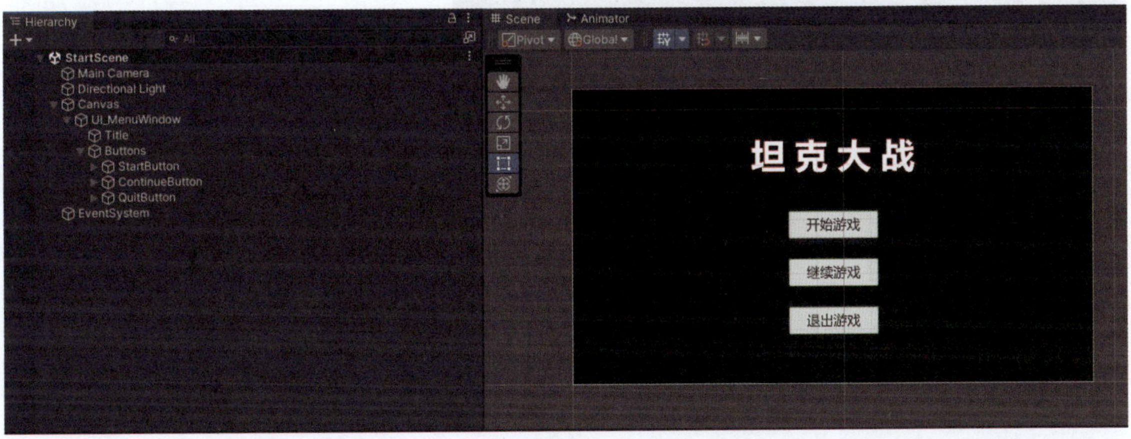

图 18-2

GameScene 是玩家实际进行游戏的场景，编者已经设置好了摄像机的默认位置，摆放了一些障碍物资源，设置好了一些 UI 元素，如图 18-3 所示，它们的功能如下。

（1）血条：当前生命值。

（2）得分：当前分数。

（3）退出游戏：保存存档并回到 StartScene 场景。

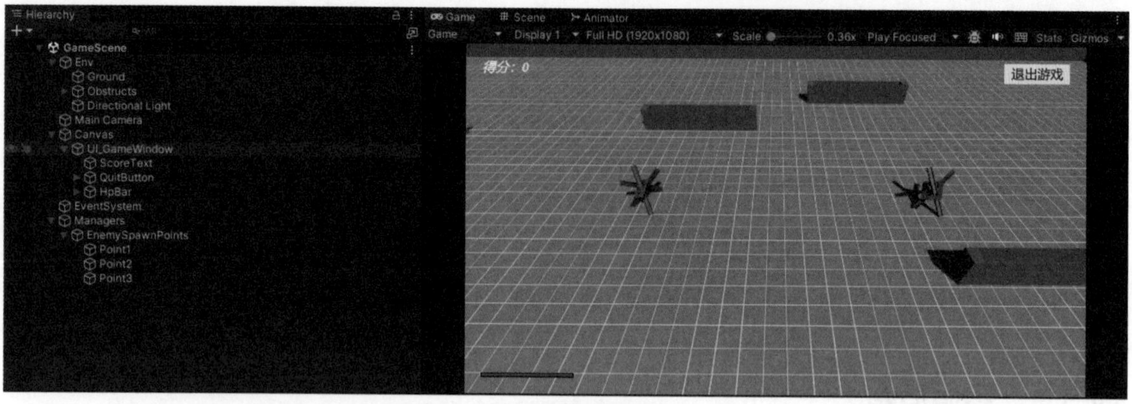

图 18-3

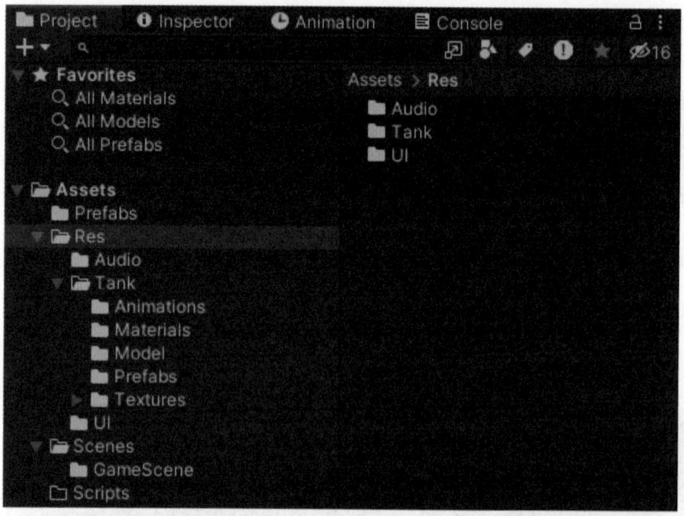

图 18-4

项目中已经包含了项目所需要的全部预制体、音效、动画等资源，如图 18-4 所示。

18.1.2 需求说明

游戏的需求并不复杂，当我们在 StartScene 场景中单击“开始游戏”或“继续游戏”按钮后进入 GameScene 场景进行游戏。

在 GameScene 场景中将生成一个玩家坦克，并且按照规则生成敌方坦克，玩家操控玩家坦克消灭敌方坦克即可获得积分。如果玩家坦克被敌方坦克消灭，则自动销毁当前存档并回到 StartScene 场景，玩家可以选择退出游戏或重新开始一局游戏，以此达成一个游戏的循环。

在现实世界中，坦克可以朝着一个方向移动但是炮台转向其他位置进行攻击，案例中也需要实现，对玩家来说就是使用 W、S、A、D 键控制玩家坦克的移动，使用鼠标控制炮台转向。

在战斗上，坦克具有机枪和火炮两种武器，无论是玩家还是坦克，我们都将在生成时随机选择一种武器。除了美术表现不同，两种武器在设定上的主要区别如下。

（1）机枪：攻击频率更低，射程更短且使用伤害更低的小号子弹。

（2）火炮：攻击频率更高，射程更远且使用伤害更高的大号子弹。

在 AI 的行为上，我们设置一个间隔时间自动生成敌方坦克，敌方坦克生成后的主要行为如下。

（1）巡逻状态：在限制范围内选择一个坐标然后移动到该位置，当到达该位置后继续选择一个坐标进行移动，循环往复。在巡逻过程中，如果玩家坦克出现在警戒范围内，则切换到追击状态。

（2）追击状态：一直追击玩家坦克，消灭玩家坦克则导致玩家游戏失败，如果被玩家坦克消灭则玩家得一分。

（3）死亡状态：播放一个动画然后销毁自己。

玩家坦克发射的子弹只能对敌方坦克产生伤害，敌方坦克发射的子弹只能对玩家坦克产生伤害，不同子弹类型的飞行速度、伤害、存活时间都可能不同。

本案例主要涉及的知识点如下。

（1）在坦克移动、发射子弹、被消灭时会播放不同的音效。

（2）子弹、敌方坦克部分都可以使用对象池来避免频繁地生成和销毁游戏对象。

（3）在敌方坦克被销毁时通过事件系统来通知玩家得分。

（4）所有坦克的生命值、位置、旋转角度等信息都要进行存档。

（5）子弹的伤害判定会使用物理系统中碰撞体的触发事件。

（6）敌方坦克的移动基于导航系统。

（7）坦克的移动、被消灭都会播放动画。

（8）StartScene 场景和 GameScene 场景互相切换时会使用到场景加载相关的 API。

（9）敌方坦克的 AI 逻辑基于有限状态机。

如果根据本章顺序编写代码，则会因为不同的脚本文件之间可能存在相互依赖的问题，如在 A 脚本文件中需要使用 B 脚本文件，但是 B 脚本文件还未创建导致 Unity 进行报错而无法正常学习，因此可以临时注释掉 A 脚本文件中使用到的 B 脚本文件的代码，等 B 脚本文件编写完善后再恢复 A 脚本文件中的注释。

18.2　基础工具

项目中需要用到的有限状态机、对象池、事件系统、音效播放等功能我们先准备好，以方便后续的功能开发。

18.2.1　状态机

实现思路见第 14 章，创建并编写 StateBase 脚本文件，如图 18-5 所示。

```
public abstract class StateBase
{
    // 状态机类
    protected StateMachine stateMachine;
    // 状态创建
    3 references
    public virtual void OnCreate(object owner, StateMachine stateMachine)
    {
        this.stateMachine = stateMachine;
    }
    // 状态进入
    3 references
    public virtual void OnEnter() { }
    // 状态中
    3 references
    public virtual void OnUpdate() { }
    // 状态退出
    2 references
    public virtual void OnExit() { }
}
```

图 18-5

创建 并编写 StateMachine 脚本文件，如图 18-6 所示。

```
public class StateMachine
{
    // 状态机宿主，也就是使用状态机的对象
    public object owner;
    // 当前生效中的状态
    7 references
    public StateBase currentStateObject { get; private set; }
    1 reference
    public StateMachine(object owner)
    {
        this.owner = owner;
    }
    // 切换状态
    2 references
    public void ChangeState<T>() where T : StateBase, new()
    {
        // 如果有就旧状态，则调用旧状态的退出逻辑
        currentStateObject?.OnExit();
        // 创建新的状态对象
        currentStateObject = new T();
        currentStateObject.OnCreate(owner, this);
        // 调用状态的进入逻辑
        currentStateObject.OnEnter();
    }
    // 停止状态机
    1 reference
    public void Stop()
    {
        // 如果当前状态有效，则调用其退出逻辑
        currentStateObject?.OnExit();
        currentStateObject = null;
    }
    // 驱动状态机
    1 reference
    public void Update()
    {
        currentStateObject?.OnUpdate();
    }
}
```

图 18-6

18.2.2 对象池

在本案例中有两种不同的子弹，以及敌方坦克需要通过对象池来管理。我们需要一个较为通用的对象池，创建并编写 PoolManager 脚本文件，可以看到与第 15 章的对象池相比，其主要区别是使用一个字典数据结构来管理多个对象池，当获取对象时，如果需要的对象池不存在，则创建对象池，如图 18-17 所示。

```
using UnityEngine;
using UnityEngine.Pool;
9 references
public static class PoolManager
{
    // 对象池容器
    // Key:游戏对象名称, Value: 对象池
    private static Dictionary<string, ObjectPool<GameObject>> poolDic =
        new Dictionary<string, ObjectPool<GameObject>>();

    /// <summary>
    /// 获取对象
    /// </summary>
    /// <param name="prefab">预制体</param>
    3 references
    public static GameObject GetObject(GameObject prefab)
    {
        // 如果对象池不存在则创建
        if (!poolDic.TryGetValue(prefab.name, out ObjectPool<GameObject> pool))
        {
            // 初始化P对象池
            pool = new ObjectPool<GameObject>(() => CreateObject(prefab));
            poolDic.Add(prefab.name, pool);
        }
        GameObject go = pool.Get();
        go.SetActive(true);
        return go;
    }

    /// <summary>
    /// 回收对象
    /// </summary>
    /// <param name="instance">需要回收的对象</param>
    3 references
    public static void DestroyObject(GameObject instance)
    {
        instance.SetActive(false);
        if (poolDic.TryGetValue(instance.name, out ObjectPool<GameObject> pool))
        {
            pool.Release(instance);
        }
        else
        {
            GameObject.Destroy(instance);
        }
    }
    1 reference
    private static GameObject CreateObject(GameObject prefab)
    {
        GameObject obj = GameObject.Instantiate(prefab);
        // 避免生成的游戏对象名称与预制体名称不一致
        obj.name = prefab.name;
        return obj;
    }

    // 在跳转场景时使用
    3 references
    public static void Clear()
    {
        poolDic.Clear();
    }
}
```

图 18-7

18.2.3 事件系统

实现思路见第 16 章，创建并编写 EventSystem 脚本文件，如图 18-8 所示。

```
using System.Collections.Generic;
12 references
public static class EventSystem
{
    // Key:事件名称 Value:事件委托,Delegate是委托的基类
    private static Dictionary<string, Delegate> actionDic = new Dictionary<string, Delegate>();
    /// <summary>
    /// 添加事件的监听
    /// </summary>
    /// <typeparam name="E">事件参数的类型</typeparam>
    /// <param name="action">函数</param>
    3 references
    public static void AddEventListener<E>(Action<E> action)
    {
        string eventName = typeof(E).FullName;
        if (actionDic.ContainsKey(eventName)) // 已经包含这个事件
        {
            Action<E> evt = (Action<E>)actionDic[eventName]; // 从字典中获取后转换为实际委托类型
            evt += action; // 添加监听
            actionDic[eventName] = evt; // 委托在+=时可能会返回新的引用，所以重新赋值给字典
        }
        else // 未包含这个事件
        {
            actionDic.Add(eventName, action);
        }
    }

    /// <summary>
    /// 移除事件的监听
    /// </summary>
    /// <typeparam name="E">事件参数的类型</typeparam>
    /// <param name="action">函数</param>
    3 references
    public static void RemoveEventListener<E>(Action<E> action)
    {
        string eventName = typeof(E).FullName;
        if (actionDic.ContainsKey(eventName)) // 已经包含这个事件
        {
            Action<E> evt = (Action<E>)actionDic[eventName]; // 从字典中获取后转换为实际委托类型
            evt -= action; // 移除监听
            actionDic[eventName] = evt; // 委托在-=时可能会返回新的引用，所以重新赋值给字典
        }
    }

    /// <summary>
    /// 触发事件
    /// </summary>
    /// <typeparam name="E">事件参数的类型</typeparam>
    /// <param name="eventArg">时间参数</param>
    6 references
    public static void TriggerEvent<E>(E eventArg)
    {
        string eventName = typeof(E).FullName;
        if (actionDic.ContainsKey(eventName)) // 已经包含这个事件
        {
            Action<E> evt = (Action<E>)actionDic[eventName]; // 从字典中获取后转换为实际委托类型
            evt?.Invoke(eventArg); // 触发事件
        }
    }
}
```

图 18-8

18.3 游戏数据与事件

18.3.1 游戏数据

在开发具体功能之前，可以从存档的角度梳理一下需要的数据，我们需要保存玩家坦克和敌方坦克，以及玩家当前的得分。

基于这些内容，创建并编写 GameData 脚本文件，其中包含了游戏存档的全部数据，如图 18-9 所示。

创建并编写 SaveManager 脚本文件以读取和保存游戏，其中的 SaveManager 类是静态类，所以不需要作为组件挂载到任何游戏对象上，其主要就是读取 GameData 脚本文件，以及将游戏数据保存到磁盘中，如图 18-10 所示。

```
using System;
using System.Collections.Generic;
[Serializable]
6 references
public struct SVector3 // 可以序列化存档的向量
{
    public float x, y, z;
    4 references
    public SVector3(float x, float y, float z)
    {
        this.x = x;
        this.y = y;
        this.z = z;
    }
}
[Serializable]
7 references
public class TankData   // 坦克的数据
{
    public SVector3 position, rotation; // 坐标及旋转
    public float currentHp;             // 当前的生命值
    public int weaponIndex;             // 使用的武器索引
}

[Serializable]
11 references
public class EnemyTankData : TankData   // 敌方坦克的数据
{
    public EnemyState enemyState;       // 敌方坦克所处于的状态
}


[Serializable]
7 references
public class GameData   // 存档保存的数据
{
    public TankData playerTankData;                   // 玩家坦克数据
    public List<EnemyTankData> enemyTankDataList; // 全部敌方坦克的数据
    public int score;                                 // 玩家的得分
}
```

图 18-9

```
using System.IO;
using System.Runtime.Serialization.Formatters.Binary;
using UnityEngine;

6 references
public static class SaveManager
{
    private static string filePath;
    0 references
    static SaveManager()
    {
        filePath = $"{Application.persistentDataPath}/{nameof(GameData)}";
    }

    // 获取游戏数据
    2 references
    public static GameData GetGameData()
    {
        if (!File.Exists(filePath))
        {
            return null;
        }
        BinaryFormatter bf = new BinaryFormatter();
        using (FileStream fileStream = File.Open(filePath, FileMode.Open))
        {
            return (GameData)bf.Deserialize(fileStream);
        }
    }

    // 保存游戏数据
    1 reference
    public static void SaveGameData(GameData gameData)
    {
        BinaryFormatter bf = new BinaryFormatter();
        using (FileStream fileStream = File.Create(filePath))
        {
            bf.Serialize(fileStream, gameData);
        }
    }

    // 删除游戏存档
    2 references
    public static void DeleteGameData()
    {
        if (File.Exists(filePath))
        {
            File.Delete(filePath);
        }
    }
}
```

图 18-10

18.3.2 事件

游戏中 3 个重要的事件如下。

（1）玩家生命值改变事件：需要更新 UI。

（2）敌方坦克死亡事件：对敌方坦克的管理及触发更新分数事件。

（3）更新分数事件：需要更新 UI。

创建并编写 Events 脚本文件，其中主要包含 3 个事件的定义，如图 18-11 所示。

```
// 玩家生命值改变事件
6 references
public struct PlayerHPChangedEvent
{
    // 当前生命值
    public float currentHP;
    // 最大生命值
    public float maxHp;
}

// 敌方坦克死亡事件
4 references
public struct EnemyDeadEvent
{
}

// 更新分数事件
5 references
public struct UpdateScoreEvent
{
    public int score;
}
```

图 18-11

18.4 StartScene 场景的逻辑

StartScene 场景比较简单，只有一个 UI 窗口功能，其中包含一个游戏标题和三个用于玩家交互的按钮，如图 18-12 所示。

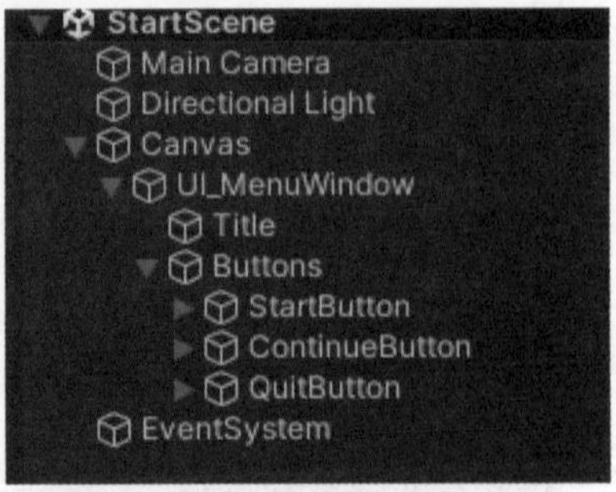

图 18-12

创建并编写 UI_MenuWindow 脚本文件，其主要在 Start 函数中检测是否存在存档，如果不存在，则隐藏“继续游戏”按钮，如图 18-13 所示。

```
using UnityEngine;
using UnityEngine.SceneManagement;
using UnityEngine.UI;
Unity 脚本(1 个资产引用)|0 references
public class UI_MenuWindow : MonoBehaviour
{
    public Button startButton;      // 开始游戏
    public Button continueButton;   // 继续游戏
    public Button quitButton;       // 退出游戏
    Unity 消息|0 references
    void Start()
    {
        // 绑定按钮点击事件
        startButton.onClick.AddListener(StartButtonClick);
        continueButton.onClick.AddListener(ContinueButtonClick);
        quitButton.onClick.AddListener(QuitButtonClick);
        // 如果没有存档，则隐藏"继续游戏"按钮
        if (SaveManager.GetGameData() == null)
        {
            continueButton.gameObject.SetActive(false);
        }
    }

    1 reference
    private void StartButtonClick()
    {
        SaveManager.DeleteGameData(); // 删除上次的存档
        SceneManager.LoadScene("GameScene");
    }

    1 reference
    private void ContinueButtonClick()
    {
        SceneManager.LoadScene("GameScene");
    }

    1 reference
    private void QuitButtonClick()
    {
        Application.Quit();
    }
}
```

图 18-13

编写完成后，为 UI_MenuWindow 游戏对象添加组件并绑定相关引用，如图 18-14 所示。

StartScene 场景的逻辑就完成了，可以尝试运行游戏后单击“开始游戏”按钮，观察是否会切换游戏场景。

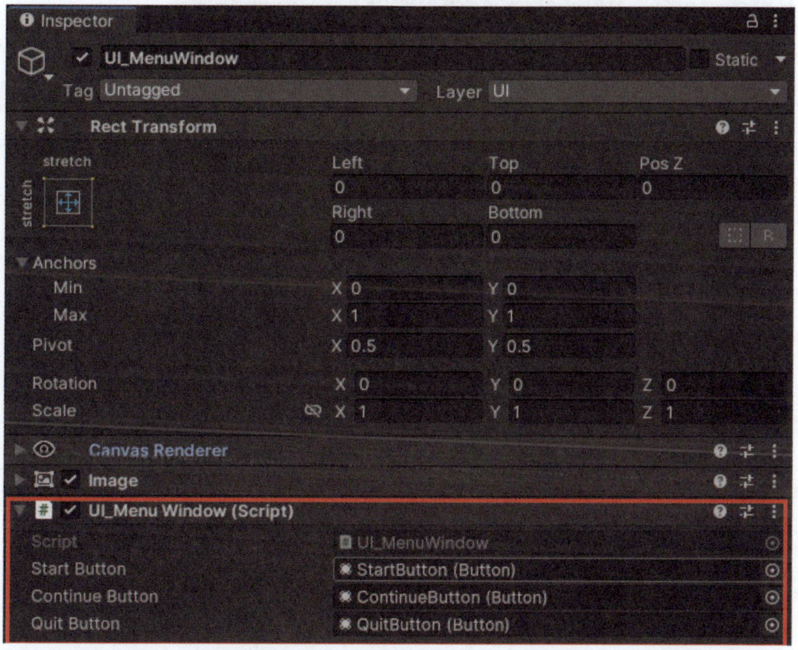

图 18-14

18.5　GameScene 场景的 UI 逻辑

GameScene 场景中的 UI 也不复杂，主要有得分、“退出游戏”按钮，以及玩家当前生命值的血条。

创建并编写 UI_GameWindow 脚本文件，此文件中主要实现血条、得分更新，单击“退出游戏”按钮后切换到 StartScene 场景，以及对玩家生命值修改、更新分数等事件的监听，如图 18-15 所示。

```
using UnityEngine;
using UnityEngine.UI;

Unity 脚本(1 个资产引用)|1 reference
public class UI_GameWindow : MonoBehaviour
{
    0 references
    public static UI_GameWindow Instance { get; private set; }
    public Image hpBarFillImage;    // 血条填充部分
    public Text scoreText;          // 得分
    public Button quitButton;       // 推出游戏

    Unity 消息|0 references
    private void Awake()
    {
        quitButton.onClick.AddListener(QuitButtonClick);
        EventSystem.AddEventListener<PlayerHPChangedEvent>(OnPlayerHPChangedEvent);
        EventSystem.AddEventListener<UpdateScoreEvent>(OnUpdateScoreEvent);
    }
    Unity 消息|0 references
    private void OnDestroy()
    {
        EventSystem.RemoveEventListener<PlayerHPChangedEvent>(OnPlayerHPChangedEvent);
        EventSystem.RemoveEventListener<UpdateScoreEvent>(OnUpdateScoreEvent);
    }

    2 references
    private void OnUpdateScoreEvent(UpdateScoreEvent eventArg)
    {
        scoreText.text = eventArg.score.ToString();
    }

    2 references
    private void OnPlayerHPChangedEvent(PlayerHPChangedEvent eventArg)
    {
        hpBarFillImage.fillAmount = eventArg.currentHP / eventArg.maxHp;
    }

    1 reference
    private void QuitButtonClick()
    {
        GameManager.Instance.QuitGame();
    }
}
```

图 18-15

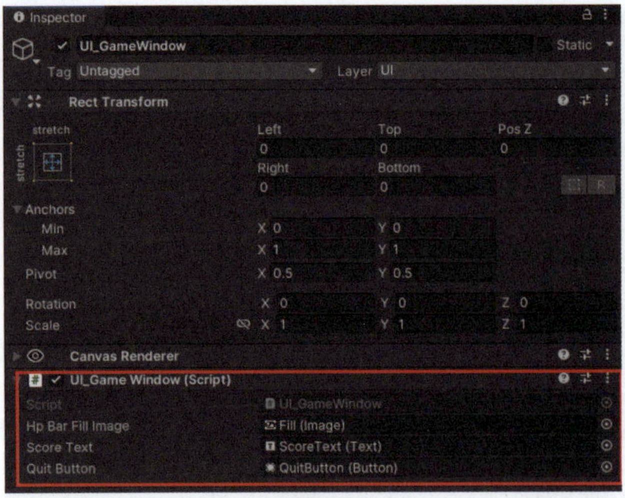

图 18-16

编写完成后为 UI_GameWindow 游戏对象添加组件并绑定相关引用，如图 18-16 所示。

目前阶段如果运行游戏则可以实现 StartScene 场景和 GameScene 场景的相互切换。

18.6 音效播放

项目中主要包含两种子弹发射的音效、坦克被命中的音效、坦克销毁的音效，如图 18-17 所示。

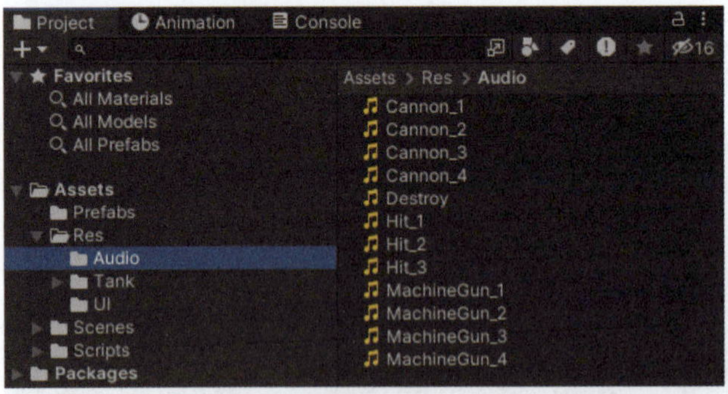

图 18-17

创建并编写 AudioManager 脚本文件，完成所有音效的播放逻辑。如果同一类型有多个音效，则采用随机播放的方式，如图 18-18 所示。

将该脚本文件挂载到 Managers 游戏对象上，引用资源，如图 18-19 所示。

```
using UnityEngine;

public class AudioManager : MonoBehaviour
{
    public static AudioManager Instance;
    public AudioClip[] cannonAudioClips;
    public AudioClip[] machineGunAudioClips;
    public AudioClip[] hitAudioClips;
    public AudioClip tankDestroyAudioClip;
    private void Awake()
    {
        Instance = this;
    }

    public void PlayCannonAudioClip(Vector3 position)
    {
        AudioSource.PlayClipAtPoint(cannonAudioClips[Random.Range(0, cannonAudioClips.Length)], position);
    }
    public void PlayMachineGunAudioClip(Vector3 position)
    {
        AudioSource.PlayClipAtPoint(machineGunAudioClips[Random.Range(0, machineGunAudioClips.Length)], position);
    }
    public void PlayHitAudioClip(Vector3 position)
    {
        AudioSource.PlayClipAtPoint(hitAudioClips[Random.Range(0, hitAudioClips.Length)], position);
    }
    public void PlayTankDestroyAudioClip(Vector3 position)
    {
        AudioSource.PlayClipAtPoint(tankDestroyAudioClip, position);
    }
}
```

图 18-18

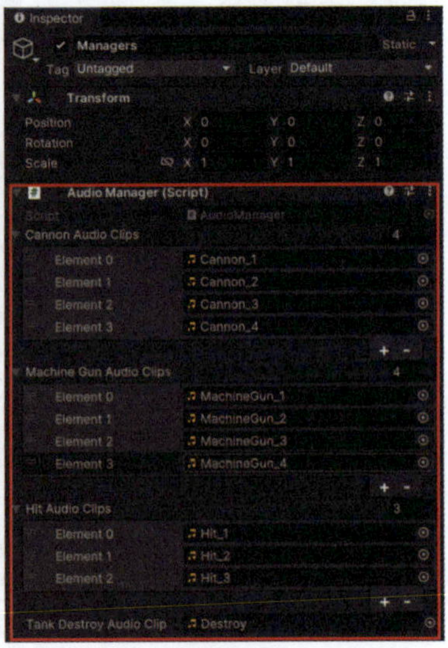

图 18-19

18.7　子弹逻辑

不同的武器会发射不同的子弹，子弹的主要区别在于射程（实际上就是销毁时间）、移动速度和攻击力。子弹在初始化时需要确定发射的方向，在销毁时应该回归到对象池中。

玩家坦克的子弹只能命中敌人，敌方坦克的子弹只能命中玩家坦克，子弹之间不会互相命中，针对这一点我们可以利用物理系统的 Layer 来控制。在 Project Settings 窗口的 Physics 中已经进行了如图 18-20 所示的设置，玩家坦克与敌方坦克预制体也进行了相关的设置。

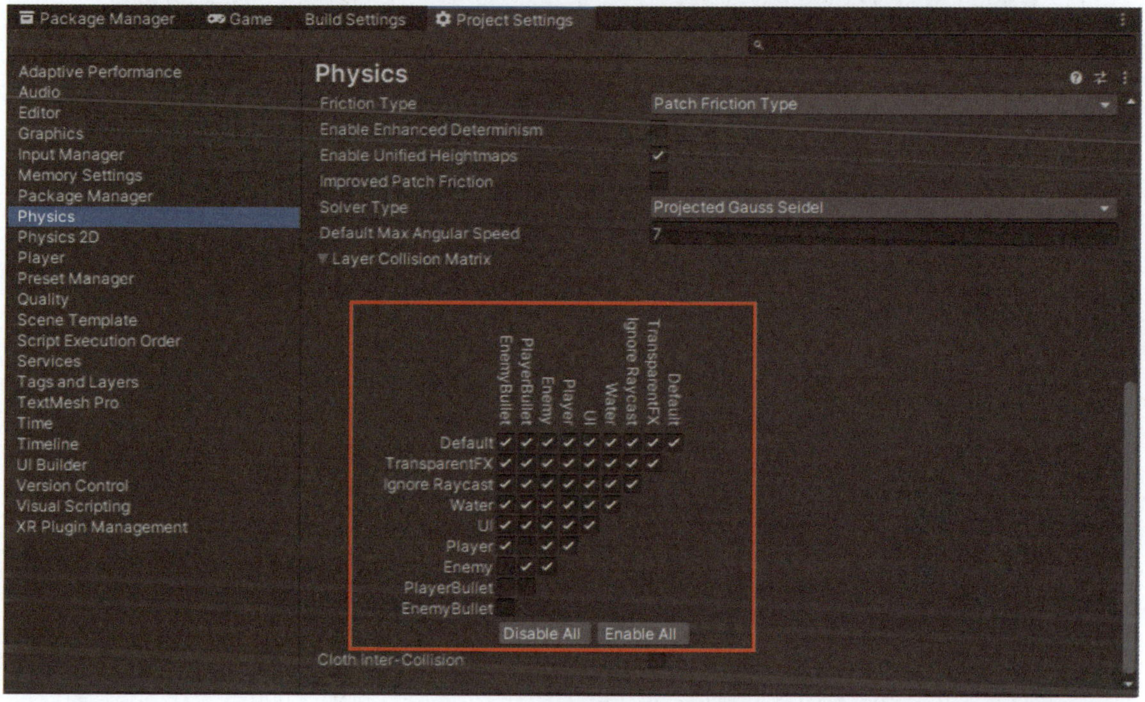

图 18-20

子弹如果命中的是场景中的游戏对象，则直接销毁。如果命中的游戏对象是可以受伤的，则传递攻击力给对方。所以我们首先创建一个接口来代表可以受伤的游戏对象，如图 18-21 所示。

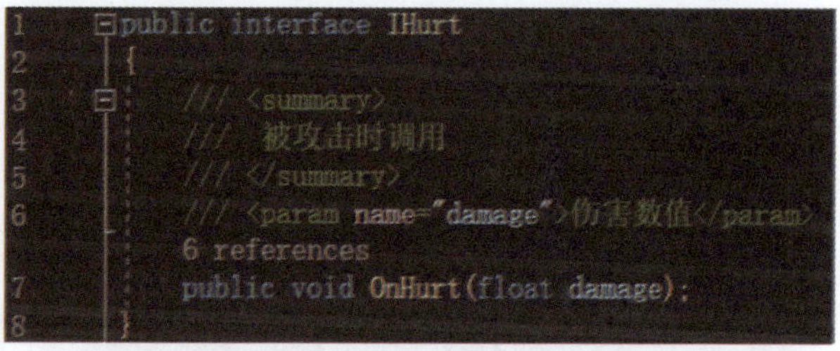

```
public interface IHurt
{
    /// <summary>
    ///  被攻击时调用
    /// </summary>
    /// <param name="damage">伤害数值</param>
    6 references
    public void OnHurt(float damage);
}
```

图 18-21

创建并编写 Bullet 脚本文件，如图 18-22 所示。初始化时根据传递的 fromPlayer 参数决定自身的 Layer，在 Update 函数中实现销毁倒计时计算和位置移动的逻辑，在物理触发时传递攻击力并销毁自身。

```csharp
using UnityEngine;
public class Bullet : MonoBehaviour
{
    public float destroyTime;    // 销毁的时间
    public float moveSpeed;      // 移动速度
    public float attackValue;    // 攻击力
    private float destroyTimer;  // 存活时间计时器

    public void Init(Vector3 dir, bool fromPlayer)
    {
        transform.forward = dir;
        destroyTimer = destroyTime;
        // 根据子弹出处决定自身的Layer
        gameObject.layer = LayerMask.NameToLayer(fromPlayer ? "PlayerBullet" : "EnemyBullet");
    }

    private void Update()
    {
        // 销毁倒计时
        destroyTimer -= Time.deltaTime;
        if (destroyTimer <= 0)
        {
            // 将自身放到对象池中
            PoolManager.DestroyObject(gameObject);
            return;
        }
        // 移动逻辑
        transform.Translate(moveSpeed * Time.deltaTime * Vector3.forward, Space.Self);
    }
    private void OnTriggerEnter(Collider other)
    {
        // 如果接触到的是目标存在IHurt接口则调用其被攻击的函数
        if (other.gameObject.TryGetComponent<IHurt>(out IHurt attackable))
        {
            attackable.OnHurt(attackValue);
        }
        PoolManager.DestroyObject(gameObject);
    }
}
```

图 18-22

在 Prefabs 文件夹中有 Cannon_Bullet 预制体，如图 18-23 所示，为其添加 Bullet(Script) 组件并设置相关属性。

同样为 MachineGun_Bullet 预制体添加 Bullet(Script) 组件并设置属性，如图 18-24 所示。

图 18-23

图 18-24

18.8　武器逻辑

坦克可以使用不同的武器，武器的主要区别在于子弹、攻击间隔和攻击行为，在本案例中让机枪同时发射两枚子弹。

首先创建武器的通用逻辑，创建并编写 WeaponBase 脚本文件，其中，Attack 是具体的攻击逻辑，FireBullet 是通用的发射子弹方法，如图 18-25 所示。

```
Unity 脚本|4 references
public abstract class WeaponBase : MonoBehaviour
{
    public GameObject bulletPrefab; // 子弹的预制体
    public bool fromPlayer;         // 是否是玩家的武器
    public float attackInterval;    // 攻击的间隔
    private float attackTimer;      // 攻击的计时器，用来计算当前能否攻击
    Unity 消息|0 references
    protected virtual void Update()
    {
        // 攻击计时器的计算
        if (attackTimer > 0)
        {
            attackTimer -= Time.deltaTime;
        }
    }

    // 攻击行为
    5 references
    public virtual void Attack()
    {
        attackTimer = attackInterval;
    }

    // 检查能否攻击
    1 reference
    public bool CheckAttack()
    {
        return attackTimer <= 0;
    }

    /// <summary>
    /// 发射子弹
    /// </summary>
    /// <param name="position">子弹位置</param>
    /// <param name="dir">子弹的方向</param>
    3 references
    public void FireBullet(Vector3 position, Vector3 dir)
    {
        // 从对象池中获取子弹
        Bullet bullet = PoolManager.GetObject(bulletPrefab).GetComponent<Bullet>();
        bullet.transform.position = position;
        bullet.Init(dir, fromPlayer);
    }
}
```

图 18-25

接下来创建火炮的攻击逻辑，创建并编写 Cannon 脚本文件，火炮的攻击方法就是在 firePoint 处发射子弹和播放音效，如图 18-26 所示。

为 Cannon 预制体添加 Cannon 组件并设置相关属性值，如图 18-27 所示。

```
using UnityEngine;

Unity 脚本(1 个资产引用)|0 references
public class Cannon : WeaponBase
{
    public Transform firePoint;
    4 references
    public override void Attack()
    {
        base.Attack();
        // 火炮的具体攻击逻辑
        FireBullet(firePoint.position, firePoint.forward);
        // 播放音效
        AudioManager.Instance.PlayCannonAudioClip(firePoint.position);
    }
}
```

图 18-26

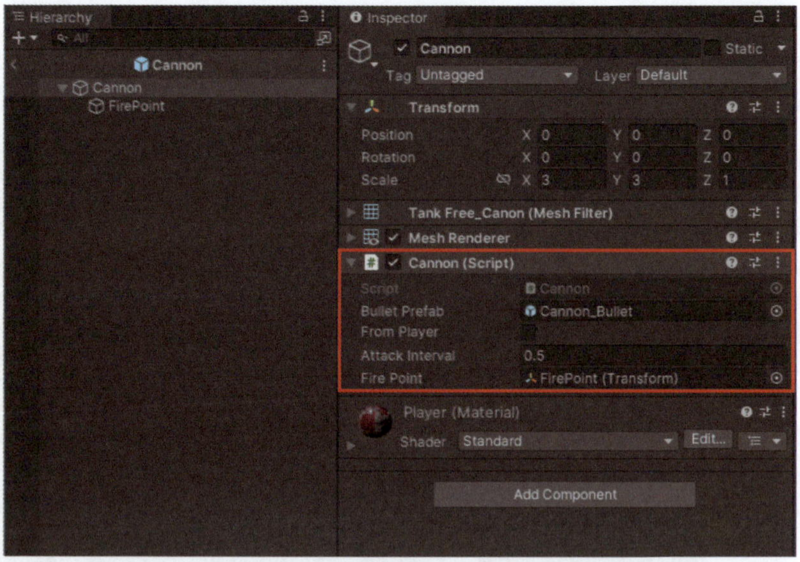

图 18-27

现在创建机枪的攻击逻辑，创建并编写 MachineGun 脚本文件，机枪的主要特点是具备两个发射点，一次攻击需要发射两颗子弹，如图 18-28 所示。

```
using UnityEngine;

@Unity 脚本(1 个资产引用)|0 references
public class MachineGun : WeaponBase
{
    public Transform leftFirePoint;
    public Transform rightFirePoint;
    4 references
    public override void Attack()
    {
        base.Attack();
        //机枪的攻击逻辑
        FireBullet(leftFirePoint.position, leftFirePoint.forward);
        FireBullet(rightFirePoint.position, rightFirePoint.forward);
        //播放音效
        AudioManager.Instance.PlayMachineGunAudioClip(leftFirePoint.position);
    }
}
```

图 18-28

为 MachineGun 预制体添加 MachineGun 组件并设置相关属性值，如图 18-29 所示。

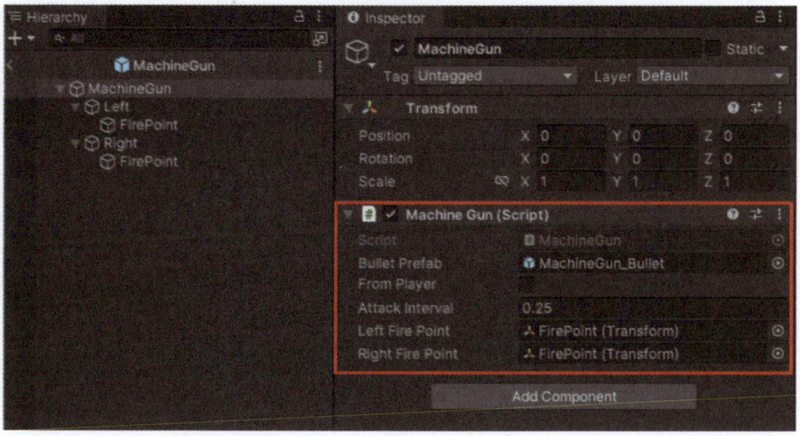

图 18-29

18.9　坦克逻辑

坦克的动画主要有待机、移动、死亡等，案例中已经为大家准备好了相关的 Animator Controller 和 Animation Clip 资源，在 PlayerTank 预制体和 EnemyTank 预制体上都可以看到，如图 18-30 所示。

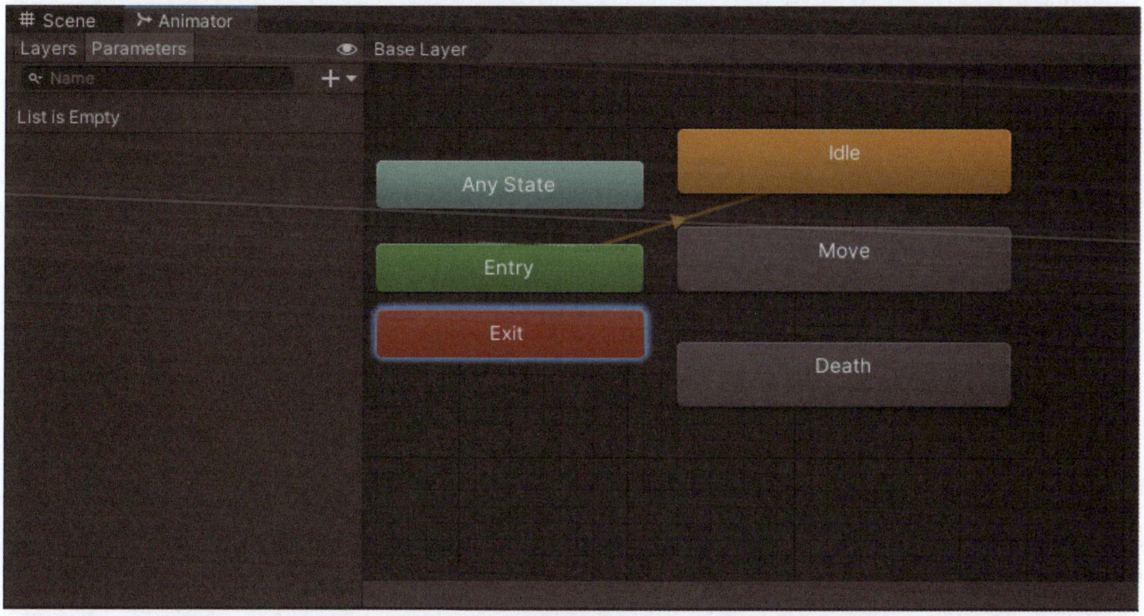

图 18-30

对坦克而言，玩家与敌人的区别主要在于上层控制的不同，玩家通过键盘与鼠标控制坦克，敌人则通过 AI 控制坦克，但两者依然存在大量共同的逻辑，所以我们可以先为坦克编写通用的逻辑。

创建并编写 TankBase 脚本文件，其中主要完成动画播放、随机一个武器、让炮台转向一个目标、检查和攻击等通用逻辑。初始化函数有两个不同的版本，其中，InitFromSave 表示从存档而来，不需要进行随机武器这种首次创建才需要的初始化行为，而 InitTank 表示首次创建的初始化，如图 18-31 所示。

```
using UnityEngine;
Unity 脚本|2 references
public abstract class TankBase : MonoBehaviour, IHurt
{
    public Animator animator;
    public Transform tower;            // 炮台，武器的父级
    public WeaponBase[] weapons;       // 所有武器
    public float maxhp;                // 最大HP
    protected WeaponBase currentWeapon;   // 当前武器
    protected float hp;                // 当前HP
    protected int weaponIndex;         // 武器索引，是随机出来的
    // 初始化坦克
    4 references
    public virtual void InitTank()
    {
        hp = maxhp;  // 一开始设置为满血
        RandomWeapon();
    }
    // 从存档初始化
    6 references
    public virtual void InitFromSave(TankData tankData)
    {
```

图 18-31

```
        hp = tankData.currentHp;
        transform.position = new Vector3(tankData.position.x, tankData.position.y, tankData.position.z);
        transform.localEulerAngles = new Vector3(tankData.rotation.x, tankData.position.y, tankData.position.z);
        weaponIndex = tankData.weaponIndex;
        InitWeapon();
    }
    // 随机一个武器
    1 reference
    private void RandomWeapon()
    {
        weaponIndex = Random.Range(0, weapons.Length);
        InitWeapon();
    }
    // 初始化武器
    6 references
    protected virtual void InitWeapon()
    {
        // 隐藏全部武器
        for (int i = 0; i < weapons.Length; i++)
        {
            weapons[i].gameObject.SetActive(false);
        }
        currentWeapon = weapons[weaponIndex];
        currentWeapon.gameObject.SetActive(true);
    }
    // 播放动画
    4 references
    public void PlayAnimation(string animationName)
    {
        // 播放某个动画
        animator.CrossFadeInFixedTime(animationName, 0);
    }
    // 炮台转向一个坐标
    2 references
    public void TowerLookat(Vector3 targetPosition)
    {
        tower.LookAt(targetPosition);
        // 确保只会修改炮台旋转的y属性
        tower.transform.localEulerAngles = new Vector3(0, tower.localEulerAngles.y, 0);
    }
    // 检查以及攻击
    2 references
    public virtual void CheckAndAttack()
    {
        if (currentWeapon.CheckAttack())
        {
            currentWeapon.Attack();
        }
    }
    // 当被攻击时
    6 references
    public virtual void OnHurt(float damage)
    {
        if (hp <= 0) return; // 避免对已死亡的单位产生伤害
        hp -= damage;
        AudioManager.Instance.PlayHitAudioClip(transform.position);
        if (hp <= 0) // 说明死亡
        {
            hp = 0;
            AudioManager.Instance.PlayTankDestroyAudioClip(transform.position);
            OnDead();
        }
    }
    // 当死亡时
    3 references
    public abstract void OnDead();
}
```

图 18-31（续）

18.10　玩家逻辑

为 MainCamera 游戏对象创建并编写 CameraController 脚本文件，如图 18-32 所示，其主要功能是跟随玩家。

```
using UnityEngine;

Unity 脚本(1 个资产引用)|0 references
public class CameraController : MonoBehaviour
{
    public Transform target;
    public Vector3 offset;
    Unity 消息|0 references
    private void LateUpdate()
    {
        transform.position = target.position + offset;
    }
}
```

图 18-32

将预制体中的 PlayerTank 文件直接拖动到场景中，其 Transform 组件的属性值如图 18-33 所示。

接下来来编写玩家相关的逻辑，创建并编写 PlayerTank 脚本文件，其中主要实现了坦克炮台转向鼠标指针位置、按下鼠标左键时的攻击行为、玩家生命值变化时的事件触发，如图 18-34 所示。

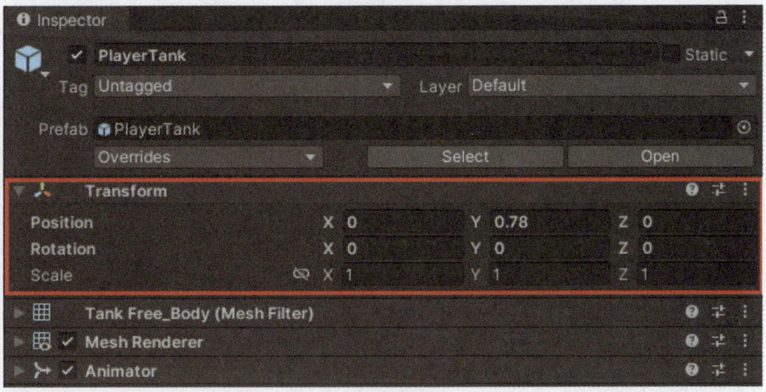

图 18-33

```
using UnityEngine;
Unity 脚本(1 个资产引用)|10 references
public class PlayerTank : TankBase
{
    public CharacterController characterController;
    public float moveSpeed = 3;
    public float rotateSpeed = 3;
    10 references
    public static PlayerTank Instance { get; private set; }
    private bool moving; // 是否处于移动过程中
    Unity 消息|0 references
    private void Awake()
    {
        Instance = this;
    }
    Unity 消息|0 references
    private void Update()
    {
        MoveOnUpdate();           // 移动
        RotateTowerOnUpdate();    // 旋转炮台
        AttackOnUpdate();         // 攻击
    }
    4 references
    public override void InitFromSave(TankData tankData)
    {
        base.InitFromSave(tankData);
        EventSystem.TriggerEvent(new PlayerHPChangedEvent { currentHP = hp, maxHp = maxhp });
    }
    4 references
    public override void InitTank()
```

图 18-34

```
    {
        base.InitTank();
        EventSystem.TriggerEvent(new PlayerHPChangedEvent { currentHP = hp, maxHp = maxhp });
    }
    5 references
    protected override void InitWeapon()
    {
        base.InitWeapon();
        currentWeapon.fromPlayer = true;
    }
    1 reference
    private void MoveOnUpdate()
    {
        float horizontal = Input.GetAxisRaw("Horizontal");
        float vertical = Input.GetAxisRaw("Vertical");
        bool tempMoveing = horizontal != 0 || vertical != 0;
        if (tempMoveing)
        {
            Vector3 dir = new Vector3(horizontal, 0, vertical).normalized;
            // 移动
            characterController.SimpleMove(dir * moveSpeed);
            // 转向
            transform.forward = Vector3.RotateTowards(transform.forward, dir, Time.deltaTime * rotateSpeed, 0);
        }
        if (tempMoveing != moving)  // 如果修改过状态，则变更动画
        {
            moving = tempMoveing;
            PlayAnimation(moving ? "Move" : "Idle");
        }
    }
    1 reference
    private void RotateTowerOnUpdate()
    {
        // 射线检测鼠标指向的地面位置
        if (Physics.Raycast(Camera.main.ScreenPointToRay(Input.mousePosition), out RaycastHit hitInfo, 1000))
        {
            TowerLookat(hitInfo.point); // 让炮身看向这个坐标
        }
    }
    1 reference
    private void AttackOnUpdate()
    {
        if (Input.GetMouseButton(0))
        {
            CheckAndAttack();
        }
    }
    // 获取存档需要的玩家坦克数据
    1 reference
    public TankData GetTankeData()
    {
        return new TankData
        {
            currentHp = hp,
            position = new SVector3(transform.position.x, transform.position.y, transform.position.z),
            rotation = new SVector3(transform.eulerAngles.x, transform.eulerAngles.y, transform.eulerAngles.z),
            weaponIndex = weaponIndex
        };
    }
    2 references
    public override void OnDead()
    {
        // 游戏结束，切换到StartScene场景
        GameManager.Instance.GameOver();
    }
    5 references
    public override void OnHurt(float damage)
    {
        base.OnHurt(damage);
        // 触发
        EventSystem.TriggerEvent(new PlayerHPChangedEvent { currentHP = hp, maxHp = maxhp });
    }
}
```

图18-34（续）

为 PlayerTank 预制体添加组件并进行设置，如图 18-35 所示。

图 18-35

18.11　敌方坦克逻辑

敌方坦克的运行逻辑比玩家坦克更复杂，敌方坦克应由敌方坦克管理器来管理，但是首先我们来创建敌方坦克自身的逻辑。

创建并编写 EnemyTank 脚本文件，敌方坦克需要状态机驱动，所以目前只是编写了一些基础逻辑，特别需要注意的是在基于存档恢复时的初始化，状态机要基于之前保存的状态来决定敌方坦克的初始化状态，如图 18-36 所示。

```
using UnityEngine;
using UnityEngine.AI;

 9 references
public enum EnemyState
{
    Patrol, // 巡逻
    Pursue  // 追击
}
 Unity 脚本(1 个资产引用)|10 references
public class EnemyTank : TankBase
{
    public NavMeshAgent navMeshAgent;
    private StateMachine stateMachine;  // 状态机
    private EnemyState enemyState;      // 当前状态
    // 初始化一些资源
    2 references
    private void Init()
    {
        navMeshAgent.isStopped = false;
        if (stateMachine == null)
        {
            stateMachine = new StateMachine(this);
        }
    }
    Unity 消息|0 references
```

图 18-36

```
private void Update()
{
    if (hp > 0)
    {
        stateMachine?.Update();
    }
}
// 基于坐标初始化敌方坦克
1 reference
public void InitTank(Vector3 position)
{
    Init();
    transform.position = position;
    InitTank();
    ChangeState(EnemyState.Patrol); // 默认去巡逻
}
4 references
public override void InitFromSave(TankData tankData)
{
    Init();
    // 敌方坦克实际的存档类型是EnemyTankData
    EnemyTankData enemyTankData = (EnemyTankData)tankData;
    base.InitFromSave(enemyTankData);
    // 恢复当前的状态
    ChangeState(enemyTankData.enemyState);
}

5 references
protected override void InitWeapon()
{
    base.InitWeapon();
    currentWeapon.fromPlayer = false;
}
4 references
public void ChangeState(EnemyState enemyState)
{
    this.enemyState = enemyState;
    switch (enemyState)
    {
        case EnemyState.Patrol:
            stateMachine.ChangeState<EnemyPatrolState>();
            break;
        case EnemyState.Pursue:
            stateMachine.ChangeState<EnemyPursueState>();
            break;
    }
}

5 references
public override void OnHurt(float damage)
{
    base.OnHurt(damage);
    if (hp <= 0) return; // 避免对已死亡的单位再次判断
    // 如果被攻击时在巡逻应该强行变更为追击
    if (enemyState == EnemyState.Patrol)
    {
        ChangeState(EnemyState.Pursue);
    }
}

2 references
public override void OnDead()
{
    stateMachine.Stop();
    navMeshAgent.isStopped = true;
    PlayAnimation("Death");
    // 动画播放需要时间，延迟一点时间再实际销毁
```

图 18-36（续）

```
            Invoke(nameof(DoDestroy), 1f);
        }

        1 reference
        private void DoDestroy()
        {
            EnemyManager.Instance.OnEnemyDead(this);
        }

        1 reference
        public EnemyTankData GetEnemyTankData()
        {
            return new EnemyTankData
            {
                currentHp = hp,
                position = new SVector3(transform.position.x, transform.position.y, transform.position.z),
                rotation = new SVector3(transform.rotation.x, transform.rotation.y, transform.rotation.z),
                enemyState = enemyState,
                weaponIndex = weaponIndex
            };
        }
    }
```

图 18-36（续）

接下来要编写的是敌方坦克的行为逻辑，如图 18-37 所示，创建并编写 AI 状态基类 EnemyStateBase，这里并无特殊逻辑，仅仅在创建时引用了 EnemyTank 对象方便后续逻辑编写。

```
// 所有敌方坦克状态的基类
2 references
public class EnemyStateBase : StateBase
{
    protected EnemyTank enemyTank;
    3 references
    public override void OnCreate(object owner, StateMachine stateMachine)
    {
        base.OnCreate(owner, stateMachine);
        enemyTank = (EnemyTank)owner;
    }
}
```

图 18-37

敌方坦克的巡逻逻辑是在地图中随机获取一个坐标，然后利用导航系统前往，当靠近获取的坐标时再次获取一个新的随机坐标并前往，循环往复。如果敌方坦克在巡逻过程中距离玩家坦克较近，则切换到追击状态，如图 18-38 所示。

```
// 巡逻状态
// 巡逻状态会获取一个目标位置，当接近后则获取下一个目标位置，循环往复
// 在巡逻过程中，如果和玩家坦克的距离在一个范围内，则切换到追击状态
using UnityEngine;

1 reference
public class EnemyPatrolState : EnemyStateBase
{
    private Vector3 target;                          // 巡逻目标
    private float patrolPointDistance = 2f;  // 巡逻点距离
    private float pursueDistance = 10f;          // 追击玩家坦克的距离
    2 references
    public override void OnEnter()
    {
        // 获取一个随机坐标并前往
        GetPointAndMove();
        enemyTank.PlayAnimation("Move");
```

图 18-38

```
    }
    2 references
    public override void OnUpdate()
    {
        // 如果距离玩家坦克足够近，则切换到追击状态
        if (PlayerTank.Instance != null &&
            Vector3.Distance(enemyTank.transform.position, PlayerTank.Instance.transform.position) <= pursueDistance)
        {
            enemyTank.ChangeState(EnemyState.Pursue);
            return;
        }
        // 距离目标点足够近时会重新获取一个目标点并前往
        if (Vector3.Distance(target, enemyTank.transform.position) <= patrolPointDistance)
        {
            GetPointAndMove();
        }
    }

    // 获取巡逻点并移动
    2 references
    private void GetPointAndMove()
    {
        target = EnemyManager.Instance.GetRandomPatrolPoint();
        enemyTank.navMeshAgent.SetDestination(target);
    }
}
```

图 18-38（续）

敌方坦克的追击状态是一种不死不休的逻辑，敌方坦克会一直向玩家坦克移动，当进入攻击范围内时会发射子弹，如图 18-39 所示。

```
// 追击状态
// 一直朝着玩家坦克移动，足够近则发射子弹攻击
using UnityEngine;
1 reference
public class EnemyPursueState : EnemyStateBase
{
    private float attackRange = 20;  // 攻击范围
    2 references
    public override void OnEnter()
    {
        enemyTank.PlayAnimation("Move");
    }
    2 references
    public override void OnUpdate()
    {
        // 一直向玩家坦克移动
        if (PlayerTank.Instance == null) return;
        enemyTank.navMeshAgent.SetDestination(PlayerTank.Instance.transform.position);
        // 足够近则攻击
        if (Vector3.Distance(enemyTank.transform.position, PlayerTank.Instance.transform.position) < attackRange)
        {
            enemyTank.TowerLookat(PlayerTank.Instance.transform.position);
            enemyTank.CheckAndAttack();
        }
    }
}
```

图 18-39

敌方坦克的初始化和管理应由一个更上级的管理器来管理。创建并编写 EnemyManager 脚本，主要编写了基于存档恢复时还原敌方坦克、按时间生成敌方坦克、为敌方坦克提供随机巡逻位置等逻辑，如图 18-40 所示。

```
using System.Collections.Generic;
using UnityEngine;

Unity 脚本(1 个资产引用)|6 references
public class EnemyManager : MonoBehaviour
{
```

图 18-40

```
6 references
public static EnemyManager Instance { get; private set; }
6 references
public HashSet<EnemyTank> enemyTanks { get; private set; } // 所有敌人坦克
public GameObject enemyTankPrefab;  // 敌方坦克的预制体

public List<Transform> spawnPoints; // 敌方坦克生成点
private Vector2 patrolPointRangeX = new Vector2(-40f, 40f);  // 巡逻点的X轴范围
private Vector2 patrolPointRangeZ = new Vector2(-30f, 30f);  // 巡逻点的Z轴范围
private float spawnInterval = 3;    // 生成间隔时间
Unity 消息 | 0 references
private void Awake()
{
    Instance = this;
}
Unity 消息 | 0 references
private void Start()
{
    // 1秒后 每间隔spawnInterval秒时间执行一次SpawnEnemyTank函数
    // 也就是3秒生成一个敌方坦克
    InvokeRepeating(nameof(SpawnEnemyTankOnRandomPoint), 1, spawnInterval);
}
// 初始化
2 references
public void Init()
{
    enemyTanks = new HashSet<EnemyTank>();
}

// 基于存档初始化
1 reference
public void InitFromSave(List<EnemyTankData> enemyTankDataList)
{
    Init();
    for (int i = 0; i < enemyTankDataList.Count; i++)
    {
        // 基于存档数据生成敌方坦克
        EnemyTankData tankData = enemyTankDataList[i];
        SpawnEnemyTank(tankData);
    }
}

// 基于数据生成敌方坦克
1 reference
public void SpawnEnemyTank(EnemyTankData tankData)
{
    EnemyTank enemy = PoolManager.GetObject(enemyTankPrefab).GetComponent<EnemyTank>();
    enemyTanks.Add(enemy);
    enemy.InitFromSave(tankData);
}

// 在一个随机位置上生成一个敌方坦克
1 reference
public void SpawnEnemyTankOnRandomPoint()
{
    // 随机一个生成点
    Vector3 position = spawnPoints[Random.Range(0, spawnPoints.Count)].position;
```

图18-40（续）

```
            EnemyTank enemy = PoolManager.GetObject(enemyTankPrefab).GetComponent<EnemyTank>();
            enemyTanks.Add(enemy);
            enemy.InitTank(position);
        }

        // 获取随机巡逻点
        1 reference
        public Vector3 GetRandomPatrolPoint()
        {
            return new Vector3(Random.Range(patrolPointRangeX.x, patrolPointRangeX.y),
                               0, Random.Range(patrolPointRangeZ.x, patrolPointRangeZ.y));
        }

        // 当敌方坦克死亡
        1 reference
        public void OnEnemyDead(EnemyTank enemyTank)
        {
            EventSystem.TriggerEvent(new EnemyDeadEvent()); // 触发敌方坦克死亡事件
            PoolManager.DestroyObject(enemyTank.gameObject);      // 通过对象池回收敌方坦克
            enemyTanks.Remove(enemyTank);                   // 移除对敌方坦克的引用
        }

        // 获取存档需要的敌方坦克数据列表
        1 reference
        public List<EnemyTankData> GetEnemyTankDataList()
        {
            List<EnemyTankData> enemyTankDataList = new List<EnemyTankData>(enemyTanks.Count);
            foreach (EnemyTank item in enemyTanks)
            {
                enemyTankDataList.Add(item.GetEnemyTankData());
            }
            return enemyTankDataList;
        }
}
```

图 18-40（续）

为 EnemyTank 预制体添加组件并进行设置，如图 18-41 所示。

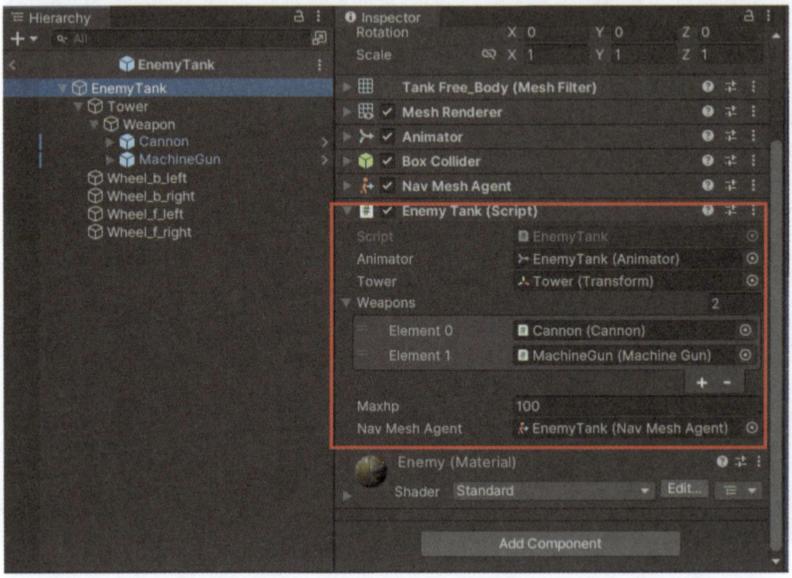

图 18-41

为 Managers 游戏对象添加 Enemy Manager 脚本文件并进行设置，如图 18-42 所示。

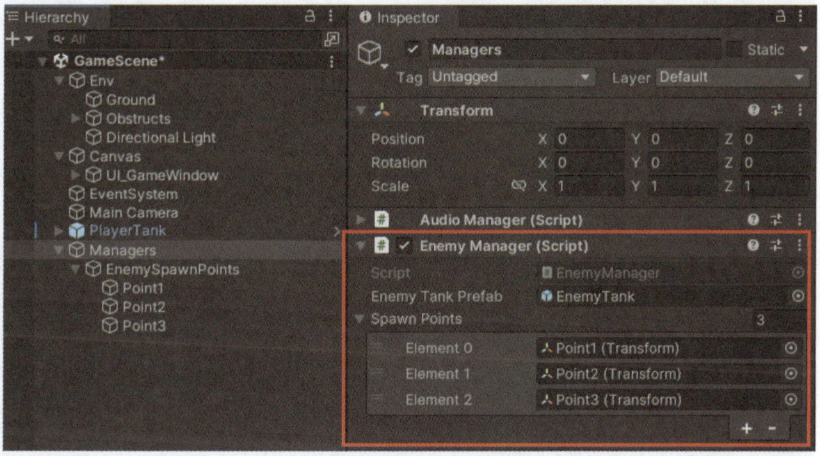

图 18-42

18.12 游戏管理器

最终我们需要一个游戏场景的管理器来执行游戏场景加载后的初始化逻辑。创建并编写 GameManager 脚本文件，在该脚本文件中，可以认为 StartGame 是游戏的开始逻辑，在其中会基于当前是否存在游戏存档来决定玩家坦克、敌方坦克等的初始化的差异，并且在玩家退出游戏时收集玩家坦克、敌方坦克的数据来完成 GameData 的构建，如图 18-43 所示。

```
using UnityEngine;
using UnityEngine.SceneManagement;

Unity 脚本(1 个资产引用)|3 references
public class GameManager : MonoBehaviour
{
    3 references
    public static GameManager Instance { get; private set; }
    private int currentScore; // 当前得分
    Unity 消息|0 references
    private void Awake()
    {
        Instance = this;
        EventSystem.AddEventListener<EnemyDeadEvent>(OnEnemyDead);
    }
    Unity 消息|0 references
    private void OnDestroy()
    {
        EventSystem.RemoveEventListener<EnemyDeadEvent>(OnEnemyDead);
    }
    Unity 消息|0 references
    private void Start()
    {
        StartGame();
    }
    // 开始游戏
    1 reference
    public void StartGame()
    {
        PoolManager.Clear(); // 切换场景时清理对象池

        GameData gameData = SaveManager.GetGameData();
        bool hasData = gameData != null;
        // 初始化分数
```

图 18-43

```
        if (hasData) currentScore = gameData.score;
        else currentScore = 0;
        // 初始化玩家坦克
        if (hasData) PlayerTank.Instance.InitFromSave(gameData.playerTankData);
        else PlayerTank.Instance.InitTank();
        // 初始化敌人坦克
        if (hasData) EnemyManager.Instance.InitFromSave(gameData.enemyTankDataList);
        else EnemyManager.Instance.Init();
        EventSystem.TriggerEvent(new UpdateScoreEvent { score = currentScore });
    }

    // 保存当前数据后切换到StartScene场景
    1 reference
    public void QuitGame()
    {
        PoolManager.Clear(); // 切换场景时清理对象池
        // 构建存档数据
        GameData gameData = new GameData();
        // 当前得分
        gameData.score = currentScore;
        // 获取玩家坦克的数据
        gameData.playerTankData = PlayerTank.Instance.GetTankeData();
        // 获取全部敌方坦克的数据
        gameData.enemyTankDataList = EnemyManager.Instance.GetEnemyTankDataList();
        // 保存数据
        SaveManager.SaveGameData(gameData);
        SceneManager.LoadScene("StartScene");
    }

    // 玩家坦克死亡导致的游戏结束
    1 reference
    public void GameOver()
    {
        PoolManager.Clear();          // 切换场景时清理对象池
        SaveManager.DeleteGameData(); // 删存档
        SceneManager.LoadScene("StartScene");
    }

    // 当敌方坦克死亡
    2 references
    private void OnEnemyDead(EnemyDeadEvent eventArg)
    {
        // 增加分数并触发分数更新事件
        currentScore += 1;
        EventSystem.TriggerEvent(new UpdateScoreEvent { score = currentScore });
    }
}
```

图18-43（续）